당신이 모르는
민주주의

일러두기

- 본문의 각주는 옮긴이의 보충 설명입니다.
- 본문 중 숫자 첨자는 저자의 주를 표시한 것입니다. 자세한 내용은 부록에서 확인할 수 있습니다.
- 인명, 지명 등의 외래어 및 전문용어는 국립국어원의 외래어표기법을 따랐으나 해당되지 않는 경우 실제 발음에 가깝게 표기했습니다.

★★★ 마이클 샌델 ★★★

당신이 모르는 민주주의

김선욱 감수 **이경식** 옮김

DEMOCRACY'S
DISCONTENT

자본주의와
자유주의의
불편한 공존

추천의 글

모든 현상을 새 안경을 쓰고 다시 본다. 그리고 질문한다. 미국은 내가 어릴 때 배운 대로 이상적 민주주의를 실현한 꿈의 나라인가? 혹 영화 〈미션The Mission〉에 나오는 노예상들이 이끌고 가는 나라는 아닌가? 사유재산제를 신봉하며 부와 권력을 갈구하는 탐욕적 인간들이 만든 나라는 아닐까? 미국은, 그리고 한국은 아직도 민주주의 국가일까?

이 책은 '21세기의 소크라테스'를 떠올리게 하는 마이클 샌델 교수의 초기 저서이자 가장 최근 저서다. 1990년대 민주주의가 흔들리고 있다는 위기감에 샌델 교수는 미국의 헌법적 전통과 공공철학의 변화를 따라가 본다. 그리고 1996년에 《민주주의의 불만》이라는 책을 출간한다. 그는 책에서 미국이 공공의 이익보다 개인의 자유를 지나치게 강조하는 자유지상주의를 사상적 근간으로 삼게 되면서 제대로 된 민주주의를 실현해낼 수 없게 되었다고 주장한다. 그는 또 미국의 공화주의가 '중립적 국가'와 '무속박적 자아'라는 개념에 바탕을 둔 '절차적 공화주의'의 한계를 보이고 있다고 말한다. 그를 세계적 베스트셀러 작가로 만든 저서 《정의란 무엇인가》,《공정하다는 착각》,《돈으로 살 수 없는 것들》에는 이 문제의식이 곳곳에 녹아들어 있다.

초판 후 사반세기가 지난 지금, 그는 '불만'을 너머 '파탄'이 난 민주주의에 관해 이야기 한다. 2008년 월가 파동을 겪으며 시행한 금융 개혁을 예로 들어보자. 샌델 교수는 프랭클린 루스벨트^{Franklin Roosevelt} 대통령이 1929년 경제 붕괴를 자본주의와 민주주의의 관계를 재규정하는 협상의 기회로 삼은 것과 대조적으로 버락 오바마^{Barack Obama} 대통령이 자본주의의 손을 들어주었다는 점에 주목한다. 오바마 대통령은 빌 클린턴^{Bill Clinton} 대통령 당시의 금융 관련 전문기술 참모들에게 위기 해법을 내게 했는데 '전문가'들은 시민을 구제하기보다 은행을 구제하는 결정을 내렸다. 아이슬란드에서 관련자를 철저하게 처벌하고 감옥에 보내면서 민주주의를 선택한 사례와 대조를 이루는 결정이었다. 후반부에서 그는 '1990년대 이후부터 현재까지의 자본주의와 민주주의'를 집중적으로 다루고 있다. 부채로 허우적대는 시민들과 금융 자본주의적 폭력에 대해 논의를 이어간다. 73쪽에 달하는 새로운 7장에서 그는 부를 독점한 신귀족의 지배가 어떻게 시민을 시장의 지배를 받는 신자유주의적 군중으로 만들어내는지를 보여준다.

자본주의와 민주주의의 동행은 애초부터 불가능한 것이 아니었을까? 독일의 정치경제학자 볼프강 슈트렉^{Wolfgang Streeck}은 《조종이 울린다^{How Will Capitalism End?}》라는 책에서 유럽의 '민주적 자본주의 실험'은 끝났다고 단언한다. 1·2차 세계대전 이후 유럽에서는 자본주의와 민주주의 간의 관계에 관한 깊이 있는 성찰이 이뤄졌었다. 1951년 《전체주의의 기원^{The Origins of Totalitarianism}》에서 한나 아렌트^{Hannah Arendt}는 "개인주의적 자유주의가 인간을 본질적으로 사적 욕망을 추구하는 권리의 소유자로 규정함으로써 공적 영역의 황폐화를 초래했고 공적 영역의 황폐화는 한편으로는 자아를 잃은 전체주의적 군중을 낳았다"는 명언을 남겼다. 그는 나치 추종자들의 특성은 "야만과 퇴행이 아니라 고립과 사회관계의 결여"라면서 공적 삶의 회복을 고민하자고 했다.

1·2차 세계대전을 실제로 겪은 유럽학자들의 그간의 논의에 비하면 매우 가볍고 낙관적이지만 그럼에도 많은 사람들이 샌델 교수의 책을 읽으면 좋겠다고 생각하는 것은 미국이라는 나라와 한국이라는 나라가 매우 가깝기 때문이다. 그리고 그의 글이 무겁지 않기 때문이다. 민주주의의 붕괴가 자명한 상황에서도 '공공철학'과 '공동선'이라는 주문을 외우며 샌델 교수는 공리주의도, 자유주의도, 자유지상주의도 아닌 공동체주의로 우리 모두가 더불어 사는 정치를 구현하자고 희망을 이야기한다. 한때 미국을 선망했던 대한민국의 시민들, 아직 대의정치에 기대를 버리지 않고 뉴스를 챙겨보는 시민들, 그리고 영끌 노동의 끝을 보고 있는 청년들이 삼삼오오 모여 이 책을 읽으며 민주주의에 대한 새로운 감각을 만들어갈 수 있으면 좋겠다. 나는 마을 서당에서 중학생이 된 동네 십대 친구들과 《10대를 위한 JUSTICE 정의란 무엇인가》를 읽었다. 샌델 교수가 제시하는 흥미로운 사례와 질문을 소년들은 좋아했다. 마을에서 세대가 공생공락共生共樂하는 우정의 세계를 통해 새로운 민주주의의 날을 열어가는 꿈을 꾼다.

조한혜정, 문화인류학자이자 연세대학교 명예교수

《공정하다는 착각》에서 능력주의가 민주주의를 파괴하는 숨은 폭군임을 폭로한 마이클 샌델은, 이 책에서 트럼프 현상으로 드러난 미국 민주주의 위기의 원인을 자본주의와 민주주의의 착종된 관계 속에서 추적한다. 한국 민주주의가 위대한 민주혁명의 역사에도 불구하고 여전히 미성숙한 진짜 이유가 궁금한 모든 이에게 이 책을 추천한다.

김누리, 중앙대학교 교수

지금 세계경제의 최대 화두 중 하나는 지난 30여 년간 세계경제를 주도해왔던 세계화 물결이 급격하게 퇴조하고 있다는 점이다. 이 책은 세계화의 한계를 정확히 예측하고 그 구체적인 대안까지 제시하고 있다. 탈세계화가 본격화된 이후 미국 정치 시스템의 변화와, 이것이 세계 경제에 던질 파장을 내다보고 싶다면 이 책을 읽을 것을 강력히 권한다.

박종훈, KBS 기자

마이클 샌델은 이미 고전의 반열에 오른 이 책을 한층 더 긴밀한 시의성을 가지도록 업데이트했다. 20세기 중반의 정치경제가 미국 사회의 시민의식을 어떻게 해롭게 바꿔놓았으며 또 공동체와 자치를 어떻게 자본주의와 세계화로 대체했는지 되짚어보는 이 책이야말로 우리 시대의 시금석과 같다.

새뮤얼 모인, 예일대학교 로스쿨 교수

시민의식의 정치경제가 침식되는 현상을 깊은 통찰로 분석한 이 책은 그 어느 때보다도 지금 상황에서 시의적절하다. 우리의 민주주의 실험이 21세기에도 과연 유효할지 궁금해하는 모든 사람이 꼭 읽어야 할 필독서이자 지금 이 순간 우리에게 희망을 안겨주는 책이다.

그레타 크리프너, 미시건대학교 사회학과 교수

민주주의의 위기

미국인의 시민적 삶이 마찰을 빚고 있다. 선거에서 패배한 대통령이 성난 군중을 선동해 국회의사당을 점거하는 폭력 행위를 조장했다. 의회가 선거 결과를 승인하지 못하도록 막기 위해서였다. 조 바이든Joe Biden 시대인 지금까지도 공화당원들 대부분은 도널드 트럼프Donald Trump에게 돌아가야 할 승리를 도둑맞았다고 믿고 있다. 코로나 팬데믹으로 100만 명이 넘는 미국인이 사망한 상태에서도 마스크와 백신을 둘러싼 성난 논쟁은 양극화된 사회의 민낯을 고스란히 드러냈다. 또 비무장 흑인 남성을 살해한 경찰을 향한 대중의 분노는 인종차별에 반대하는 국가적 차원의 각성을 촉구하는 상황으로 이어진 반면, 미국 전역의 주의회에서는 투표 행위를 지금보다 더 어렵고 불편하게 만드는 법률을 제정하고 있다.

트럼프 대통령이 임기 때 추진했던 일들의 결과가 빚어낸 여파는 미국 민주주의의 미래에 어두운 그림자를 드리웠다. 그러나 우리가 안고 있는 시민적 차원의 여러 문제는 트럼프로부터 시작된 것이 아니며 그의 패배로 끝나지도 않았다. 트럼프가 대통령 선거에 당선됐던 것은 미국에서 사회적 유대감이 무너지고 민주주의의 조건이 훼손됐음을 가리키는 일종의 징후였다.

승자와 패자 사이에 난 분열의 골은 수십 년에 걸쳐 깊어졌으며, 정치에 독이 되어 사회를 갈기갈기 찢어놓고 있다. 1980년대와 1990년대 이후로 엘리트 지배층은 신자유주의 세계화 작업을 진행했다. 그들이 추진한 세계화는 부유층에게는 엄청난 이득을 안겨줬지만 노동자 계층 대부분에게는 실직과 임금 동결이라는 고통만 안겨줬다. 신자유주의 세계화를 지지하는 사람들은 승자에게 돌아가는 이득을 패배자에게도 나눌 수 있다고 주장했다. 그러나 마땅한 보상은 지금까지 단 한 번도 없었다.

승자들은 높은 자리에 앉아서 자신이 행사할 영향력을 돈으로 사고 기득권을 지키는 데만 열중했다. 정부는 경제 권력의 집중화를 막는 균형추 역할을 포기한 지 오래다. 민주당과 공화당은 월스트리트에 대한 규제 완화 흐름에 동참하면서 선거 기부금을 챙기는 데만 급급했다. 2008년 금융위기가 미국 사회의 시스템을 벼랑 끝으로 몰고 갔을 때는 민주당과 공화당이 손잡고 수십억 달러를 뿌리며 금융사들을 구제하면서도 주택 소유자를 포함한 일반 서민은 죽든 말든 알아서 하라며 외면했다.

구제금융과 저임금 국가로의 일자리 역외 이전에 시민은 분노했고, 대중적으로 타오른 분노의 불길은 좌와 우를 가리지 않고 정치 스펙트럼 전반으로 확산됐다. 좌파 진영에서는 점거운동 occupy movement*이 벌어졌고, 2016년 대통령 선거에서는 민주당 후보로 버니 샌더스 Bernie Sanders가 힐러리 클린턴 Hillary Clinton의 강력한 대안으로 떠올랐으며, 우파 진영에서는

---

* 신자유주의로 인한 불평등을 지적하며 2011년 뉴욕 월스트리트에서 시작해서 다양한 형태로 전개됐던 정치운동.

티파티$^{Tea\ Party}$ 운동*이 벌어졌고 트럼프가 대통령에 당선됐다.

트럼프 지지자들 가운데 일부는 트럼프가 외치던 인종차별적 호소에 호응했다. 트럼프 자신도 정당한 불만에서 비롯된 분노를 이용했다. 지난 40년 동안 이어진 신자유주의 통치는 1920년대 이후로 볼 수 없었던 소득과 부의 불평등을 초래하며 사회적 계층의 이동성을 더욱 정체시켰다. 기업과 정치적 동맹자들이 휘두르는 무자비한 압박과 탄압으로 노동조합은 쇠퇴하기 시작했다. 생산성은 높아졌지만 노동자가 받는 몫은 점점 줄어들었다. 금융계는 기업이 거둬들이는 이익 증가분 가운데서도 더 많은 몫을 떼어달라고 요구했다. 하지만 이들은 실물경제에 거의 도움이 되지 않는 투기에만 골몰할 뿐, 생산적인 새로운 기업에 대한 투자에는 소극적이었다. 주류 정당들은 노동자에게 불평등과 임금 정체를 해결하려고 맞서려 하기보다 대학 학위를 따는 방식으로 세계화에 맞춰서 스스로를 개선하길 강요했다.

트럼프의 경제 정책은 자신을 지지하는 노동자들에게 사실상 아무런 도움도 주지 않았다. 그러나 엘리트층과 그들이 추진하는 세계화 프로젝트에 대해 트럼프가 보인 적대감은 노동자들의 공감을 얻었다. 멕시코와의 국경에 장벽을 쌓는 비용을 멕시코에게 부담하게 하겠다는 그의 약속이 적대감을 자극하는 대표적인 사례다. 트럼프의 지지자들은 그의 공약을 짜릿하게 받아들였다. 그들에게 국경 장벽 건설 조치는 자신들이 일자리를 놓고 경쟁해야 하는 이민자의 숫자를 줄여줄 것이라는 믿음 이상의 의미를 내포하고 있었다. 장벽은 그보다 훨씬 더 큰 국가의 주권과 힘, 자

---

* 조세 저항 운동. 2009년 초 버락 오바마 정부가 7,800억 달러를 투입하는 경기부양책을 발표하자 국가 부채 급증에 반발하는 시민운동으로 확산됐다.

부심을 재확인할 수 있는 상징물이었기 때문에 지지자들은 트럼프의 공약을 한층 더 짜릿하게 받아들였다.

전 세계가 미국의 힘과 의지를 우습게 여기고 또 세계화 현상이 빚어낸 다문화적이고 세계적인 정체성 때문에 애국심과 소속감이라는 전통적 발상이 혼란을 겪던 시점에 등장한 장벽 건설 조치가 '미국을 다시 한번 더 위대한 국가로 만들어줄 것'이라고 여겼던 것이다. 글로벌 시대에 국가와 국가 사이의 국경선이 모호해지고 국가 정체성이 유동적인 상황에서 그동안 의심했던 자신들의 확실성을 이 장벽이 다시 한번 더 강조하며 공고하게 만들어줄 것이라는 신념의 상징과도 같았다.

이 책의 초판이 나온 1996년에는 냉전이 끝나고 미국판 자유주의와 자본주의가 유일하게 살아남아 승리하는 체제처럼 보였다. 그때만 하더라도 역사와 이데올로기의 종말이 코앞에 있는 것처럼 보였다. 민주당 대통령은 채권(국채) 시장의 신뢰를 얻기 위해서 연방정부의 재정적자를 줄였다. 경제는 성장했고 실업률은 떨어졌다. 그러나 평화와 번영 속에서도 '자치自治 self-government'의 이름으로 진행되는 프로젝트에 대한 불안이 수면 아래에서 요동쳤다.

현대 정치가 주권을 가진 국가와 주권을 가진 자아를 의심하는 상황에서는 모호함을 없애고 국경을 강화하며 내부자와 외부자의 구분을 분명하게 하고 또 앙심을 품고서 "우리 문화와 우리 조국을 되찾는" 정치, "우리의 주권을 되찾는" 정치를 약속하는 사람들에게서 어떤 대응 행동들을 이끌어낼 가능성이 높다.[1]

복수심에 불타는 반발은 20년 후 현실화됐다. 그러나 트럼프를 대통령으로 선택하는 원동력이 됐던 불만들은 그가 대통령이 된 것이나 재선에 실패해 물러나는 것으로는 잠재워지지 않았다. 민주주의에 대한 불만은 여전히 끈질기게 이어진다. 팬데믹, 극단적 당파주의, 극악한 인종차별, 유독한 소셜미디어 등으로 촉발된 오늘날의 불만은 사반세기 전보다 훨씬 더 예리하고, 한층 더 원한이 깊으며, 심지어 치명적이다.

1990년대를 살펴보면 오늘날 등장한 불만의 초기 형태를 볼 수 있다. 사람들은 자기의 삶을 다스리는 통제력을 잃어버리고 또 공동체의 도덕적 결속이 느슨해지는 것은 아닌지 의심하기 시작했다. 국경을 초월하는 세계 경제가 점점 더 중요해지면서 전통적으로 독립 정부이던 국민국가 nation-state는 의미를 점점 잃어갔다. 경제적 삶의 규모가 민주적 통제의 범위를 넘어서고 있었던 것이다.

자치 프로젝트가 위축되자 시민들 사이의 유대감도 약해졌다. 글로벌 협치 기관들로서는 시민의식의 전제조건인 '구성원 모두가 공유하는 이해 및 상호의무의 정신'을 키워나갈 수 없었다. 국경선이 갖는 경제적 중요성이 줄어들면서 국가를 향한 충성심도 약해졌다. 새로운 경제 체제에서 번영을 누릴 요건을 갖춘 엘리트들은 자국의 동료 시민들보다는 전세계의 동료 기업가, 혁신가, 전문가들에게서 동질성을 더 많이 느꼈다. 기업도 지구 반대편에서 노동자와 소비자를 찾을 수 있게 되면서 자국민들에게 덜 의존하게 됐다.

반면 생계의 끈이 생활 터전으로 한정됐던 노동자들은 이런 현상에 주목했다. 경제 활동을 조직하는 세계화라는 새로운 방식은 불평등을 고조시키고 일과 노동의 존엄성을 약화시키며 국가 정체성과 충성심의 가치를 떨어뜨렸다. 정치적 분열은 이제 좌파와 우파 사이의 분열 문제가 아니라 개방과 폐쇄 사이의 분열 문제로 전환됐다. 자유무역협정FTA, 일자리 역외 이전, 국경을 자유롭게 넘나드는 자본의 흐름에 의문을 제기하는 순간 편협한 사람들로 치부됐다. 즉 신자유주의 세계화에 대한 반대가 편협한 인식으로 치부된 것이다. 이러한 논리에 따르면 애국심은 시대에 뒤떨어진 것, 즉 갈등 없는 개방된 세상을 마다하고 그로부터 도피하는 시대착오적인 것으로 인식됐다. 또는 뒤처진 패배자들이 허무하게 매달리는 위로의 상징처럼 보였다.

당시에 나는 환경협약, 인권협약, 유럽연합 등처럼 중요한 초국가적 transnational 프로젝트가 공동의 정체성과 이를 지탱하는 데 필요한 시민 참여를 배양하지 못할까 봐 걱정했다. 걱정의 근거는 단순하고도 명쾌하다. "사람들은 자기가 속한 집단의 정체성을 반영하는 정치적 합의와 어떤 식으로든 연결돼 있지 않는 것이라면, 규모가 크고 또 멀리 있는 어떤 것에 충성을 맹세하지 않는다. 설령 그게 아무리 중요한 것이라도 말이다."[2] 심지어 유럽연합[EU]도 그렇다. "초국가적supranational 통치기구로서 가장 성공한 실험으로 평가받는 유럽연합조차도 구성원들 사이에 경제적·정치적 통합체의 메커니즘을 지지하기에 충분할 정도로 강력한 유럽의 공동 정체성을 배양하는 일에는 지금까지 실패"했다.[3]

2016년 영국은 국민투표를 통해 유럽연합 탈퇴를 결정했다. 그로부터 일곱 달 뒤에 트럼프가 미국 대통령에 당선되는 사건과 마찬가지로 시장 경제 체제에서 특권적 혜택을 누리던 대도시의 엘리트들에게 충격을 준 결과였다. 브렉시트 Brexit* 와 국경 장벽은 둘 다 시장 주도적이고 기술 관료적 통치 방식에 대한 대중의 반발을 상징했다. 대중은 일자리 감소, 임금 정체, 불평등 증가, 엘리트들이 자기를 무시한다는 노동자들 사이의

---

* 영국(Britain)과 탈퇴(exit)를 합친 용어.

격한 감정 등의 원인으로 기존 통치 방식을 지적했다. 브렉시트 찬성과 트럼프 지지를 현실화한 두 건의 투표는 국가의 주권과 자부심을 재천명하는 고뇌에 찬 시도였다.

워싱턴컨센서스Washington Consensus*가 한창 힘을 얻던 1990년대에 수면 아래 잠복해 있던 불만은 마침내 수면 밖으로 튀어나와 강경한 태도와 방식으로 주류 정치를 뒤엎었다. 세계 자본주의가 자국 시민을 무력하게 만든다는 사실에 대한 어렴풋한 인식 대신에 이 체제가 대기업과 부유층에게만 유리하게 작동한다는 직설적이고 격정적인 인식이 들어섰다. 공동체가 사라져버릴지도 모른다는 걱정은 양극화와 불신으로 바뀌었다.

자치가 원활하게 작동하려면 경제적 강자에게 민주적 책임을 지우는 정치 제도가 마련돼야 한다. 아울러 시민은 자신들이 공동의 사업에 참여한다고 여길 정도로 서로에 대한 동일성을 충분히 느껴야 한다. 그런데 지금은 두 가지 조건이 제대로 지켜지지 않는다.

미국인은 정부가 강력한 영향력을 가진 이익집단들에 사로잡혀 그들의 이익만 대변하느라 일반 시민의 발언권은 깡그리 무시한다고 생각한다. 이러한 현상은 좌파와 우파의 진영을 넘어 정치적 스펙트럼 전체에 걸쳐 나타난다. 기업과 부유층은 정치후원금과 로비스트 집단을 동원해 모든 규칙을 자신들에게 유리하게 만든다. 소수의 강력한 기업들은 빅테크, 소셜미디어, 인터넷 검색, 온라인 소매유통업, 통신, 은행, 제약, 그 밖의 주요 산업을 장악하고서 경쟁을 죽이고 물가를 올리며 불평등을 심화시키고 민주적 통제를 부정한다.

---

* 1990년대 미국이 중남미 국가들에 제시했던 미국식 시장경제 체제의 확산 전략을 뜻하며, 신자유주의의 대명사나 마찬가지다.

한편 미국 사회는 뿌리 깊이 분열돼 있다. 인종차별에 맞서 어떻게 싸워야 하는가, 자국의 과거에 대해 미래 세대에게 무엇을 가르쳐야 하는가, 이민, 총기 폭력, 기후변화, 코로나19 백신 거부, 공공 영역을 오염시키는 잘못된 정보가 소셜미디어로 증폭돼 홍수를 이루는 현상 등을 어떻게 처리해야 하는가를 두고서 미국인 사이에서 문화 전쟁이 벌어지고 있다. 민주당을 지지하는 주에 사는 사람들과 공화당을 지지하는 주에 사는 사람들, 도시 거주자와 시골 거주자, 대학 학위를 가진 사람들과 그렇지 않은 사람들 등이 점점 더 분리된 채 살아간다. 사람들은 제각기 출처가 다른 뉴스를 접하고 다른 사실을 믿으면서 자기와 의견이나 사회적 배경이 다른 사람을 거의 만나지 않는다.

우리가 처한 곤경의 두 가지 측면, 즉 경제적 강자의 책임 회피와 양극화의 고착은 서로 연결돼 있다. 그리고 둘 다 민주주의 정치를 무력하게 만든다. 문화 전쟁은 사회 체계가 작동하도록 함께 힘을 모으려는 사람들을 방해할 만큼 너무도 격렬하게 논쟁적이고 걷잡을 수 없는 형태로 벌어진다. 전쟁을 부추기는 사람들은 경제적 조정이 폭넓은 개혁운동으로 나아가지 않도록 차단하는 데 일조한다.

그러니 우리 사회에서 공적 담론들이 공허하게 느껴지는 것은 당연하다. 정치적 담론으로 통하는 것이라고 해봐야 누구에게도 영감을 주지 않고 호응받지 못하는 편협하고 기술 관료적인 것 내지는 상대방의 말을 듣지도 않고 당파적 주장만 일방적으로 풀어내는 것에 불과하다. 소셜미디어는 더 말할 것도 없고 케이블 방송에서 정치 비평가들이 풀어놓는 가시 돋친 열띤 어조는 현 상태를 상징적으로 잘 보여준다.

민주주의에 다시 활력을 불어넣으려면 최근 수십 년 동안 이어졌던 기술 관료주의 정치에 가린 두 가지 질문을 놓고 토론해야 한다. 하나는 '경제가 민주적 통제에 순응하게 하려면 어떻게 경제를 재구성해야 할까'이고, 다른 하나는 '양극화를 누그러뜨리고 효과적인 민주시민으로 거듭날 수 있게 하려면 어떻게 공적 삶을 재구축해야 할까'이다.

경제적 강자가 사회에 책임을 지게 만드는 것과 시민의식을 활성화하는 것, 이 두 가지는 전혀 다른 정치적 작업으로 보일 수도 있다. 전자는 권력과 제도에 관한 것이고, 후자는 정체성과 이상에 관한 것이기 때문이다. 이 책의 중심 주제는 두 개의 작업이 연결돼 있다는 것이다. 소수가 독점하는 민주적 제도들을 시민에게 돌려주려면 어떻게 해야 할까? 방법은 하나뿐이다. 함께 꾸려나가는 공적 삶에 적극적으로 참여하는 개인이 될 수 있도록 모든 시민에게 권한을 부여해야 한다.

그런데 이런 사고방식은 대세에 어긋난다. 대부분의 경우 사람들은 자신을 시민으로 생각하기보다 소비자라고 생각한다. 소수의 대기업에 권력이 집중되는 것을 목격할 때 시민사회의 건전성이 훼손되길 걱정하기보다 독과점 때문에 가격이 오를 것을 걱정한다. 대형 제약사에 대한 의존도가 높아져 목숨을 구하는 약에 더 많은 돈을 지불해야 되는 것을 걱정하고, 금융계에서 경쟁이 줄어들 때 신용카드와 예금 수수료가 오를 것을 걱정하고, 항공사들이 통폐합해 항공료가 오를 것을 걱정한다.

루이스 브랜다이스 Louis Dembitz Brandeis가 '거대함의 저주 curse of bigness'라고 불렸던 현상은 소비자뿐만 아니라 자치의 작동에도 문제가 된다. 제약 산업이 너무 강력해지면 건강보험 개혁을 방해할 것이고, 심지어 팬데믹의 와중에도 복제약 및 복제백신 제조를 장기적으로 금지하는 특허 보호를 주장할 것이다. 은행이 너무 커져서 파산하게 내버려둘 수 없다면 은행은 손해를 보더라도 납세자들이 자신들의 손해를 메꿔줄 것이라 믿고 위험한 투기에 마구잡이로 나설 것이다. 또 자신들의 무책임한 행동을 규제하려는 시도마저 무력하게 만들 것이다.

　미국 역사에서는 정치인, 활동가, 개혁가가 기업 권력이 시민에게 안겨
줬던 결과를 따져왔다. 대기업의 정치 권력화 억제를 목표로 삼았던 반독
점운동이 대표적이다. 이 운동의 주된 관심사는 소비자가 부담해야 하는
가격을 낮추는 것이 아니었다. 그런데 제2차 세계대전 이후 독점에 반대
하는 운동의 근거에서 시민적 요소는 희미해지고 소비자적 요소가 오히
려 더 중요해졌다.

　그러나 오늘날, 빅테크와 소셜미디어가 중요하게 대두되면서 '거대함'
이 퍼붓는 '저주'는 높은 소비자가격에만 영향을 주는 게 아님을 상기시
킨다. 페이스북은 무료다. 그러나 소셜미디어 확산에 뒤따르는 피해로 민
주주의가 훼손된다. 소셜미디어의 거대하고 규제되지 않은 권력 때문에
미국 내 선거에 외국이 간섭을 하고 증오 확산, 음모론, 가짜 뉴스, 허위
정보 등이 전혀 여과되지 않은 채 유례없는 규모로 확산된다.

　시민사회를 혼란스럽게 만든 결과를 사람들은 이제야 비로소 인식하
기 시작했다. 이러한 과정들이 대중의 주의력 유지 능력을 부식시키는 효
과에 대해서는 아직 명확하게 밝혀지지도 않았다. 대중의 주의력을 조종
하고 개인정보를 수집해 취향을 파악한 뒤 광고주들에게 팔아넘기는 행
위는 개인의 사생활까지도 위협한다. 그뿐만이 아니다. 민주적 숙의가 추
구하는 세상으로 나아가고자 하는 끈기 있고 단호한 입장을 퇴색시키기
도 한다.

　우리는 경제 권력이 시민적 삶에 초래하는 결과에 주의를 기울이는 데
익숙하지 않다. 경제 정책을 다루는 토론 주제는 대부분 경제 성장과 (이
것보다 비중이 적긴 하지만) 분배 정의distributive justice다. 즉 '파이를 어떻게 하
면 크게 만들까'와 '파이를 어떻게 하면 공정하게 분배할까'를 두고 토론

한다. 이것은 경제를 편협하게 바라보는 사고방식에 불과하다. 경제의 목적이 '소비자의 복지 극대화'라는 잘못된 가정을 전제로 할 뿐이다. 우리는 소비자일 뿐만 아니라 민주적 시민이라는 사실을 잊지 말아야 한다.

시민으로서 우리는 자치가 작동하도록 도움을 주는 경제를 만드는 과정의 이해당사자다. 즉 경제 권력이 민주주의의 통제 대상이 돼야 한다는 뜻이다. 또한 모든 사람이 존엄한 조건에서 상당히 괜찮은 삶을 살 수 있어야 하고, 직장과 공적인 분야에서 발언권을 가질 수 있어야 하며, 공동선common good에 대해 숙고할 기회를 제공하는 폭넓은 시민 교육에 접근할 수 있어야 한다는 뜻이기도 하다.

어떤 경제적 조치가 자치에 가장 적합한지 알아내는 문제는 논쟁의 여지가 있다. 국내총생산GDP을 늘리고 고용을 늘리며 인플레이션을 피하는 방법을 다루는 익숙한 토론과 다르게 경제 정책이 시민사회에 미치는 결과를 따지는 토론은 상대적으로 덜 기술적이며 더 정치적이다. 나는 한층 폭넓은 시민성 차원의 경제 논쟁 전통을 '시민의식의 정치경제학political economy of citizenship'이라고 부른다.

최근 수십 년 동안 이러한 전통은 실종됐지만 미국 역사의 많은 부분에서 공적인 담론을 구성하던 한 축이었다. 이 전통은 때로 혐오스러운 대의명분을 옹호할 목적으로 발동되기도 했지만 개혁을 추구하는 근본적이고 민주적 운동에 영감을 주기도 했다. 이 책의 초판 및 개정판에서 설정한 목표 가운데 하나는 다음 질문을 던지는 것이다.

우리의 시민의식 전통에 담긴 민주주의적이며 자치적 권한의 요소가 오늘날 너무도 익숙한 신자유주의적이고 기술 관료적 경제 논쟁을 넘어설 수 있는 대안을 떠올리는 데 도움이 되지 않겠는가?

이 책의 초판이 출간된 뒤로 사반세기 이상의 세월이 지났는데, 그동안 민주주의에 대한 불만은 더욱 깊어지기만 했다. 이 불만은 민주주의의 미래가 암울하게 보일 정도로 깊고도 예리하다. 클린턴과 부시, 오바마와 트럼프 시대를 거쳐 코로나 팬데믹으로 이어지는 시대를 다루는 개정판에서 나는 민주주의에 대한 불만이 깊어질 수밖에 없었던 이유를 설명하고자 한다.

초판에서는 전체 내용을 두 부분으로 나눠서 설명했다. 하나는 미국의 헌법적 전통, 다른 하나는 경제에서의 공적 담론을 다루면서 당대의 '자유주의 공공철학 public philosophy'이 각각의 영역에서 어떻게 전개됐는지 설명했다. 이번 개정판에서는 헌법 부분을 빼고 '경제' 주제에 집중했다. 세계화 시대를 지나면서 경제와 민주주의에 대한 논쟁이 어떻게 전개돼왔는지 살펴보면 정치적으로 이토록 위험한 순간까지 내몰리게 된 이유를 더 분명하게 이해할 수 있다.

1996년에 초판이 출간된 뒤로 나는 이 책에 응답했던 사람들에게 이루 말할 수 없이 큰 빚을 졌다. 조지타운대학교 로센터에서 인상적인 심포지엄을 마련했던 애니타 L. 앨런과 밀턴 C. 리건에게 특별히 고맙다는 인사를 하고 싶다. 주디스 아렌스 학장이 주최한 이 심포지엄은 이 책에 대한 예리하고 비판적 논평들을 살펴본 법률 및 정치 분야의 기라성 같은 이론가들이 모두 모인 자리였다. 앨런과 리건은 이 논평과 에세이들을 묶어서 1998년에 《민주주의의 불만에 대한 논쟁 Debating democracy's discontent》을 펴냈다. 나는 이 비평들을 하나씩 곱씹으면서 많은 것을 배웠다. 그들에게 진심으로 감사한다. 한 사람씩 이름을 나열하면 다음과 같다. 크리스토퍼 빔, 로널드 S. 베이너, 윌리엄 E. 코놀리, 장 베시키 엘시테인, 아미타이 에치오니, 제임스 E. 플레밍, 브루스 프로넨, 윌리엄 A. 갤스턴, 윌 킴리카, 린다 C. 맥클레인, 클리퍼드 오윈, 토머스 L. 팽글, 필립 페팃, 밀턴 C. 리건, 리처드 로티, 낸시 L. 로젠블룸, 리처드 세넷, 메리 린든 쉐인리, 앤드루 W. 시겔, 찰스 테일러, 마크 터쉬넷, 제러미 월드론, 마이클 왈저, 로빈 웨스트, 조앤 C. 윌리엄스.

개정판의 에필로그에 유용한 논평을 해준 키쿠 아다토, 조지 안드레우, 데이비드 M. 케네디에게도 고맙다는 인사를 전한다. 카트리나 바살로는 전문성과 세심함으로 원고를 편집해줬다. 또 내가 개정판에 대한 생각을 정리할 수 있도록 오랜 세월 도움을 준 하버드대학교출판부의 편집자인 이안 말콤은 특별히 고마운 사람이다. 편집과 관련해 탁월한 판단력을 가지고 있다는 사실과 별도로 이안은 나를 이끌어주고 또 인내하는 데서 적절한 균형을 유지하는 놀라운 능력을 발휘했다. 나에게 기쁨을 주는 존재였던 두 아들 애덤과 에런은 나에게 개정판이 나올 수 있었던 공명판이자 통찰력 넘치는 비판자였다. 두 아들에게도 큰 빚을 졌다. 그리고 내가 가장 큰 빚을 진 사람은 키쿠다. 이 책도 여전히 키쿠에게 바친다.

정치 철학은 종종 현실 세상과 동떨어진 얘기처럼 들린다. 원칙과 정치는 관련 없이 따로 존재한다. 그래서 사람들이 자기가 생각하는 이상에 맞춰 살고자 아무리 노력해도 성공하는 경우는 드물다. 철학은 우리가 가진 도덕적 열망을 채워주지만, 정치는 까다로운 현실 문제를 다룬다. 미국의 민주주의가 안고 있는 문제는 이상을 너무 진지하게 받아들여 개혁을 지향하는 과도한 열정으로 인해 이론과 실천 사이의 간극을 인정하지 않은 채 마구 폭주하는 것이라고 말하는 사람들도 있다.

그러나 정치 철학은 어떤 의미에서는 실현 불가능한 것이지만, 또 다른 의미에서는 불가피한 것이기도 하다. 다시 말해 철학은 처음부터 세상과 함께 존재하며 실천과 제도는 이론을 현실에서 구체화한 것이다. 권리와 의무, 시민의식과 자유, 민주주의와 법 등 온갖 이론으로 가득 찬 언어를 동원하지 않고서는 정치를 이야기할 수 없다. 하물며 정치에 관여하는 것은 더 말할 것도 없다. 정치 제도는 제각기 독립적으로 착상된 발상들을 단순하게 구현하는 도구가 아니라 그 자체가 이미 현실에서 구체화된 것이다. '정의의 의미가 무엇인가', '좋은 삶good life을 산다는 것은 어떤 것인가'와 같은 궁극적 질문을 외면하며 살 수도 있다. 하지만 이러한 질문들에 대해서 어떤 식으로든 대답하면서 살아갈 수밖에 없다. 즉 우리는 모두 어떤 **이론**에 따라 살아간다.

이 책에서 나는 당대의 미국에서 우리가 살아가는 방식을 설명하는 이론을 탐구한다. 내가 세운 이 책의 목표는 우리의 실천과 제도에 내재된 공공철학이 무엇인지 포착하고, 또 그 철학에 담긴 갈등이 실천 속에서 어떻게 나타나는지를 보여주는 데 있다.

이론이 애초부터 세상과 거리를 두지 않고 세상에 존재한다면, 우리가 붙잡고 살아가는 그 이론을 파헤쳐 스스로가 처한 상태에 대한 실마리를 찾을 수 있다. 우리가 살아가는 공적 삶public life에 함축된 이론에 초점을 맞추는 일은 현재 우리의 정치적 상황을 진단하는 데도 도움이 된다. 그렇게 하다 보면 미국 민주주의가 겪는 곤경이 이상과 현실에 존재하는 제도 사이의 간극 때문만이 아니라 이상 그 자체가 잘못됐거나 우리의 공적 삶이 반영하는 자아상이 잘못됐기 때문이라는 사실이 드러날 것이다.

이 책의 내용은 1989년 노스웨스턴대학교 로스쿨에서 '줄리어스 로젠탈 재단 강연'을 하면서 뼈대가 잡혔다. 나를 따뜻하게 맞아줬고 예리한 질문을 해줬으며 강의 내용을 책에 실을 수 있도록 허락해준 로버트 베넷 학장을 비롯한 교수진들에게 고맙다는 인사를 전한다. 또 책의 내용으로 강의와 강연 기회를 줬던 브라운대학교, 버클리대학교 캘리포니아 캠퍼스, 뉴욕대학교, 옥스퍼드대학교, 프린스턴대학교, 유타대학교, 버지니아대학교, 빈 인문과학연구소, 미국정치학협회, 미국로스쿨협회, 윤리-법철학협회, 하버드대학교 로스쿨 교수진 워크숍의 교수들 및 학생들에게도 고맙다는 인사를 전한다. 3장과 4장의 일부 내용은 〈유타법학평론Utah Law Review〉(1989) 597~615쪽, 〈캘리포니아법학평론California Law Review〉 (1989) 521~538쪽에 실었던 내용을 수정한 것이다.

이 책의 연구조사와 집필에 아낌없이 지원해준 포드재단, 미국학술단체협의회, 미국 국립인문재단, 하버드대학교 로스쿨의 하계연구프로그램에 감사한다. 하버드대학교 행정학과와 로스쿨의 동료 교수들과 나눈 대화들은 이 책의 주제에 관련된 자극과 영감이 됐다. 특히 나는 '법과 정치 이론: 자유주의 전통과 공화주의 전통' 강좌를 들었던 하버드대학교의 졸업생 및 재학생들에게 큰 빚을 졌다. 이들과 벌인 토론 덕분에 나는 내가 전개하는 논지와 견해를 한층 더 매끄럽게 다듬을 수 있었다.

또 이 책이 완성되기까지 여러 단계에서 원고의 일부 또는 전부를 읽고 논평을 해준 앨런 브링클리, 리처드 팰런, 보니 호니그, 조지 케이텝, 스티븐 마케도, 제인 맨스브리지, 퀜틴 스키너, 주디스 자비스 톰슨 등도 특별히 고맙다. 존 바우어와 러스 뮤어헤드는 정보 수집을 훨씬 뛰어넘는 수준으로 연구조사 작업을 하면서 내 생각의 폭을 넓혀줬다. 하버드대학교 출판부에서 모범적이며 참을성 있는 편집자인 아이다 도널드, 책의 마지막 단계까지 능숙한 솜씨와 마음으로 살펴봐준 앤 호손, 이 두 사람과 함께 일하게 된 것은 나에게 행운이었다. 이 책을 내놓으면서 가장 안타까운 일은 친구이자 동료인 주디스 N. 슈클라가 완성된 책을 보지 못하고 떠난 일이다. 디타(주디스 N. 슈클라의 애칭)는 많은 부분에서 나와는 의견이 달랐지만, 내가 하버드대학교에 왔던 첫날부터 지금까지 격려와 조언을 아끼지 않았던 활기차고 유쾌한 지적 동료다.

내가 이 책의 원고를 쓰는 동안에 두 아들 애덤과 에런은 아기에서 소년으로 성장했다. 아이들 덕분에 집필하는 과정은 언제나 기쁨으로 넘쳤다. 마지막으로 이 책에는 아내이자 미국 문화를 다루는 재능 있는 작가인 키쿠 아다토에게서 배운 것들이 많다. 아내는 이 책에 조금이라도 더 나은 내용을 담도록 그 누구보다 많은 일을 했다. 사랑을 담아 이 책을 아내에게 바친다.

CONTENTS

시민의식의
정치경제학

경제는 '무엇'을 위해 존재해야 하는가

DEMOCRACY'S DISCONTENT

사람들은 힘든 시기를 보낼 때 자기가 꿈꾸는 이상을 떠올리며 되새긴
다. 오늘날 미국에서는 쉽지 않은 일이다. 전 세계에서 민주주의의 이상
이 흔들리고 있는 오늘날 미국 내에서도 민주주의의 이상이 실종된 게
아닌지 의심된다. 우리가 살아가는 공적 삶은 불만으로 가득 차 있다. 미
국인은 자신들이 통치받는 방식에 대해 믿지 않으며 또 정부가 옳은 일
을 할 것이라고 신뢰하지 않는다고 목소리를 높인다.[1] 동료 시민들 사이
에서도 신뢰가 급격히 떨어지고 있다.[2]

　한편 정당들은 시민이 처한 상황을 이해하지 못하며 그럴 역량도 부족
하다. 국가적 차원에서 논의되는 주요 주제들, 예를 들어 복지국가의 적
절한 한계, 권리와 자격의 범위, 정부 규제의 적절성 정도 등은 건국 초기
에 제기된 여러 주장의 기본 뼈대를 그대로 가져다 쓴다. 이 논제들이 중
요하지 않은 것은 아니다. 하지만 이러한 주제들은 민주주의에 대한 불만
의 핵심에 놓여 있는 두 가지 우려를 담아내지 못한다.

　하나는 시민이 개별적으로나 집단적으로 각자의 삶을 지배하는 힘의

통제권을 잃어가고 있다는 두려움이다. 다른 하나는 가족에서 이웃, 더 나아가 국가에 이르기까지 공동체의 도덕적 결속이 느슨해지고 있다는 인식이다. 자치의 상실과 공동체의 붕괴라는 두 가지 두려움이 결합해 우리 시대의 불안을 형성한다. 또한 현재의 정치적 의제가 아무런 해답을 내놓지 못한다는 사실, 심지어 시도조차 하지 않는다는 사실이 바로 우리가 느끼는 불안이고 우려다.

왜 미국의 정치는 오늘날 미국을 집어삼키고 있는 불만을 누그러뜨릴 의지도 없고 그럴 준비도 돼 있지 않을까? 이 질문에 대한 대답은 지금의 정치적 주장들 너머에서 생기를 불어넣는 공공철학에 있다. 내가 사용하는 공공철학이라는 용어는 우리가 실천하는 행동에 내재된 정치 이론, 즉 시민의식과 자유에 대한 여러 가정들을 뜻한다. 이러한 가정들이 우리의 공적 삶에 정보를 제공한다. 그리고 당대의 미국 정치가 자치와 공동체에 대해 설득력 있게 답을 내놓지 못하는 현상은 우리가 의지해 살아가는 공공철학과 관련이 있다.

공공철학은 한마디로 규정하기가 어렵다. 끊임없이 우리 눈앞에 있기 때문이다. 때로 공공철학은 정치적 담론을 펼치거나 정치적 추구 활동을 할 때 종종 무반성적으로 작용하는 배경이다. 아무 일이 없는 일상적인 시대에는 사람들이 자신들 스스로 어떤 공공철학에 따라서 살아가는지 쉽게 깨닫지 못한다. 반면 불안정한 시대에서는 이야기가 달라진다. 공공철학이 명료하게 부각돼 일차적 원칙들이 수면 위로 떠오르고 사람들이 비판적 성찰에 나선다.

자유주의적 자유와 공화주의적 자유

미국인이 자신들만의 잣대로 삼고 살아가는 정치 철학은 자유주의 정치 이론의 한 버전이다. 이 철학의 중심은 시민이 지지하는 도덕적 관점이나 종교적 관점에 대해 정부가 중립적이어야 한다는 발상이다. 삶을 살아가는 최선의 방법이 무엇인지 사람들이 동의하지 않기 때문에 정부는 좋은 삶의 특정한 형태를 법률로 단정해선 안 된다. 그 대신 정부는 각 개인을 자유롭고 독립적인 자아로서 존중하고 각자의 가치관과 목적을 선택할 수 있는 권리의 틀을 제공해야 한다.[3] 이러한 자유주의는 특정한 목적보다 공정한 절차를 중요하게 여기기 때문에 이것이 일러주는 공적 삶을 '절차적 공화주의procedural republic'라고 부를 수 있다.[4]

오늘날의 지배적인 정치 철학을 자유주의 정치 이론의 한 버전이라고 말할 때는 자유주의의 두 가지 다른 의미를 구분해야 한다. 미국 정치에서 일반적으로 사용하는 용어에서는 자유주의가 보수주의의 반대 개념이다. 즉 상대적으로 관대한 복지국가를 선호하는 사람들과 사회적·경제적 평등이라는 가치를 중요하게 여기는 사람들의 관점이다.[5] 정치 이론의 역사에서 자유주의는 훨씬 더 넓은 의미를 가진다. 역사적 의미에서 사용되는 자유주의는 관용을 강조하고 개인의 권리를 존중하는 사상적 전통, 즉 존 로크와 임마누엘 칸트에서부터 존 스튜어트 밀과 존 롤스에 이르는 사상적 전통을 뜻한다. 현재 미국의 공공철학은 이런 자유주의적 사상의 전통 중 한 가지 버전이다. 우리가 하는 토론이나 논쟁의 대부분이 이 범위 안에서 이뤄진다.

누구나 자기의 목적을 선택할 수 있음으로써 자유가 존재한다는 발상은 미국의 정치와 법률에서 특히 두드러지게 드러난다. 미국 정치에서 자유주의는 진보주의자들에게만 국한되지 않고 정치 스펙트럼의 전 영역을 아우른다. 예를 들어보자. 공화당원은 복지 프로그램에 들어가는 비용을 부자들에게서 거둔 세금으로 마련하는 것을 일종의 강요된 자선 행위라고 주장한다. 그들의 논리는 국민들 각자가 가진 돈으로 무엇을 할지 선택할 자유를 침해하면 안 된다는 것이다. 민주당원은 정부가 모든 시민에게 적절한 수준의 소득과 주택과 건강을 보장해야 한다고 주장한다. 그들은 경제적 결핍으로 고통받는 사람들이 다른 분야에서 진정으로 자유로운 선택을 할 수 있어야 한다는 논리를 펼친다.

공화당원과 민주당원 모두 정부가 개인의 선택을 존중하기 위해 행동해야 하는 방법에 대해서 동의하지는 않는다. 하지만 개인이 자기 가치관과 목적을 선택할 수 있는 것이 바로 자유라는 점에는 동의한다. 또 자유에 대한 생각에 너무 익숙한 나머지 미국의 정치적·헌법적 전통의 영구적 특징처럼 받아들여진다. 그러나 미국인이 자유를 늘 동일한 개념으로 이해했던 것은 아니다. 오늘날의 지배적인 공공철학으로서 현재의 토론과 논쟁을 규정하는 자유관은 사실 20세기 후반 50년에 걸쳐서 정립된 것이다.

한편 이러한 자유관과 경쟁하다가 점차 사라졌던 공공철학과 비교해보면 각 자유관의 독특한 특성이 뚜렷하게 드러난다. 그 공공철학은 공화주의 정치 이론의 한 버전이다. 공화주의 이론은 자유가 시민의 자치 참여 여부에 달려 있다는 발상을 중심에 두고 있다. 이러한 발상 자체는 자유주의적 자유관과 모순되지 않는다. 정치에 참여하는 것은 사람들이 자기 목적을 추구하는 여러 가지 방법 중 하나가 될 수 있다. 그러나 공화주의 정치 이론에 따르면 자치에 참여하는 행위에는 더 많은 의미가 담겨 있다. 즉 공동선common good에 대해 동료 시민과 함께 깊이 생각하고 또 정치 공동체의 운명을 만들어나가는 데 힘을 보탠다는 뜻이다.

어떤 개인이 공동선을 깊이 생각할 수 있으려면 자기의 목적을 선택하고 다른 사람의 권리를 존중하는 데 필요한 능력보다 더 많은 능력을 가지고 있어야 한다. 공적인 일에 대한 지식, 공동체 소속감, 전체를 생각하는 관심, 위태로운 운명의 공동체에 대한 도덕적 유대감 등이다. 따라서 어떤 시민이 자치에 참여하려면 특정한 인격적 특성이나 시민적 소양(시민적 덕성)을 가지고 있어야 한다. 그러나 이 말은 공화주의 정치가 시민들이 옹호하는 가치관과 목적에 대해 중립적일 수 없다는 뜻이다. 공화주의적 자유관은 자유주의적 자유관과 달리 자치에 필요한 소양과 덕목을 시민에게 적극적으로 심어주는 형성적 정치formative politics를 요구한다.

경제는 무엇을 '위한' 것인가?

자유주의와 공화주의 사이의 자유 개념 차이는 경제에 대한 두 가지 사고방식, 즉 "경제는 무엇을 **위한** 것인가?"라는 질문에 대한 대답에서도 차이를 드러낸다. 애덤 스미스Adam Smith는 《국부론The Wealth of Nations》(1776)에서 "소비야말로 모든 생산의 유일한 목적"이라는 자유주의적 관점의 대답을 내놓았다.[6] 20세기에 존 메이너드 케인스John Maynard Keynes도 "소비는 모든 경제 활동의 유일한 목적이다"라고 반복해 밝혔다.[7] 그들의 견해에는 오늘날의 경제학자 대부분이 동의할 것이다.

그러나 케인스의 분명한 견해가 경제의 목적을 이해하는 유일한 길은 아니다. 공화주의의 전통에 따르면 경제는 소비뿐만 아니라 자치를 위한 것이기도 하다. 만약 자유가 자치에 참여하는 시민의 능력에 달린 것이라면 경제는 사람들이 단순한 소비자에 그치지 않고 시민이 될 수 있도록 해줘야 한다. 이것은 경제와 관련된 정책이나 조치에 대해 토론하는 방식에 중요한 기준이 된다.

소비자는 경제의 **산출**을 주된 관심 대상으로 삼는다. 즉 경제가 과연 어떤 수준의 소비자 복지를 가능하게 하며 또 국가가 생산한 것이 사람들에게 어떻게 분배되는가 하는 문제다. 그런데 우리는 시민으로서 경제 **구조**, 즉 경제는 어떤 노동조건을 가능하게 하며 또 경제는 생산적 활동을 어떻게 조직하는가 하는 문제에도 관심을 가진다.

자유주의적 자유의 관점에서 볼 때 경제에서 가장 일차적 문제는 국가 생산물의 규모와 분배 방식이다. 이것은 목적 중립적 태도를 가지는 방식으로 사회를 통치하겠다는 자유주의적 결의가 반영된 것이다. 그런데 다원주의 사회에서는 사람들의 선호와 욕망이 제각기 다르다. 국내총생산을 극대화하고 공정하게 분배하는 것은 각자의 선호와 욕망의 가치에 대해 어떠한 판단도 내리지 않는다. 그저 조건이 허용하는 범위 안에서 사람들이 최대한 만족하도록 할 뿐이다.

그런데 시민적 자유라는 관점에서 볼 때 경제는 중립적일 수 없다. 일이 조직되는 과정 자체가 사람들이 서로에 대해 어떻게 생각하는지, 즉 사회적 인식과 존중을 각 개인에게 어떻게 할당할지 결정한다. 다시 말하면 생산과 투자의 조직화 과정이 직장에서나 정치적 활동에서 시민이 자신의 삶을 통치하는 힘을 형성하기 위한 의미 있는 발언권을 가질 수 있을지 결정한다. 따라서 자유주의보다 공화주의에서 자유 개념에 더 많은 조건을 담고자 한다. 소비자는 풍요롭고 번영하는 경제에서 개인적 선호를 더 많이 충족할 수 있다. 그러나 노동조건이 나빠지거나 경제 구조가 민주주의적 통제를 거부한다면, 공화주의 자유 개념의 중심 가치인 자치에 대한 열망에 응답할 수 없게 될 것이다.

    자유에 대한 자유주의 개념과 공화주의 개념은 모두 정치적 전통의 전반에 걸쳐 존재해오면서 상대적 중요성이 시시각각 달라졌다. 크게 보자면 미국 역사 초기에는 공화주의가 우세했고 나중에는 자유주의가 우세했다. 20세기 중반 이후로는 미국 정치의 시민적 측면 또는 형성적 측면이 좋은 삶을 서로 다르게 규정하는 개념들에 대해 중립성을 주장하는 자유주의로 크게 기울었다.

    오늘날 미국이 처한 정치적 곤경은 바로 이런 변화에서 비롯됐다. 자유주의적 자유관은 비록 그 나름의 호소력을 가지고 있지만 자치를 유지하는 데 필요한 시민의식 차원의 자원 측면에서는 부족하다. 이런 부족함 때문에 공적 삶을 힘들게 만드는 자치 권한의 박탈감은 자유주의적 자유관 아래에서 쉽게 해소되지 않는다. 미국인이 기준으로 삼고 살아가는 공공철학은 자유를 약속하되 무조건 보장하지는 않는다. 자유주의적 자유관은 자유가 보장되려면 꼭 필요한 공동체의식과 시민적 참여를 고취하지 않기 때문이다.

    자유주의적 자유관이 공화주의적 자유관을 점차 밀어낸 과정은 길고도 복잡하다. 이 과정은 토머스 제퍼슨Thomas Jefferson(대통령 재임: 1801~1809)과 알렉산더 해밀턴 Alexander Hamilton이 미국 사회에서의 금융의 역할이 무엇인가에 대해, 그리고 미국이 과연 제조업 국가가 돼야 하는가에 대해 벌였던 논쟁에서 처음 시작됐다. 또 이 과정에는 은행업과 정부가 예산을 대는 인프라 건설을 둘러싼 앤드루 잭슨Andrew Jackson(대통령 재임: 1829~1837) 시대의 논쟁들도 포함된다. 또 이후부터 남북전쟁(1861~1865) 이전 시기에 제기됐던 노예제도와 임금노동의 도덕성에 대한 논쟁들도 포함된다.

산업 시대가 전개돼 국가 경제가 강화됨에 따라 자유주의적 주제와 공화주의적 주제는 독과점과 대기업에 맞서는 방법을 두고 펼쳐진 진보의 시대Progressive Era * 논쟁들에서도 나타났다. 경제를 민주주의의 책임 아래 두려는 여러 시도는 초기의 뉴딜정책에 영향을 줬다. 하지만 거시경제 수요를 관리하는 것에 맞춰졌던 초점은 곧 사라져버렸다. 제2차 세계대전 이후에는 성장의 정치경제학이 시민의식의 정치경제학을 밀어냈다. 세계화 시대에는 시장에 대한 믿음과 금융의 역할이 커지면서 경제 논쟁에서 시민적 노선은 거의 사라졌다. 그러나 공적 담론의 공허하고 기술 관료적 성격에 사람들이 좌절했다는 사실은 자치를 향한 사람들의 열망이 여전히 지속되고 있음을 시사한다.

이 책의 뒷부분에서는 현재 정치 상태를 진단하고자 미국의 정치 전통을 사례로 해석하고 설명할 것이다. 이는 특정한 시민적 이상과 가능성을 회복하려는 시도이기도 하다. 굳이 이렇게 하는 이유는 단순히 과거의 향수를 불러일으키려는 것이 아니라 사유화되고 양극화된 정치적 지평을 넘어 우리가 나아갈 길을 모색해자는 것이다. 나는 미국 민주주의의 역사가 모든 점에서 옳다고 인정할 정도의 황금시대를 열어왔다고 보지 않는다. 공화주의 전통은 노예제도, 공공 영역에서의 여성 배제, 재산에 따른 투표권 결정, 기존의 사회 구성원이 이민자들에게 드러내는 적개심 등으로 점철돼 있었다. 실제로 공화주의는 잘못된 관행을 보호하는 조건을 제

---

* 19세기 후반부터 20세기 초까지 미국은 서부로의 급격한 확장과 산업화로 극심한 빈부격차를 비롯한 여러 사회 문제가 나타났고, 이런 문제들을 해결하기 위한 노력들이 시도되고 성과를 거뒀던 시기를 '진보의 시대'라고 부른다.

공하기도 했다.

그러나 공동체와 자치에 중점을 두는 공화주의 전통에 대한 부정적 이야기들에도 불구하고 궁핍한 시민적 삶을 바로잡을 해결책을 제공할 수 있다. 공화주의 자유관을 자치라는 것으로 상기할 때 지금껏 잊고 있었던 몇 가지 질문을 던질 수 있다.

과연 어떤 경제 정책과 조치가 자치에 바람직할까? 어떻게 하면 정치적 담론이 공공의 영역에서 제기되는 도덕적·종교적 신념을 회피하지 않고 적극적으로 끌어안을 수 있을까? 어떻게 하면 시민들이 다원주의 사회의 공적 삶에서 꼭 필요한 광범위한 자기 이해를 함양할 수 있을까?

오늘날의 공공철학에서는 시민적 차원에서 고려할 만한 사항을 찾아보기 힘들지만, 절차적 공화주의가 자리 잡기 전에 초기 미국인이 바로 이 질문들을 놓고 어떻게 논쟁했는지 되돌아본다면 도움이 될 것이다.

공화국 초기의 경제와 시민적 덕목

공화주의적 이상과 산업을 찾아서

DEMOCRACY'S DISCONTENT

오늘날 경제에 대해 생각하고 논증하는 방식을 미국인이 역사 속의 많은 기간에 걸쳐 토론했던 방식과 비교해 살펴보라. 현대 미국 정치에서 제기되는 경제와 관련된 주장들 가운데 많은 것이 번영과 공정이라는 두 가지 관점을 중심으로 전개된다. 사람들이 선호하는 세금 정책, 예산안, 규제 계획에 관계없이 사람들은 보통 경제 성장에 기여하거나 소득 분배를 개선시키는 정책을 옹호한다. 즉 그러한 정책들이 경제적 파이의 크기를 늘리거나 파이의 조각을 한층 더 공정하게 분배한다고, 또는 두 가지를 모두 다 수행한다고 주장한다.

　사람들이 특정 경제 정책을 합리화하는 데 워낙 익숙하다 보니 다른 가능성은 없는 것처럼 보이기도 한다. 그러나 경제 정책을 다루는 토론과 논쟁이 늘 국민총생산 GNP의 규모와 분배에만 초점을 맞췄던 것은 아니다. 미국 역사 속에서 많은 기간에 걸쳐 사람들은 '어떤 경제적 조치들이 자치에 가장 우호적이었을까?'라는 전혀 다른 질문을 다루기도 했다. 미국의 정치 담론에서는 경제 정책이 낳은 시민적 차원의 결과가 번영 및 공정과 함께 자주 중요한 요소로 다뤄졌다.

제퍼슨은 경제 관련 논쟁에 담긴 시민적 노선을 묘사했다. 지금까지도 고전적 표현으로 남아 있는 묘사다. 그는 《버지니아주에 대한 연구 Notes on the State of Virginia》(1787)에서 농업적 삶의 방식이 자치에 적합한 도덕적 시민을 만든다는 것을 근거로 삼아 국내의 제조업을 대규모로 일으키는 데 반대하는 주장을 펼쳤다. 그는 "땅에서 일하는 사람들은 신의 선택을 받은 사람들이다. (…) 이 사람들이 진정한 미덕을 구현한다"라고 썼다.

유럽의 정치경제학자들은 모든 국가가 자기 자신을 위해 제조업을 일으켜야 한다고 주장하면서도 대규모 제조업은 공화주의 시민의식의 전제조건인 독립성을 약화시킨다고 주장한다. 그들은 "독립성이 아닌 의존성은 복종과 무절제를 낳고, 미덕의 싹을 질식시키며, 야망을 설계하는 데 적합한 도구를 준비한다"라고 말했다. 이런 맥락에서 제퍼슨은 "우리의 작업장을 모두 유럽에 그대로 남겨둬서" 이런 작업장들이 초래할 도덕적 부패를 피하는 것이 더 낫다고 생각했다. 제조업 상품을 생산하는 데 동반되는 태도와 습관을 미국으로 들여오기보다는 완성된 공산품을 수입하는 것이 더 낫다고 생각한 것이다.[1]

제퍼슨은 "땅에서 일하는 사람들"을 도덕적 공화주의 시민으로 추앙했다. 그러나 그의 이런 태도는 몬티첼로에 있던 자기 농장을 유지하던 노동 체제와는 전혀 달랐다. 제퍼슨은 노예제도가 "가장 끊임없이 이어지는 압제"라면서 원칙적으로는 이 제도에 개탄했지만,[2] 사실 그는 평생에 걸쳐 600명이 넘는 흑인 노예를 소유했다. 노예들이 그의 땅을 경작했고 그의 집에서 시중을 들었으며 그의 못 공장에서 못을 생산했다.

노예들은 숙련공이든 비숙련공이든 구분 없이 미국 사회를 구성하는 시민으로서의 소양을 갖출 기회를 받지 못했다. 당시는 노예를 공적 삶에서 배제하는 인종차별적이고 종속적인 체제, 즉 노예제도가 표준이자 당연한 관행이었다. 제퍼슨이 독립선언문에 남긴 감동적인 말과 마찬가지로, 시민의식에 대한 그의 정치경제적 관점은 그가 살았던 삶과 거리가 먼 이상을 표현하는 것이었다.[3] 그러나 그 이상은 어떤 경제 조치도 적어도 일정 부분에서는 그 조치들이 형성하는 시민적 덕목을 가진 시민들이 판단해야 한다는 식의 매력적인 시민적 열망을 드러내는 것이었다.

결국 농업을 바라보는 제퍼슨의 관점과 견해는 널리 퍼지지 않았다. 그러나 자치에 필요한 시민적 덕목들을 경제가 가꾸고 키워야 한다는 그의 생각은 한층 더 폭넓은 지지를 받으며 이후 오랜 세월 동안 영향력을 행사했다. 시민의식의 정치경제학은 미국의 독립전쟁(1775~1783)에서부터 남북전쟁(1861~1865)에 이르기까지 국가적 차원에서 벌어졌던 논쟁에서 중요한 역할을 했다.

대규모 제조업에 반대했던 제퍼슨의 주장은 고전적 공화주의 전통에 뿌리를 둔 정치에 대한 사고방식을 반영했다. 자유에는 자치가 필요하고 거꾸로 자치는 시민적 덕목에 의존한다는 발상이 공화주의 이론의 핵심이었다. 이러한 발상은 건국 세대의 정치적 전망에 뚜렷하게 반영됐다. 존 애덤스John Adams(대통령 재임: 1797~1801)는 미국이 독립하기 직전에 다음과 같이 썼다.

"공공의 덕목public virtue은 공화주의의 유일한 기초다. (…) 사람들의 마음속에 확립된 공공선public good 그리고 공공의 명예와 권력과 영광을 향한 적극적인 열정이 있어야 한다. 그렇지 않으면 공화주의 정부도 있을 수 없고 진정한 자유도 있을 수 없다."[4]

벤저민 프랭클린Benjamin Franklin도 여기에 동의하면서 "오로지 적절한 소양을 갖춘 도덕적 사람만 자유를 누릴 역량을 가진다. 국가가 부패하고

포악해질 때 이 국가를 다스릴 더 많은 주인이 필요하다"라고 했다.[5]

미국의 건국자들도 누구나 당연하게 시민적 덕목을 가진다고 볼 수 없음을 공화주의 전통에서 배웠다. 게다가 공공의 정신은 사치, 부, 권력과 같은 부패한 힘에 의해 쉽게 훼손될 수 있으므로 시민적 덕목이 사라져 버릴지도 모른다는 불안은 공화주의에서 끈질기게 논의된 주제였다. 이런 맥락에서 애덤스는 다음과 같이 썼다.

"공화주의에서는 신분이나 계층과 상관없이 모든 사람에게 시민적 덕목과 소박함이 필요하다. 그러나 미국에서조차도 모든 신분과 계층에 속한 사람들 사이에는 악랄함과 황금만능주의, 부패, 탐욕과 야망, 이윤과 상업에 대한 열망이 너무도 강렬하게 퍼져 있어서 공화주의를 지지할 정도로 공적인 덕목이 과연 우리나라에 존재하기나 하는지 나는 가끔씩 의심하기도 한다."[6]

만약 자유가 시민적 덕목 없이는 살아남을 수 없고, 또 시민적 덕목도 언제든 부패로 변질되는 경향이 있다면, 공화주의 정치가 맞닥뜨린 도전 과제는 시민의 도덕적 특성을 형성하거나 개혁하는 것, 다시 말해 "사회의 공동선에 대한 시민의 애착을 강화하는 것"이다. 공화주의에서의 공적 삶은 특정 유형의 시민을 양성하는 것을 목표로 하는 형성적 역할을 하는 것이어야 한다는 맥락에서 애덤스는 말했다. "국민의 시민적 특성을 형성하는 것은 위대한 정치가가 할 일이다. (…) 위대한 정치가는 사람들 사이에서 보이는 어리석음과 악덕을 없애고, 자기가 바라는 미덕과 역량을 사람들에게 심어줘야 한다."[7] 공화주의 정부는 시민의 도덕적 성격이나 시민이 추구하는 목표에 대해 중립적일 수 없다. 이 정부는 자유가 의존하는 대중적 관심을 강화하기 위해 사람들의 시민적 덕목과 사람들이 추구하는 목적을 형성해야 한다.

미국의 혁명, 즉 영국으로부터의 독립은 시민적 덕목이 상실될지 모른다는 불안감에서 비롯된 것이며, 부패를 잘라내고 공화주의적 이상을 실현하기 위한 필사적인 시도였다.[8] 1760~1770년대 식민지 미국의 주민들은 영국과의 투쟁을 공화주의 관점에서 바라봤다. 영국 헌법은 의회의 폭거로 위태로워졌고, 심지어 영국 국민이 "너무 부패하고 또 너무 쇠약해진 나머지 자기들의 헌법을 가장 중요한 원칙으로 복원할 수도 없었고 또 자기 나라를 새롭게 일으켜세울 수도 없었다."[9] 인지조례 Stamp Act * 이후 10년 동안 영국 의회가 미국에서 영국의 주권을 행사하려고 한 여러 시도들이 식민지 주민들 사이에서는 "자유에 반대하는 세력의 음모"로 비쳤다. 이 음모는 영국 헌법 자체를 공격하는 것의 한 부분이었던 셈이었다. 결국 "미국의 [식민지 거주자들이] 혁명의 대열로 나서게 만든 것은 다른 어떤 것도 아닌" 바로 자유에 대한 믿음이었다.[10]

공화주의가 설정했던 여러 가정은 식민지 주민에게 공포를 불러일으키는 것 이상의 효과를 발휘했다. 그것은 바로 미국혁명의 목표를 규정한 것이다. "사회 전체의 더 큰 이익을 위해서 개인의 이익을 희생하는 것이 공화주의의 본질이 됐고, 미국인에게 혁명의 이상주의적 목표로 이해됐다. (…) 혁명가들이 외친 표현 가운데서는 '자유'를 제외하고는 '공공선'이 가장 많았는데, 이는 그들에게 개인의 이익을 모두 합한 것보다 더 많은 것을 의미했다." 정치의 요체는 서로 경쟁적인 이익들을 중재하고 조율하는 것을 넘어 공동체 전체의 이익을 추구하는 것이어야 한다는 말이었다. 즉 독립은 영국과의 단절을 넘어 도덕적 재생의 원천이 돼야 했다.

---

* 1765년 영국이 북아메리카 식민지에서 강제적으로 실시한 최초의 과세법으로 각종 증서 및 인쇄물에 인지를 붙일 것을 요구했다.

또한 독립은 부패를 막고 미국인이 공화주의 정부에 적합하도록 도덕적 정신을 갖추게 만드는 것이어야 했다.[11]

야심적이던 이 희망은 독립 직후 몇 년 동안 실망으로 바뀌고 말았다. 혁명에는 성공했지만 혁명의 지도자들이 기대했던 도덕적 개혁을 이끌어내지 못했기 때문이다. 그러자 공화주의 정부의 운명을 바라보는 새로운 두려움이 고개를 들었다. 1780년대라는 "결정적으로 중요한 시기" 동안 지도자의 위치에 있던 정치인과 작가들은 영국과 싸우면서 고취됐던 공적 정신 public spirit이 사치와 사리사욕의 걷잡을 수 없는 물결에 휩쓸려 사라져버렸다고 탄식했다. 1786년에 조지 워싱턴George Washington(대통령 재임: 1789~1797)은 다음과 같이 격정을 쏟아냈다.

"불과 몇 년 사이에 이렇게 놀랍게 바뀌어버리다니 믿을 수 없다. 우리는 높은 곳에 서 있었다. 우리가 걸어가길 기다리는 평탄한 길이 우리 앞에 있었다. 그런데 우리는 거기에서 추락했고, 길을 잃어버렸다! 정말 부끄럽고 참담하다!"[12]

시민적 덕목과 헌법

1780년대 시민적 덕목을 바라보는 회의적 전망이 대두되면서 두 가지 유형의 대응 방식이 등장했다. 하나는 덕목의 형성과 관련된 것이고, 다른 하나는 절차와 관련된 것이었다. 전자는 교육과 그 밖의 여러 수단을 통해 시민적 덕목을 한층 더 가르치자는 내용이었고, 후자는 헌법을 개정해 시민적 덕목에 대한 요구를 줄이자는 내용이었다.

벤저민 러시Benjamin Rush는 펜실베이니아에 공립학교를 세우자고 제안하면서 전자의 형성적 열망을 노골적으로 드러냈다. 1786년 쓴 글에서 러시는 공화국에 걸맞은 교육 방식은 공동선에 헌신하는 내용을 담는 것이어야 한다고 선언했다. "학생들에게 자신의 존재가 자신만의 것이 아니라 공적 자산이라고 여기도록 가르치자. 자기 가족을 사랑하라고 가르치되 동시에 조국의 복지가 필요할 때는 가족을 버리고 심지어 잊어버리는 한이 있더라도 조국을 먼저 생각하도록 가르치자. (…) 적절한 공교육 체계가 마련되기만 하면 사람들을 공화주의의 기계로 개조하는 것도 가능하다. 만일 우리가 국가의 정부라는 거대한 기계 장치 속에서 자기에게 주어진 역할을 충실하게 수행하길 바란다면, 그런 개조를 반드시 해야만 한다."[13]

시민적 덕목이 부족하다는 공화주의적 관점의 우려에 대해 절차 차원에서 대응한 방식 중 1787년 헌법이 가장 중요하다. 연합규약 Articles of Confederation *의 부족한 점들을 임시로 때우는 차원을 훨씬 넘어서는 이 헌법에는 "개인적 행복 추구의 치명적 해악에서 미국의 공화주의를 구출하겠다는" 거대한 야망이 담겨 있었다.[14] 요컨대 미국인이 더 이상 사리사욕에 대해 집착하지 않고 공공선을 외면하지 못하게 만들겠다는 것이었다.

1787년 헌법은 시민적 덕목이 사라져버릴지도 모른다는 두려움 때문에 촉발됐지만, 사람들의 도덕성을 높이려고 하지는 않았다. 적어도 직접적으로는 그랬다. 그 대신 공화주의 정부가 시민적 덕목에 덜 의존하고도 제대로 작동하도록 제도적 장치를 마련하는 쪽에 초점을 맞췄다. 헌법 입안자들은 대륙회의가 열리는 필라델피아에 모여 시민 대부분에게 시민

---

* 미국이 영국으로부터 독립한 뒤 최초로 제정한 헌법으로, 독립전쟁 중이던 1781년에 열린 대륙회의에서 채택됐다.

적 덕목을 기대하기에는 시간도 많이 들뿐더러 지나치다는 결론을 내렸다. 대륙회의가 열리기 몇 해 전에 해밀턴은 이미 일반 시민들 사이에서 시민적 덕목이 개인적 이기심을 억제할 것이라는 공화주의자들의 기대를 비웃으면서 다음과 같이 말했다.

"우리는 공화국에 대한 사심 없음disinterested의 필요성이라는 주제를 놓고 무한정 설교할 수 있다. 이 과정에서 우리 중 단 한 명도 다르게 말하지 않을 것이다. 아무리 시민적 덕목을 주장하는 사람이라고 하더라도, 자기가 한 일에 대해 합당한 급료를 받지 못하고 그저 수프 한 그릇을 더 받아먹는 것에 만족하라는 주장으로는 그 누구도 설득하지 못할 것이다. 심지어 자기 자신조차도 설득하지 못할 것이다. 그렇다면 차라리 물건과 아내를 공유하는 스파르타식 공동체를 받아들이는 게 나을 것이고 그들처럼 쇠동전을 사용하거나 턱수염을 기르거나 또는 그들이 즐겨 먹던 블랙브로스*를 먹는 게 나을 것이다."

또한 해밀턴은 남아프리카의 호텐토트족과 스웨덴의 라플랜드족의 사례가 미국에 맞지 않는 것과 마찬가지로 그리스와 로마의 공화정 모델이 미국에 적합하지 않다고 생각했다. 1787년 헌법을 앞장서서 수호했던 노아 웹스터Noah Webster도 같은 생각이었다. "인간의 성정이 변하지 않는 한, 개인의 덕성과 애국심 또는 조국애가 고정불변의 원칙이 되거나 정부를 뒷받침하는 일은 전에도 없었고 앞으로도 없을 것이다."[15]

제임스 매디슨 James Madison(대통령 재임: 1809~1817)은 《페더럴리스트 Federalist》**의 51번 논설에서 고전적 가르침과 다르게 공화주의 정부가 개

---

* 돼지의 고기와 피를 소금과 식초만으로 양념해서 만든 시커먼 수프.

** 알렉산더 해밀턴, 존 제이, 제임스 매디슨이 신문에 기고했던 논설들을 묶어서 편집한 책.

인적 관심이나 야망과도 부합할 수 있다면서 그 방법을 설명했다. 자유는 시민적 덕목에 의존하는 것이 아니라 서로 경쟁하는 이기적 관심들이 서로를 견제하는 수단인 체계적 구조와 절차에 의존한다면서 다음과 같이 썼다.

"야망이 야망을 상쇄하도록 해야 한다. 어떤 사람의 이익은 그 나라의 헌법적 권리와 관련이 있도록 해야 한다. 정부의 폭주를 통제하기 위해 이런 장치가 필요하다는 것은 인간의 본성을 반영하는 것일 수 있다. 그러나 인간 본성에 대한 모든 성찰 가운데 가장 위대한 것이 바로 정부가 아닐까? 만약 사람들이 모두 천사라면 사람들에게는 어떤 정부도 필요하지 않을 것이다. 만약 천사들이 사람들을 통치한다면 정부에 대한 외적 혹은 내적 통제는 전혀 필요하지 않을 것이다."[16]

매디슨의 주장에 따르면 헌법이 "서로 경쟁하며 상반되는 이익들"과 대치하는 제도적 장치들을 마련할 때 "더 나은 동기들이 안고 있는 결함들"이 상쇄될 것이다. 행정부와 입법부와 사법부의 권한을 분리하는 것, 연방정부와 주정부 사이의 권한을 분리하는 것, 의회를 임기와 선거구가 다른 상원과 하원의 두 개로 분할하는 것, 상원의원을 간접 선거로 선출하는 것 등은 모두 시민적 덕목에 지나치게 많이 의존하지 않고서도 자유를 확보하겠다는 "심사숙고의 산물"이었다. 매디슨은 "국민에 의존하는 것이 정부를 통제하는 가장 우선적 수단임은 의심할 나위가 없지만 (…) 인류 경험에 따르자면 보조적 예방책은 꼭 필요하다"라고 말한다.[17]

1787년 헌법을 제정한 사람들은 고전적 공화주의 가설을 수정했지만 두 가지 중요한 측면에서 공화주의의 이상을 고수했다. 첫째, 그들은 도덕적 사람들이 통치해야 하며 또 정부가 개인적 이익의 총합을 넘어 공공선을 지향해야 한다는 믿음을 여전히 고수했다. 둘째, 그들은 정부가 특정 유형의 시민을 양성해야 한다는 공화주의 정치가 가진 형성적 야망을 버리지 않았다. 심지어 "대중의 관점을 개선하고 확대"[18]할 목적으로 고안된 메커니즘의 주요 설계자인 매디슨조차 사람들 사이의 시민적 덕목은 자치에 필수 요소라고 단언했다. 최소한 그는 그 헌법을 비준하는 버지니아주의 비준회의에서 덕망 있는 대표들을 선출할 수 있는 덕목과 지성이 시민에게 필요하다며 다음과 같이 말했다.

"우리들에게 아무런 덕목도 없는가? 만약 그렇다면 우리는 비참한 상황에 놓인다. 어떤 이론적 견제나 어떤 형태의 정부도 사람들의 안전을 보장하지 못한다. 시민이 바람직한 덕목을 가지고 있지 않아도 특정 형태의 정부만 있으면 시민의 자유와 행복이 보장될 것이라는 생각은 허무맹랑한 가정일 뿐이다."[19] 조지 워싱턴도 대통령 이임사에서 "덕목이나 도덕은 인민 정부popular government에게 꼭 필요한 샘물을 제공하는 우물이다"라며 익숙한 공화주의적 견해를 밝혔다.[20]

또한 해밀턴은 정부가 형성적 역할을 수행해야 한다고도 생각했다. 단 그가 배양하고자 했던 덕목은 전통적인 시민적 덕목이 아니라 국가에 대한 애착심이나 애국심에 해당됐다. 《페더럴리스트》의 27번 논설에서 그는 새롭게 형성된 미국 연방정부는 시민의 삶과 정서를 고취할 때만 비로소 자기의 권위를 세울 수 있다고 주장했다. "더 많은 시민이 일상의 정치적 삶 속에서 자기 정부를 자주 접할수록, 정부가 시민의 시야와 정서에 한층 더 익숙해질수록, 그 정부가 가장 합리적 요소들을 건드려서 인간 마음의 가장 활동적 원천들이 작동하도록 만들수록, 이 정부가 공동체로부터 존중과 애착을 받을 가능성은 더욱 커질 것이다." 해밀턴의 생각에서 국가 정부, 즉 연방정부의 성공 여부는 국민의 습관을 만들어내는 역량, 사람들의 정서에 관심을 가지는 역량, 사람들의 애정을 얻어내는 역량, 요컨대 "인류의 열정이 자연스럽게 흐르는 경로들을 통해서 순환하는 역량"을 얼마나 확보하는지에 달려 있었다.[21]

헌법 입안자들은 공화주의 정부에는 특정 유형의 시민이 필요하다고 믿었지만 헌법을 도덕적 개선이나 시민적 개선을 수행하는 데 우선적으로 동원해야 하는 도구라고는 생각하지 않았다. 그들은 공적 삶의 형성적 차원을 지원할 수 있는 것으로 다른 것들도 바라봤다. 즉 교육과 종교, 더 넓게는 새로운 국가의 성격을 규정할 사회적·경제적 조치나 제도에도 주목했다.

연방주의자 대 제퍼슨주의자

1787년 헌법이 비준된 후 미국 정치 논쟁의 대상은 헌법 차원의 질문에서 경제 차원의 질문으로 바뀌었다. 그러나 그때 전개됐던 경제 논쟁은 국가의 부와 분배 정의를 다뤘을 뿐만 아니라 경제 관련 조치들이 시민에게 미치는 결과, 즉 미국이 지향하는 사회의 유형과 사회가 배양해야 하는 시민의 유형을 다루는 논쟁이기도 했다.[22]

두 가지 주요 논쟁점은 초기 공화국의 정치적 담론들에서 시민성에 대한 인식 차이가 주요 내용이었음을 보여준다. 하나는 해밀턴의 재정 체계에 대한 논쟁이었다. 이 논쟁으로 연방주의자와 공화주의자가 갈라졌다. 다른 하나는 국내 제조업 장려 여부를 둘러싼 논쟁이었다. 이것은 당시 미국 정당들이 지향하는 노선을 뛰어넘는 논쟁이었다.

해밀턴의 국가 재정 체계

초대 재무부 장관이었던 해밀턴은 공적 신용·public credit, 중앙은행, 조폐국, 제조업 등에 관한 제안을 의회에 제출했다. 그중 제조업에 관한 내용만 제외하고 그가 제안한 대로 모두 채택됐다. 그러나 훗날 해밀턴의 제안들은 많은 논쟁을 불러일으켰고, 전체적으로 보자면 해밀턴에 반대하던 사람들은 그가 공화주의 정부를 훼손하려 한다고 결론을 내렸다. 그가 제안했던 국가 정부 재정 프로그램은 특히 논쟁의 여지가 많았다. 사람들 사이에서는 그가 영국의 후원이나 영향 또는 연계를 바탕으로 영국과 같은 정치경제 체제를 미국에 만들려는 게 아닌가 하는 두려움이 일어났다. 해밀턴은 《공적 신용에 대한 보고서·Report on Public Credit》(1790)에서 연방정부가 주정부에서 발행한 독립전쟁 시대의 채권·revolutionary debts을 모두 떠안은 다음에 이것을 기존의 연방정부 채권에 산입하자고 제안했다. 그는 채권들을 청산할 게 아니라 국채를 발행해 투자자들에게 팔고 관세와 소비세 세수로 정기적으로 이자를 지불하자고 제안한 것이다.[23]

해밀턴은 자신이 제안한 재정 관련 계획을 뒷받침하는 다양한 경제 관련 주장을 내놓았다. 이렇게만 하면 국가 신용을 탄탄하게 만들고 통화공급이 원활하게 이뤄지며 공공 및 민간의 투자 주체가 형성돼 번영과 부의 기초가 마련될 것이라고 했다. 그러나 해밀턴은 경제적 차원의 고려를 넘어 동일한 수준으로 정치적 목표를 추구했다. 그는 부유하고 영향력 있는 투자자 계층에게 연방정부의 재정적 지분을 제공함으로써 새로 건국한 국가 정부에 대한 지지 기반을 확고하게 구축하고자 했다.

해밀턴은 지역 정서가 국가 권위를 약화시킬 것을 두려워했다. 또한 사심 없음의 덕목이 국가를 향한 충성심을 과연 고취할 수 있을지 의심했다. 그는 공공 재정에서 국가 건설의 도구를 포착했다. "만약 모든 공채 소유자가 단일한 주체로부터 원리금을 받는다면 이때의 이자율은 동일할 것이다. 그리고 이자율이 동일하다면 공채 소유자들은 힘을 합쳐 정부의 재무 관련 조치들을 지지할 것이다."

주정부 부채와 연방정부 부채를 주정부와 연방정부가 따로 갚을 경우에 일어날 일에 대해 해밀턴은 다음과 같이 주장했다. "제각기 다른 이자율이 제각기 다른 방향으로 전개될 것이다. 이때 채권자들 사이에서 여러 가지 의견이 하나로 모이거나 조화를 이루는 일은 불가능해지고 (…) 서로 질투하고 반대하는 일만 일어날 것이다."[24]

연방정부는 국가 부채의 원금이나 이자를 정기적으로 지불함으로써 "자기를 모든 주의 금전적 이익 관계 속에 녹여내고 (…) 모든 산업 부문에 자기를 밀어넣고", 그럼으로써 사회에서 중요한 위치를 차지하는 계층의 지지를 얻을 것이다.[25] 해밀턴의 자금 조달 계획은 정치적 의도가 숨어 있는 의제가 아니라 그가 제안하는 정책을 뒷받침하는 명확한 근거일 뿐이었다. 당시 그에게 우호적이었던 어느 신문 기사가 말했듯이 "국가 부채는 많은 시민을 국가 정부에 붙들어 매는 수단이다. 수적으로든 재산의 규모로든 영향력 측면에서 보자면 이들이 기여하는 몫은 군대 조직보다 더 클 것이다."[26]

해밀턴이 제시한 정책의 정치적 야망은 가장 뜨거운 논쟁을 촉발시켰다. 그가 국가 건설의 토대라고 생각했던 것을 다른 사람들은 뇌물수수나 부패로 여겼다. 행정 권력을 심각하게 의심하던 미국인 한 세대의 눈에는 해밀턴의 재정 계획이 공화주의 정부를 공격하는 것으로 비쳤다. 그의 모습에서 사람들은 18세기 영국 총리 로버트 월폴 Robert Walpole이 정부 정책 지지를 유도하기 위해 정부의 유급 요원들을 의회 의원으로 만들었던 일을 떠올렸다. 비록 해밀턴이 의회 의원을 고용하자고 제안하지는 않았지만, 정부가 발행한 채권을 가진 사람들이 의회에 앉아 해밀턴의 재정 정책을 지지한다는 사실이 반대자들에게는 비슷한 부패의 이미지로 비치기에 충분했다. 이런 채권자들이라면 공공선 앞에 사심을 버릴 턱이 없으며 자기 투자금을 안전하게 지켜주는 정부와 정책만 무조건 지지하지 않겠느냐는 것이었다.[27]

자유에 대항하는 권력의 음모를 바라보는 공화주의적 두려움은 혁명을 부채질했다. 이제 해밀턴은 후원과 인맥과 투기에 의존한다는 이유로 공화주의자들이 그토록 경멸한 영국 정부의 재정 체계를 미국에 재현하려는 인물로 인식됐다. 해밀턴은 자기를 반대하는 사람들이 두려워한 이유, 즉 자기가 제안한 계획의 모델이 영국적인 것임을 인정했다. 어느 날 해밀턴은 애덤스와 제퍼슨과 함께 저녁을 먹은 뒤 대화를 나누면서 영국 정부의 재정 체계가 후원과 부패에 의존한다는 사실조차도 옹호했다. 애덤스는 영국 헌법에서 부패 요소만 빼버리면 인간의 지혜가 만들어낸 가장 완벽한 헌법이 될 것이라고 말했다. 해밀턴은 그에 대해 다음과 같이 대답했다.

"그 헌법에서 부패를 척결하고 시민의 평등한 대표성을 부여한다면, **집행력 없는 정부**가 되고 말 것이다. 사람들이 온갖 결함을 말하지만 영국 정부는 지금까지 존재했던 모든 정부 가운데서 가장 완벽한 정부다." 제퍼슨은 그 말에 깜짝 놀라고는 "해밀턴은 군주제 지지자일 뿐만 아니라 부패를 기반으로 하는 군주제를 지지했다"라고 결론을 내렸다.[28]

해밀턴의 재정 체계에 반대하는 사람들의 논리는 두 갈래로 나뉜다. 하나는 재정 체계에 따른 분배와 관련된 결과에 관한 것이고, 다른 하나는 시민적 차원의 결과에 관한 것이다. 분배 결과에 초점을 맞춘 논리로 보면 해밀턴의 계획을 실행할 경우 부유층이 평범한 미국인을 희생시켜 이득을 보게 된다. 독립전쟁 시대의 채권을 원래 소유자로부터 헐값에 매입했던 투기꾼들이 이제는 일반 시민들이 부담하는 소비세로 마련된 재원에서 지급되는 이자로 엄청난 이익을 얻지 않겠느냐는 말이었다.

그러나 1790년대의 정치적 논쟁에서 드러났듯이 분배 결과와 관련된 우려는 한층 더 광범위한 정치적 반대에 비하면 부차적이었다. 공화당을 탄생시킨 제퍼슨의 주장은 해밀턴이 제안하는 정치경제학이 시민의 도덕성을 타락시키고 공화주의 정부에 꼭 필요한 사회적 조건들을 훼손한다는 내용이었다. 해밀턴의 제도는 미국 사회에서 불평등을 심화시킬 것이라고 공화주의자들이 반대할 때, 그들은 분배의 정의보다 공화주의 정부를 위협하며 사회 전반에 퍼져 있던 부의 격차를 방지할 필요성에 더 큰 관심을 가졌다. 그들은 시민적 덕목으로서 독립적이고 사심 없는 판단 역량이 필요하다고 했다. 그러나 빈곤은 독립과는 거리가 먼 의존을 낳았고, 거대한 부富는 전통적으로 사치와 공적 관심사에 대한 외면을 낳았다고 했다.[29]

1792년에 제퍼슨은 워싱턴 대통령에게 보낸 편지에서 이러한 도덕적·시민적 고려사항들을 강조했다. 그는 해밀턴의 금융 체계가 채권 투기를 장려하고 "산업과 도덕 대신에 악덕과 게으름이 우리 시민의 습관으로 자리 잡게 만든다"라고 불평했다. 또 해밀턴의 재정 체계는 입법부에 "부패 집단"이 형성되도록 조장한다고 했다. 특히 이 집단의 궁극적인 목적은 "현재의 공화제 정부에서 영국 헌법을 모범으로 삼는 군주제 정부로의 퇴행을 꾀하는 것"이라고 했다.[30]

1790년대 중반까지 공화주의 저술가들도 해밀턴을 공격했다. 그들은 해밀턴의 계획이 금권주의 귀족정치를 만들어냈고 입법부를 타락시켰으며 "도덕의 전반적 타락과 공화주의적 덕목의 거대한 쇠퇴를 촉진했다"

라고 주장했다.[31] 재무부에 종속된 의회 의원들은 "공익과는 거리가 먼 상호이익으로 긴밀하게 연결된 무시무시한 거대 조직"을 형성했다고도 지적했다.[32] 또 공화주의 비평가인 존 테일러John Taylor는 나중에 연방주의적 재정 체계 노선에 대한 도덕적·시민적 비판을 다음과 같이 요약했다.

"정부의 태도와 원칙은 모방의 대상이며 국민성에 영향을 미친다. (…) 그러나 현재의 귀족주의에서는 과연 어떤 덕목들이 모방의 대상이 될까? 그저 탐욕과 야망만 있을 뿐인데, 이것을 가지고 도대체 어떤 개인적 덕목을 고취하겠다는 것이며 또 어떤 국민성을 창출하겠다는 것일까?"[33]

공화주의자들은 해밀턴의 재정 체계와 그에 따르는 부패에 반대했다. 그들은 재무부를 찢어놓고 중앙은행 제도를 폐지하며 소비세를 철폐하고 공채를 가진 사람의 의원 자격을 박탈하는 조치를 제안했다.[34] 그러나 그들은 자기들의 긍정적 전망도 가지고 있었다. 심지어 최초의 분당*이 이뤄지기 전에도 제퍼슨과 매디슨, 그 밖의 다른 공화주의자들은 "미국인이 바람직한 덕목을 유지하는 직업에 근면하게 참여하는 것을 허용하고 격려할 수 있는 국가적 정치경제를 형성하기 위해 노력했다."[35] 자유가 도덕적이고 독립적이며 재산을 소유하는 시민을 전제로 하고, 시민은 농업 경제에 의존한다면, 미국 사회의 농업적 성격을 어떻게 보존하느냐 하는 것이 문제였다.

공화주의 정치경제

1780년대에 매디슨을 비롯한 사람들은 미국의 공화주의적 성격이 부

---

* 독립 이후에 재무장관 알렉산더 해밀턴이 이끌던 연방당과 대통령 토머스 제퍼슨이 이끌던 민주공화당으로 양당제가 형성됐다.

패할지도 모른다고 걱정했다. 그들은 농업적 삶의 방식이 시민의 바람직한 덕목과 떼려야 뗄 수 없는 관계라고 생각했다. 하지만 그러한 삶의 방식은 영국의 상업 체계에서 가해지는 자유무역에 대한 제한과 인구가 밀집한 도심에 거주하는 무산계급의 성장으로 인해 위협받았다. 공화주의자들은 선진적 상업·제조업 사회가 될 때 필연적으로 발생할 부패를 방지하려면 두 종류의 정책이 필요하다고 봤다. 하나는 미국의 잉여농산물을 해외로 수출할 개방시장이었고, 다른 하나는 토지를 자유롭게 확보하기 위한 서부로의 확장이었다.[36]

그러나 이런 정책들을 법률로 마련할 권한이 미국의 주정부들에는 없었다. 오로지 강력한 국가 정부, 즉 연방정부만이 기존 상업 체계를 강제로 해체하고 또 서부로의 확장에 장애가 되는 스페인과 같은 외세에 대항할 힘을 가질 수 있었다. 매디슨은 공화주의 정치경제학 구축에 필요하다고 본 정책들을 실행할 수 있는 국가 정부가 새로운 헌법을 통해 마련되기를 희망했다.

즉 매디슨은 시민적 덕목이 훼손되는 현상에 절차적으로 대응한다는 것 이상의 의미를 새로운 헌법에 부여했다. 새로운 헌법은 모든 여과 장치, 견제와 균형, "보조 예방조치들"에도 불구하고 공화주의 정부의 형성적 야망을 여전히 버리지 않고 끌어안고 있었다. 다시 말해 새로운 헌법이 공화주의적 덕목을 바람직하게 여기는 정치경제학을 형성할 권한을 국가 정부에 부여함으로써 도덕적·시민적 개선에 간접적으로 기여할 것이라고 생각했다.

시민적 덕목을 바라보는 매디슨과 해밀턴의 시각은 이렇게 엇갈렸다. 두 사람으로 대표되는 양 진영이 헌법을 옹호할 때는 뜻을 함께했으면서도 정치경제학 문제에서는 갈라설 수밖에 없었던 이유도 바로 이런 차이

때문이었다. 그리고 머지않아 그들은 자신들이 만든 국가 정부와 자신들이 가꾸고자 하는 시민의 유형에 대한 목적이 서로 다르다는 것을 분명하게 확인했다. 매디슨은 공화주의 정부에 꼭 필요하다고 여겼던 농업적 삶의 방식을 보존할 목적으로 연방정부의 권한을 강화하려고 나섰다. 반면 해밀턴은 도덕적이며 농업적인 공화주의의 이상을 거부하면서 제퍼슨과 매디슨이 공화주의 정부에 전혀 도움이 되지 않는다고 여겼던 선진적 상업과 제조업 경제의 기반을 마련할 목적으로 연방정부의 권한을 강화하려고 나섰다. 해밀턴은 사회적 불평등과 이기주의가 만연할 것으로 전망되는 현대 상업 사회에 절망하지 않았다. 미국이 그가 건설하고자 했던 강성대국으로 나아가려면 이런 것들을 감수해야 한다고 봤다.[37]

현대 정치 관점에서 보면 해밀턴과 그의 반대자들인 공화주의자 사이에 놓인 쟁점은 경제 성장과 공정성이 대립하는 익숙한 내용들이다. 그러나 이러한 쟁점은 당시에 벌어지던 논쟁에서 주요 쟁점이 아니었다. 해밀턴이 제안한 재정 체계에 대한 찬반 주장들은 번영과 공정보다 공화주의 정부의 의미와 이 정부에 필요한 시민 유형과 관련이 있었다.

해밀턴은 자신이 제안한 계획이 경제 성장의 토대를 마련할 것이라고 믿었다. 하지만 그가 생각한 주 목적은 국민총생산을 극대화하자는 게 아니었다. 제퍼슨이나 매디슨처럼 해밀턴도 경제는 정치의 시녀일 뿐, 정치가 경제의 시녀는 아니라고 봤다. 해밀턴의 경제학에 활력을 불어넣은 정치적 전망은 공화주의적 영광과 위대함을 추구하는 전망이었다. 현대의 세상에서 이런 위대함은 경제가 상업, 제조업, 건전한 통화, 공공 금융 부문에서 발전할 때 비로소 가능하다고 그는 믿었다.

사람들 사이에 사심 없는 애국심이나 바람직한 덕목을 불어넣을 수 있다는 전망을 회의적으로 바라보던 해밀턴은 "미국이 맞이할 미래의 웅장함과 영광"이라고 스스로 이름을 붙였던 것을 건설하기 위해 개인적 이익 추구를 단순한 이익이라는 차원을 넘어 공공선으로 전환하려고 노력했다.[38] 해밀턴의 관점에서 보자면 공화주의의 영광이라는 고전적 이상은 오로지 현대적 방책들을 통해서만 실현될 수 있었다. 즉 "우리에게 지배적인 열정은 야망과 이익이다. 그러므로 이러한 열정이 공공선에 기여하게 만드는 것은 현명한 정부가 수행해야 하는 의무다"라고 생각했다.[39] 탐욕이 만연해 있음을 고려할 때 위대한 공화국을 건설하는 주체가 완수해야 할 도전과제는 탐욕의 열정을 한층 더 높은 목적을 위해 사용하는 것이었다. 해밀턴이 생각하기에는 "가장 고결한 성정을 가진 사람들을 사로잡고 있는 열정"은 사리사욕도 아니고 권력 추구도 아닌 "명예욕love of fame"이었다.[40]

해밀턴에 반대하던 사람들은 해밀턴의 정책이 부유층에게만 유리하다고 불평했다. 그러나 부의 분배 차원을 고려한 우려는 해밀턴이 구상한 "위대한 공화국의 전망"을 더욱 근본적으로 반대한 것에 비하면 부차적이었다. 반대자들은 "해밀턴이 가진 위대한 공화국의 전망은 도덕성이 넘치는 미국이라는 이상을 필연적으로 위협할 수밖에 없다. 왜냐하면 그 공화국은 공적 신용, 영국의 투자, 건전한 공공 재정 체계에 의존하는 상업적이고 제조업적인 나라"라고 생각했다.[41]

이렇게 판이하게 다른 양쪽의 정치경제학적 견해 차이는 연방주의자와 공화주의자 사이에 벌어졌던 초기 논쟁에서 드러났다. 매디슨은 미국 농업의 자유무역을 달성하기 위해서는 "통상 차별commercial discrimination"이 필요하다고 주장했다. 이것은 미국의 무역을 제한하는 영국의 제약을 철폐하기 위해 영국을 압박하는 보복 관세 정책을 실행하자는 것이었다. 그런데 해밀턴은 압박이라는 강요가 통하지 않을 것이며 미국으로서는 국채를 팔고 경제 발전을 촉진하려면 영국의 상업, 신용, 자본이 필요하다는 이유로 매디슨의 정책에 반대했다. 심지어 미국의 경제 발전을 위해서라면 영국에 굴복하는 것조차도 얼마든지 감수할 수 있다고 했다.[42] 연방주의자들은 상업적 선진 경제를 촉진할 목적으로 연방파산법을 선호했지만, 제퍼슨을 필두로 한 공화주의자들은 무모한 투기를 조장하고 시민의 도덕성을 훼손한다는 이유로 연방파산법에 반대했다.[43]

제퍼슨은 1800년에 대통령으로 선출되자 미국 정부와 사회에 만연한 "영국화Anglicization"의 전복을 목표로 삼았다. 그는 연방정부에서 해밀턴의 재정 체계가 초래하는 부패를 원천적으로 몰아내기 위해 국채를 회수하고 여러 가지 세목의 내국세를 철폐하려고 나섰다. 제퍼슨과 매디슨은 자신들이 대통령으로 재임했던 16년 동안 정부가 공화주의의 소박함과 바람직한 덕목의 회복을 넘어 공화주의 정치경제학을 위한 두 가지 조건, 즉 서부로의 확장과 자유무역을 확고하게 구축하고자 했다. 전자를 위해서는 1803년에 프랑스로부터 루이지애나를 매입했다. 후자를 위해 1807년에 수출금지법을 마련했지만 소기의 성과를 거두지 못하고 1809년에 철폐했다. 두 정책 모두 공화국 초기의 경제 논쟁에 나타났던 시민적 노선의 결을 보여준다.[44]

프랑스로부터 루이지애나를 매입해 미시시피강에 대한 접근성과 뉴올리언스의 지배권을 확보하는 것처럼 특정한 경제적 목적에 부합할 때는 공화주의자와 연방주의자가 의견을 같이했다. 반면 미시시피강 서쪽의 광대한 땅에 미국인이 정착할 때 발생할 시민적 차원의 결과에 대해서는 공화주의자와 연방주의자가 이견을 드러냈다.[45]

공화주의자들에게 서부로의 확장은 도덕적 시민을 육성하는 농업적 삶의 방식을 보존하겠다는 약속을 보장하는 것이었다. 동시에 그들은 장차 미국이 인구가 많아지고 공화주의 정부의 이상과 동떨어지는 의존적이며 불평등한 사회가 될 날을 대비한 일종의 대비책이라고 생각했다. 이와 관련해 제퍼슨은 "자유의 제국을 확장함으로써 우리는 이 제국의 보조재들을 배가시킨다. 그리고 만약 언제라도 이 제국의 원칙들이, 그 원칙들을 낳은 영토의 어느 한 부분에서라도 변질되면, 그 확장된 땅이 쇄신의 새로운 원천을 제공한다"라고 말했다.[46]

테일러는 루이지애나 매입에 따른 도덕적·시민적 결과를 높이 평가했다. 그는 새로운 영토가 "단순하고 규칙적인 습속"과 "바람직한 덕목과 독립성을 향한 사랑"을 장려하고 또 공화주의에서 요구하는 "소유의 평등"을 지켜줄 것이라고 썼다.[47] 공화주의자들은 군사 시설들의 중앙집권화 경향을 두려워했다. 그들은 미국이 루이지애나를 매입해 프랑스인을 몰아내면 유럽에서 일어나는 온갖 전쟁과 음모로부터 한층 더 멀리 안전하게 떨어져 있을 수 있다고 생각했다. 또한 군대 육성, 세금 징수, 국채 발행 등 권력 집중의 필요성도 없어지고, 공화주의적 자유를 위협하는 일을 하지 않아도 된다는 이점도 있었다.[48]

이와는 대조적으로 연방주의자들은 광활한 황야를 "쓸데없는 것이라는 차원을 넘어서 나쁜 것"으로 여겼다.[49] 그들은 새로운 영토에 사람들이 정착하면 인구가 분산되고 지역주의의 폐해가 커질 것이라고 생각했다. 또한 국가의 권력을 공고히 하고 국가의 영향력과 통제력을 휘두르려는 연방주의자들의 시도가 취약해질 것이라 생각했다. 해밀턴은 서부로의 급속한 이주로 "우리나라의 많은 부분이 쪼개지거나 연방정부가 해체되는 과정이 촉진될 게 분명하다"라고 우려했다.[50]

공화주의 정치경제학의 두 번째 조건, 즉 대외 무역 규제를 철폐하려는 시도는 첫 번째 조건에 비하면 성공적이지 못했다. 1807년 영국은 미국의 무역에 족쇄를 채웠다. 자신들을 경유하지 않고서는 유럽과 무역을 하지 못하게 만들었다. 그러자 제퍼슨은 수출금지 조치를 내렸고 이 조치는 14개월 동안 지속됐다. 그는 이 "평화적 강제peaceable coercion"에 유럽의 열강들이 항복하고 미국의 자유무역을 허용하기를 기대했다. 수출금지 조치는 미국 무역의 독립성을 확보하려는 조치였지만, 더 나아가서는 미국의 공화주의적 삶이 가지는 우월성을 천명하고자 하는 것이기도 했다. 유럽의 부패한 사회는 미국의 생산물 없이는 살아남지 못할 테지만 미국인은 타락한 구세계의 사치품이나 화려한 옷과 보석 없이도 얼마든지 살아남을 것이라고 제퍼슨은 믿었다.

수출금지로 가장 큰 타격을 입은 집단은 뉴잉글랜드의 상인들이었다. 이들 가운데 연방주의 비판자들은 제퍼슨이 바라는 진정한 목표가 미국의 상업을 파괴해 상업 사회 이전의 원시 질서를 강요하는 것이라고 맹렬하게 비난했다. 어떤 사람들은 제퍼슨이 이상적인 전범으로 생각하는 고대 스파르타 공화국이 노예제도에 의존했다는 사실을 지적했다.[51] 그러나 결국 미국의 수출금지 조치는 미국의 상업을 해방하는 데 실패했고, "제퍼슨주의자들은 자유무역에 대한 혁명적 전망을 진전시키는 수단으로 전쟁을 택할 수밖에 없었다. 전쟁은 위험한 것이었지만, 달리 선택의 여지가 없었다."[52]

공화주의자들은 1812년 전쟁*을 미국 경제를 유럽으로부터 해방하는 전쟁으로 바라보면서 그동안 가지고 있었던 전쟁에 대한 혐오감을 떨쳐냈다. 몇몇 공화주의자들은 1812년 전쟁을 지지해야만 하는 또 하나의

---

* 미국과 영국, 양국의 동맹국 사이에서 벌어진 전쟁으로 1815년에 끝났다. 나폴레옹전쟁 때 영국의 가혹한 해상 봉쇄 조치가 원인이었다.

시민적 차원의 근거를 제시했다. 전쟁의 혹독한 고통이 공화주의적 자유를 저해하는 게 아니라 시들해지던 미국인의 시민적 덕목에 활력을 불어넣고 또 빠르게 발전하는 상업 사회 때문에 빛을 잃어가던 국가적인 차원의 공동선을 상기시킬 것이라고 전망했다.[53] 한편 반대파로 전락해 있던 연방주의자들은 사람들의 도덕적·시민적 특성을 우려했다. 그들이 소중히 여겼던 덕목은 질서와 존중과 자제라는 보수적인 것들이었다. 그들은 제퍼슨 대통령 집권 당시의 미국에서 이러한 덕목들이 사라져간다고 봤다.[54]

국내 제조업에 대한 논쟁

역사는 때로 어떤 문제를 놓고 누가 어떤 편을 들었는지 떠올리기 어려울 정도로 그 문제를 완벽하게 해결한다. 미국이 과연 제조업 국가가 돼야 하는가 하는 질문에 대해서도 그랬다. 공화국의 초기 수십 년 동안 많은 미국인은 미국이 제조업 국가가 되면 안 된다고 생각했다. 미국이 농업 국가로 남아야 한다는 주장의 논지는 오늘날 우리에게 익숙한 번영과 분배 정의라는 개념으로 보자면 전혀 이치에 맞지 않는다. 제퍼슨과 그의 추종자들은 주로 도덕적·시민적 이유로 대규모 제조업에 반대했다. 해밀턴이 제시했던 국가 재정 체계를 놓고 벌어진 논쟁과 마찬가지로 국내 제조업 장려 여부를 놓고 벌어진 논쟁을 살펴보면 공화국 초기의 정치적 담론에서 시민적 특성을 얼마나 중요하게 여겼는지 알 수 있다.

미국의 제조업에 대한 초기의 반대자들과 마찬가지로 초기의 옹호자들은 경제 성장이 아닌 자유와 바람직한 시민적 덕목이라는 차원에서 주장을 펼쳤다. 1760년대와 1770년대에 영국이 미국 식민지에 세금을 부과하려고 했을 때, 식민지 주민들은 영국 상품의 수입이나 소비를 거부하는 방식으로 대응했다. 그들은 불매운동을 통해 영국에 보복하는 것을 넘어 공화주의의 덕목을 확인하고 경제적 독립을 주장하며 수입 사치품의 부패로부터 스스로를 지키려고 했다. 수입 반대 및 소비 반대 운동은 공화주의의 소박함과 검소함에 호소하는 한편, 미국 국내 제조업에 최초로 자극을 주었다. 1767년에 한 신문은 "만약 우리가 여전히 자유롭기를 원한다면, 불필요한 외국산 물품을 한 사람도 빠지지 않고 거부하며 국내 생산을 장려하자"라고 촉구했다.[55]

수입 반대 운동을 계기로 생산된 제조업 제품은 대부분 생활필수품 수요를 충족하기 위한 간단한 가정용품이었다. 생활필수품의 제조는 공화주의적 시민의식에 전혀 위협이 되지 않았고, 이를 문제 삼은 미국인은 거의 없었다. 소규모 생산은 주로 가정에서 또는 장인의 작업장에서 이뤄졌다. 유럽의 공장 노동자들과는 달리 미국의 장인들은 자신의 기술, 노동력, 도구를 직접 통제했다. "그들은 과거 영국의 시골의 자작농yeoman처럼 생산수단에 직접 접근할 수 있었다. 이런 조건은 그들에게 공화주의 덕목을 뒷받침하는 독립성을 부여했다." 게다가 기본적인 생필품을 생산하는 사람들은 사치품 무역에 종사하는 유럽 노동자들과 달리 유행에 따라 고용이 들쑥날쑥하는 변동성에 시달리지도 않았다.[56]

대규모 제조업을 주장하는 사람들조차도 공화주의적 용어로 자기주장을 펼쳤다. 벤저민 러시는 식민지 최초의 대규모 섬유업체였지만 단명하고 말았던 '미국 제조업 진흥을 위한 필라델피아 연합 회사 United Company of Philadelphia for Promoting American Manufactures'의 회장이었다. 1775년 창업 당시에 했던 연설에서 러시는 국내 제조업체들은 식량이나 의류와 같은 필수품에 대한 미국의 대외의존도를 줄여 미국과 미국인의 번영을 촉진하고 가난한 사람들에게 일자리를 제공하며 또 "독재의 폐해를 막는 장벽을 또 하나 세울 것"이라고 주장했다. 그는 영국 공산품에 계속 의존하다가는 사치와 악덕이 사회에 만연하고 노예제도에 버금가는 경제적 의존에 손발이 묶이고 말 것이라면서 암울한 미래를 전망했다.

"노예가 되면 우리는 우리가 가진 모든 바람직한 덕목을 잃어버릴 것이다. 우리는 하느님이 아닌 영국 하원의 부패한 다수에게 무제한적인 복종을 하게 될 것이며, 그들이 저지르는 범죄를 그들이 우리를 통치해도 된다는 신성한 위임장으로 여기게 될 것이다."[57]

1780년대에 처음으로 국내 제조업을 둘러싼 논쟁이 시작됐다. 미국인들은 영국으로부터 독립을 쟁취해 정치적으로 독립한다고 해서 경제적독립이 저절로 따라오지 않는다는 고통스러운 사실을 깨달았다. 영국은 예전처럼 다시 미국의 무역을 지배했다. 또한 미국이 자국에서 생산한 농산물을 팔 수 있는 해외 시장의 빗장은 여전히 풀리지 않고 있었다. 상업적 위기와 함께 경제 불황이 나타났고, 국내 제조업의 필요성이 새롭게 대두됐다.[58]

많은 미국인이 대규모 제조업을 장려하면 공화주의의 시민의식을 위협하는 정치경제가 갖춰질 것이라며 반대했다. 그들은 가정이나 소규모작업장을 초과하는 규모의 제조업체들이 나타나면 시민권 행사에 필요한 독립적 판단 능력이 없는 가난한 노동자 계층이 등장해 도시를 빽빽하게 채울 것이라고 우려했다. 이러한 우려에 대해 제퍼슨은 《버지니아주에 대한 연구》에서 다음과 같이 썼다. "의존은 복종과 금전에 대한 예속을 낳고 미덕의 싹을 질식시키며 이기적 야망을 실현할 도구를 준비한다." 공장 생활은 농부에게서는 찾아볼 수 없는 "도덕의 부패"를 낳는다.

"노동할 땅이 우리에게 남아 있는 동안에는, 우리의 시민이 공장의 작업대에 늘어앉아서 일하는 모습은 절대로 보지 않도록 하자."[59]

제퍼슨이 존 제이(John Jay)에게 보낸 편지에서는 시민적 차원의 주장이 한층 더 명백하게 드러난다. "대지를 경작하는 사람들이야말로 가장 가치가 있는 시민이다. 그들은 가장 활기차고 가장 독립적이며 가장 도덕적이다. 그들은 자기가 사는 나라와 연결돼 있고 가장 지속적인 유대감으로 자유와 이익으로 단단히 이어져 있다." 또 그는 이 편지에서 언젠가 농부의 수가 너무 많아진다면 그들이 제조업체의 노동자가 되기보다 선원이되는 게 좋겠다고 말하면서 "나는 공장의 기능공들은 악덕의 뚜쟁이이며한 나라의 자유를 무너뜨리는 도구라고 생각한다"라고 단언했다.[60]

제퍼슨이 반대한 대상은 제조업 자체가 아니라 장차 사람과 기계를 도시에 집중시키고 시민의식의 정치경제학을 훼손할 기업들이었다. 제퍼슨은 자신이 찬성하던 가내 제조업과 자신이 반대하던 대규모 제조업을명확하게 구분했다. 가내 제조업은 두 가지 이유로 시민의식의 정치경제학에 위협이 되지 않았다. 첫째, 가내 제조업은 국내 곳곳에 분산해 있어대규모 상업 도시에서 고도로 자본화된 공장 생산 방식의 부와 권력을창출하지 못하기 때문이다. 둘째, 가내 제조업은 대부분 시민의 노동이아닌 여성과 어린이의 노동에 의존했기 때문이다. 건강한 신체를 가진 자작농은 농사를 지을 수 있었으므로 그들의 독립성은 손상되지 않았다. 제퍼슨도 몬티첼로 저택에서 가내 제조업체를 운영했다. 그의 못 공장에서는 노예 소년들이 일했고 그의 직물 공장에서는 소녀들과 성인 여성들이일했다. 이러한 사실이 시민과 종속적 지위에 있는 사람들 사이의 극명한차이를 보여준다.[61]

국내 제조업에 반대하는 사람들에게 공화주의 정부에서 생각하는 농업 활동의 중요성은 단순히 복잡한 도시의 타락을 회피한다는 부정적 덕목 이상의 의미였다. 사전 편찬자 노아 웹스터가 관찰한 것처럼 농업 활동은 독특한 시민적 역량을 배양하는 긍정적 효과도 가지고 있다.

"미국처럼 사람들이 주로 농업 활동을 하면서 살아가는 곳에서는 모든 사람이 어느 정도 예술적 경지에 오른 장인이다. 그들은 가정에서 사용하는 온갖 도구를 직접 만들어 사용한다. 이런 도구들은 비록 조잡하긴 해도 충분히 쓸모가 있다. 이들은 여름에는 한 가정의 남편이지만 겨울에는 정비공이 된다. 그리고 곳곳을 여행한다. 온갖 직업을 가진 사람들을 만난다. 온갖 공공문서를 읽는다. 마을 도서관에 가서 책과 신문을 읽어 역사와 정치도 잘 안다. (…) 이런 미국적 상황 덕분에 지식이 확산되고 천재성이 일어난다."[62]

제퍼슨은 국내 제조업에 적개심을 가졌지만 1780년대 모든 미국인이 그의 견해에 동의하지는 않았다. 그러나 공화주의적 가정들이 워낙 널리 퍼져 있었기에 제조업 지지자들조차도 그런 가정들의 테두리 안에서 자기주장을 펼쳐야 했을 정도였다. 관세를 비롯해 국내 제조업을 광범위하게 장려하는 조치들을 지지하는 사람들은 경제적 차원의 근거뿐만 아니라 시민적 차원의 근거도 제시했다. 그들은 오로지 농업만으로 외국과 무역을 할 때보다 농업과 제조업이 균형을 이룰 때 미국 경제가 도덕적이고 독립적인 시민을 양성하는 데 유리할 것이라고 주장했다.

국내 제조업의 지지자들은 농업적 공화주의자들과 마찬가지로 사치와 대외의존이 자치에 나쁜 결과를 안겨줄 것이라고 걱정했다. 그러나 그들은 또한 국내 제조업이 아닌 외국과의 무역이 이런 위험의 가장 큰 원천이라고 믿었다. 그들은 미국이 전적으로 무역에 의존해 공산품을 수입하면 공화주의적 덕목이 두 가지 측면에서 허약해질 것이라고 주장했다. 첫째, 무역에 의존하면 미국 경제가 외세의 제약에 인질이 될 수밖에 없고, 결국 미국의 독립성이 약해질 것이다. 둘째, 영국의 고급품과 사치품이 미국에 홍수처럼 들어올 때 미국인의 도덕성이 타락하고 독립전쟁에서 식민지 주민들을 지탱했던 근면함, 검소함, 금욕 정신이 훼손될 것이라고 봤다. 이런 맥락에서 1787년 독립기념일 행사에서 연설자가 천명했듯이, 미국의 대외 무역은 "본질적으로 순수한 자유와 독립의 정신을 파괴한다. 그것은 소박한 풍속, 영혼의 천부적인 강건함, 지위의 평등을 파괴하기 때문이다. 사실 이런 것들이야말로 자유 정부의 활력이자 다른 어떤 정치 체제에서도 찾아볼 수 없는 특별한 우수성이다."[63]

같은 해에 필라델피아 출신의 젊은 사업가이자 국내 제조업을 앞장서서 주장하던 텐치 콕스 Tench Coxe는 '펜실베이니아 제조업 및 수공예 장려 협회'에서 취임 연설을 했다. 이 연설에서 콕스는 국내 제조업을 장려해야 하는 이유로 두 가지를 제시했다. 그중 하나는 "개인의 부와 국가 번영"이라는 경제적 차원의 이유였다. 다른 하나는 일자리가 없는 사람들을 고용함으로써, 또 유럽의 사치품에 의존하는 타락에서 미국인을 구함으로써 공화주의 정부를 튼튼하게 지켜낸다는 시민성 차원의 이유였다. 그는 빈곤이 불평등을 일으키는 문제보다 시민적 덕목을 훼손하는 경향에 초점을 맞춰 걱정하며 다음과 같이 말했다.

"자유 정부의 시민들이 극단적 가난과 나태에 빠질 때 사악한 습관이 생길 것이고 사람들은 법을 지키지 않을 것이다. 그리고 또 사람들은 야심가들이 품는 위험한 목적의 도구로 전락할 게 분명하다. 이런 점에서 볼 때 다른 정직한 생계수단을 찾지 못하는 사람들에게 국내 제조업이 일자리를 제공하는 것은 최상의 결과다."[64]

콕스는 국내 제조업이 가난한 사람들에게 복종과 근면의 습관을 길러줄 뿐만 아니라 미국인의 외국 상품 소비를 줄이는 효과도 있다면서 "유럽의 사치품을 대하는 우리의 열정은 시대에도 맞지 않다. 이런 부적절한 열정은 우리의 정치 제도를 해체할 수도 있는 위협적이고 악질적인 성격을 경고하는 현상으로 바라봐야 한다"라고 주장했다. 또 의류와 가구 등을 국내에서 제조하면 미국인의 습관을 소박하게 만들어주고 외국의 패션과 사치가 가져다줄 부패한 영향을 줄여줄 것이라고 했다. 그리고 마지막으로는 국내 제조업의 궁극적인 이익이 경제적인 것일 뿐만 아니라 정치적인 것이기도 하다며 다음과 같이 결론을 내렸다. 그런 물건들을 "국내에서 제조할 때, 인류의 악덕을 강력하게 해독해주는 검소함과 근면함이 회복돼 우리는 다시 한번 미덕의 길로 나아갈 수 있고 또 외국 유행의 횡포와 파괴적인 사치에서 해방돼 진정한 독립을 실질적으로 이뤄낼 것이다."[65]

1791년에 의회에 제출된 해밀턴의 《제조업에 대한 보고서Report on Manufactures》는 공화주의적 감성에 주의를 덜 기울였다. 그 보고서는 "토지의 경작"이 "인간 정신의 자유와 독립에 가장 유리한 상태"를 제공한다는 점을 인정하는 것으로 시작한다. 이것은 제조업이 다른 산업들보다 우월하다는 사실을 인정하는 것이었다.[66] 그러나 보고서의 뒷부분에서 그는 미국 산업 발전의 야심 찬 프로그램을 국가의 번영과 독립이라는 이름으로 제안했다. 제조업을 지지하는 다른 공화주의자들과 달리 그는 가내 제조업보다 공적 제조업을 지지했다. 특히 정부가 보조금을 지원하며 장려해야 한다고 했다. 해밀턴은 국내 소비뿐만 아니라 수출도 염두에 뒀기 때문에 그의 제조업 지원 프로그램은 공화주의자들이 선호하던 조잡하고 단순한 생활필수품보다 세련된 고급품에 초점을 맞춘 것이었다.

해밀턴의 주장에 반대하는 사람들의 눈에는 《제조업에 대한 보고서》가

국가 재정과 관련한 그의 제안들과 함께 공화주의에 필요한 사회적 조건들을 공격하는 것처럼 보였다. 정부가 제조업을 지원할 목적으로 보조금을 준다는 발상 때문에 미국인이 영국과 손을 끊고 독립하면서 포기했던 특권과 연줄과 부패의 망령이 되살아났다.

해밀턴의 보고서가 나온 뒤에 매디슨은 대규모 제조업을 반대하는 시민성 차원의 주장을 신문에 기고한 글을 통해 자신의 견해를 밝혔다. "자기가 먹을 음식과 자기가 입을 의복을 스스로 마련하는 시민 계급은 진정으로 가장 독립적이고 행복한 계급이라고 볼 수 있다. 그뿐만 아니라 시민 계급은 공적 자유 public liberty의 가장 튼튼한 기초이자 공적 안전 public safety의 가장 강력한 보루다. 따라서 시민 계급이 전체 사회에서 차지하는 비율이 높을수록 우리 사회는 당연히 더 자유롭고 독립적이며 더 행복할 것이다."[67]

해밀턴의 《제조업에 대한 보고서》는 채택되지 않았다. 그런 결과를 빚은 여러 이유 중 하나가 바로 1790년대 미국에서 생산된 공산품의 유럽 수요가 늘어났다는 사실이다. 미국의 대외 무역이 번성하면서 제조업에 대한 논쟁은 수면 아래로 가라앉았다. 이 논쟁은 나중에 제퍼슨과 매디슨의 대통령 임기 때 재개된다.

19세기 초 수십 년 동안 많은 제퍼슨주의자들은 국내 제조업을 반대하는 의견을 철회했다. 그들은 경제 정책을 수정했지만 공화주의적 전통의 형성적 견해를 그대로 유지했으며 또 이런 차원에서는 논쟁을 계속 이어갔다. 1800년대 초에 제퍼슨주의자들은 제조업을 점점 긍정적으로 바라보게 된다. 그들은 미국의 무역에 대한 외국의 온갖 방해에 염증을 느꼈으며 또 미국 북동부 지역의 상인들에게서 드러났던 탐욕과 투기의 정신을 염려했다. 이런 경향들은 자치에 적합한 미국인의 덕목을 훼손할 위험이 있었다. 그 바람에 많은 공화주의자는 국내 제조업과 국내 시장이 시민의식의 정치경제학에 더 도움이 될 것이라고 결론을 내렸다.

제퍼슨의 친구이자 동맹자였던 조지 로건^{George Logan}은 외국 사치품의 수입이 줄어들고 시민적 덕목이 개선될 것이라는 기대를 안고서 미국 제조업의 진흥을 촉구했다. 소박한 국내 제조업 제품은 외국의 사치품과는 달리 "그 평범함과 소박함과 우리의 공화주의 정부 형태에 가장 적합한 검소한 생활 방식"을 길러줄 거라 기대한 것이다.[68]

제퍼슨조차도 1805년에 쓴 글을 통해 20년 전에 제조업에 반대했던 자기주장을 단서를 달아서 수정했다. 당시에 그는 유럽의 대도시들이 만들어내는 "도덕적 타락과 종속과 부패"를 두려워하며 제조업에 반대했다. 그러나 다행히도 아직은 미국의 제조업이 그런 악화 상태에 이르지 않았다고 본 것이다. "아직까지는 우리의 제조업자들이 농업 종사자만큼이나 독립적이고 도덕적이다. 여차하면 돌아가서 의지할 수 있는 빈 땅이 있는 한 그들은 계속 그럴 것이다." 이처럼 제퍼슨은 토지가 풍부하게 널려 있다는 조건 덕분에 노동자들이 언제라도 공장을 그만두고 토지를 경작할 수 있는 선택권을 가지고 있으므로 독립성을 유지할 수 있다고 바라봤다.[69]

1810년에 켄터키주의 젊은 상원의원이던 헨리 클레이^{Henry Clay}는 국내 제조업과 관련해 새롭게 부각되던 공화주의적 시각을 변호했다. 즉 국내 수요만 충족하도록 제한하는 제조업 체계는 영국의 맨체스터나 버밍엄이 가져다줬던 폐해를 유발하지 않을 것이며 또 미국인의 도덕적 성격에 긍정적 영향을 미칠 것이라고 했다. 국내 제조업은 해당 산업이 활성화되지 않을 때 "비생산적 상태로 남거나 또는 나태함과 부도덕에 노출될 수도 있는" 사람들에게 일자리를 제공할 것이라고 했다. 외국의 사치품이 빚어낼 부패한 영향으로부터 미국인을 구할 것이라고도 했다. 그러면서 "여성 사치품 상업은 상대방을 유혹하고 경솔하며 소란스럽기만 한 보석일 뿐이며, 만약 우리가 사치품의 환상에 지배된다면 우리는 인도의 모슬린*과 유럽의 의류를 결코 뿌리치지 못할 것이다"라고 선언했다. 마지막으로 국내 제조업이 경제적 독립과 국가적 자부심을 가져다줄 것이라면서 "외국에서 의류를 수입하는 국가는 빵을 수입하는 국가 못지않게 대외의존적이다"라고 했다. 만약 국내 제조업이 보조금이나 보호관세로 지원을 받으면 국내에 필요한 모든 의류 수요를 충족하고, 더 나아가 미국을 대외의존 상태에서 구할 것이라고도 했다.[70]

제퍼슨은 실패로 끝난 수출금지 조치와 1812년 전쟁 이후에 자유무역을 실현하는 것이 어렵다는 사실을 깨달은 뒤인 만년에야 비로소 제조업이 미국의 독립성을 확보하는 데 필수적 요소임을 인정했다. 1816년에 "우리는 이제 제조업자들을 농민과 나란한 지위에 둬야 한다"라고 결론을 내렸다. 또 미국의 무역에 족쇄를 채우는 제약이 지속된다면 국내 제조업에 반대하는 사람들은 "우리를 외국에 의존해 살아가게 만들거나 아니면 가죽옷을 입고 동굴에서 야생 동물처럼 살아가게 만드는 데 찬성하는 것이나 다름없다. 나는 이런 사람들과는 생각이 다르다. 경험을 통해서 깨우친 사실이지만, 제조업은 우리의 안락함에도 필요하지만 우리의 독립에도 꼭 필요하다"라고 말했다.[71]

이렇게 해서 1800년대 초 제퍼슨주의 정치경제학은 해외 무역과 관련된 농업 경제에서 벗어나 국내 제조업과 국내 시장의 발전 쪽으로 방향을 틀었다. 이런 변화는 한편으로는 해외 무역을 제약하는 장애물이 지속

---

* 속이 거의 다 비치는 고운 면직물.

되는 상황에 따른 좌절감에서 비롯됐고, 다른 한편으로는 과도하게 유입되는 외국의 수입품이 미국인을 외국의 사치품과 유행에 의존하게 만들어서 공화주의적 덕목을 타락시키고 있다는 두려움에서 비롯됐다. 공화주의자 중에서도 상대적으로 젊고 또 기업가정신이 강한 층이 이러한 경제 전망의 변화를 가장 열정적으로 받아들였다.

그러나 공화주의 정치경제학이 완화돼 국내 제조업에 대한 반대를 포기했음에도 불구하고 시민성을 이야기하는 차원의 우려는 여전히 내려놓지 않았다. 국내 제조업을 둘러싼 19세기 초의 논쟁은 번영 경로를 다지는 것이었을 뿐만 아니라 자치라는 통치 방식에 적합한 경제 제도를 따지는 것이기도 했다. 1800년대 초반에 제조업을 지지했던 공화주의자들은 제퍼슨의 농업 전망에 영향을 준 시민의식의 정치경제학을 포기하지 않았다. 그들은 국내 제조업이 국가의 해외 사치에 과도하게 의존하는 상태를 바로잡아주는 정치경제학, 또 자치의 조건인 근면함, 검소함, 독립을 촉진하는 정치경제학이 미국 사회에 자리를 잡을 때, 공화주의적 시민의식이 가장 잘 발전할 것이라고 주장했다.

공화주의자들이 국내 제조업을 지지하고 나서도록 촉진했던 사건들, 특히 1807~1809년의 수출금지 조치와 1812년 전쟁으로 일부 연방주의자들은 미국의 통상이 파괴될지 모른다고 두려워했다. 그들은 대규모 제조업체들이 나타날 것이라는 전망에 비난을 퍼부었다. 또한 이들은 시민적 덕목을 자기주장의 근거로 삼기까지 했다. 몇몇 사람들은 역설적으로 공화주의자들이 오랫동안 반대했던 발전된 제조업 사회를 오히려 제퍼슨과 매디슨이 촉진했다고 비난했다. 코네티컷의 한 연방주의자는 제퍼슨의 정책이 농업과 상업 위주의 소박한 사회를 "대규모 제조업 시설들이 필연적으로 초래할 수밖에 없는, 방탕하고 여성처럼 유약한 습속으로 바꾸어놓는 것"이 아닌가 하고 불평했다.[72] 보스턴의 한 작가는 "우리 정부의 현재 형태가 리옹이나 맨체스터나 버밍엄에 사는 사람들에게도 가능한 것은 아닐까?"라고 물었다.[73] 메릴랜드의 연방주의자 필립 바턴 키Philip Barton Key는 농업적 삶이 강화하는 시민적 덕목의 우월성을 "미국의 자작농에게서 당연히 볼 수 있는 덕목과 정신을 제조업 작업장에서 일하는 성인 남자나 소년에게서는 결코 찾아볼 수 없다"라면서 찬양했다.[74]

나중에 보스턴으로 이주해 제조업을 앞장서서 지지하게 되는 뉴햄프셔의 하원의원 대니얼 웹스터Daniel Webster는 1814년에 대규모 제조업을 장려하는 관세를 도덕적이고 시민적인 차원에서 반대하며 "좋은 도덕과 자유 정부에 도움이 되는 바람직한 습관은 인구가 많은 제조업 도시에서는 제대로 배양되지 않는다"라고 주장했다. 또 대규모 공장이 폭넓은 영역에서 강요하는 분업은 "노동자가 고용주에게 전적으로 의존하게 만든다"라고도 했다. 당시만 하더라도 아직 젊었던 웹스터는 목가적 삶을 열렬하게 찬양하는 분위기 속에서 대부분의 미국인에게 닥칠 암울한 미래의 그날을 경고했다.

"작업자의 건강을 갉아먹는 밀폐된 작업장에 꼼짝없이 틀어박히게 될 그날, 자기 소유의 언덕에서 자기 소유의 양들이 내는 울음소리를 듣지 못할 것이고 또 쟁기질하는 자신을 격려하며 지저귀는 종달새들이 노랫소리를 듣지 못할 것이다. 그저 먼지와 연기와 수증기 속에서 끊임없이 돌아가는 어지러운 기계 바퀴 소리와 톱과 줄이 갈리며 내는 고막을 찢는 소리만 듣게 될 것이다."[75]

앤드루 잭슨 시대의 경제 논쟁

오늘날의 정치 논쟁 관점에서 볼 때 잭슨 시대 정치에서 기본적이던 여러 관심사는 오늘날의 관심사와 비슷해 보인다. 1830년대와 1840년대의 민주당과 휘그당은 은행업, 관세, 경제 발전을 두고 격렬한 논쟁을 벌이면서 경제 성장과 분배 정의에 대해 자주 호소했다. 헨리 클레이, 대니얼 웹스터와 같은 휘그당원들은 중앙은행, 보호관세, 정부가 지원하는 인프라 건설 등과 같은 사업들이 국가의 부를 늘릴 것이라고 주장했다. 반면 잭슨이 이끌던 민주당원들은 서민을 희생시켜 권력층의 재산만 늘리는 방식으로 부의 분배가 부당하게 이뤄지리라 예상되는 사업들에 반대했다. 휘그당은 오늘날 익숙한 논리를 동원해 밀물이 들어오면 모든 배가 물 위로 떠오르는 것과 같은 이치로 경제 성장은 사업가와 은행뿐만 아니라 농부와 노동자에게도 이익이 돌아갈 것이라고 반박했다.[76]

무엇보다 잭슨주의자들은 생산자들과 그들이 생산자가 아니라고 여겼던 사람들, 즉 상인, 자본가, 은행가 사이에서 일어나는 부의 불평등한 분배를 우려했다. 생산자들은 자신을 중심으로 탄생한 시장 사회가 기여를 가장 적게 한 사람들에게 보상을 가장 크게 준다고 불평했다. 이런 맥락에서 민주당의 급진주의자이던 오레스테스 브라운슨Orestes Brownson은 다음과 같이 썼다. "노동자는 가난하고 우울하게 살아가지만 '노동하지 않는 사람들' 대부분은 부유하다. 그러므로 극소수의 예외를 제외하면 일반적으로 사람들은 자신이 기여한 몫에 반비례해 보상을 받는다."[77]

뉴욕의 〈이브닝포스트〉는 이와 똑같은 뜻을 한층 더 생생하게 표현했다. "번쩍거리는 마차를 타는 사람은 누구인가? 세상의 사치란 사치는 모두 즐기는 사람은 누구인가? 화려한 궁궐을 짓고 연회를 즐기는 사람들은 과연 누구인가? 온종일 노동하는 바로 그 사람인가? 집이나 토지 등 실제로 존재하는 어떤 것을 소유한 사람인가? 아니다! 종이로 만든 돈의 노예들이다."[78]

더불어 선도적인 휘그당원들과 지지자들은 축적된 부와 신용 체계가 국부를 증가시킴으로써 미국 서민의 이익에 도움이 되는 방향으로 작동한다고 반박했다. 그들은 이미 존재하는 부를 한층 더 평등하게 분배하려는 시도보다 경제가 성장하면 가난한 사람들에게 더 많은 것을 안겨줄 것이라고 주장했다. 예를 들어 언론인이며 휘그당원으로도 활동했던 리처드 힐드레스Richard Hildreth는 다음과 같이 썼다.

기존의 부의 분배 방식에 대해 어떤 반대를 하든 간에, 기존에 존재하는 부를 사람들에게 단순하게 분배하는 것만으로는 사람들의 생활수준을 높인다는 목적에 효과적으로 기여하지 못한다. 이 사실만큼은 모두가 인정해야 한다. 종류를 막론하고 이런 식의 분배는 (…) 모든 사람을 여전히 가난한 상태로 머물게 할 뿐만 아니라 부지런함이 요구되는 많은 일자리를 뿌리째 뽑아버릴 것이다. (…) 어떤 방식의 재분배 방식을 계획하든 간에, 우리 사회의 다수를 가난과 가난으로 인한 불편함에서 구제하려면 부의 축적과 연간 생산물의 총량 모두가 상당히 늘어나야 한다.[79]

휘그당의 하원의원이던 에드워드 에버렛Edward Everett은 "축적, 재산, 자본, 신용"을 찬양했다. 그는 선도적 자본가가 가지고 있던 막대한 재산이 지역 사회에 기여한다고 주장했다. "이 거대한 재산을 어떻게 하면 더 잘 활용할 수 있을까? 이 재산을 지역 사회의 모든 사람이, 아니면 미국의 모든 시민이 똑같이 나눠야 할까? 그러면 남녀노소 1인당 0.5달러씩 돌아갈 텐데, 이 돈은 그야말로 푼돈이다. 차라리 바다에 던져버리는 게 더 나을지도 모른다. 이런 식의 분배는 공멸의 다른 이름일 뿐이다. 얼마나 많은 배가 돛을 접을까? 얼마나 많은 창고가 문을 닫을까? 얼마나 많은 기차가 멈춰 설까? 또 얼마나 많은 가족이 궁핍으로 내몰릴까? 분배에 따르는 이득은 모두 어디로 가고 하나도 남지 않을까?"[80]

그러나 표면적 유사성에도 불구하고 잭슨 시대의 논쟁은 오늘날의 논쟁과 다르다. 최근 수십 년 동안 분배 정의에 관심이 가장 많았던 사람들은 정부가 한층 더 많은 정책 활동을 해야 한다고 주장해왔다. 예컨대 진보적 세금 제도, 사회복지 프로그램, 노동자의 건강과 안전을 보장하는 법률 등을 마련하는 데 힘을 써야 한다는 것이다. 반면 경제 성장에 관심을 가장 크게 두는 사람들은 일반적으로 정부의 개입을 줄여야 한다고 주장해왔다. 예컨대 세금을 적게 거두고 정부 규제도 최소한으로 줄여야 한다는 것이다. 잭슨 시대에는 양상이 뒤바뀌어 나타났다. 정부 역할이 제한적이어야 한다고 주장한 것은 농부, 직공, 노동자의 정당이던 민주당인 반면, 기업, 은행, 제조업을 대표하는 정당이던 휘그당이 국가 경제 발전을 이끄는 산업 정책을 포함해 한층 더 활동적인 역할을 하는 정부를 선호했다.

잭슨주의 정치경제학

현대로 치면 잭슨주의 민주당원들은 로널드 레이건Ronald Reagan(대통령 재임: 1981~1989)과 같은 "반정부antigovernment" 정치인들이나 밀턴 프리드먼Milton Friedman과 같은 자유지상주의 경제학자들에게서 볼 수 있는 자유방임주의적 정부 철학을 선호했다. "최고의 정부는 가장 적게 통치하는 정부다." 잭슨주의 노선의 《민주당리뷰》는 다음과 같이 선언했다. "상식적으로 볼 때, 강력하고 적극적인 역할을 하는 민주주의 정부는 강력한 전제정과 운영 방식만 다를 뿐 근본적으로는 사악하다는 점에서 동일하다. (…) 정부는 시민이 추구하는 일반적 사업 및 이익에 대해 가능한 한 적게 관여해야 한다. (…) 정부가 국내에서 하는 활동은 시민의 천부적인 평등권을 보호하고 사회 질서를 유지하는 사법적인 행정에 국한돼야 한다."[81] 잭슨주의 노선의 논설위원이던 윌리엄 레깃William Leggett은 심지어 우체국을 운영하거나 가난한 사람들을 위한 정신병원을 운영하거나 또 빵집과 도살장을 대상으로 위생 검사를 하는 등의 최소한의 정부 기능도 잘못된 것이라고 비난했다.[82]

뉴딜 시대 이후의 민주당원과 달리 앤드루 잭슨은 정부를 일반 서민을 위한 정의의 도구가 아니라 일반 서민의 적이라고 여겼다. 이러한 그의 확신은 부분적으로는 정부에 대한 그의 견해에서 비롯됐고 또 부분적으로는 정의 개념에 대한 그의 인식에서 비롯됐다. 잭슨은 정부가 경제에 개입하면 필연적으로 부자와 권력자에게 유리할 수밖에 없다고 주장했다. 또 어떤 경우에도 정의는 누군가 더 많이 가지고 또 다른 누군가 더 적게 가질 수밖에 없는 불평등한 재능과 능력을 바로잡도록 정부에게 요구하지 않는다고 말했다. "어떤 정의로운 정부 아래에서도 사회에서의 차별은 늘 존재한다. 재능, 교육, 부를 평등하게 만드는 일은 인간이 만든 어떤 제도나 기관으로도 가능하지 않다. 모든 사람은 하늘이 내린 선물과 근면과 절약과 덕목의 열매를 충분히 누리면서 법으로 보호받을 평등한 권리를 가진다."[83]

잭슨의 말에 따르면 자신들이 해결해야 할 문제는 주어진 조건을 평등하게 만들기 위해 정부를 어떻게 사용할 것인가가 아니다. 부자와 권력자가 자신의 특권을 확보하고자 정부를 이용하는 것을 어떻게 막을 것인가이다. 그렇기에 다음과 같은 논리가 가능해진다. "부자와 권력자가 자신의 이기적 목적을 위해 정부를 악용한다는 사실은 무척이나 유감스러운 일이다. (…) 만약 [정부가] 하늘이 비를 내릴 때와 마찬가지로 지위나 재산과 관계없이 모든 사람을 동등하게 보호하는 일에 자신의 역할을 국한한다면, 즉 하늘이 높은 자, 낮은 자, 부유한 자, 가난한 자에게 똑같이 비를 내리듯이 호의를 내린다면 절대적인 축복이 될 것이다."[84]

잭슨 시대의 경제 논쟁은 정부에 대해서 각 정당이 가지고 있는 입장을 넘어선다는 점과 1830년대와 1840년대에도 공화주의적 주제들을 지속적으로 다뤘다는 점에서 오늘날과 다르다. 비록 잭슨주의자와 휘그당이 경제 성장과 분배 정의의 논쟁을 불러일으켰지만, 그 자체로 논쟁의 목적이라기보다 자치공화국self-governing republic에 대한 다양한 경쟁적 전망을 짚어보기 위한 수단이었다. 잭슨주의자들은 부의 불평등이 늘어나는 현상에 반대했지만, 공정성 확보의 목적이라기보다 부와 권력이 집중될 때 자치를 위협할 수 있다는 점에 초점을 맞추고 있었다. 또 휘그당은 경제 발전 촉진 정책에 찬성했지만, 시민의 생활수준 향상이나 소비의 극대화보다 국가 공동체의 발전과 노동조합의 결속력 강화에 초점을 맞추고 있었다. 이처럼 민주당과 휘그당이 벌였던 논쟁의 밑바탕에는 시민의식의 정치경제학에 대한 서로 다른 전망이 대립하고 있었다.

양측은 자치라는 통치 방식에 필요한 시민적 덕목을 배양하는 능력을 기준으로 미국이라는 국가의 경제적 삶에 대한 평가가 이뤄져야 한다는 제퍼슨의 확신에는 뜻을 같이했다. 물론 양측은 시민적 덕목을 배양하는 방식에서는 다른 노선을 취했다. 제퍼슨이 한때 그랬던 것처럼 1830년대에 농업적 삶이 시민성을 배양하는 유일한 경로라고 생각하는 사람은 거의 없었다.[85] 그러나 민주당과 휘그당이 모두 중앙은행, 보호관세, 토지

정책, 국내 인프라 건설로 관심을 돌렸을 때조차도 두 정당은 공화주의 전통의 형성적 야망이라는 발상을 여전히 지지하고 있었다.

잭슨의 정책과 발언은 두 가지 측면에서 공화주의자의 희망과 두려움을 반영했다. 첫째, 미합중국은행Bank of the United States에 반대하고 상업과 제조업에 대한 연방정부 지원에 반대하는 그의 태도는 사리사욕으로 똘똘 뭉친 강력한 세력이 정부를 지배하고 자신들만의 특권을 확보하며 국민에게서 그들의 통치권을 박탈할 것이라는 공화주의자들의 오래된 두려움을 반영하는 것이었다.

둘째, 대기업과 은행업과 투기를 적대시하는 그의 태도는 농민, 직공, 노동자처럼 근면한 생산자들만이 자치에 필요한 덕목과 독립성을 가진다는 확신에서 비롯됐다. 잭슨은 중앙은행과 지폐로 대표되는 권력의 집중은 권력 집단이 선호하는 소수에게만 보조금과 특혜를 베풂으로써 공화주의 정부를 직접적으로 부패하게 만들 것이라고 봤다. 또한 그런 기관들이 장려하는 투기 정신이 공화주의 시민의 도덕적 소양을 훼손함으로써 공화주의 정부를 간접적으로 부패하게 만들 것이라고 봤다.[86]

미합중국은행을 옹호하는 사람들에 따르면 이 은행은 널리 인정되는 지폐들을 통제함으로써 통화 공급을 조절해 경제 안정을 촉진했다. 반면 여기에 반대하는 사람들에 따르면 미국의 통화를 지배하는 권한은 정부의 권한과 경쟁하면서 이 은행에 개인적으로 투자한 사람들의 배를 불려줬다. 잭슨의 관점에서 이 은행은 "괴물"이자 "부패의 히드라"였다. 따라서 그가 미합중국은행을 무효화하겠다고 결심한 것도 당연하다. 자신의 대통령 임기 동안 이 은행을 상대로 벌인 전쟁은 그에겐 가장 중요한 일이었으며, 공화주의 시민의식에서 비롯한 잭슨주의 정치경제학의 두 가지 측면을 잘 보여준다.

첫 번째 측면에서 미합중국은행과의 싸움은 권력 집중화의 위험성을 보여줬다. "거대한 독점을 가능케 한 잘못된 법률 제정의 결과"에 대해 잭슨은 다음과 같이 선언했다. "단 한 명의 합법적인 우두머리의 지시와 명령에 따라 수많은 부패 수단이 동원돼 미국의 전체 금권이 한 곳으로 집중됐으며 (…) 연방정부가 어떤 정책이나 조치를 내놓더라도 이것을 지지하거나 저지할 수 있는 완전하고 분할되지 않은 힘을 어떤 경우에든 행사할 수 있게 됐다." 이 은행을 없애버리지 않았다면 "정부는 다수의 손을 떠나 소수의 수중에 들어갔을 것이고 은밀한 회의에서 탄생하는 조직화된 금권은 정부 최고위급에서 내려지는 선택을 좌우했을 것이다. 또 자신의 입맛에 따라 전쟁을 일으키기도 하고 전쟁을 중단하기도 했을 것이다. 여러분의 정부 형태는 한동안 예전과 다름없는 모습이겠지만, 이 정부에 살아 있던 정신은 이미 사라지고 없을 것이다."[87]

두 번째 측면에서 제조업, 상업, 은행업, 기업이 지배하는 경제는 집중된 권력의 사악함에 그치지 않고 경제를 지탱하는 도덕적 습관을 훼손함으로써 공화주의 정부를 부패하게 만들 수도 있었다. 지폐의 변동성은 "시민의 습관과 성격에 해로운 투기 정신을 낳는다". 땅과 주식을 대상으로 한 마구잡이식 투기는 "사회의 모든 계층에 퍼져 정직한 산업을 건전하게 추구하지 못하게 위협할 수도 있다. 우리가 공공의 덕목을 가장 잘 보존하는 방법은 이런 정신을 장려하는 것이 아니다". 지폐는 "노동 없이 부를 축적하려는 열망"을 조성했고, 그 덕분에 "필연적으로 부패를 초래하며" 공화국을 파괴할 것이다. 이것이 잭슨주의 정치경제학에서 제시한 두 번째 측면의 주장이었다.[88]

자유방임주의가 힘을 얻는 순간 잭슨주의적 정치는 절차적 공화주의로 기울었다. 즉 시민의 덕목을 형성하는 데 정부가 어떤 역할도 하지 않아야 한다는 발상으로 기운 것이다. 예를 들어 브라운슨은 공화주의 전통과는 다르게 자유는 "자기 자신의 정부 형태를 선택하거나 자신의 통치자를 선출하거나 이들을 통해 자기 자신의 법률을 만들고 집행하는 것이 아니라" 단지 정부의 간섭 없이 개인의 권리를 행사할 역량일 뿐이라고 말했다. "개인이 타인의 권리를 침해하지 않는 한, 타인이 자기 권리를 자유롭고 온전하게 행사하는 데 아무런 장애를 끼치지 않는 한 정부, 법률, 심지어 여론조차도 그 사람이 자신의 길을 선택할 수 있도록 자유롭게 놓아둬야 한다."[89]

그러나 잭슨주의자들은 현대의 자유지상주의자들과는 다르게 특정한 삶의 방식을 주장하면서 특정한 유형의 시민을 양성하고자 했다. 현대의 자유지상주의자들은 개인의 권리를 옹호하면서 좋은 삶에 대한 여러 다른 의견들 사이에서 정부가 중립적이어야 한다고 주장한다. 잭슨은 제퍼슨이나 매디슨과 마찬가지로 종종 시민적 덕목을 형성해야 한다는 이유를 내세우면서 자신의 경제 정책들을 정당화하곤 했다.

예컨대 미합중국은행에서 정부가 관리하는 공적 예금을 인출한 것도 "시민의 도덕성을 보존하기 위해서는 꼭 필요한 것"이기 때문이라고 했다.[90] 또 지폐 대신 금화와 은화를 교환 수단으로 되돌리면 "공화주의자의 덕목과 꼭 맞아떨어지는 경제 습관과 소박함이 되살아나 영원히 지속될 것"이라고 했다.[91] 국내의 인프라 사업과 대규모 시장에 대한 연방정부 차원의 지원을 거부하면 독립적 생산자를 중심으로 하는 경제를 보존하고, 또 미국인을 자치와 자치정부에 적합한 시민으로 만들어주는 직업들도 안전해질 것이라고 했다. "농장주, 농부, 직공, 노동자들은 모두 근면하고 절약하면 성공할 수 있음을 알고, 또한 자신이 땀 흘려 노동한 대가로 어느 날 갑자기 부자가 되리라고 기대하면 안 된다는 것도 알고 있다." 이런 시민이 "국가의 핵심인데, 이 사람들은 자유를 사랑하며 평등한 권리와 평등한 법 이외에는 아무것도 바라지 않는다".[92]

20세기로 들어서면 자유방임주의 원칙은 시장경제와 시장이 확실하게 보장한다는 선택의 자유를 찬양하고 나선다. 그러나 잭슨 시대에는 자유방임주의적 관념들이 전혀 다른 역할을 했다. 이 관념들은 "바람직한 공화주의적 삶"에 대한 전망 깊은 곳에 박혀 있었다. 마빈 마이어스 Marvin Meyers는 이러한 전망을 "독립적 생산자들의 전망"이라고 설명하면서 독립적 생산자는 "상당한 재산을 가졌으며, 자신의 천부적 존엄성에 자부심을 가지고, 자영업자의 특성을 뚜렷하게 가지며, 자기 운명을 책임진다. 이것이 초기 공화국the Old Republic의 질서다"라고 규정한다. 잭슨주의자들은 "정부의 통치가 최소화될 때, 올바른 공화주의적 요소들로 구성된 사회에서는 도덕적 규율이 저절로 실현된다"라고 생각했다.[93]

잭슨은 자본주의적 기업을 옹호하지 않았다. 하지만 그는 시장 관계의 범위를 확대하기보다 오히려 시장의 발전을 늦추기 위해 정부의 권한을 제한하고자 했다. 또한 정부 보조금이나 보호관세 같은 "인위적" 지원이 없다면 대규모 제조업, 은행업, 자본주의 기업이 소규모 독립생산자의 경제를 금방 압도해버리지 않을 것이라고 믿었다. 바로 이런 이유에서 잭슨주의라는 하나의 정치 노선에 자유방임적 개인주의와 시민의 도덕성에 대한 공화주의적 관심이라는 이질적인 두 요소가 공존한 것이다. "잭슨주의적 신념을 가진 미국인은 자유와 자유방임주의를 (…) 기업을 위한 자극제가 아니라 초기 공화국이 도덕적 건전성을 회복하기 위한 촉진제로서 받아들였다."[94] 즉 잭슨주의 정부는 시민적 덕목을 증진하기 위해 입법이라는 직접적 방식을 선택하지 않고 시민적 덕목을 위협하는 경제 세력들을 억제하는 간접적 방식을 선택했다.

휘그당의 정치경제학

휘그당원들은 잭슨주의자들이 반대했던 경제적 변화를 환영했지만, 그들 역시 시민의식의 정치경제학 발전에 앞장섰으며 경제적 제도나 조치의 결과를 주의 깊게 살폈다. "휘그당원들은 민주당원들과 동일한 공화주의 전통의 조직에서 시작했지만, 그 조직 안에서도 민주당원들과는 다른 주제를 강조하고 나섰고 또 시장혁명 Market Revolution * 이 약속한 경제 변화에 대해 극적으로 다른 평가를 제시했다."[95] 잭슨주의자들과 휘그당원들은 중앙집권적 권력은 자유의 적이며 정부는 시민의 도덕적 덕목에 깊은 관심을 가져야 한다는 점에는 의견이 같았다. 그러나 두 집단은 그 원칙을 19세기 미국적 삶의 상황에 각각 다르게 적용했다.

잭슨주의자들은 중앙집권적 경제 권력을 두려워했던 반면, 휘그당원들은 중앙집권적 행정 권력을 두려워했다. 휘그당원들은 제조업, 은행업, 상업이 아니라 잭슨이 제시한 대통령직에 대한 개념에서 자유를 위협하는 힘을 발견했다. 잭슨이 미합중국은행의 재인가를 거부하고 정부의 예금을 인출해 비연방 은행들로 옮겼을 때 반대자들은 "황제 정치주의 Caesarism", "행정부의 독재", 독재적 구상 같은 표현들을 동원해 비난했다. 이전의 대통령들은 거부권을 거의 행사하지 않았다. 거부권을 행사하더라도 자신이 해당 법률에 동의하지 않는다는 단순한 이유보다 위헌적 요소가 있다고 판단할 때만 거부권을 행사했다.[96] 잭슨은 "괴물"이라고 판단한 대상을 처단할 때는 기존 관례에 개의치 않았다. 그러자 휘그당원 클레이는 "우리는 지금 혁명의 한가운데에 서 있다. 지금까지는 아무도

---

* 미국에서 시장혁명으로 일컬어지는 시기는 1815년에 시작됐는데, 이 시기에 미국에서 자본주의의 기초가 형성됐다.

피를 흘리지 않았지만, 정부의 순수한 공화주의적 성격이 완전히 바뀌고 모든 권력이 한 사람의 손에 집중되는 상황으로 혁명의 기세가 급속하게 꺾이고 있다"라고 선언하고 나섰다.[97]

1834년에 클레이와 국민공화당*에 속해 있던 그의 추종자들은 '휘그 Whig'라는 이름을 채택했다. 이는 영국 왕실의 독단적 권력에 저항하기 위해 공화주의적 가치를 내걸었던 영국 야당의 이름에서 따온 것이다. 클레이와 미국의 휘그당원들은 행정 권력의 남용이야말로 공화주의 정부를 위협하는 가장 큰 요소라고 봤다. 클레이는 프랑스혁명의 기억을 상기시키면서 영국 휘그당을 자유의 옹호자이자 왕실 행정 권력을 반대하고 나섰던 주체로 찬양하며 다음과 같이 말했다. "과거와 형태는 다르지만 본질적으로 동일한 투쟁의 성격은 무엇인가? (…) 지금의 휘그당원들은 행정 권력의 월권에 반대한다. 행정 권력의 놀라운 남용과 특권에 반대한다. 지금의 휘그당원들은 정부의 모든 권력을 자기 손안에 집중하고자 하는 단 한 사람 아래에서 자행되는 행정부의 권한 남용과 부패를 낱낱이 밝히고 있다."[98]

휘그당의 정치 만평들에서는 잭슨을 "국왕 앤드루 1세"로 묘사했다. 1840년에 휘그당 대통령 후보로는 최초로 미국의 대통령이 되는 윌리엄 헨리 해리슨 William Henry Harrison **(대통령 재임: 1841~1841)은 유세 과정에서

---

* 미국 건국 직후에 창당된 민주공화당에서 갈라져 나온 정당. 남부의 대농장주와 도시의 소상인들을 대변하는 당으로, 대자본가의 상업적 이해를 대표하는 연방당과 대립했다. 1800년 토머스 제퍼슨이 제3대 대통령에 당선된 뒤로 24년간 장기 집권했다. 그런데 1824년에 민주공화당의 주류 세력인 잭슨파에 반대했던 애덤스(제6대 대통령)와 클레이 등이 당을 나가 국민공화당을 세웠다. 국민공화당은 나중에 잭슨의 전제정치에 반대하는 정당이라는 뜻에서 '휘그당'으로 개칭했다.

** 1841년에 취임하지만 1개월 만에 폐렴으로 사망한다.

행정권 남용을 자제하며 거부권을 최소한으로 행사하고 의사결정 과정에서 내각의 의견을 반영하며 재선에 나서지 않겠다는 공약을 내세웠다.[99]

어느 한쪽으로 치우치지 않게 균형이 잡힌 정부를 강조하고 행정부의 독단을 우려한 휘그당의 태도는 고전적 르네상스 사상에서부터 18세기 영국 정치에 등장한 지방당 Country Party *으로 이어진 공화주의 전통의 연장선상에 있었다. 그러나 상업, 제조업, 경제 발전을 향한 열정 때문에 휘그당은 분열했다. 고전적 공화주의 전통은 상업을 시민적 덕목과 충돌하는 것으로, 즉 시민을 공공선에서 이탈시키는 사치와 부패의 원천으로 바라봤다.

혁명, 즉 미국의 독립전쟁 때부터 미국의 공화주의자들은 대규모 상업과 제조업이 시민에게 초래할 결과를 줄곧 걱정했다. 초기의 제퍼슨은 시민적 덕목들은 소박한 농업 경제에 달려 있다고 봤다. 그리고 비록 잭슨주의자들이 시민적 덕목들을 보장하는 직업 범위를 농민뿐만 아니라 독립적 노동자와 직공까지 확대했지만, 그들은 당대에 전개되는 시장혁명이 자치에 꼭 필요한 도덕적 소양을 약화시킬지 모른다고 두려워했다.[100]

그러나 휘그당원들은 경제 발전을 옹호하면서도 시민적 덕목을 배양해야 한다는 공화주의 전통의 형성적 야망을 여전히 가지고 있었다. 그들은 자치가 가능하려면 시민이 특정한 도덕적·시민적 소양을 갖추고 있어야 하며 또 경제적 제도나 조치는 모두 이런 목적에 얼마나 잘 부합하는지에 따라 평가해야 한다는 공화주의적 가정들을 받아들이고 있었던 것이다. 휘그당원들이 잭슨주의자들과 벌인 논쟁의 쟁점은 자치가 19세기 미국인에게 어떤 덕목을 요구해야 하며 이러한 덕목들을 촉진하기 위

---

* 농민당이라고도 하며, 도시와 공업의 이익에 대항하던 정당으로 휘그당의 전신이다.

해 어떻게 해야 하는가에 관한 것이었다.

이러한 형성적 목적을 수행하는 휘그당원들의 프로젝트에는 두 가지 측면이 있었다. 하나는 미합중국의 유대감을 강화해 공동의 국가 정체성을 배양하는 것이었다. 다른 하나는 사람들의 도덕성을 높여 질서를 존중하고 자제력을 강화하게 만드는 것이었다. 휘그당원들은 국가 경제 발전 정책을 통해, 사람들의 도덕성을 개선할 목적으로 고안된 학교에서부터 소년원과 정신병원에 이르기까지 다양한 공공기관을 통해 자신들의 목표를 실현하고자 노력했다.

휘그당 경제 정책의 핵심은 클레이의 "미국식 체제American System"였다. 클레이의 제안은 자유방임주의 경제 발전이라는 영국식 체제와는 달리 국가가 경제 성장에 명확한 지침과 지도력을 행사해 경제 성장을 촉진하자는 것이었다. 예컨대 관세를 높게 책정해 미국의 제조업을 보호하고 장려한다든가, 연방정부가 소유하는 토지의 가격을 높여 서부로의 확장 속도를 늦추는 한편, 도로, 운하, 철도 등의 야심적 인프라 건설 프로젝트의 재원을 마련한다든가, 중앙은행 중심의 강력한 통화 정책을 실행해 세금 징수, 상거래, 공공 지출을 용이하게 하자는 것이었다.[101]

휘그당은 번영뿐만 아니라 국가 통합을 근거로 내세우며 자신들이 추진하는 경제 발전 계획을 정당화했다. 그들이 강화하고자 했던 국내의 "개량 사업"은 물질적 차원의 사업일 뿐만 아니라 도덕적 차원의 사업이기도 했다. "진보라는 이념"은 "미국의 물적 자원들을 산출하는 것"이기도 했지만 "미국의 정신과 마음을 드높이는 것"이기도 했다.[102] 전국을 하나로 연결하는 교통, 통신 시설은 상업뿐만 아니라 국민적 화합을 촉진해 시골 구석구석까지 영향을 주어 사람들을 도덕적으로 드높일 수 있다고 본 것이다. 또 뉴잉글랜드에서 조지아로 이어지는 철도가 "온 나라의 정서를 하나로 조화롭게 일치시킬 것"이라고 기대했다.[103] 기독교 계열의 휘그당 잡지는 문명화되지 않은 서부를 동부와 연결하면 도덕과 구원이 늘어날 것이라면서 "철도와 전보가 서부의 개척지로 조금이라도 더 빨리 뻗어나가 가장 멀리 있는 오지 마을까지도 동부와 연결되고 가까워질수록 밝고 선한 태도와 기독교 정신이 그만큼 더 널리 퍼져나갈 것"이라고 확신했다.[104] 또 리치먼드의 한 신문은 "철도야말로 연방을 이어주는 끈이다. 사회적 연결의 끈이며 미합중국의 끈이다"라고 결론을 내렸다.[105]

클레이는 연방정부 소유의 땅을 매각한 돈을 주정부에 나눠줘 국내 개량사업의 재원으로 사용하자고 제안했다. 그는 이 정책이 중요한 공공 프로젝트에 자원을 제공하는 것 이상의 효과를 발휘할 것이라고 했다. 또한 주정부와 연방정부 사이에 "새롭고도 강력한 애정과 관심의 유대감"을 형성할 것이라고 했다. 나아가 주정부들은 연방정부의 후한 지원금에 고마워할 것이고 연방정부도 "시민의 도덕적·지적 개선, 사회적이고 상업적 교류에 사용되는 훌륭한 시설, 우리 국민의 순화 등의 편익을 누릴 것이며 이런 것들이 모두 국가의 품격, 국가적 단결, 국가의 위대함을 가능하게 해줄 자원이 될 것"이라고 했다.[106]

휘그당원들은 미합중국으로서의 국가적 단결을 강화하겠다고 생각하긴 했지만 잭슨주의자들이 가졌던 영토 확장의 야심은 부족했다. 대니얼 웹스터는 텍사스를 합병하는 데 반대하면서 공화국은 무한한 공간으로 확장될 수 없다는 고전적 주장을 들고나왔다. 독단적 전제 정부는 군대의 힘이 미치는 범위까지 확장될 수 있지만 공화주의 정부는 "관심과 정서가 하나로 동화됨으로써 단일한 국가이며 단일한 정치적 가족이며 성격과 재산과 운명이 단일하다는 의식을 갖춤으로써" 전체 국민을 하나로 응집해야 한다고 했다. 그런데 국가가 너무 빠른 속도로 확장할 때는 이러한 동일성이 형성되기 어렵다고 설명한다. "공화국에는 공동의 중심체를 가진다는 어떤 조건이나 한계가 반드시 설정돼야 한다. (…) 다른 매력들과 마찬가지로 정치적 매력도 전체 공화국을 구성하는 단위들이 그 중심체에서 멀어질수록 점점 약해진다."[107]

웹스터는 바로 이런 이유로 멕시코전쟁(1846~1848)과 그 뒤에 일어났던 뉴멕시코와 캘리포니아의 합병에 반대했다. 1848년에 웹스터는 공인으로서의 삶을 미국인이 "단일한 국민, 관심사가 같은 국민, 특성이 같은 국민, 정치적 정서가 같은 국민으로" 거듭나는 일에 바쳤다고 선언했다. 그러나 미국의 나머지 지역에 사는 사람들과 "멕시코와 캘리포니아에 사는 사람들이 도대체 어떤 점에서 공감할 수 있을까"? 그런 건 전혀 없다. "전제 정부는 멀리 떨어진 영토를 자기 영토로 가질 수 있다. 이 정부는 제각기 다른 법률과 체제로 각각의 영토를 통치할 수 있기 때문이다. (…) 그러나 우리는 공화주의 정부를 가지고 있기 때문에 그렇게 할 수 없다. 아무리 멀리 떨어져 있는 사람들이라고 하더라도 우리 또는 우리의 한 **부분**이 돼야 하며, 그렇지 않으면 우리에게 이방인일 뿐이다."[108]

휘그당원들은 국가 통합과 도덕적 개선의 정치경제학에만 머물지 않았다. 그들은 한 걸음 더 나아가 바람직한 시민적 덕목을 기르고 자제력을 함양시킬 목적으로 고안된 다양한 공공기관과 자선 단체를 통해 시민의 소양을 교육하겠다는 목표를 추구했다. 이런 노력으로는 정신병원, 교도소, 구치소, 소년원, 주일학교, 금주운동, 로웰에 마련됐던 공장 공동체 등을 들 수 있다. 이런 기관이나 운동의 설립자나 지도자 중에는 휘그당원이 많았다. 휘그당의 정치적 사상에는 개혁주의적이고 온정주의적인 측면과 복음주의 개신교의 종교적 추진력이 녹아 있었기 때문이다. 휘그당원들은 자신들의 시대에 경제적 변화가 일어나기를 바랐지만 존중심이 쇠퇴하고 이민자가 늘어나며 시골의 작은 마을에서 도덕적 질서가 전반적으로 무너지는 것과 같은 변화를 걱정했다.[109]

휘그당이 시민들의 도덕성과 시민적 덕목을 개선해 공화주의 정신을 드높이겠다는 목적으로 추진했던 모든 사업 중 가장 야심적인 수단은 공립학교였다. 매사추세츠교육위원회의 제1서기였던 호레이스 만[Horace Mann]*이 설명했듯이 만약 모든 사람이 통치에 참여해 공화주의 전통에 진정으로 충실하고자 한다면 모든 사람은 반드시 그 역할을 수행하는 데 필요한 도덕적·지적 자원을 갖춰야 한다. 또 그는 "보편적 참정권 아래에서 누구나 정치에 참여할 수 있으려면 누구나 인격적으로나 지적으로나 또 도덕적으로 높은 수준을 갖추고 있어야 한다. 그렇지 않으면 '보편적'인 잘못된 정치와 재앙이 뒤따른다"라고 말했다. 인간이 과연 자치 역량을 가지고 있을까 하는 질문에는 조건부 대답만 가능하다. 즉 공공선을 대변해 통치할 수 있는 지능과 선의와 폭넓은 관점을 가지고 있을 때만 그렇게 할 수 있다는 말이다. "그러나 인간은 그런 역량을 온전하게 가지고서 **태어나지** 않으며" 또한 성인으로 성장하는 과정에 이 역량을 누구나 다 쌓는 것도 아니라고 했다.[110]

그러므로 공립학교의 역할은 공화주의 정부에 필요한 시민적 자질을 각각의 시민이 배양하는 것이다. "각 시민은 타인을 통치하는 정부 권력에 참여해야 하므로 자기가 통치하는 사람들의 욕구에 대한 정서, 권리에 대한 감각을 필수적으로 갖춰야 한다. 타인을 통치하는 권력은 자기만족보다 한층 더 높은 동기로 인도되지 않으면 타인을 억압하는 방향으로 흘러가는 독특한 속성을 가지고 있기 때문이다. 그런데 권력을 행사하는

---

* 미국에서 미국 공교육의 아버지로 일컬어진다.

사람이 공화주의자로 자처하는 사람이든, 무책임한 폭군이든 간에 이러한 본질적 특성과 사악함은 언제나 동일하다."[111]

만은 학교의 교육 과정은 바로 이런 목적을 반영하고 있어야 하며 시민적·도덕적 교육에 충분한 주의를 기울여야 한다면서 "도덕성의 원칙들은 과학의 원칙들과 충분히 많이 뒤섞여야 한다"라고 말했다. 덧붙여 이러한 황금률은 구구단만큼이나 익숙한 것이 돼야 한다고도 했다. 또 정치, 도덕, 종교 등의 교육에 필연적으로 동반되는 다양한 논쟁에 대해서는 공립학교가 폭넓게 중용을 추구해야 한다고 주장했다. 정치권에 대해서는 "누구나 동의하는 공화주의의 신조"를 가르치되 당파적 논쟁은 피해야 한다고 했다. 도덕과 종교를 가르칠 때는 "복음의 모든 실용적이고 교훈적인 부분"을 교육 내용으로 포함하되 "모든 신학교리와 종파주의"를 제외한 범종파적 개신교의 내용을 가르쳐야 한다고 했다. 그는 이런 가르침이 널리 확산될 수 있다면 구원의 가능성은 무한하다는 희망을 가지고 있었다. 나아가 그는 다음과 같이 공화주의 사회를 미래를 희망적으로 전망했다.

"만일 지역 사회에서 4세부터 16세까지 연령대에 속한 모든 아이가 좋은 학교가 제공하는 개혁적이고 따뜻한 영향을 받는다면, 현재 국내의 평화를 어지럽히고 당대의 문명을 더럽히는 개인적 차원의 악덕과 사회적 차원의 범죄를 일삼는 사람들은 100명 중 99명이 이 세상에서 추방될 것이다."[112]

공공선

잭슨주의자들과 휘그당원들은 공화주의 정치에서 시민적 덕목의 함양이 필요하다는 인식 외에도 공공선, 즉 공공의 이익이 개인의 선호나 이익의 총합보다 크다는 가정에 뜻을 함께했다. 매디슨은 대중의 열정으로부터 어느 정도 거리를 두고 행동하는 각성된 정치인들의 엘리트 집단, 즉 "국가의 진정한 이익을 가장 잘 분별할 수 있는 선택된 시민들"에 초점을 맞춰 공공선을 추구했다.[113] 그런데 잭슨 시대의 정당들은 민주주의가 그토록 멋지게 잘 여과돼 실현될 수 있으리라고 생각하지 않았다. 그들은 당대에 민주주의적 기대가 고조되는 수준과 일치하는 범위에서만 개인적 이해관계를 넘어 공공선을 추구했다.

잭슨은 "어떤 자유로운 정부도 시민적 덕목과 숭고한 애국심 없이는 지탱할 수 없다"라면서 전통적인 공화주의적 관점을 반영해 "공적 정신으로 채워져야 할 자리를 단순한 이기심의 추잡한 감정이 빼앗는다면 의회의 입법 과정은 곧 개인과 당파의 이익을 추구하는 쟁탈이 벌어지는 장소가 되고 말 것"이라고 경고했다.

그러나 잭슨이 바라본 공공선에 따른 통치에서는 사심 없는 정치인들로 구성된 계몽된 엘리트 집단이 따로 필요하지 않았다. 강력한 소수가 정부를 지배해 정부를 이기적 이익의 수단으로 악용하지 못하도록 막기만 하면 충분했다. 이기심에 물든 정치라는 위협은 전적으로 금전적인 이익에서 비롯되는 것일 뿐이다. 생산적 노동 종사자들, 즉 "국민의 대다수"는 정부를 이용해 특별한 혜택을 누리고자 하는 의향을 가지고 있지 않으며 또 그럴 능력도 없다고 했다. "그들의 습관이나 그들이 추구하는 일의 특성으로 볼 때 그들은 자기들끼리 힘을 모아 함께 행동할 폭넓은 결사체를 조직할 수 없다." 그들은 "평등한 권리와 평등한 법을 바랄 뿐이다". 그러므로 그들은 본질적인 속성상 "부패하지 않았으며 부패할 수도 없다".[114]

휘그당원들도 사리사욕을 추구하는 정치에 적개심을 가지고 있었다.

그러나 그들은 어떤 계층도 공공선을 식별할 지혜나 미덕을 태생적으로 가지지는 않는다고 생각했다. 공화주의자들은 공화주의자로 태어난 게 아니라 공화주의자로 만들어졌을 뿐이라는 말이다. 그리고 "공화국을 만드는 일이 쉬울지 몰라도 (…) 공화주의자를 만드는 일은 매우 힘들다"라고 봤다. 그렇지만 호레이스 만은 누구나 선거권을 가지는 보통선거라는 조건 아래에서 도덕적·정치적 교육이라는 수고로운 과제의 수혜 대상이 모든 사람으로 확대돼야 한다고 말했다.[115]

만은 다소 과장하는 면이 있긴 하지만 개인적 이익에 기초하는 민주주의의 이론을 비판하는 유명한 글에서 시민이 이기적 동기로 투표할 때 공공선에 미치는 결과에 대해 다음과 같이 경고했다.

"공화주의 정부에서 투표함은 운명의 항아리다. 그러나 그 어떤 신도 항아리를 흔들거나 항아리의 운명을 자기 의지대로 주재하지 않는다. 투표함은 지혜, 애국심, 인간성을 향해 열려 있기도 하지만, 동시에 무지, 배신, 자존심, 질투심, 가난한 사람들에 대한 경멸이나 부자에 대한 적대감을 향해서도 열려 있다. 투표함이 불순물을 걸러내기 위해 고안된 필터라면 그 어떤 필터보다도 구멍이 성긴 필터다. (…) 투표권의 기준은 시민의식, 나이, 거주지, 납부 세금을 따져서 주어지는데 어떤 경우에는 재산을 따지기도 한다. 그러나 투표권을 신청하는 사람이 카토인지 카틸리나인지는 결코 따지지 않는다.* (…) 만일 선거일에 투표함에 떨어지는 그 많은 투표용지가 지혜로운 조언과 진리를 향한 충실한 마음에서 비롯된 것이라면, 그것들은 하늘에서 내려오는 축복처럼 대지를 축복하고 또 대지

---

* 카토는 로마 공화정 말기에 율리우스 카이사르에 대항해 로마 공화정을 수호했고 카틸리나는 로마 공화정 말기의 정치가로 공화정 전복의 음모를 꾸몄으나 실패했다.

는 온통 노래와 기쁨으로 가득 채울 것이다. (…) 그러나 만일 그 투표용지가 무지와 범죄에서 비롯된 것이라면, 소돔과 고모라에 내렸던 불벼락보다 더 고통스러울 것이다."[116]

자유노동 대 임금노동

노동자와 노예는 어떻게 다른가

DEMOCRACY'S DISCONTENT

잭슨주의자들과 휘그당원들 사이의 논쟁은 공화주의적 주제들이 19세기 전반에도 여전히 중요한 관심사였음을 보여준다. 양측 모두 경제 관련 제도나 조치가 시민의식 차원에 미치는 결과를 강조했다는 사실은 당시의 정치적 담론과 오늘날의 정치적 담론이 다름을 분명하게 보여준다. 몇몇 경우에는 공화주의적 가정들이 번영과 공정성이라는 측면에서 우리가 제각기 다른 정치적 입장에서 옹호하는 주장들, 예를 들어 세율 인상·인하 문제, 정부 지출 확대·축소 문제, 경제 규제 강화·완화 문제 등에 대해 제각기 다른 정당성의 근거가 되기도 했다.

그러나 다른 몇몇 경우 19세기 미국인들은 공화주의적 이상들의 영향 아래에서 오늘날에는 사라지고 없는 쟁점들에 대해 고민해야 했다. 이런 쟁점들 중 하나는 과연 미국이 제조업 국가가 돼야 하는가 하는 문제였다. 그러나 19세기 중반에는 이 쟁점이 해소되고 국내 제조업을 옹호하는 주장도 더 이상 필요하지 않았다. 그러나 공장이 일상의 한 부분을 차지한 생활이 시작되자 장차 19세기 말까지 계속해서 되풀이될 쟁점이 미국 정치에 등장했다. 바로 임금노동 wage Labor, 즉 임금을 받을 목적으로 수행하는 노동이 과연 자유라는 개념에 부합하느냐는 것이었다.

시민의 개념과 자발성의 개념

당시와 시대적으로 멀리 떨어진 지금의 관점에서 보면 도무지 이해하기 어려운 질문이다. 이 질문이 까다로운 정치적 쟁점이었다고 생각하기는 더더욱 어렵다. 우리가 임금을 놓고 논쟁을 벌일 때는 주로 최저임금이나 일자리에 대한 접근성, 임금 격차나 작업장의 안전성 등이 쟁점이다. 오늘날 임금노동이라는 개념에 이의를 제기할 사람은 거의 없을 것이다. 그러나 19세기에는 많은 미국인이 이의를 제기했다. 공화주의적 자유 개념에 따르면 임금을 받을 목적으로 일하는 사람이 진정으로 자유로운지는 분명하지 않기 때문이다.

물론 노동과 임금의 교환에 당사자가 자발적으로 동의한다는 점에서 보면 자유롭다고 할 수 있다. 부당한 압력이나 강요만 없다면 임금노동은 자발적으로 계약을 맺는다는 의미에서 자유노동 free labor 이다. 그러나 노동을 임금과 교환하는 자발적 합의조차도 자유노동에 대한 공화주의적 개념을 충족하지 못한다. 공화주의적 관점에서 보면 '나'는 자치에 참여하는 한에서만 자유롭다. 이렇게 하려면 '나'는 특정한 습관, 성향, 소양을 갖춰야 한다. 따라서 자유노동은 시민이 공화주의적 자치에 적합한 덕목을 함양할 수 있는 조건에서 이뤄지는 노동이다.

잭슨주의자들과 휘그당원들은 그러한 덕목들로 무엇이 있으며 또 이것들을 육성시킬 가능성이 가장 높은 경제적 조치들이 무엇인지에 대해서 의견이 상당히 갈렸다. 그러나 양측은 모두 경제적 독립성이 시민의식에 필수적 전제조건이라는 오랜 공화주의의 신념을 갖고 있었다. 유럽의 무산계급인 프롤레타리아처럼 고용주가 지급하는 임금만으로 생계를 꾸려야 하는 사람들은 자유 시민으로서 어떤 문제를 스스로 판단할 도덕적·정치적 독립성이 부족할 수밖에 없다는 말이었다.

한때 제퍼슨은 오로지 자작농이라는 신분만이 견실한 공화주의 시민에게 필요한 덕목과 독립성을 길러준다고 생각했다. 그러나 19세기 초 수십 년 사이에 공화주의자 대부분은 농장에서뿐만 아니라 공장의 작업장에서도 시민적 기본 소양이 배양된다고 믿게 됐다.

19세기 초 미국 제조업의 거의 대부분을 떠맡았던 장인, 숙련공, 기술자들은 일반적으로 생산수단을 소유한 소생산자였다. 게다가 그들은 고용주에게 적어도 영구적으로는 매여 있지도 않았다. 그들은 자유롭게 노동을 수행했다. 노동을 수행하기로 자발적으로 동의했을 뿐만 아니라 노동을 통해 자치에 참여할 능력을 가진 독립적 시민으로 거듭나 생각하고 행동했다는 면에서 자유로운 노동이었다.

장인이 소유하는 작업장에서 임금을 받으며 일했던 기능공과 도제들은 자기도 나중에 기술과 돈만 갖추면 자기 공장을 운영하는 장인이 될 수 있다는 희망을 품었다. 그들은 임금노동을 영구적인 생활방식이 아니라 독립으로 나아가는 과정에서 거치는 하나의 단계로 여겼다. 따라서 적어도 원칙적으로는 자유노동 체계와 모순되지 않았다.[1]

잭슨 시대의 장인들은 공적인 축제, 연설, 퍼레이드를 통해 자유노동에 대한 공화주의적 전망을 확인했으며 장인 체계의 질서와 시민적 이상이 연결돼 있음을 찬양했다. 션 윌렌츠 Sean Wilentz는 노동자들이 자신이 속한 업종의 깃발을 들고 행진하는 것과 같은 공적 과시 행위를 이렇게 설명했다. "이런 과시는 자신들이 (미국이라는) 국가의 한 부분임을 당당하게 밝히는 행위였다. 더는 자신들이 '단순한 직공'도 아니고 더는 중하층에 속하는 혁명적 폭도가 아니며 자부심을 가진 당당한 장인임을 자랑스럽게 밝히는 행위였다. 그들은 중요한 시민 행사에서 모든 사람이 지켜보는 가운데 자기 직종의 휘장과 도구를 들고서 질서정연하게 브로드웨이 남쪽 거리를 오갔다."

이런 집회에 나선 연사들은 그들을 이익집단이 아닌 "사회를 지탱하는 축"이라고 묘사했으며 바로 그들의 손이 "우리의 자유를 지켜주는 수호신"이라고 찬양했다. 그러한 장인들은 한편으로는 상인 엘리트들, 다른 한편으로는 가난한 무산자들을 불신하면서 스스로를 공화주의적 독립성과 덕목을 실현하는 사람으로 묘사했다. 그래서 윌렌츠는 "요컨대, 바람직한 덕목을 갖춘 농민이라는 제퍼슨식 사회적 주제의 도시적 변용이 등장했다. 그것은 바로 장인이라는 자부심, 의존에 대한 분노와 공포가 수공업에 대한 공화주의적 찬양으로 융합된 것이었다"라고 설명했다.[2]

그러나 장인들이 자기 존재를 과시하는 행진을 하는 동안에도 그들이 찬양하던 자유노동 체계는 흐트러지기 시작하고 있었다. 대규모 산업 생산이 등장하기도 전에 이미 시장경제가 성장하면서 전통적 수공업 생산의 형태가 바뀌고 있었다. 전국적 시장들에서 경쟁의 압력은 점점 거세지고 비숙련 노동자가 늘어나자 상인 자본가들과 작업장을 가진 고용주 장인들은 비용을 절감하기 위해 꾀를 냈다. 기존 업무를 숙련된 기술이 필요 없는 작은 업무들로 쪼갠 다음 외부 노동자나 저임금 도급업체에 맡기는 것이었다. 새로운 방식의 작업 배치를 도입하자 숙련된 장인의 역할 비중이 줄어들었다. 또 평범한 장인들과 도제들은 생산 과정에서 아무런 통제력도 행사하지 못하는 임금노동자로 바뀌었다. 이들이 장차 자기 소유의 작업장, 공장, 가게를 소유하게 될 가능성은 줄어들었다. 자기 작업장을 가진 장인은 한층 더 고용주에 가까워졌고, 장인은 한층 더 피고용인에 가까워졌다.[3]

급진적 장인 공화주의artisan republicanism의 이상을 가졌던 노동자들은 새로운 변화의 추세에 저항하기 시작했다. 1833년에 창설된 수공업총조합 General Trades' Union*의 지도자들은 돈이 많고 잘나가는 장인들이 귀족 상인들, 은행가들과 결탁해 노동자들에게서 노동 생산물을 빼앗음으로써 노동자들이 "미국 시민으로서 당연히 가져야 할 독립성"을 유지할 수 없게 만든다고 분개했다.[4] 초기의 노동운동에 참여한 적이 있는 한 공장 노동자는 새로운 공장 체계가 "자유를 파괴하는 체계, 즉 대담하고 자유로운 시민의 특성을 무기력하고 의존적이며 노예적인 것으로 바꿔놓으려고 의도한 것"이라며 개탄했다.[5]

처음에 고용주들은 공화주의적 용어를 동원해 새로운 질서를 옹호하며 "장인 공화국artisan republic이라는 대안적 기업가적 전망"을 내놓았다. 공화주의 전통에 충실하게 따르면서 미합중국 연방, 바람직한 시민적 덕목, 독립성이라는 여러 이상을 내세운 것이다. 그들이 강조한 덕목에는 근면, 절제, 사회 화합, 개인의 창의성 등이 포함돼 있었다. 그들은 새로운 정치경제학이 이러한 덕목을 장려할 뿐만 아니라 그에 따른 보상도 주어진다고 주장했다. 작업장을 소유한 장인 고용주들은 자기 수익이 늘어나는 만큼 임금도 높아지고, 노동자도 독립할 준비를 한층 더 잘할 것이라고 주장했다.[6]

그러나 궁극적으로 미국의 정치 논쟁은 자유노동의 의미를 따지는 논

---

* 뉴욕시의 9개 수공업 부문이 함께한 단체.

쟁을 통해 공화주의 사상이라는 차원을 넘어서게 된다. 시간이 지나 자본주의를 방어하려는 노력은 공화주의적 가정들과 결별하고 새로운 형태를 띤다. 남북전쟁이 끝나고 임금노동 체계의 옹호자들은 자본주의적 생산과 자유노동이라는 시민적 개념이 조화를 이루도록 하겠다는 시도를 포기하고 자발주의적 개념을 채택한다. 즉 그들은 임금노동이 도덕적이고 독립적인 시민을 길러내는 수단이 아니라 고용주와 피고용인 사이에 맺어진 자발적 계약의 산물이기 때문에 자유 개념과 일치한다고 주장했다. **로크너** 시대Lochner Era의 대법원이 헌법과 일치한다고 판단한 것이 바로 이런 자유의 개념이다.* 노동운동은 19세기 후반까지 자유노동에 대한 시민적 개념을 유지했지만, 결국 시민적 개념을 버리고 임금노동의 영속성을 인정하면서 임금 인상, 근로시간 단축, 근로조건 개선 등으로 관심의 방향을 바꿨다.

시민적 차원의 자유노동을 자발성이라는 측면으로 이해하는 전환이 일어나긴 했지만, 미국 정치에서 나타난 경제 관련 논쟁에서 시민성 개념이 완전히 사라지지는 않았다. 그러나 당시의 전환이 결정적 분수령이었음은 분명하다. 이 전환을 계기로 시민의식의 정치경제학에서 경제 성장과 분배 정의의 정치경제학으로, 공화주의적 공공철학에서 절차주의적 공화주의의 등장을 알리는 자유주의적 버전으로 바뀌었기 때문이다.

---

* 미국 역사에서 1897년경에서 1937년에 이르는 시기. 1895년, 뉴욕주는 제과점 점원의 근무시간을 1일 10시간, 1주 60시간으로 제한하는 법률을 제정했다. 3년 후 로크너라는 제과점 주인이 해당 법을 위반했다는 이유로 벌금형을 받았다. 로크너는 종업원들에게 노동을 강요한 것이 아니라 상호 합의에 따라 노동시간을 정했다고 항변했다. 즉 그 법률이 '계약의 자유'라는 대원칙에 어긋나기 때문에 무효라는 것이었다. 여기에 대해 미국 연방대법원은 근무시간 제한이라는 수단이 공공복리의 증진이라는 목적과 합리적으로 연관되지 않고, 오히려 제과점 점원과 주인 사이의 계약의 자유를 침해한다며 그 법률이 위헌이라고 판결했다.

자유노동이 시민적 개념에서 자발적 개념으로 전환한 것은 운명적이지만, 이 이야기가 단순한 도덕성에 대한 이야기는 아니다. 모든 것이 단순하게 딱딱 맞아떨어지는 이야기도 아니다. 오히려 속마음을 알 수 없는 낯선 이념적 개념들로 가득하고 도덕적으로도 단순하지 않고 매우 복잡한 이야기다. 자유노동의 의미를 놓고 벌어지는 이 논쟁은 단순히 노동관계만을 따지는 데 그치지 않고, 내용과 형식 면에서 19세기 미국이 맞닥뜨렸던 두 가지 커다란 사건의 영향을 받았다. 두 가지 사건은 바로 산업 자본주의의 등장과 노예제를 둘러싼 대립이다.

임금노동과 노예제

임금노동을 둘러싼 논쟁은 노예제와 관련된 투쟁 때문에 한층 더 첨예해지고 복잡해졌다. 노동운동과 노예제 폐지운동은 거의 동시에 일어났다. 두 운동 모두 일과 자유에 대한 근본적 질문을 제기했지만, 양측 진영은 서로에 대해 크게 공감하지 않았다. 노동운동 지도자들은 자신들이 반대하는 임금노동을 남부 노예제와 동일시함으로써 자기주장을 극대화했다. 실제로 그들은 임금노동 체계를 "임금노예제wage slavery"라고 불렀다. 임금노동은 노동자를 가난하게 만든다는 점에서뿐만 아니라 공화주의적 시민의식에 반드시 필요한 경제적·정치적 독립성을 부정한다는 점에서 노예제와 다름없다는 것이었다.[7]

브라운슨은 "임금은 노예 소유자가 감당해야 하는 온갖 비용과 말썽과 증오 없이도 노예제의 모든 이점을 별다른 양심의 가책 없이 누릴 수 있게 해주는 교활한 악마의 장치다"라고 규정했다. 임금노동자는 남부의 노예보다 더 극심한 고통을 겪는 것은 물론, 나중에 생산수단을 소유하는 자본가가 될 가능성도 거의 없었으므로 노예보다 자유롭다고 할 수도 없다는 말이었다. 브라운슨은 임금노동이 자유와 양립하고자 한다면 독립성 확보를 보장하는 일시적 조건의 임금노동을 만드는 것이 유일한 방법이라고 주장했다.

"우리의 동료 시민들 가운데 그 누구도 임금노동자로 평생 힘들게 살아가는 운명을 짊어지는 계층이 있어서는 안 된다. 임금노동을 용인해야 한다면 반드시 조건 하나가 전제돼야 한다. 어떤 노동자가 인생의 어떤 연령대에 도달해 자리를 잡아야 할 때, 자기가 가진 돈으로 농장이든 가게든 간에 자기 소유의 작업장을 마련해 독립적 노동자가 되기에 충분한 자본을 축적할 수 있어야 한다는 조건이다."[8]

노예제 폐지론자들은 임금노동을 노예제에 비유하는 것에 반박했다. 그들이 보기에는 북부의 노동자가 겪는 고통은 남부의 노예가 겪는 해악에 비하면 아무것도 아니었다. 1831년에 윌리엄 로이드 개리슨William Lloyd Garrison은 노예제 폐지운동을 주도하는 신문인 〈해방자The Liberator〉를 발행하기 시작했다. 당시 그는 북부의 노동개혁가들이 "우리 노동계급의 마음에 부유한 계급에 대한 적대감을 불어넣고 (…) 노동계급이 부유한 귀족에게 억압받는다는 식으로 그들을 설득하려 한다"라고 비판했다. 또 개리슨은 모든 사람이 부를 획득할 길이 열려 있는 공화주의 정부 아래에서 불평등은 필연적 현상이라고 주장했다. 그러나 불평등은 억압의 증거가 아니라 누군가는 많이 성취하고 다른 누군가는 상대적으로 적게 성취하게 되는 열린 사회의 산물일 뿐이라고 했다.[9]

노예제 폐지운동과 노동운동이 따로 돌 수밖에 없었던 것은 임금노동자가 사회경제적 계층의 사다리를 타고 위로 올라갈 전망을 양측에서 다르게 평가했기 때문만은 아니다. 주로 중산층 출신인 노예제 폐지론자들이 북부 노동자들이 놓인 궁핍한 상황에 상대적으로 덜 공감했기 때문도 아니다. 노예제 폐지론자들은 임금노예제라는 개념을 진지하게 받아들일 수 없었다. 그들은 노동 옹호론자들과 달리 시민적 자유관이 아니라 자발주의적 자유관을 가지고 있었기 때문이다. 그들은 노예제도가 도덕적으로 잘못됐다고 생각한 이유로 노예들의 경제적·정치적 독립성의 부족을 거론하지 않았다. 그보다 노예가 자기 의지에 반해 노동하도록 강요받는다는 것을 문제 삼았다.

뉴욕의 노예제 폐지론자이던 윌리엄 제이^{William Jay}는 1835년에 쓴 글에서 노예제 폐지론자의 입장은 자발주의적 자유관을 토대로 한다는 점을 분명히 밝혔다. 즉각적이고 무조건적인 노예해방은 "불만의 모든 원인을 노예에게서 제거할 것이다. 노예가 자유로워지고 노예의 주인도 자유로워진다. 노예는 주인에게 해방 말고 다른 것을 더 요구할 게 없다". 그러면서도 제이는 해방된 노예는 한동안 "자기 주인이었던 사람에게 전적으로 의존할 수밖에 없으며, 자기가 먹을 음식과 입을 옷, 자기를 보호해줄 집을 그가 아닌 다른 사람에게서는 절대로 기대할 수 없다"고 말했다.

그러므로 해방된 노예가 바랄 첫 번째 소원은 자기 주인이었던 사람 밑에서 일하는 것이 된다. 그러나 심지어 이처럼 전적으로 의존적 조건조차도 자유에 부합하는 것이다. "노동은 더 이상 그가 노예임을 드러내는 표식이 아니며 또 그의 불행을 최종적으로 완성하는 것이 아니기 때문에 이런 상황은 그가 자유롭다는 증거다. 그 노동은 **자발적**이기 때문이다. 그는 생애 처음으로 계약의 주체가 된다." 따라서 노예제에서 자유노동제로의 전환은 즉각 이뤄질 수 있었다. "또한 이 과정은 일상이 거의 바뀌지 않는 가운데서 이뤄질 수 있다. 시간이 흐르면서 흑인 노동의 가치는 다른 모든 상품과 마찬가지로 수요와 공급의 지배를 받을 것이다."[10]

제이의 관점에서 임금노동은 고용주와 피고용인 사이의 자발적 교환이다. 따라서 임금노동은 곧 자유노동이다. 그러나 노동운동의 관점은 전혀 다르다. 임금노동은 자유노동과 반대되는 개념으로 완전한 시민의식과는 양립할 수 없는 의존적 노동이다. 제이는 노동자가 노동을 판매할수 있는 하나의 상품으로 만들 때 노예제에서 자유노동제로 전환이 이뤄진다고 봤다. 이때 자유라는 개념의 핵심은 자기 자신을 소유할 권리, 즉임금을 받고 자신의 노동을 팔 수 있는 상태 또는 능력이었다. 반면 노동운동에서 바라본 노동의 상품화는 임금노예제의 표식이었다. 이때 자유라는 개념의 핵심은 자신의 노동을 팔 권리가 아니라 생산적 재산을 소유하는 것과 관련된 독립성이었다. 제이가 해방이라고 여겼던 것을 노동운동에서는 독립성을 가로막는 의존성이라고 바라봤다.[11]

1830년대와 1840년대 내내 노동 옹호자들은 노예제 폐지론자들에게자유에 대한 개념을 확장해 "임금제라 불리는 현재의 비참한 노동 체계를 개혁하는 작업을 운동에 포함시킬 것"을 촉구했다. 사회주의 성향의저널리스트이던 앨버트 브리즈번 Albert Brisbane은 그러한 입장 덕분에 노예제 폐지론자들이 노동자의 지지를 얻을 것이며 또 "노예제에서 해방되는노예들이 지금처럼 운명적으로 받아들일 수밖에 없는 자본에 예속되는것보다 한층 더 나은 상태를 맞을 수 있을 것이다"라고 주장했다.[12]

토지 개혁을 주장했던 조지 헨리 에번스 George Henry Evans 역시 노예제 폐지론자들이 개혁의 전망을 한층 넓게 확장하도록 설득하려고 노력했다.에번스는 "빈곤, 질병, 범죄, 매춘 등을 몰고 오는 임금노예제는 노예를재산으로 여기는 남부에 존재하는 제도보다 삶과 건강과 행복에 훨씬 더파괴적이다. 그러므로 노예제를 임금노동제로 대체하려는 사람들이 기울이는 노력은 방향 자체가 매우 잘못된 것이다"라고 주장했다. 에번스는 두 가지 형태의 노예제를 해결할 방법으로 공공 토지에 주택을 지어 정착민에게 무료로 나눠주는 정책을 제안하고 촉구했다. 무료로 제공하는 토지는 빈곤을 줄일 뿐만 아니라 임금노동이 만들어낸 시민의 종속성도 줄여줄 것이라면서 "이 정책은 한 형태의 노예제를 다른 형태의 노예제로 단순히 대체하는 것이 아니라 모든 형태의 노예제를 완전한 자유로 대체할 것"이라고 주장했다.[13]

또 다른 토지 개혁가인 윌리엄 웨스트 William West 도 북부의 노동계급들이 안고 있던 문제인 의존성과 삶의 질 저하를 남부의 노예가 안고 있던 문제와 동일시했다. 그러나 웨스트는 두 집단이 비슷하다고 해서 노예가 처한 어려운 처지에 무관심해서는 안 된다고 강조하며 "토지 개혁가들은 노예제를 덜 증오하는 것이 아니라 임금노예제를 더 증오한다. 이들은 '노예를 재산으로 여기는 제도든 임금노예제든 간에 모든 노예제를 철폐하라'라고 한목소리를 낸다"라고 정리했다.[14]

노예제 폐지론자들은 자발주의적 자유관을 가지고 있었기에 임금노동과 노예제가 비슷하다는 주장을 전혀 이해할 수 없었다. 개리슨은 "임금노동자를 노예라고 말하는 것은 언어도단"이라고 여겼다. 임금 인상 요구와 임금 체계 자체를 비난하는 것은 별개의 문제라는 말이었다. 이런 맥락에서 그는 다음과 같이 결론을 내렸다. "우리 사회에 존재하는 악은 노동에 임금이 보상으로 주어진다는 사실이 아니라 노동자가 받는 임금이 일반적으로 노동의 가치에 비례하지 않는다는 사실이다. 임금을 주고받는 것 자체가 잘못됐다고 볼 수는 없다. 즉 그 자체로 전혀 해롭지 않은 돈이 인간이 겪는 거의 모든 고통의 근원이라고 할 수 없다는 말이다."[15]

훗날 강력한 노동 옹호자로 변신하는 노예제 폐지론자 웬델 필립스

Wendell Phillips 도 처음에는 "임금노예제" 논지에 거의 공감하지 않았다. 필립스는 1840년대에 썼던 글에서 북부의 노동자들은 자기 문제를 해결할 수단을 가졌다고 주장했다. "법률이 그 사람들을 억압하는가? 투표를 통해 그런 법률을 얼마든지 바꿀 수 있다. 자본가가 그들을 부당하게 대우하는가? 그들도 절약해 저축하면 얼마든지 자본가가 될 수 있다. 도시의 치열한 경쟁 때문에 임금이 줄어드는가? 그렇다면 공장에 나가지 않고 집에 머물면서 다른 활동을 하면 금방 노동 수요가 늘어나 임금이 올라간다. (…) 노동계급도 미국의 다른 계급들과 마찬가지로 절약, 금욕, 절제, 교육, 도덕적이고 종교적인 성품으로 사회적 신분과 삶의 질을 얼마든지 높일 수 있다."[16]

그런데 미국에서 노동 옹호자들과 토지 개혁가들만이 임금노동과 노예제를 동일시했던 게 아니다. 남부의 노예제 옹호자들도 북부의 임금 체계를 공격했다. 1830년대 이전에는 노예제를 체계적으로 방어하는 남부인은 거의 없었다. 대부분 노예제를 필요악으로 여겼기 때문이다. 그러다가 노예제 폐지론이 나오자 자극을 받은 사람들이 도덕적 차원의 여러 가지 이유를 대면서 노예제를 옹호하기 시작했다. 그런 근거 중 하나가 존 콜드웰 칼훈 John C. Calhoun 이 말했던 "절대선 positive good "*이다.[17]

노예제를 옹호하는 주장의 핵심 내용은 자본주의적 노동관계를 공격하는 것이었다. 남부 노예제의 선도적 이론가였던 조지 피츠휴 George Fitzhugh 는 "자유 사회가 지지하거나 방어하고자 하는 원칙들을 제대로 반박해 무력하게 만들어야만 비로소 노예제를 방어할 수 있다"라고 썼다. 피츠휴는 북부의 노동 지도자들이 말했던 것과 마찬가지로 북부의 임금

---

* 노예제는 '필요악'이 아니라 노예와 주인 모두에게 이익을 준다는 뜻이다.

노동자는 남부의 노예보다 자유롭지 않다면서 "노예주가 노예를 부리듯이 자본이 노동을 부린다"라고 주장했다. 단 하나 차이가 있다면 남부의 노예주는 노예가 늙고 병들어도 이들을 책임지고 보살피지만 북부의 자본가는 이런 책임을 전혀 지지 않는 것이라고 했다. "당신들은 당신들이 가진 자본 덕분에 노동을 마음대로 부릴 수 있는 한 노예 소유주다. 그런데 노예주이면서 노예주로서의 의무를 다하지 않는 노예주에 불과하다. 당신을 위해 일하고 당신의 소득을 창출하는 사람은 당신의 노예다. 그것도 노예가 누릴 수 있는 권리를 박탈당한 노예다."[18]

피츠휴에 따르면 끊임없는 가난과 불안 속에서 살았던 북부의 임금노동자는 남부의 노예보다 실제로 자유롭지 않았다. 남부의 노예는 적어도 나중에 늙고 병들 때 노예주의 보살핌을 받을 수 있었기 때문이다. "자유노동자는 일을 하든가, 굶어 죽든가 둘 중 하나를 선택해야 한다. 자유노동자는 흑인 노예보다 더 노예처럼 살아간다. 노예보다 돈도 적게 받으면서 더 오랜 시간을 더 힘들게 일해야 하고, 또 노동이 끝난 뒤에야 비로소 자기를 돌볼 수 있기 때문이다. (…) 자본은 인간 노예주가 노예를 대하는 것보다 한층 더 강력하고 완벽하게 강제력을 행사한다. 자유노동자는 일하지 않으면 굶어야 하는 일상을 살아가지만, 노예는 일을 하든 하지 않든 간에 노예주가 먹여살리기 때문이다. (…) 비록 자유노동자 각자에게 특정한 주인이 따로 있지는 않지만, 그들 자신은 가진 것 없이 가난한데 다른 사람이 자본을 가지고 있는 상황 때문에 노예가 된다. 이 노예는 주인이 없는 노예이지만, 어떤 면에서는 주인이 너무도 많고 심지어 주인이 없는 것만큼이나 상황이 나쁜 노예이기도 하다."[19]

피츠휴는 북부의 토지 개혁자들과 같은 주장을 하면서 자본가가 재산을 독점함으로써 북부의 노동자에게서 자유를 빼앗는다고 비난했다. "자유 사회Free Society라는 거짓 이름으로 불리는 것의 정체는 매우 최근에 발명된 것이다. 이것은 약하고 무지하며 가난한 사람들을 소수가 독점적으로 소유하는 세상에서 자유롭게 만들겠다고 제안한다." 그러나 "재산이 없는 사람은 이론적으로나 현실적으로나 단 하나의 권리도 누리지 못하는 일이 비일비재하게 일어난다. (…) 좁은 방과 축축한 지하실 그리고 혼잡한 공장에서 더러운 공기를 마실 수밖에 없도록 방치된 사람은" 머리를 누일 곳조차 없다. "사유재산이 토지를 독점했으며 가난한 사람의 자유와 평등을 모두 파괴했다. 가난한 사람은 삶을 안전하게 이어갈 안전판이 박탈됐다. 고용과 충분한 임금 없이는 살아갈 수 없는데, 그 누구도 이 사람이 안전하게 살아갈 수 있도록 고용을 보장해주지 않기 때문이다."

피츠휴는 만일 누군가가 노예라면 노동자로 살 때 못지않게 의존적 삶을 살겠지만, 적어도 의식주는 걱정하지 않을 것이라고도 했다. 또 노예제 폐지론자들의 주장에 반박하면서 사실상 노동운동의 자유 개념을 인용했다. 예컨대 "자유노동자라는 잘못된 이름으로 불리는 사람들이 안전하게 살아가기에 충분한 재산이나 자본을 줘서 그들을 실질적으로 자유롭게 만들어라. 그런 다음 우리 남부에 흑인을 해방하라고 요구하라"라면서, 그렇게 하기 전까지는 북부의 임금노동자가 남부의 노예보다 자유롭지 않다고 주장했다.[20]

다른 남부 사람들도 비슷한 논리로 노예제를 옹호했다. 사우스캐롤라이나의 상원의원 제임스 헨리 해먼드James Henry Hammond는 전 세계에서 오로지 미국 남부에만 노예제가 남아 있다는 주장에 이의를 제기했다. 그는 "그렇다, **명칭** 자체는 폐지됐다. 그러나 **실상**은 그대로다"라고 지적했다. "날품팔이 노동으로 하루하루 힘겹게 살아가는 사람, 자신의 노동을 시장에 팔아 자기가 얻을 수 있는 최대치를 얻는 사람, 이런 사람은 여전히 현실에 존재한다. 요컨대, 육체노동을 하며 돈만 주면 뭐든지 하는 사람 또는 이른바 '직공 operative'은 본질적으로 노예다. 그런데 당신들의 노예와 우리의 노예 사이에는 분명한 차이가 있다. 우리의 노예는 평생 고용이 보장되고 보상도 잘 받기에 굶주릴 일도 없고 구걸할 일도 없다. (…) 그러나 당신들의 노예는 하루 단위로 고용되고 보살핌을 받지 못하며 쥐꼬리만큼밖에 보상받지 못한다." 이는 북부 도시의 거리마다 늘어선 거지 행렬이 증명한다.[21]

자유노동과 공화주의 정치

19세기 후반에 이르러 자발주의적 자유노동관은 노예제 폐지운동에 활력을 불어넣었고, 산업 자본주의가 정당성을 주장할 논리적 근거를 제공했다. 그러나 남북전쟁 이전까지만 하더라도 이러한 인식은 미국의 정치 담론에서 그다지 중요하지 않아 그저 주변부에 머물렀을 뿐이다. 시민적 자유노동관이 우세한 상황을 역사학자 대니얼 로저스 Daniel Rodgers는 다음과 같이 정리한다.

"그 누구도 다른 사람에게 경제적으로 의존하며 얽매이는 사람이 없는 곳에서만 정치적 자유가 안전하게 보장된다는 제퍼슨식 신념은 미국에서 쉽게 사라지지 않고 남아 있었으며 19세기에도 여전히 상당한 힘을 발휘했다. 남북전쟁을 경험한 세대 중에서 북부인 대부분이 생각하기에 민주주의는 정치적 독립뿐만 아니라 경제적 독립을 요구하는 것이었다. (…) 또한 민주주의는 부자와 빈자 사이의 거리가 부패나 의존성을 낳을 정도로 크지 않을 것을 요구한다."[22]

자유노동에 대한 시민적 차원의 이해가 널리 확산됐음을 염두에 둔다면 19세기에 다음과 같은 확신이 가능했던 배경을 이해할 수 있다.

> 임금노동은 자유 사회의 근본적인 규범에 어긋난다. (…) 1850년의 북부에서 노동은 여전히 노동하는 본인이 주도성을 발휘하는 활동이자 직접적인 경제적 보상을 가져다주는 활동이었다. 날씨, 물가, 상업망 등 노동하는 사람을 지배하는 주인들은 비인격적 존재였고 또 노동자들과 멀리 떨어져 있었다. 이것이 자유노동의 기본적 의미이자 도덕적 규범이었다. 심지어 북부 사람들은 이 규범을 취약하게 만드는 경제 구조를 만든 다음에도 자신이 가진 노동관의 상당 부분을 떠받치는 이상적 인식을 쉽게 버리지 못했다.[23]

1840년대 후반과 1850년대에 노예제 반대 운동이 북부에서 대중적으로 확산될 때 자발주의적 자유관이 아니라 시민적 자유관이 운동의 근거를 제시했다. 복음주의 개신교에 뿌리를 둔 노예제 폐지운동은 1830년대에 "노예제 문제를 덮어두자는 음모를 깨뜨리는 데" 성공했었다. 그러나 복음주의를 기반으로 한 노예제 폐지론은 근본주의적 성격, 도덕주의적 성격, 노동계급과의 친화력 부족 때문에 결코 정치적 지지를 받을 수 없었다. 노예제 문제가 미국 정치에서 중심 쟁점으로 떠오르자, 정치적 반노예제political antislavery가 노예제 폐지운동에서 지배적 자리를 차지했다.[24]

처음에는 자유토지당 Free Soilers *이 대변했으며 나중에는 공화당이 대변했던 정치적 반노예제론은 목적이나 논리 모두 1830년대의 노예제 폐지

---

* '자유로운 토지, 자유로운 언론, 자유로운 노동, 자유로운 인간'을 강령으로 내세웠으며 1854년에 공화당에 흡수됐다.

운동과 달랐다. 노예제 폐지론자들은 노예를 해방시키려 했지만 자유토지당과 공화당은 노예제 문제가 다른 영역으로 확장되는 것을 막기 위해 노예제를 억제하려고 했다. 그리고 노예제 폐지론자들이 노예제의 죄악과 여기에서 비롯되는 노예의 고통을 강조했지만, 자유토지당과 공화당은 노예제가 자유로운 제도들, 특히 자유노동 체계에 미치는 영향에 초점을 맞췄다.[25]

정치적 반노예제 운동은 노예제 확산에 반대하는 주요한 논리적 근거 두 가지를 제시했다. 둘 다 공화주의적인 주제를 토대로 한 것들이었다. 하나는 남부의 노예 소유주들이 "노예 권력 slave power"을 구성해 연방정부를 지배하고 헌법을 뒤집어 공화주의적 제도와 기관을 무력하게 만들 음모를 생각한다는 주장이었다. 이 주장에 따르면 미합중국의 건국자들은 노예제를 억제하려는 노력을 기울여왔지만 남부의 노예 소유주들은 노예제가 시행되는 지역을 확장할 목적으로 연방정부를 지배하겠다는 음모를 획책하고 있었다. 노예제가 남부에만 국한되는 혐오스러운 관습이 아니라 남부의 노예 소유주들이 다른 지역으로까지 노예제를 확장하려고 혈안이 돼 있다는 발상은 이전의 노예제 폐지운동과는 다른 방식으로 북부 사람들을 노예제 폐지 전선으로 결집시켰다. 1850년대의 사건들, 특히 새로운 영토에서 노예제를 허용한 캔자스-네브래스카법 Kansas-Nebraska Act과 **드레드 스콧** 판결*을 통해 노예제 확산의 가능성이 점점 더 구체화됐다. 실제로 〈뉴욕타임스〉도 캔자스-네브라스카의 그 법안을 "노예

---

* 1857년에 드레드 스콧은 자기 주인이었던 육군 군의관과 함께 노예제가 시행되지 않던 이른바 '자유주'에 살고 있음을 근거로 자기와 가족이 자유신분임을 인정해달라고 연방재판소에 제소했다. 하지만 연방재판소는 미합중국헌법은 흑인을 시민으로 인정하지 않으므로 노예는 시민권을 가질 수 없으며, 또 비록 자유주에 거주하더라도 흑인은 자유를 인정받을 수 없다고 판결했다.

권력의 패권을 확장하고 영구화하려는 거대한 계획의 한 부분"이라고 불렀다.[26]

노예 권력이라는 개념을 내세운 주장이 이처럼 힘을 얻은 것은 그 주장이 당시의 사건들과 잘 맞아떨어졌기 때문이다. 그뿐만 아니라 오랜 공화주의 감성과도 잘 맞아떨어졌다. 미국인은 미국혁명, 즉 영국으로부터의 독립 당시부터 줄곧 정치와 경제를 구분하지 않고 권력이 집중되는 것은 무엇이든 자유를 해치는 적으로 바라봤다. 또 권력자들이 공공선을 희생시켜 특정한 개인적 이익을 추구하는 경향을 두려워했다. 예컨대 미국의 식민지 주민은 영국이 자신들에게 세금을 매기는 행위를 자신들의 자유를 억압하려는 권력 집단의 음모라고 여겼다. 또 제퍼슨주의자들은 해밀턴의 재정 정책으로 공화주의 정부와 모순되는 금융 귀족주의가 나타날지 모른다고 우려하며 정책에 반대했다. 그리고 반노예제라는 대의에 동참한 잭슨주의 민주당원들은 남부의 노예 권력과 북부의 금융 권력은 연방정부를 지배하고 자유를 파괴할 위협을 제공하는 세력이라는 점에서 동일하다고 바라봤다.[27]

그런데 노예제를 인정하는 지역의 팽창이 어째서 북부의 자유를 위협할까? 이 질문에 대한 대답은 정치적 반노예제론의 두 번째 논거가 된다. 노예제가 다른 지역으로 확산되면 자유노동 체계가 파괴될 것이고, 그러면 북부의 자유가 훼손된다는 논리였다. 그리고 만약 자유노동 체계가 사라져버리면 시민들이 자치를 운영하는 데 필요한 경제적 독립성도 사라질 터였다. 자유노동에는 임금노동이 영구적 직업이 되는 것을 막아줄 자유로운 토지가 필요했다. 다시 말해 북부의 임금노동자가 평생 피고용인으로 남지 않도록 구제할 무언가가 필요했다. 그것은 바로 저축의 가능성이었다. 저축을 충분히 많이 한다면 서부로 이주해 자기 소유의 농장이나 가게를 가질 수 있었다. 그러나 노예제를 허용하는 영토가 점점 더 넓어지다면 이런 출구는 닫히고 만다.[28]

공화당의 핵심적 이념은 자유노동을 방어하는 것이었다. 공화당의 한 대변인은 "공화당은 노예제에 반대하는 정당일 뿐만 아니라 자유노동을 대변하는 정당으로서도 국가 앞에 서 있다"라고 선언했다. 1830년대에 공화당이 수행하던 노동운동에서 규정한 자유노동은 영구적 임금노동이라기보다 경제적 독립이라는 궁극적 목표로 나아가는 과정에서 거칠 수밖에 없는 노동이었다. 노동의 존엄성은 고용주가 아닌 자기 자신을 위해 일하는 수준으로 지위를 높일 기회가 보장된다는 데 있었다. 공화당은 북부 사회가 이러한 사회적 이동성을 가능하게 만들었다는 사실을 칭송하면서 다음과 같이 말했다.

"청년은 자기 소유의 농장을 살 돈을 모을 때까지만 돈을 받고 일한다. 또는 당신이 원하는 표현을 쓰자면 '노동'한다. (…) 그리고 얼마 지나지 않아서 그는 고용주가 된다."[29]

만약 노예제가 다른 지역으로도 확산된다면 자유노동은 확산될 수 없을 것이다. 이런 생각은 북부 지역 전체에 널리 퍼져 있었다. 이것은 노예 권력 논거와 자유노동 논거를 하나로 연결하는 논리적 근거였다. 자유노동은 노예제와 양립할 수 없었다. 노예제의 존재 자체가 모든 노동의 존엄성을 훼손하기 때문이다. 북부 사람들은 남부 사람들을 보며 충격을 받았다. 이들에게 충격을 준 것은 노예의 비참함뿐만 아니라 노예를 소유하지 못한 백인 노동자가 감당해야 하는 가난과 고통이었다. 노예제가 존재함으로써 근면성과 적극성 등 자유노동 체계가 장려하는 덕목이 노예가 아닌 사람들에게서마저 박탈된다는 것이었다. 그런 이유에서 노예제가 확산되면 북부 사회의 제도가 바뀔 것이고 또 시민적 덕목을 갖춘 사람

들이 타락하고 말 것이라고 그들은 생각했다.[30]

　북부 사람들은 노예제가 남부에만 따로 격리된 악이 아니라 시민의식의 정치경제학까지 위협한다고 확신했다. 이런 확신은 1858년에 윌리엄 수어드 William Seward가 말했듯이 "남부와 북부 사이에는 피할 수 없는 갈등이 존재하며 (…) 미국은 머지않아 100퍼센트 노예제 국가나 100퍼센트 자유노동 국가 둘 중 하나가 될 것이다"라는 결론으로 이어졌다. 이런 맥락에서 공화당원이던 시어도어 세즈윅 Theodore Sedgwick은 남북전쟁이 발발하기 직전에 다음과 같이 주장했다.

　"노예제의 정책과 목표, 이것의 제도와 문명 그리고 이 제도 아래에서 살아가는 사람들의 특성은 하나같이 모두 북부의 정책, 목표, 제도, 교육, 북부 사람들의 특성과 상충한다. 남부와 북부 사이에는 관심사, 제도, 추구하는 목표 등에서 도저히 좁힐 수 없는 차이가 존재한다. 감정과 정서조차도 서로 완전히 다르다."[31]

　노예제가 시행되는 영토에서는 자유노동이 뿌리를 내릴 수 없다는 주장에 폭넓은 공감대가 형성됐다. 그러나 1850년대의 반노예제 정치에서 주장하는 모든 것이 다 바람직하지는 않았다. 이 점에 대해 역사학자 에릭 포너 Eric Foner는 "노예제 확산에 반대하는 온전한 자유노동 주장에는 결정적으로 모호한 점이 있다. 백인 노동자가 타락하게 만든 것은 노예제였는가, 아니면 흑인이라는 존재 자체였는가?"라는 질문으로 지적했다. 노예제에 반대하던 정치인 중 일부는 누가 봐도 인종차별적 용어를 동원하면서 노예제에 반대했다. 이들은 자기가 노예제에 반대하긴 해도 흑인에 호감을 가지고 있지 않다는 점을 분명하게 드러냈다.[32]

　특히 이런 태도는 자유토지당이 형성되는 과정에서 중요한 역할을 한 뉴욕 민주당의 한 분파인 헛간태우기 민주당파 Barnburner Democrats*에서 뚜렷하게 드러났다. 이 분파에 속했던 하원의원 한 명은 "나는 노예가 처한 조건이나 환경을 말하는 게 아니다. 나는 노예제에 뒤따르는 효과가 노예에게 이로운지 또는 해로운지 아는 척할 생각도 없고, 또 이 자리에서 그것과 관련해 내 의견을 밝혀야 한다는 필요성도 느끼지 못한다. 나는 노예제라는 제도가 이 나라의 자유로운 백인에게 끼치는 효과에만 관심이 있을 뿐이다"라고 말했다.

펜실베이니아의 민주당 하원의원 데이비드 윌모트David Wilmot도 마찬가지였다. 그는 1846년에 "윌모트 단서조항"을 제안했다. 이 조항의 내용은 멕시코전쟁으로 획득한 영토에서는 노예제를 금지하자는 것이었다. 윌모트는 자신의 제안이 "노예제 문제에 결벽적으로 과민하게 대응하자는 것도 아니고 노예를 향해 병적인 연민의 감정을 가지자는 것이 아니다"라고 선언했다. 그리고 어디까지나 그 조항은 "백인의 단서조항White Man's Proviso"이며 조항의 목표는 "나와 같은 인종이자 나와 피부색이 같은 노동의 아들들"을 위해 그 영토를 안전하게 보존하자는 것이라고 말했다.[33]

이러한 정치적 반노예제론의 성격은 노예제 폐지를 주장했던 프레더릭 더글러스Frederick Douglass에게서도 찾아볼 수 있다. 그는 "자유인Free Men의 외침은 흑인의 자유를 확대하기 위해서가 아니라 백인의 자유를 보호할 목적으로 제기된 것이다"라고 말했다.[34] 노예제 옹호자였던 피츠휴는 노예제를 적대적으로 바라보는 시선에 북부의 인종차별주의가 반영돼 있다고 비뚤어진 불평을 하는데, 그에게서도 윌모트와 비슷한 논지를 확인할 수 있다.

---

* 이 명칭은 쥐를 잡기 위해 헛간을 불태우듯이 폐해를 근절하려면 근본적으로 개혁해야 한다는 노선에서 비롯된 것이다.

"흑인을 대할 때의 혐오감이나 인종적인 반감은 남부보다 북부에서 훨씬 더 크다. 그리고 개별적 흑인을 향한 반감은 흑인과 관련된 제도와 혼동되거나 제도를 향한 증오로 이어질 가능성이 높다. 즉 노예제를 향한 증오는 사실상 흑인을 향한 증오나 다르지 않다."[35] 어떤 경우든 간에 노예제 확산에 반대했던 많은 사람이 노예제를 거부하는 것과 노예였던 흑인을 거부하는 것을 구분하지 않았음은 분명하다.

자유노동을 둘러싼 논쟁에서 에이브러햄 링컨Abraham Lincoln(대통령 재임: 1861~1865)은 한층 품위 있는 표현을 썼다. 노예제 폐지론자들과 마찬가지로 링컨은 노예제라는 제도는 도덕적으로 잘못된 것이므로 미합중국의 영토 안에서는 시민주권에 맡겨둘 수 없다고 주장했다. 그는 현실적이고 헌법적인 이유로 노예제가 존재하는 주에서 노예제에 대해 간섭하는 데 반대했지만, 노예제 확산을 막고 억제하면 결국 노예제가 소멸할 것이라 기대했다. 그는 선거권을 포함해 흑인의 사회적·정치적 평등에 반대했지만, 스티븐 더글러스Stephen Douglas와 벌였던 토론에서는 "흑인이라 해서 독립선언서에 열거된 모든 자연권*, 즉 생명권, 자유권, 행복추구권 등을 누릴 수 없다는 이유가 어디에 있는가? 흑인도 백인만큼 그런 권리를 누릴 자격이 있다고 나는 생각한다"라고 말했다.[36]

링컨은 노예제 폐지론자들이 노예제를 도덕적으로 비난하는 데는 공감했지만 그들처럼 자발주의적 자유관을 갖고 있지는 않았다. 링컨은 자유노동이라는 이상을 토대로 노예제 확산에 반대하는 주요 논지를 내세웠다. 또한 노예제 폐지론자들과는 다르게 자유노동과 임금노동을 동일시하지 않았다. 자유노동자는 노동을 임금으로 교환하는 데 동의하는 반

---

* 인간이 태어날 때부터 자연적으로 가지는 천부적 권리.

면, 노예노동자는 동의하지 않는다는 사실은 자유노동이 노예노동보다 우월하다는 이유로 충분하지 않다는 것이다. 다시 말해 북부의 임금노동자는 언젠가 노동자 상태에서 벗어날 것이라고 기대할 수 있는 반면, 남부의 노예노동자는 그럴 수 없다는 점이 둘 사이의 차이점이다. 자유노동과 노예제를 구분하는 것은 노동에 대한 동의 여부가 아니라 독립성에 대한 전망, 즉 언젠가는 자기 소유의 생산수단을 가지고 고용주나 노예주가 아닌 자기 자신을 위해서 일할 기회 여부였다.

링컨은 임금노동을 비판하는 남부의 비판자들이 바로 이런 자유노동 체계의 특성을 간과했다고 말했다. "그들은 자신이 부리는 노예들이 북부의 자유인보다 훨씬 더 잘 산다고 주장한다. 그들은 북부의 노동자를 몰라도 너무 모른다! 그들은 노동자가 영원히 노동자 계층으로 남을 것이라고 생각한다. 그러나 그런 계층은 없다. 작년에 남에게 고용돼 일하던 사람이 올해에는 독립해 일하고 내년에는 다른 사람을 고용할 것이다."[37]

링컨은 평생을 임금노동자로 보내는 사람은 노예나 마찬가지라는 발상에 이의를 제기하지 않았다. 그는 두 가지 형태의 노동은 모두 자본에 부당하게 종속된다고 주장했다. 그는 "자본가가 노동자를 **고용해** 노동자가 자발적 동의 아래 노동하도록 유도하는 것이 최선인가, 아니면 노예주가 그들을 돈으로 **사서** 별도의 동의 없이 노동하게 만드는 것이 최선인가"라는 문제를 놓고 따지는 사람들은 가능성의 범위를 지나치게 좁게 설정하는 것이라고 생각했다. 그러면서 자유노동은 노동자가 고용주나 노예주로부터 독립한 조건에서 수행하는 노동이며 적어도 북부에서는 미국인 대부분이 독립적이었다고 주장했다. "남자들은 아내와 자녀를 비롯한 자기 가족과 함께 다른 누구도 아닌 본인을 위해 자신의 농장이나 집 또는 가게에서 일하고, 자신이 생산한 모든 것을 취한다. 이들은 한편으로는 자본의 호의를 요구하지 않으며, 다른 한편으로는 돈만 주면 무슨 일이든 하는 피고용인이나 노예를 바라지도 않는다."[38]

독립을 향한 전체 여정 가운데 일시적 과정에 해당하는 임금노동은 자유와 양립할 수 있었고, 여기에는 아무런 문제가 없었다. 링컨은 사람들에게 자신도 한때는 철도 부설 현장에서 노동자로 고용돼 일하던 노동자였음을 상기시켰다. 자유노동을 자유롭게 만드는 것은 임금을 받고 일하겠다는 노동자의 동의가 아니라 임금노동자라는 지위에서 벗어나 독립적인 자영업자 지위로 올라설 수 있는 가능성과 기회라고 말했다. "무일푼의 사회 초년생이라고 해도 알뜰하기만 하면 한동안 임금노동자로 일하면서 나중에 독립해 노동할 때 사용할 도구나 토지를 살 돈을 저축할 수 있다. 이렇게 도구나 토지를 마련하면 독립해 일하고, 또 그러다가 여유가 생기면 임금노동자를 고용한다."

그는 바로 이것이 "모든 사람에게 길을 열어주는 정의롭고 관대하며 번영하는 제도"라는 자유노동의 진정한 의미라고 말했다. 또한 그는 자유노동 제도의 개방성을 확신했기 때문에 자립에 실패한 사람들은 "의존적 성격의 소유자이거나 미래를 내다보지 못하는 어리석은 사람이거나 또는 드물게 있는 불운한 사람"일 뿐이라고 했다. 반면 열심히 일해 가난에서 벗어난 사람들은 신뢰를 받으며 정치적 영향력을 행사하는 사람들만큼이나 가치 있는 사람이라고 했다.[39]

이렇게 해서 장인 공화주의 전통에서 비롯된 자유라는 개념은 링컨의 해석을 통해 남북전쟁 때 북부의 대의가 모이는 이념적 집결지가 됐다. 1830년대와 1840년대에 노동운동 지도자들은 바로 이 개념을 근거로 북부 사회를 비판했었다. 즉 그들은 임금노동이 자유노동을 대체할지 모른다고 우려했었다. 그런데 포너는 1850년대 후반에 링컨과 공화당이 바로 그 개념을 동원해 북부 사회를 다음과 같이 옹호했다고 지적한다. "공화당원들은 노동을 향한 북부의 열망을 노예제 폐지론자들이 결코 취하지 않았던 방식으로 끌어안았으며, 동시에 그 열망을 북부의 사회 질서를 향한 공격이 아닌 남부를 겨누는 비판으로 바꿔놓았다."[40]

남북전쟁에서 북부가 승리함으로써 자유노동을 위협하던 노예 권력은 수그러졌다. 그런데 임금 체계와 산업 자본주의 때문에 새로운 위협이 제기되고 또 강화됐다. 링컨은 자유노동과 소규모 독립생산자라는 깃발 아래 북부를 전쟁으로 결집하고 또 그 전쟁을 승리로 이끌었다. 하지만 이 전쟁으로 인해 자본주의적 기업과 공장 생산력이 빠른 속도로 성장했다.[41] 전쟁이 끝나고 북부 사람들은 자유노동이라는 이상이 사라지고 경제적 의존성이 높아지는 예상치 못한 상황을 또 다른 위협으로 맞이했다. 로저스는 이렇게 말했다. "노예제를 둘러싼 논쟁의 화려한 수사는 독립성을 약속했었다. 19세기 중반에 꿈꿨던 노동의 이상은 독립성이었다. 그런데 경제는 이상과는 반대 방향으로 흘러갔다. 그 결과 쉽게 떨쳐낼수 없는 불안한 배신감만 팽배해졌다."[42]

1869년에 〈뉴욕타임스〉는 자유노동 체계의 쇠퇴와 임금노동 체계의 약진에 대해 보도했다. "소규모 제조업자는 전쟁 전보다 훨씬 줄어들었고, 여기에서 일하던 사람들은 대규모 공장의 임금노동자가 됐다. 대규모 공장들은 더 많은 자금과 노동력을 절약해주는 기계로 무장해 소규모 제조업자가 존립할 수 없게 만들었다." 이 기사는 1830년대와 1840년대의 노동운동을 연상시키는 용어로 당시의 추세를 비판했다. 예컨대 독립적 직공 신분이던 사람이 임금노동자로 추락한 것은 "남부에 만연한 노예제만큼 타락하지는 않았다고 하더라도 그 정도의 절대적 체계임은 분명하

다"라고 지적했다.[43]

1870년 인구조사에는 직업과 관련된 미국인의 상세한 정보가 최초로 기록됐다. 이 인구조사에서 많은 노동자가 이미 알고 있던 사실을 확인할 수 있다. 자유를 생산적 재산, 즉 생산수단의 소유권과 결부시킨 자유노동이라는 이념이 확고하게 자리를 잡았음에도 불구하고, 미국은 독립생산자가 아닌 고용자의 나라가 돼 있었다. 1870년을 기준으로 생산에 종사하는 미국인 중 3분의 2가 자기 생계를 다른 사람에게 의존하는 임금노동자였다. 독립성과 자영업을 찬양하는 나라였던 미국에서 자기 농장에서 일하거나 자기 소유의 가게를 운영하는 사람의 비율은 세 명 중 겨우 한 명뿐이라는 말이었다.[44]

남북전쟁 이후 수십 년 동안 미국의 경제가 시민적 자유관으로부터 점점 멀어지는 경향성에 대해 미국인은 두 가지 방식으로 대응했다. 하나는 임금노동이 자유 개념에 부합하지 않는다는 주장을 계속 이어가면서 공화주의적 이상에 걸맞은 노선을 따라 경제 개혁을 꾀한 것이다. 다른 하나는 산업 자본주의를 불가피한 것으로 받아들이고 공화주의적 이상을 수정해 임금노동과 자유의 조화를 꾀한 것이다. 즉 임금노동이 양측 당사자들이 동의한 내용을 반영하는 한, 어디까지나 고용주와 피고용인 사이에 자발적으로 이뤄진 합의로 봤다.

자발주의적 자유관을 선택한 사람들은 계약의 진정한 자유에 필요한 것이 무엇인지를 두고서 흔히 의견이 갈렸다. 산업 자본주의를 교조적으로 옹호하는 사람들은 노동자를 짓누르는 경제적 압박의 존재 여부나 압박의 강도와 상관없이 노동을 임금으로 교환하는 합의는 모두 자유로운 것이라고 주장했다. 반면 노동조합원들과 자유주의 개혁가들은 노동과 자본 사이에 맺은 계약이 진정으로 자유로운 것이 되려면 상호 간에 평등한 교섭을 보장하는 다양한 조치가 필요하다고 주장했다.

개인이 자유로운 선택을 하는 데 필요한 사회적·경제적 조건이 무엇인지 따지는 다양한 질문은 장차 20세기 내내 미국 정치와 법에서 수많은 논쟁을 불러일으키게 된다. 그러나 진정으로 자유로운 선택에 필요한 조건이 무엇인지 따지는 논쟁은 자발주의적 자유관 안에서 이뤄졌다. 이 논쟁이 20세기의 법률적·정치적 담론에서 중요했다는 사실은 자발주의적 자유관이 미국인이 살아가는 공적 삶에 큰 영향을 미쳤다는 뜻이다.

그러나 1860년대부터 1890년대까지는 자발주의적 자유관이 지배적 이념으로 자리 잡지 못했다. 당시에는 이 개념이 자유와 경제적 독립성을 하나로 연결하는 공화주의적 이념과 공존하며 경쟁했다. 남북전쟁 이후 수십 년 동안 시민적 자유관은 미국 정치 논쟁에서 여전히 두드러지게 나타났다. 시민적 자유관은 당시의 노동운동이 임금노동 체계에 맞서 마지막 끈질긴 저항을 하고 또 대안을 모색하도록 힘을 불어넣었다.

금박시대의 노동 공화주의

금박시대Guilded Age*에는 전국노동조합NLU(1866~1872)과 노동기사단Knights of Labor(1869~1902)이 선도적 노동 조직으로 활동했다. 이들의 주요 목표는 "노동의 임금 체계와 공화주의적 정부 체계 사이에는 피할 수 없고 거부할 수 없는 갈등이 존재하므로 (…) 임금 체계를 철폐하는 것"이었다.[45] 이 노동운동은 산업 자본주의의 임금 체계가 공화주의 정부를

---

* 미국 남북전쟁 이후에 대호황이 이어지던 시대. 이때는 물질주의와 정치 부패도 팽배했다.

직·간접적인 방식으로 위협한다는 점을 강조했다. 직접적인 방식은 그 누구에게도 책임지지 않는 권력을 대기업에 집중하는 방식이고, 간접적인 방식은 자치를 수행할 시민적 덕목을 파괴하는 방식이다.

노동기사단은 "위대한 자본가와 기업의 놀라운 발전과 공격성에 저항하는 것 그리고 (…) 부당한 부의 축적 및 부가 집중됨에 따라 발생하는 해악을 견제하는 것"을 강령에 목표로 명시했다. 노동기사단은 자신들의 목표를 달성하기 위해 철도, 전신, 전화 부문의 독점적 권력이 공화주의적 제도를 압도하지 않도록 정부가 기업을 인수해 통제해야 한다고 요구했다. 이러한 맥락에서 이 조직의 지도자인 조지 맥닐 George McNeill 은 다음과 같이 경고했다. "이런 대기업들이 정부와 피고용인에게 휘두르는 권력은 오로지 차르에 필적할 수 있는 권력뿐이다. (…) 이제 머지않아 '대기업들이 정부를 통제하는 것이 옳은가, 아니면 정부가 대기업들을 통제하는 것이 옳은가?' 하는 질문을 공화주의 시민이 던지게 될 것이다."[46]

임금 체계의 해악은 독점 권력이 공화주의 정부에 제기하는 직접적 위험 말고도 노동자의 도덕적·시민적 특성에 끼치는 위험도 있다. 전국노동조합과 노동기사단의 지도자들은 임금노동이 시민적 덕목의 형성에 끼치는 해악을 자주 강조했다. 1860년대 노동계의 주요 인물로 전국노동조합 조직화 작업을 주도했던 윌리엄 실비스 William H. Sylvis 는 이런 질문을 던졌다. "만약 우리가 우리의 제도를 보존하면서 시민의 도덕을 파괴한다면, 만약 우리가 헌법을 지키면서 대중을 절망적 무지와 빈곤과 범죄의 구렁텅이에 빠뜨린다면, 또 만약 모든 형태의 공화주의적 제도를 법률로 마련하면서 대다수 사람이 그 제도의 가장 단순하고도 본질적인 원리조차 이해하지 못한다면, 그런 것들이 한 국가의 국민으로서 우리에게 과연 무슨 이득이 있겠는가?"[47]

역대 최대 규모의 노동자 집회였던 1865년의 철 주형공 집회에서 실비스는 "대중 정부popular government*가 안정을 누리며 성공하려면 대중의 바람직한 덕목과 지성에 의존해야 한다"라는 연설로 공화주의적 원리를 다시 한번 천명했다. 또한 그는 당시의 노동조건에서 고용주와 피고용인의 관계는 "대부분 주인과 노예의 관계인데, 이는 자유로운 국민의 제도라는 정신과는 완전히 모순된다"라고 지적했다. 저임금은 가난과 고통을 안겨줄 뿐만 아니라 시민의 바람직한 덕목을 갉아먹는다는 것이 역사의 가르침이라고도 덧붙였다. 그러면서 저임금 상황에서 노동계급은 "자치권을 행사할 수 있는 자유롭고 계몽된 사람들이 성취한 높은 수준으로 자기를 끌어올릴 수 없는 정치적·사회적 타락의 구렁텅이에 빠지고 만다"라고 지적했다. 노동의 가격이 하락하면 "임금뿐만 아니라 자치에 필요한 모든 고귀한 자질까지도 함께 추락한다"라고도 했다.[48]

임금노동 체계가 시민적 덕목을 훼손한다면 어떤 대안적 경제 조치나 제도가 도덕적이고 독립적인 시민을 길러낼 수 있을까? 산업 자본주의라는 조건 안에서의 노동운동은 링컨이 제시했던 자유노동 해결책의 핵심인 개인의 사회적 이동성에 대한 믿음을 더는 가지지 않았다. 부연하자면 개인의 사회적 이동성이란 고용 노동자에서 독립 노동자로, 다시 노동자를 고용하는 고용주로 사회적 지위가 바뀐다는 뜻이다.

또한 전국 각지의 시골에 흩어져 있는 소규모 농장과 작업장을 중심으로 하는 예전의 경제가 회복되기를 바랄 수도 없었다. 그 대신 생산자와 소비자가 협력해 공장, 광산, 은행, 농장, 상점 등을 조직하고 제각기 가진 자원을 결합해 수익을 공유하는 협동공동체를 만들어야 한다고 제안하

---

* 대중이 선거를 통해 선출한 대표가 통제하는 정부.

고 요구했다. 이런 조직은 노동자가 기여한 노동에 따른 성과를 기준으로 공정한 몫을 노동자에게 배분하는 것 이상의 결과를 안겨줄 것이라고 했다. 요컨대 이런 체제가 임금 체계로 인해 파괴된 독립성을 노동자들에게 회복시켜줄 것이라고 했다.

실비스는 이런 협동공동체가 "사회의 악을 치료하는 진정한 해결책이다. 이것은 현재 존재하는 중앙집중화와 독점과 강탈의 체제를 무너뜨릴 위대한 발상이다. 협동을 통해 우리나라는 고용주의 나라, 자신의 노동을 자신이 고용하는 고용주의 나라가 될 것이다"라고 말했다. 노동기사단의 수장이던 테런스 파우덜리Terence Powderly는 이런 협동 체계를 "현대 문명의 저주인 임금 노예제를 영원히 없애버리는 방법"이라고 선언하며 이 협동이 "결국 모든 사람을 자신의 주인, 즉 모든 사람을 자신의 고용주로 만들 것"이라고 내다봤다. 또한 맥닐은 "협동 체계가 임금 체계를 대체할 날"이 올 것이라고 기대했다. 그는 이 협동 체계가 다른 개혁 조치들과 함께 위엄이 넘치고 독립적인 노동자 시민을 길러낼 것이라고도 했다. "시민사회에 필요한 덕목을 온전하게 갖춘 건전한 사람, 아침 시간에 햇빛 비치는 집에서 꼭 해야 하는 집안일과 자기가 좋아하는 일을 하고, 업무를 시작하기 전에 목욕하고, 또 공장에 마련된 쾌적한 독서실에서 아침 신문을 읽는 사람. (…) 문명의 명예와 의무를 안전하게 책임질 수 있는 그런 사람."[49]

협동이라는 이상은 제도적 틀이기도 했지만 윤리적 틀이기도 했다. 협동 체계를 옹호하는 사람들은 이것이 정부가 정한 프로그램이 아니라 노동자가 집단적 행동으로 실현하는 일임을 강조했다. 집단적 자조의 강조는 이 운동의 형성적·교화적·인격수양적 열망에 꼭 필요한 것이었다. 파우덜리는 노동기사단이 주창하는 개혁은 대부분 정치적 행동이 필요했지만 "모든 것을 국가에 맡겨서는 안 된다는 느낌이 들었다"라고 설명했다. 노동자는 법률적 차원의 개혁을 추진할 때조차도 "다른 측면에서도 분발해야 한다"고 했다. 실비스는 노동자들에게 "성공은 우리 자신의 노력에 달려 있음을 잊지 마라. 사람들의 특성과 조건에 영향을 주는 것은 사람들을 위해서 행해지는 것이 아니라 사람들이 저마다 자기를 위해서 행하는 것이다"라고 말했다. 도덕적·시민적 개선을 추구하는 노동운동의 노력은 독서열람실, 순회강연, 연극협회와 스포츠 클럽, 잡지와 소책자, 각종 행사와 가두행진 등과 같은 의욕적인 시도로도 나타났다. 지역의 한 노동운동 지도자는 "우리는 사람들이 읽고 생각하게 해야 하며 날마다, 매주, 매년 그렇게 비참하게 일만 하는 데 그치지 않고 그보다 한층 더 높고 고귀한 어떤 것을 찾아야 한다"라고 말했다.[50]

임금 체계를 협동 체계로 대체하라는 노동운동의 요구가 한동안 중산층 개혁가들로부터 지지를 받았다. 개혁가 중에는 급진적 공화당원이자 영향력 있던 저널리스트인 에드윈 고드킨 E. L. Godkin도 포함돼 있었다. 고드킨은 임금 체계가 바람직한 시민의 양성을 가로막는다며 비난했다. "어떤 사람이 자기의 노동을 팔겠다고 동의하는 순간, 그는 자신의 도덕적·사회적 독립성을 포기한다는 데 암묵적으로 동의하는 셈이다."[51]

고드킨은 제퍼슨과 잭슨의 주장을 되풀이하면서 산업적 임금노동자들은 민주적 정부의 성공에 반드시 필요한 존엄성, 독립성, 공공정신을 박탈당한다고 말했다. "자신과 자기 자식이 먹을 빵을 얻기 위해 다른 사람의 의지에 의존하는 사람 또는 고용주를 기쁘게 하는 것 이외에는 아무런 관심도 없는 사람은 도덕적·사회적 독립성이라는 조건을 갖출 수 없다. 반면 자기 땅을 소유한 농부는 그런 조건을 갖출 수 있다. 현재 거의 모든 문명국 사회에서 그렇듯이 독립성을 갖춘 사람이야말로 진정으로 자기 자신의 주인이라고 말할 수 있는 유일한 사람이다." 이에 비해 임금노동자는 "정치적·사회적 의존성"을 가질 수밖에 없다.[52]

고드킨은 "비교적 소수의 개인과 기업의 손안에 자본이 축적되는 것"을 비난했다. 이는 자본의 집중화가 공정성을 해친다기보다 시민의식의 정치경제학을 훼손하고 공화주의 정부를 위험하게 만든다는 이유에서였다. 임금노동에서 비롯되는 문제는 임금노동이 키우는 가난뿐만 아니라 노동자들의 시민적 역량에 미치는 피해, 즉 그것이 만들어내는 "비굴한 어조와 비굴한 사고방식"이라고 지적했다. 고드킨이 전망한 노동운동 해결책은 과거의 농업사회를 회복하는 것이 아니라 노동자가 노동에 따른 이익을 분배하고 스스로를 통치하는 협동조합의 방식으로 임금 체계를 대체함으로써 산업 자본주의를 새롭게 만드는 것이었다.

또한 그는 노동운동에 대해 다음과 같이 촉구했다. "임금 체계 또는 노예적 굴종의 체제라고 불러야 옳을 이 체제가 노예제나 농노제처럼 완전히 소멸할 때까지, 돈만 주면 무엇이든 하는 사람이 한 사람도 없을 때까지 여론 환기의 선동과 단결을 멈추지 말아야 한다." 단, 부도덕하고 악랄하기 짝이 없는 사람이나 자치를 하기에는 너무나 부족한 소수는 제외해야 한다.[53]

금박시대의 노동 지도자들과 마찬가지로 고드킨은 공화주의적 자유노동 개념에 의존해 임금 체계를 비판했다. 그러나 그의 견해에는 당시 자유주의 개혁가들 사이에서 인기를 얻고 있던 자발주의적 자유관의 요소들이 포함돼 있었다. 자유노동과 계약의 자유를 동일시하는 이 개념은 자유노동이 임금을 대가로 자발적으로 행해지는 노동이라는 노예제 폐지론자들의 발상을 상기시켰다. 남북전쟁 이전 몇 년 동안 노예제 폐지론자들은 자유노동과 임금노동을 동일한 것으로 파악했다. 이는 당시만 하더라도 소수파의 견해였다. 북부의 노동 지도자들부터 노예제에 찬성하던 남부 사람들, 자유토지당원들, 링컨의 공화당원들에 이르기까지 미국인 대부분은 그 모든 차이에도 불구하고 임금노동이 자유와 양립할 수 없다는 데는 의견이 같았다.

19세기 말이 되자 양상은 달라졌다. 자발주의적 자유노동관이 미국의 정치와 법률에서 점점 더 많이 등장하기 시작했다. 가장 눈에 띄는 표현은 보수적 경제학자들과 판사들이 내세운 자유방임주의 원칙에서 볼 수 있다. 그들은 고용주와 피고용인은 고용조건에 상관없이 법률에 구애받지 않고 자유롭게 선택해 동의할 수 있어야 한다고 주장했다. 그러나 자유노동의 자발주의적 개념을 전제로 한 주장을 펼친 사람은 자유방임주의적 보수주의자들만이 아니었다. 사회개혁가들 역시 계약의 자유라는 이상적 개념을 내세웠다. 그러나 이들은 계약 당사자들이 매우 불평등한 조건으로 협상할 수밖에 없는 조건 아래에서는 그런 자유가 실현될 수 없다고 주장했다.

19세기 말이 되면 미국 내 정치 논쟁의 초점은 시민적 덕목을 갖춘 시민을 길러내는 데 필요한 경제적 조건을 따지기보다 진정으로 자유로운 선택을 행사하는 데 필요한 경제적 조건을 따지는 쪽으로 기울었다. 시민적 자유노동관에서 자발주의적 자유노동관으로 이행하는 과정은 노동계가 하루 8시간 노동을 법제화하려는 시도에 대해 자유주의적 개혁가들과 법원이 보인 대응에서 가장 분명하게 드러난다.

8시간 노동제

자유주의적 개혁가 중에서도 특히 고드킨은 자유노동관의 이행 과정을 주도했다. 그는 이 임금 체계가 "자유 정부free government에 적대적"이며 노동자의 도덕적·시민적 성격을 훼손하는 것이라고 공격하면서도 8시간 노동제를 규정하는 입법에는 "정부가 산업의 자유와 계약의 신성함을 앞세워 자행하는 독재적 간섭"이라고 지적하며 반대했다.

산업 자본주의의 많은 자유방임주의 옹호자들과 마찬가지로 고드킨은 8시간 노동제 운동을 "치욕적인 코미디"이자 계약의 자유 침해이며 자연 법칙을 거스르는 헛된 시도라고 비난했다. 또한 "어떤 입법부도 조수 간만의 시간을 바꿀 수 없는 것과 마찬가지로 임금 체계를 바꾸거나 이것에 영구적으로 영향을 줄 수는 없다"라고 말했다. 그러나 고드킨은 당시 정통 정치경제학자들과는 다르게, 산업 자본주의의 불평등한 조건 아래에서는 노동자와 고용주 사이의 합의가 진정으로 자발적인 성격을 띨 수 없다고 했다.[54]

고드킨은 기존의 노사관계가 진정으로 자유로운 관계가 아닌 이유를 설명하면서 자유방임주의 보수주의자들이 제시했던 자발주의적이고 계약적인 자유관을 받아들였다. 그러나 임금노동이 계약의 자유라는 이상에 부합한다는 보수주의자들의 자기만족적인 가정은 받아들이지 않았다. 열악한 환경에서 그야말로 가까스로 숨만 붙이고 살아가는 노동자로서는 진정으로 자발적 위치에서 자기 노동을 임금으로 교환할 수 있는 처지가 아니었다. 이 노동자에게는 자본가가 제시하는 금액을 기꺼이 받아들이는 것 말고는 다른 선택지가 없었다. "내가 굶주리지 않으려고, 아내와 아이들이 굶주리지 않도록 하려고, 또는 다른 어떤 일을 할 수 있는 능력이 나에게 없으므로, 나는 그 제안에 동의할 수밖에 없다. 그러나 이 동의는 내 머리에 총구가 겨눠진 상태에서 어쩔 수 없이 따를 수밖에 없는 동의나 마찬가지다."[55]

고드킨으로서는 노동 역시 다른 것들과 마찬가지로 매매되는 상품이라는 자발주의적 가정에 맞서 싸울 이유가 없었다. 적어도 원칙적으로는 "자본가가 노동자를 고용하는 것은 공개된 자유시장에서 어느 한 사람과 다른 사람 사이에서 상품의 매매가 이뤄진다는 뜻일 뿐임"을 그도 잘 알았다. 그러나 그는 기존 조건에서는 이 임금 체계가 자발주의적 이상을 실현하지 못한다고 판단했다. 그런 이유로 그는 "어떤 조치든 간에 노동자가 고용주와 동일한 수준에 놓이지 않는 한, 다시 말해 노동자가 자본가를 상대로 동등한 입장에서 교섭하지 않는 한 노동자는" 계약의 자유라는 이상에 도달할 수 없다고 결론 내렸다.[56]

고드킨은 노동자가 진정한 의미로서의 동의를 행사할 수 있는 협상 조건에 필요한 여러 가지 조치를 제안하고 지지했다. 그중 가장 기본적인 것이 노동자들의 힘을 강화하는 노동조합 결성이었다. 그는 시장을 지배하는 자본가의 힘과 균형을 맞추려면 노동조합이 필요하다고 생각했다. 그래야만 "계약을 맺을 때 고용주와 평등한 위치에 놓일 수 있고, 또 그래야 자유롭게 계약할 수 있기" 때문이라고 했다. 장기적 관점에서는 고드킨도 노동자가 나중에 자본가가 돼 자기 노동에 뒤따르는 이익을 분배받는 협동 체계를 지지했다. 그러나 단기적 차원에서는 의견을 달리하며 파업과 노동조합을 지지했다. 예컨대 "파업과 노동조합만이 노동자와 자본가 사이의 계약이 (…) 진정으로 자유로울 수 있고 또 노동자가 동등한 조건에서 교섭할 수 있는 유일한 수단"이라고 말했다.[57]

고드킨이 내세웠던 주장에는 자유노동의 시민적 개념과 자발주의적 개념이 동시에 담겨 있었다. 두 개념은 때로는 조화를 이루기도, 때로는 충돌하기도 했다. 그는 노동자의 도덕적·시민적 덕목을 개선한다는 이유로, 또 노동관계가 진정으로 자발적이지 못하게 가로막는 불공정한 교섭 조건을 바로잡아준다는 이유로 협동 운동을 지지했다. 그러면서도 다른 한편으로는 8시간 노동제가 신성한 계약의 자유를 침해한다는 이유로 반대했다. 사실상 기존에 존재하는 조건이 계약의 자유를 온전하게 실현하는 것을 가로막고 있지만, 노동시간 단축을 법제화한다면 경쟁이 이뤄지는 운동장이 더욱 기울어질 뿐만 아니라 자발주의적 이상은 더욱 멀어진다고 그는 생각했다.

그런데 당시의 노동운동은 자발주의적 주장들에 크게 의존하지 않았다. 노동운동은 협동 체계를 옹호할 때와 마찬가지로 8시간 노동제를 옹호할 때도 주로 시민적·형성적 차원의 여러 가지 고려 사항에 의존했다. 금박시대의 노동 지도자들은 자유방임주의자들의 비판에 대응하기 위해 계약의 자유를 언급했다. 예를 들어 노동기사단의 맥닐은 하루 8시간 노동을 법률로 정하면 "계약의 자유라는 위대한 권리가 파괴될 것"이라는 발상을 비웃으면서 기존 임금 체계에서는 고용주와 피고용인 사이에 진정한 계약의 '자유'는 없다고 주장했다. "진정한 의미의 계약이란 고용주나 기업이 모든 조건을 계약 내용에 명기하겠다는 합의다." 강력한 노동 단체가 자기 조직원을 대표해 교섭에 나설 때 비로소 진정한 계약의 자유로 나아가는 길이 열린다.[58]

노동시간 단축에 찬성하는 노동 지도자들은 그 자체가 목적이 아니라 그렇게 할 때 노동자들의 도덕적·시민적 특성을 개선하는 데 도움이 된다고 주장했다. 즉 노동시간을 법률로써 제한하면 노동자들이 신문을 읽거나 공공의 사안에 참여하는 등 시민으로서 살아갈 시간을 더 많이 보장할 수 있다는 것이다. "우리는 노동시간 단축을 요구한다. 지금의 노동시간 때문에 우리는 오로지 다른 사람들을 위한 일만 하도록 강요당하고 있다. 우리는 공공의 의무를 수행하고 싶고 자신이 가진 재능을 펼치거나 고상한 취미 활동을 하고 싶다. 이런 여건을 허용하지 않는 긴 노동시간을 단축하라고 우리는 요구한다."[59]

또한 노동시간이 줄어들면 노동자들에게 시민적 활동을 할 시간을 보장할 뿐만 아니라 취미 활동을 하고 습관을 개선하며 갈망을 충족할 시간을 보장할 것이라고도 주장했다. 8시간 노동제 운동의 선도적 인물이었던 아이라 스튜어드Ira Steward는 여가시간이 늘어나면 노동자가 자신의 삶을 다른 사람들의 삶과 비교할 수 있고, 현재 자신이 살아가는 삶의 형편없는 조건을 받아들이려 하지 않을 것이라고 주장했다. "8시간 노동제의 매력은 씻지도 않고 무지하고 무례한 사람들이 자신의 사회적 지위와 스스로를 돌아보고 반성할 시간과 기회를 준다는 점이다."

스튜어드는 노동시간이 짧아지면 사람들이 자신의 운명을 다른 사람들의 운명과 비교하며 자신의 현재 상황에 불만을 느낄 것이고, 그러면 한층 더 높은 포부를 가질 것이며, 임금 인상을 요구하고 나설 것이라고 했다. 또한 누군가는 수입과 여가시간이 늘어나면 소비하는 즐거움에 빠지겠지만 "한층 더 현명한 사람들은 정치경제, 사회과학, 시민의 위생 상태, 범죄 예방, 여성의 임금, 전쟁 등 우리 시대에 어울리는 인간의 조건을 개선하길 바라며 온갖 계획을 연구하는 시민적 활동에 시간과 돈을 쓸 것이다."[60]

맥닐 역시 노동시간이 줄어들면 "대중의 사고와 느낌, 관습과 예절"이 바뀔 것이라면서 노동시간 감소가 가져다줄 형성적 효과를 강조했다. 그가 주장한 핵심은 단순히 길고 지루한 노동시간으로부터 노동자를 해방하는 것이 아니라 노동자의 수준을 높이자는 것이었다. "긴 노동시간에 찌든 노동자가 임금을 더 많이 받고 일을 더 적게 하도록 각성시킴으로써 어리석은 만족에서 벗어나게 하면 그들은 더 나은 것을 생각하고 또 스스로 조직적으로 요구하는 수준으로 거듭날 것이다."

또한 맥닐은 노동시간이 줄어들면 노동계급에 만연한 폭음, 악덕, 범죄가 줄어들고 노동자들이 신문과 도서관, 강의실, 회의장 등을 이용하는 시간이 늘어날 것이며 나아가 하루 8시간 노동은 노동자들에게 임금 체계 자체를 없애버릴 정도로 강력한 권한을 부여할 것이라고 전망했다. 그는 최종적으로 이런 꿈을 꿨다. "그리하여 마침내 노동 착취의 결과인 이윤이 사라질 것이고, 임금노동 대신 협동노동이 시작될 것이다."[61]

1868년까지 미국에서 7개 주가 8시간 노동제를 법률로 정했고, 연방의회는 연방정부가 고용한 모든 노동자가 8시간 노동을 보장받게 하는 법안을 의결했다. 그러나 이러한 입법상의 성공에도 불구하고 8시간 노동제 운동은 애초에 설정했던 한층 더 폭넓은 목표들을 달성하지 못했다. 법의 허점, 집행력 부족, 입법 취지에 적대적인 법정 등의 요인 때문에 노동운동이 거둔 입법적 승리의 의미는 퇴색됐다.[62] 금박시대의 다른 노동법도 이와 비슷한 운명의 길을 걸었다. 특히 법정에서 두드러졌다. 19세기 말 기준으로 보자면 60개나 되는 노동법이 주법원과 연방법원에 의해 폐지됐고, 1920년까지는 약 300개가 폐지됐다.[63]

법정에 선 임금노동

자유노동을 둘러싼 논쟁이 법정에서 다뤄진 과정은 시민적 노동관에서 자발주의적 노동관으로 이행하는 과정을 잘 보여준다. 자유방임주의 판사들은 노동자가 노동을 임금으로 교환할 권리를 주장하면서 노동법 을 무효화했다. 그러나 노동법 옹호자들은 빈곤과 불평등이 만연한 조건 에서는 임금노동이 진정으로 자유로운 노동이 될 수 없다고 반박했다. 임 금노동에 대한 비판은 진정한 동의 조건과 사법적 검토의 역할에 초점이 맞춰지면서 점차 줄어들었다. 애초에 노동법에 영감을 줬던 시민적·형 성적 차원의 여러 목표에도 불구하고 보수적 법원의 강력한 공세에 맞서 던 노동법 옹호자들은 점차 자유방임주의적 태도를 취하던 반대자들의 자발주의적 노선을 채택했다. 또 노동법이 임금노동을 진정한 동의의 문 제로 만드는 데 필요한 것이라는 논리로 옹호했다.

노동 문제에 대한 사법적 논쟁은 대부분 자발주의적 가정들의 범위 안 에서 진행됐다. 그러나 수정헌법 제14조에 따라 자유노동을 옹호했던 최 초의 사법적 주장은 자유노동을 바라보는 공화주의적 노동관을 반영하 는 것이었다. 이 주장은 1873년의 **도축장 사건**Slaughter-House Cases에서 소수 의견으로 제시됐다. 루이지애나 주의회는 1869년에 클레센트시회사 Crescent City Company에게만 도축장 운영 허가를 내주면서 이 회사의 도축장 이 아닌 곳에서 이뤄지는 모든 도축을 불법으로 규정하는 법률을 의결했 다. 모든 도축업자는 지정된 시설에서만 도축을 해야 하고 매번 이용료를 회사에 지불해야 했다. 그러자 도축업자들은 해당 법률이 도축장을 소유 하고 운영할 자신들의 권리를 침해했다면서 소송을 제기했다. 그들은 자 신들의 권리가 최근에 채택된 수정헌법 제13조와 제14조로 보호받을 수 있다고 주장한 것이다.[64]

그런데 연방대법원은 재건시대Reconstruction*의 수정헌법 조항들이 주정 부가 침해한 개인의 권리를 보장하지 않는다는 근거를 들어 원고의 청구를 5 대 4로 기각했다. 그러나 소수의 반대 의견을 냈던 스티븐 필드 Stephen Field 판사는 수정헌법이 "자유노동의 권리"를 포함한 기본권을 보호할 권한을 법원에 부여했다고 주장했다. 나중에 이 의견에 반대한 자유방임주의 판사들과 다르게 필드는 자유노동을 장인적 공화주의 전통이 바라보던 시각으로, 즉 임금노동이 아니라 도구나 상점 또는 생산수단을 소유한 독립적 생산자가 수행하는 노동으로 바라봤다. 만일 그 소송에서 임금노동이 걸려 있었다면 뉴올리언스의 독점적 도축장은 문제가 되지 않았을 것이다. 주정부가 승인한 독점은 도축업자들이 도축업자로 일하지 못하게 막은 것이 아니라 자기 소유의 도축장을 가지지 못하게 막은 것이다. 이것은 공화주의적 의미의 자유노동을 박탈한 것이었다.[65]

필드는 재건시대 수정헌법 조항들이 노예제 종식과 함께 해방된 노예에 대한 시민권 부여 이상의 역할을 한다고 말한다. 그 조항들은 북부가 남북전쟁의 명분으로 내걸었던 자유노동의 이상이 정당함을 천명하기도 했다. 루이지애나의 주정부가 법률로 정한 독점을 약화시킨 근거도 자유노동에 대한 바로 이러한 공화주의적 개념이었다. 이제 도축업자는 더 이상 독립적 생산자로서 거래할 수 없고, 법률로 지정된 회사의 건물에서 일하며 상당한 수준의 사용료를 지불해야 했다. 판결문에 따르면 "그는 자기 소유의 건물에서 일할 수 없고, 자기 소유 가축을 자기의 축사나 마당에 둘 수 없다." 이런 "끔찍한" 규제가 도축업자의 독립성을 박탈했다. 필드는 수정헌법 제14조가 모든 합법적 소명과 직업을 추구할 수 있는 모든 시민의 동등한 권리를 보호한다고 봤다. 그런데 루이지애나의 도축장 독점이 이 권리를 제한함으로써 "신성불가침의 권리 중 하나인 자유

---

* 미국에서 남북전쟁 직후의 시대를 가리킨다.

노동의 권리"를 침해한 것이다.[66]

이후 여러 법정은 수정헌법 제14조에 대한 필드의 해석을 채택하면서도 자유노동에 대한 필드의 공화주의적 해석은 채택하지 않았다. 판사들도 필드처럼 수정헌법 제14조가 보장하는 자유롭게 노동할 권리를 포함한 개인의 권리를 침해하는 주법이 위헌이라고 판결했다. 하지만 그들은 필드와 다르게 자유노동을 자발주의적 의미로, 즉 노동자가 임금을 받고 노동을 팔 수 있는 권리로 이해했다. 필드 본인은 계약의 자유를 근거로 노동법을 무효화하는 데 동의하지 않았지만, 자유방임주의에 치우친 판사들은 필드가 제시했던 소수의 반대의견 속에 녹아 있는 단서 하나를 포착해 자신들의 자발주의적 견해를 지지하는 근거라고 주장했다. 그것은 필드가 자유노동을 설명하면서 달았던 각주였다. 이 각주에는 자유를 자신이 소유한 것 및 자신의 노동을 타인에게 팔 권리와 연결시킨 애덤 스미스의 인용이 포함돼 있었다. 필드의 반대의견을 인용한 주법원과 연방법원은 이 각주를 강조하면서 **도축장 사건**이 임금노동자가 아닌 독립생산자의 권리와 관련이 있다는 사실을 무시했다.[67]

1880년대부터 1930년대까지 주법원들과 연방법원들은 노동자의 자유를 침해했다는 이유로 노동법 수십 개에 위헌 결정을 내렸다. 그런데 사실상 모든 판결에서는 자발주의적 자유관을 채택해 자신의 노동을 임금과 교환할 노동자의 권리를 옹호했다. 1886년의 **갓찰스 대 위그먼 사건** Godcharles v. Wigeman에서 펜실베이니아 주대법원은 회사가 광부와 공장 노동자들에게 급료를 지급하면서, 회사 매점에서 사용할 수 있는 상품권이 아니라 현금으로 지급하도록 요구하는 법률이 헌법을 어긴 것이라고 판결했다. 당시에 직원들은 어쩔 수 없이 매점을 사용해야만 하는 자기들에게 터무니없이 높은 가격으로 상품을 판매하는 회사 매점으로부터 독립하기 위해 법에 호소했다. 그러자 법원은 "고용주와 피고용인 양쪽의 권리를 동시에 침해한다"라며 위헌판결을 내렸다. "노동자를 법률적 후견을 받는 위치에 두는 모욕적 시도를 함으로써 노동자의 인격을 훼손할 뿐만 아니라 미합중국 시민으로서 가지는 권리를 침해한다. 고용주가 철이나 석탄을 파는 것과 마찬가지로, 노동자는 돈이든 재화든 자신이 가장 좋다고 생각하는 것을 얻을 목적으로 자기의 노동을 팔 수 있다."[68]

1905년의 **로크너 대 뉴욕 사건**Lochner vs. New York에서 자유노동에 대한 자발주의적 관점이 연방 헌법으로 채택됐다. 이 사건에서 연방대법원은 제빵 노동자들의 최대 노동시간을 규정한 법률에 대해 "이 법률은 고용주와 피고용인 모두 각자 자기가 최고라고 생각하는 조건에 따라 노동과 관련된 계약을 체결할 수 있는 개인의 권리를 불법적으로 간섭한다. (…) 지적 능력을 갖춘 성인이 생계 목적으로 노동할 시간을 법률로써 제한하는 것은 개인의 권리를 불필요하게 간섭하는 것"이며 헌법이 보장하는 자유 개념에 위배되는 것이라고 말했다.[69]

1914년의 **코패지 대 캔자스 사건**Coppage v. Kansas에서도 법원은 비슷한 결정을 내렸다. 회사가 직원을 채용할 때 노동조합에 가입하지 않을 것을 고용조건으로 내걸지 못하도록 규정한 주법률이 위헌이라고 판결한 것이다. 캔자스 주대법원은 노동자가 고용주로부터 노동조합 탈퇴를 강요당하지 않으려면 이 법률이 필요하다고 주장했다. 하지만 연방대법원은 노동자는 어디까지나 그런 선택 앞에서 "자유로운 계약당사자free agent"라며 주대법원의 주장을 인정하지 않았다. 노동조합에서 탈퇴할 것인지, 직장을 그만둘 것인지, 두 가지 선택지 앞에서 노동자는 "자신에게 가장 이익이 되는 것을 선택할 수 있으며 (…) 자발적 선택을 행사할 자유가 있다"라는 것이 근거였다. 캔자스 주대법원은 "일반적으로 피고용인이 노동 판매 계약을 할 때는 고용주가 노동 구매 계약을 할 때만큼 재정적으로 독립적이지 않다"라는 사실을 근거로 그 법률이 정당하다고 지지했었다.

그러나 연방대법원은 주대법원의 주장을 기각하면서 피고용인의 판단과 결정에는 어떤 강요도 개입하지 않았다고 봤다. 즉 회사가 사람들에게 계약을 강요하는 게 아니라는 말이었다. 대법원은 다음과 같이 결정했다. "사유재산의 권리가 존재하는 곳이면 어디든 간에 재산의 불평등이 존재할 수밖에 없다. 따라서 어떤 계약을 두고 협상하는 쌍방은 상황에 따른 제약을 받는 일이 불균형적으로 일어날 수밖에 없다."

그러나 이런 불가피한 불평등은 강제적 요소로 작용하지도 않으며, 또한 고용주와 피고용인이 자발적으로 선택한 조건에 따라 임금과 노동을 교환할 권리를 정부가 나서서 간섭할 권리는 정당하지도 않다.[70]

로크너 사건과 **코패지** 사건에 적용된 자유방임주의적 법치주의는 19세기 말과 20세기 초반에 법률적·정치적 담론을 지배할 자발주의적 자유노동관을 강력하게 드러냈다. 그뿐만 아니라 당시에 수십 년 동안 소수의견을 냈던 판사들, 개혁적 논객들, 활동가들은 온전하게 규제받지 않는 노동계약이 진정으로 자발적이지 않다는 이유로 자유방임주의 원칙을 거부했다. 금박시대의 노동운동과 달리 그들은 노동의 상품화에 반대하지 않았다. 다만 산업 노동자가 자기의 상품을 파는 불공정한 협상 조건에 반대했다. 그들은 임금 체계 자체를 철폐하고자 했던 게 아니라 노동자의 동의가 진정으로 자유로울 수 있는 조건을 만듦으로써 임금 체계의 정당성을 확보하고자 했다. 이후에는 심지어 개혁가들 사이에서도 임금 노동을 다루는 논쟁이 시민성을 따지는 것에서 계약성을 따지는 것으로 전환됐다.

예를 들어, 입법부가 노동법을 정당하게 제정해 임금노동자의 협상 지위를 고용자와 대등하게 할 수 있다는 발상은 **로크너** 시대의 몇몇 주목할 만한 소송들의 소수 반대 의견에서 나타났다. 존 마셜 할런John Marshall Harlan 판사는 **로크너** 사건에서 반대 의견을 내며 최대 노동시간을 제한하는 취지의 뿌리는 "고용주와 피고용인이 동등한 지위에 있지 않으므로 후자로서는 자신이 불리한 조건에 놓여 있다는 이유에서 전자가 제시하는 부당한 요구에 따를 수밖에 없다는 믿음이다"라고 주장했다[71] **코패지** 사건에서 반대 의견을 냈던 올리버 웬델 홈스Oliver Wendell Holmes 판사 역시 반대 의견을 다음과 같이 피력했다. "현재의 조건으로만 보자면 노동자는 노동조합에 가입해야만 고용주를 상대로 공정한 계약을 맺을 수 있다." 그 믿음은 "계약의 자유가 시작되는 계약 당사자들의 지위의 평등성을 강제하기 위해 법률로써" 강요될 수 있다.

또 다른 반대 의견을 냈던 윌리엄 데이William R. Day 판사는 "고용주가 명백하게 누리는 것과 동일한 행동의 자유를 피고용인도 누릴 수 있게 해주려는 하나의 시도"라면서 그 법률을 옹호했다. 양측의 교섭 조건이 불평등하다는 점을 염두에 둔다면, 노동자가 노동조합에 가입하지 않을 것을 고용조건으로 제시하는 것은 노동자에게 억압적일 수밖에 없다. 따라서 주정부로서는 진정한 계약의 자유를 훼손하는 불평등한 조건으로 판단해 제거하는 것이야말로 바람직하다는 말이었다.[72]

법조계 외부의 논객들 또한 임금노동 계약에 함축되어 있으나 실현되지 않은 자발주의적 이상주의라는 이름으로 자유방임주의 교의를 비판했다. 로스코 파운드Roscoe Pound는 **갓찰스** 사건에서부터 **로크너** 사건 및 **어데어**Adair 사건에 이르는 일련의 판결들을 비판하면서 "노동자들에게 실질적 독립성을 부여하기 위해 고안된 법률, 그리고 만약 시행된다면 노동자들을 고용주와 합당하게 동등한 위치에 놓아줄 법률"을 옹호했다. 파운드는 영국의 법학자 노싱턴 경Lord Northington을 인용해 가난한 노동자들은 진정한 동의를 행사할 수 없다면서 "정확하게 말하면 궁핍한 사람들은 자유로운 사람이 아니다. 이 사람들은 당장의 절박한 상황을 모면해야 할 필요성 때문에 교활한 고용주가 제시하는 어떤 조건도 덥석 받아들고 복종할 수밖에 없다"라고 주장했다.[73]

경제학자이자 개혁가인 리처드 엘리Richard Ely도 진정한 계약의 자유가 보장될 수 있으려면 계약이 이뤄지는 조건을 정부가 규제해야 한다고 말했다. "계약에서의 법률적 평등은 현대적인 자유의 일부다. 그러나 계약 이면에 놓여 있는 조건의 불평등 때문에 법률적 평등도 사실은 **사실적** 불평등일 뿐이다. 바로 그렇기 때문에 우리는 모든 곳에서 특히 미국에서 개혁 작업을 시작해야 한다." 금박시대의 노동운동 지도자들과 달리 엘리가 8시간 노동제를 비롯한 여러 노동법을 중요하게 여겼던 이유는, 바로 이런 변화가 노동자의 도덕적 특성을 바꾼다거나 임금 체계를 철폐하는 게 아니라 임금노동에 내재된 자발주의적 이상을 부활시킬 것이라 봤기 때문이다. "자유로운 계약이 원칙이다. 그러나 자유는 온갖 다양한 유형의 계약에 사회적 규제를 가할 것을 요구한다. 계약 조건을 규제한다는 것은 경쟁에 필요한 '게임의 규칙'을 정한다는 뜻이다."[74]

시민적 이상의 붕괴

19세기에서 20세기로 넘어갈 무렵에 개혁의 역동적 전망이 시민적 이상에서 자발주의적 이상으로 바뀌었고, 이 변화는 노동운동 자체의 변화된 성격에 반영됐다. 시민적 덕목을 갖춘 시민을 길러내겠다는 야망을 품고서 당시의 임금 체계에 도전했던 노동기사단은 1880년대 중반에 회원 수가 폭발적으로 증가해 1886년에는 70만 명을 넘었다.

노동기사단은 광범위한 "생산자 계급producing class"이라는 잭슨주의적 개념을 수용해 숙련-비숙련 노동자 외에도 일부 상인과 제조업자까지도 조직 대상으로 삼았다. 회원 자격이 없어 조직 대상이 아닌 사람들은 변호사, 은행가, 투기꾼 등 "비생산자non-producer"와 술집 주인이나 도박꾼 등 악덕과 관련된 사람들뿐이었다. 노동기사단은 또한 인종과 성의 장벽을 허물어 흑인 회원 약 6만 명과 이보다 훨씬 더 많은 여성을 회원으로 참여시켰다.[75]

노동기사단이 했던 운동은 노동조합 운동이라기보다 "공화주의적 원칙들"을 산업 체계에 접목해 경제를 자치에 한층 더 호의적인 방향으로 바꿔놓고자 했던 일종의 개혁운동이었다.[76] 그러나 이런 변혁의 수단이었던 협동 체계가 지속적으로 성공을 거두기에는 역부족이었다. 1880년대 중반까지 지방 조직은 식료품점, 소매점, 신문사, 공방, 공장 등을 망라해 100개가 넘는 소규모 협동조합 설립으로 이어졌으나 대부분 자본 부족에 시달리다가 몇 년 안에 해체됐다.[77] 법정의 퇴행적 판결, 고용주의 공격, 노동자 내부의 분열도 노동기사단을 괴롭혔다. 1890년이 되면 조직원의 수는 10만 명으로 대폭 줄었고 얼마 뒤에는 존재조차 잊혔다.[78]

노동기사단의 소멸과 함께 노동운동에서는 변화가 일어났다. 공화주의에서 영감을 받은 개혁 노선에서 벗어나 산업 자본주의의 구조를 받아들이고 임금노동의 영속성을 인정하며 생활수준과 근로조건 개선을 추구하는 노동조합주의의 한 갈래로 전환한 것이다. 1903년에 광산노동자연합United Mine Workers의 존 미첼John Mitchell 회장은 "평균적 임금노동자는 앞으로도 계속 임금노동자로 남을 수밖에 없겠다는 생각을 굳혔다". 그리고 "자기가 언젠가는 자본가가 될 것이라는 희망, 그런 왕국이 올 것이라는 희망을 포기했다"라고 선언했다.[79]

1890년대에는 미국노동총동맹American Federation of Labor이 출현했다. 이 조직이 등장함으로써 노동운동이 정치적·경제적 개혁에서 "순수하고 단순한" 노동조합주의로 전환했음을 알렸다. "사회 개조를 꾀하는 광범위한 사업과 운동에 반대하는" 노동조합은 이제 "기존의 틀 안에서 물질적 개선을 즉각적으로 추구했으며, 주로 경제적 차원의 조직과 행동에 의존했다".[80] 미국노동총동맹은 새뮤얼 곰퍼스Samuel Gompers를 필두로 임금 체계를 둘러싸고 오랜 세월 진행됐던 투쟁을 포기하고 번영과 공정성에 초점을 맞췄다. "우리는 지금 임금 체계 안에서 돌아가고 있다." 1899년에 곰퍼스는 선언했다. "앞으로 또 어떤 시스템이 그 자리를 대체할지 나는 뭐라고 예측할 준비가 돼 있지 않다. (…) 그러나 우리가 임금 체계 안에 살고 있음을 나는 분명히 알고 있고, 또 이 체계가 지속되는 한 우리가 제공하는 노동에 대한 대가로 보다 더 큰 몫을 확보하는 것이 우리의 목적임을 나는 잘 안다."[81]

새로운 노동조합은 생산자계급이라 부르지 않고 노골적으로 "임금소득자wage-earner" 또는 "노동계급working class"이라 불렀다. 또 중소기업과 제조업체를 대상으로 개혁 목적의 동맹을 앞세우는 시도를 중단했다. 노동기사단 등 노동개혁가들은 대기업에 자본이 집중되는 것에 반대하고 나섰지만 노동조합은 그 현상을 "오늘날 우리의 현대적 산업 체계가 뗄 수밖에 없는 필연적이고 불가피한 특징"으로 받아들이며 여기에 대항하는 세력으로서 노동자를 조직하러 나섰다.[82] 이런 차이를 두고 곰퍼스는 "두 운동은 본질적으로 다르다"라고 지적했다. 노동기사단은 "협동의 원칙에 입각해 개혁을 목표로 삼았다. 그 덕분에 노동기사단은 노동조합이나 정당보다 한층 더 높고 웅장한 어떤 존재라는 자부심을 가졌다". 이와 달리 노동조합은 "임금노동자가 한층 더 폭넓은 기회를 얻을 수단을 손에 넣을 수 있도록 경제적 차원의 개선을 추구했다". 노동조합의 목표는 정치 개혁이 아니라 "경제적 차원의 개선, 즉 오늘과 내일, 집과 작업장에서의 경제 개선이었다".[83]

노동기사단은 몰락하는 와중에도 노동조합의 목표가 제한적이라고 비난하면서 오랜 세월 이어져온 노동자의 야망을 역설했다. 노동기사단은 "고용주와 피고용인 사이의 관계를 조정하는 데는 별로 관심을 가지지 않는다". 경제의 변혁에 관심을 가질 뿐이다. 그는 1894년에 다음과 같이 천명했다. "원하는 사람이면 누구나 대기업과 회사로부터 독립해 스스로 일할 수 있는 경제를 만들고자 한다. 노동기사단은 임금을 조정하는 차원의 문제가 아니라 임금 체계를 철폐하고 협동적인 산업 체계를 마련하는 문제에 초점을 맞춘다."[84]

그러나 곰퍼스는 노동조합 운동의 목적이 임금노동자의 경제적 개선을 확보하는 것 외에 달리 있을 수 없다고 말했다. "우리 노동자들은 보통 노동운동을 현실적이고 실천적으로 표현하려고 한다. (…) 나는 우리가 하는 일에 대해 정해진 공식을 가지고 있지도 않고 내가 가진 철학을 말로 그럴듯하게 표현할 것도 없다. 나는 직관에 따라 일을 했다."

담배노동조합의 회장이던 아돌프 스트래서Adolph Strasser도 정치적·경제적 개혁이라는 광범위한 목표를 포기하자는 뜻을 강력하게 밝혔다. 그는 1883년에 상원의 노동자본위원회에 출석해 담배노동조합의 궁극적 목적을 묻는 질문에 다음과 같이 대답했다. "우리에게는 궁극적 목적이란 것이 없다. 우리는 하루하루 먹고살 뿐이다. 우리는 단지 눈앞의 목표들,

몇 년 안에 실현할 목표들만을 바라보며 싸울 뿐이다. (…) 우리는 모두 현실적인 사람들이다."[85]

비록 노동조합들이 궁극적 목적을 명확하게 말하진 않았지만 자유관만큼은 분명하게 갖고 있었다. 그것은 선배 노동운동가들인 장인 공화주의자들이 가졌던 시민적 전망이 아니라 그들의 산업적 적대자들이 갖고 있는 자발주의적 전망과 공통점이 더 많은 개념이었다. 곰퍼스는 노동조합에서 자신들이 조합을 조직할 권리와 파업할 권리를 주장하지만 이는 고용주나 비노조원을 위협하는 것이 아니며 산업 자본주의가 설정하는 기본적인 전제에 도전하는 것도 아니라고 주장했다. 기업은 시장에서 자기가 가지는 지배력을 행사한다. 기업이 이렇게 시장에서 자기에게 주어진 당연한 권리를 행사하는 것과 마찬가지로 노동조합 역시 시장에서 자기가 가진 지배력을 행사하기 위해 자발적 조직인 협회에 가입한다는 것이었다. 그가 주장했듯이 노동조합 운동은 산업 옹호자들이 가졌던 자유관과 동일한 자유관을 토대로 했다. "이것을 한마디로 요약할 수 있다. 사실 이것은 익숙한 것이다. 바로 계약의 자유다."[86]

제퍼슨에서부터 링컨과 노동기사단에 이르기까지 임금 체계를 반대했던 사람들은 시민적 자유관에 입각해 주장을 펼쳤다. 자유노동은 자치를 수행할 수 있는 바람직한 시민적 덕목을 갖춘 독립적 시민을 길러내는 노동이라는 주장이었다. 그런데 이 주장이 힘을 잃자 그 주장을 고무시켰던 자유에 대한 개념도 힘을 잃었다. 임금노동을 영구적 조건으로 받아들이자 미국의 법률적·정치적 담론은 시민적 자유관에서 자발주의적 자유관으로 전환됐다. 노동자가 자신의 노동을 임금과 교환하는 데 동의한 이상 이제 노동은 자유로워진 것이다. 자발주의적 견해가 등장함으로써 노사관계의 모든 논란이 해결되지는 않았지만 분명 논쟁의 초점은 바뀌었다. 20세기의 개혁가들과 보수주의자들이 토론하는 임금과 노동 문제의 초점이 시민적 덕목을 함양하기 위한 조건이 아니라 진정한 동의의 조건에 놓이게 된 것이다.

시민의식의 정치경제학이라는 관점에서 보면 자발주의적 자유노동관이 주류가 됐다는 것은 열망이 줄어들었다는 뜻이다. 자발주의적 자유노동관은 개인의 선택을 강조하면서도, 다른 한편으로는 공화주의 전통이 오랫동안 저항해왔던 광범위한 의존적 조건들을 불가피한 것이라면서 받아들였기 때문이다. 이런 과정을 거쳐 자발주의적 자유노동관은 미국이 공화주의적 공공철학에서 벗어나 절차적 공화주의라는 자유주의 버전으로 전환하는 데 결정적인 계기가 됐다.

그러나 20세기가 시작됐을 때도 절차적 공화주의는 여전히 미완성 단계였다. 즉 아직까지는 경제 성장과 분배 정의라는 정치경제학이 시민의식의 정치경제학을 대체하지 못하고 있었던 것이다. 또한 미국의 정치와 법률 분야에서는 좋은 삶에 대한 개념들을 정리하는 데 정부가 중립을 지켜야 한다는 가정을 아직도 받아들이지 않고 있었다. 자발주의적 자유관이 뚜렷하게 부각되고 있었음에도 불구하고 시민의 바람직한 도덕적·시민적 덕목을 배양하는 역할을 정부가 수행해야 한다는 발상이 미국의 공적 삶의 담론과 현실 관행에서 여전히 이어지고 있었다. 이러한 공화주의 전통의 형성적 이상이 진보주의자들에게서 새로운 활로를 찾았다. 적어도 20세기 초 수십 년 동안 미국인은 경제 정책 관련 논쟁을 번영과 공정성의 관점뿐만 아니라 자치의 관점에서도 이어갔다.

공동체와 자치, 그리고 점진적 개혁

진보주의에 가려진 '거대함의 저주'

DEMOCRACY'S DISCONTENT

자발주의적 자유관은 임금노동을 둘러싼 논쟁에서 처음 나타났다. 그러나 이 개념은 점차 미국의 정치와 법률의 다른 여러 측면에도 영향을 주기 시작했다. 20세기가 전개되는 동안 시민의 바람직한 도덕적·시민적 덕목을 배양하는 역할을 정부가 수행해야 한다는 발상에 변화가 생긴다. 정부는 여러 시민 집단이 제각기 옹호하는 서로 다른 가치에 대해 중립을 지켜야 하고 또 시민이 자기의 목적을 스스로 선택할 능력을 존중해야 한다는 발상으로 바뀐 것이다.

제2차 세계대전 이후 수십 년 동안을 보면 변화는 더욱 두드러진다. 이 시기에 자발주의적 자아상voluntarist self-image은 복지국가 및 개인의 권리의 사법적 확장이 정당하다는 논의 속에서 두드러진 역할을 했다. 복지국가 개념의 옹호자들은 전형적으로, 자기의 목적을 스스로 선택하는 개인의 능력을 존중하는 것은 각 개인에게 음식, 주거지, 교육, 고용 등 인간의 존엄성을 보장하는 최소한의 물질적 조건을 국가가 제공한다는 뜻이라고 주장했다. 법원도 종종 자신이 가진 신념과 애착을 선택하는 개인의 능력을 존중한다는 명목으로 언론의 자유, 종교의 자유, 사생활 등의 권리를 확대했다.

자발주의적 자유관이 상당한 성과를 거뒀음에도 불구하고, 이 관점에 영향을 받은 공적 삶은 자치를 향한 열망을 온전하게 충족하지 못했다. 지난 수십 년간 개인의 권리와 혜택이 확대됐음에도 불구하고, 자신의 삶을 지배하는 요소들을 스스로 통제하는 미국인의 통제력은 오히려 줄어들었다. 안타까운 일이다. 자유주의적 자아상liberal self-image이 미국의 정치적 및 헌법적 관행에서 영향력이 깊어지고 있는 현실에서조차 개인적 차원의 이해와 통제를 무력화하는 비인격적 권력 구조에 미국인이 사로잡혀 있다는 인식이 널리 퍼져 있다. 역설적이게도 자발주의적 자유관의 승리는 개인의 통제력 또는 영향력이 점점 줄어드는 가운데서 나타났다.

자치 권한의 박탈감은 자유주의적 자아상과 현대의 사회경제적 삶의 현실적 조직화가 서로 크게 어긋나는 데서 비롯된다. 자신은 무엇이든 자유롭게 선택하는 독립적 자아라고 생각하며 행동할 때조차 자신이 선택하지 않았으며 심지어 점점 더 강력하게 거부해왔던 특정 의존성의 연결망에 자신이 얽매어 있음을 깨닫는다. 어떻게 된 영문인지 도무지 알 수 없다. 이런 상황에서 공화주의적 우려가 새삼스럽게 대두된다. 공화주의 전통에서는 자유라는 개념이 자신의 운명을 지배하는 정치 공동체를 통치하는 일에 함께 참여하는 것, 즉 자치라고 가르쳤다. 따라서 자치가 이뤄지려면 자신의 운명을 스스로 통제하는 정치 공동체가 필요하고, 그 공동체와 자신을 동일시하며 공동선을 위해 생각하고 행동하는 시민이 필요하다.

현대라는 조건에서 이러한 자치가 가능할까 하는 문제에는 쉽게 대답할 수 없다. 오늘날에는 전 세계가 서로 긴밀하게 의존하고 있어 아무리 강력한 국민국가라 해도 스스로 자기 운명을 해결하지 못한다. 미국처럼 인구 구성이 다양한 다원주의 사회에서는 구성원 개개인이 사회 공동선을 자기의 개인적 이익과 과연 동일시할지도 분명하지 않다. 사실상 국가 차원의 공동생활이란 것이 없다는 이유에서 절차적 공화주의로의 이행이 촉진된다.

오늘날의 자유주의자들은 만약 사람들이 자신이 속한 사회의 도덕이나 종교 또는 궁극적 목적에 동의하지 않더라도 적어도 사람들은 사회의 구성원들이 자신의 목적을 스스로 선택할 수 있는 권리를 존중하는 조건들에 대해 의견이 제각기 다르다는 점에 대해 동의할 것이라고 주장한다. 그러므로 절차적 공화주의는 자발주의적 자유관을 실현하려고 애쓰는 동시에 정치와 법률의 문제를 실질적 도덕 논쟁과 분리하려고 한다.

그러나 현대 미국 정치를 뒤덮고 있는 불만과 좌절의 속내를 보면, 절차적 공화주의가 제시하는 여러 해결책에 한계가 있음을 알 수 있다. 최근 수십 년 동안 쌓인 불만의 원천은 분명 여러 가지다. 특히 그중에서도 미국이 세계의 리더로 군림했고 또 미국 경제가 장밋빛의 높은 생활수준을 약속했던 시기에 성년이 됐던 세대가 품었던 기대가 실망으로 끝나버린 일을 꼽을 수 있다. 최근 수십 년 동안 미국 내 경제 성장이 둔화됐고, 글로벌 상호의존성 때문에 세계 무대에서 미국의 역할은 복잡해졌다. 또한 범죄, 빈곤, 마약, 도시의 쇠퇴 등과 같은 문제를 해결하기에는 미국 내 정치적 제도들이 턱없이 무기력하다는 사실이 입증됐다. 이러한 분위기 속에서 1950년대와 1960년대 초에 드높았던 자신감은 사라지고 무기력감과 자포자기의 심정이 사람들의 마음에 자리 잡았다.

그러나 오늘날 미국에서 자유 민주주의가 겪는 어려움은 특정한 좌절감에서 비롯됐다기보다 자유 민주주의를 뒷받침하는 자발주의적 자아상이 부족해서 나타났을지도 모른다. 절차적 공화주의 체제에서 시민을 괴롭히는 자치 권한의 박탈감은 자유가 자치와 동떨어진 개념으로 전락해 도덕적·공동체적 유대감의 간섭을 받지 않는 독립적 자아가 행사하는 의지와 동격일 때 나타나는 결과일지도 모른다. 다시 말해 자치에서 주체성 상실loss of agency이 일어나는 현상과 유사하다고 볼 수 있다.

물론 독립적 자아는 자신이 선택하지 않은 여러 정체성에서 비롯되는 부담감으로부터 자유롭게 해방될 수 있고, 또 복지국가가 약속한 여러 가지 권리를 누릴 자격을 가진다. 그러나 도덕적·공동체적 유대감의 울타리 안에서 보호받지 못하기 때문에 자기 혼자만의 힘으로 자신을 둘러싼 세상에 맞서야 한다. 따라서 세상에 압도되고 위축될 수밖에 없다.

만약 미국 정치가 시민적 자유라는 개념을 오늘날에 되살리고자 한다면 어떻게 해야 할까? 우선 미국 정치는 어떤 경제적 조치들이 자치에 유리한지 묻고 또 그 방법을 찾아야 한다. 또 다원주의 사회의 공적 삶이 과연 어떻게 하면 시민적 자치에 필요한 확장된 자기인식을 불어넣을 수 있을지도 물어야 한다. 미국 정치는 시민의식의 정치경제학을 오늘날에 적합하게 되살려야 한다. 만일 오늘날의 정치적 의제가 경제 성장과 분배 정의에 초점이 맞춰져 있어 시민성 차원에서 고려할 여지가 거의 남아 있지 않다면, 절차적 공화주의가 형성되기 이전에 논쟁을 벌였던 문제와 관련해 미국의 이전 세대를 살펴보면 도움이 될 것이다.

조직화 시대와 직면하다

19세기 말 수십 년에서 20세기 초 수십 년까지 미국인은 이 질문들을 명확하고도 강력하게 다뤘다. 그 시점에 이르러 자유로운 선택권을 가진 개인이 갑작스럽게 조직화organization, 특히 국가적 차원의 조직화라는 새로운 시대의 현상과 맞닥뜨렸기 때문이다. 로버트 위브Robert Wiebe는 이러한 사정을 다음과 같이 설명한다. "사람들의 삶에 영향을 미치는 관계망이 해마다 점점 더 복잡하게 얽히며 확장됨에 따라 이제 미국인은 자신이 누구이며 또 자신이 어디에 살고 있는지 알 수 없게 됐다. 자신이 살아가는 곳의 배경을 스스로도 이해할 수 없게 바뀌어버렸다. 미국인은 전혀 낯선 맥락 속에서 길을 잃어버리고 말았다."[1]

정치인들과 비평가들은 사람들이 인식하는 자기 자신과 자신이 사는 세상이 조화를 이루지 못하는 시대적 불안을 이야기했다. 또 전통적 공동체에서 벗어났지만 거대한 사회경제적 삶의 규모에 압도돼 당혹해하는 개인들을 이야기했다. 1912년 대통령 선거에 출마한 우드로 윌슨Woodrow Wilson(대통령 재임: 1913~1921)은 "자신이 물속에 가라앉아 있다는 느낌, 이 느낌이 지금 우리 사회에 퍼져 있다"라고 말했다. 사람들은 대부분 이제 혼자서 또는 다른 사람들과 협동 관계를 맺고 일하는 것이 아니라 대기업의 직원으로서 일한다면서 거대한 조직이 자신을 "삼켜버렸다"는 느낌을 받을 수밖에 없다고 했다. 그에 따르면 "개인은 온갖 종류의 복잡한 상황이 빚어내는 혼란스러운 연결성 안에 사로잡히고" 거대한 권력 구조 앞에서 "무력"해졌다. 또한 현대 사회에서 "사람들이 일상적으로 맺는 관계는 일반적으로 개별적인 인간과 맺는 관계가 아니라 거대한 비개인적 관심사들 그리고 조직들과 맺는 관계이며, 지금은 새로운 사회적 시대, 즉 인간관계의 새로운 시대다."[2]

철학자 존 듀이John Dewey는 자유로운 선택을 하는 개인적 자아라는 이론은 "사회적 일들이 진행되는 데서 개인의 의미가 덜 중요할 때, 즉 기계적 세력 및 비인격적 조직들이 모든 것의 계획을 결정하던 시점에 형성됐다"라고 바라봤다. 그런데 어떻게 해서 이런 역설적 상황이 빚어졌을까? 듀이는 현대의 경제적 요소들이 개인을 전통적인 공동체적 유대감에서 해방하면서 자발주의적 자기 이해를 장려했지만, 그와 동시에 개인 및 지역 정치의 단위가 정치 공동체를 통해 자치를 제대로 수행할 수 없게 됐기 때문이라고 설명했다. 전통적 공동체로부터 해방되기 위한 투쟁이 "개인의 자유"로 잘못 이해됐다는 것이다. 그런 이유에서 듀이는 "이 투쟁이 격렬하게 진행되면서 조직들과 제도들은 개인적으로 합의했거나 자발적으로 선택한 것을 제외하고는 모조리 자유의 적으로 도매금으로 비난받았다"라고 정리했다.[3]

한편 위브는 대중의 참정권은 시민이 "개인의 자유의지를 토대로 사회적 관계를 형성하는" 권력을 쥐고 있는 것처럼 보이게 만듦으로써 자발주의적 자아상을 강화했다고 설명한다. "보통선거권과 다수결이라는 규칙은 그 어떤 것에도 얽매이지 않는 개인이 국가를 형성한다는 이미지를 사람들의 상상력 속에 불어넣었다." 그 결과 다른 한편으로는 한층 더 심각하고 복잡한 현실이 사람들의 눈에 보이지 않게 숨어버렸다. 결국 "'자유로운 인간'들이 자기가 살아갈 정치 형태를 스스로 결정하기 위해 투표장에 가는 장엄한 모습"은 그저 환상에 불과했다. 전통적 공동체의 장악력을 해체한 바로 그 기술 및 산업의 세력들이 개인의 선택이나 동의 행위의 범위를 넘어 사람들의 삶을 지배하는 권력 구조를 형성했기 때문이다.

"우리는 이론상으로 말하는 독립적이고 자율적인 개인이 아니라 교환 가능한 단위들을 표준화했다. 사람들이 하나로 묶인 것은 사람들이 그러한 형태를 자발적으로 선택했기 때문이 아니라 사람들을 하나로 묶는 거대한 흐름들이 진행됐기 때문이다." 덧붙여 위브는 "규모가 너무도 거대하고 광범위한" 새로운 경제 구조들이 모든 일의 진행을 결정한다고 했다.[4]

당시 사람들이 자신의 정체성을 생각하는 방식과 실제 그들의 경제적 삶이 조직되는 방식은 정확하게 일치하지 않았다. 그래서 사람들은 자치를 전망하며 두려움을 느낄 수밖에 없었다. 그것은 오늘날에도 다르지 않다. 자치에 대한 위협은 두 가지 형태로 나타났다. 하나는 권력이 거대 기업들로 집중되는 것이었고, 다른 하나는 공화주의가 지배했던 100년 중 상당한 시기 동안 미국인 대부분의 삶을 지배했던 전통적 형태의 권위와 공동체가 침식되는 것이었다. 두 가지가 하나로 결합하면서 자치의 성립 조건들을 약화시켰다. 거대 기업들이 국가 경제를 지배하면서 전통적으로 자치가 이뤄지던 지역 공동체의 자율성이 줄어들었다. 한편 이민자, 빈곤, 무질서로 가득 찬 비인격적 거대 도시가 성장함에 따라 그동안 좋은 삶에 대해 미국인이 공유하던 발상에서 비롯한 자치의 수행 조건인 도덕적·시민적 응집력이 부족해질지 모른다는 우려가 나타났다.

자치가 위기를 맞고 공동체가 훼손되는 두 현상은 서로 밀접하게 연결돼 있었다. 미국인은 전통적으로 탈중앙의 공동체 구성원으로서 자치를 수행해왔기 때문에 공동체의 훼손을 주체성agency의 상실, 즉 자치 권한의 박탈로 인식했다. "19세기 말 미국에서 일어난 혼란의 가장 큰 피해자는 섬 공동체*였다. 비록 미국인 대다수는 여전히 수십 년 동안 상대적으로 규모가 더 작고 개인적 관계로 얽혀 있는, 즉 인격적인 지역 사회에 거주했다. 하지만 공동체 내에서 실질적 주권을 행사하면서 모든 일을 처리했

---

* 외부와 거의 단절되다시피 할 정도로 동일한 정체성을 유지하는 지역 사회를 뜻한다.

던 체계는 더 이상 작동하지 않았다. 공동체가 가진 힘과 능력이 전반적으로 신뢰를 잃어버림으로써 이러한 위기가 시작됐다."[5]

공동체가 사라지자 극심한 혼란이 찾아왔다. 공동체가 사라지고 없는 비인격적 세상에서 사람들은 깜깜한 어둠 속을 헤매며 방향을 찾아야만 했다. 월터 리프먼Walter Lippmann은 미국인이 "자신이 속해 있던 공동체에서 벗어나 점점 멀리 나아가면서, 작고 친숙하던 공동체적 관점을 가지고서 훨씬 더 큰 세상을 이해하려고 필사적으로 노력했다"라고 썼다. 이러한 시도가 실패하자 사람들의 불안감과 좌절감은 점점 더 커졌다. 이런 분위기를 1914년에 리프먼은 다음과 같이 묘사했다.

"사람들은 자기 존재의 뿌리에 대한 불안을 느낀다. 부모와 자녀, 남편과 아내, 노동자와 고용주 등 모든 인간관계가 낯선 상황에서 흔들리고 있다. 사람들은 복잡한 문명에 익숙하지 않다. 개인적 접촉과 영원한 권위가 사라지고 없을 때 어떻게 행동해야 할지 아무도 모른다. 참고할 전례도 없고, 한층 더 단순해진 시대에 마땅히 활용할 지혜도 마련돼 있지 않다. 사람들은 자신을 바꿀 방법을 알기도 전에 자신이 처한 환경을 바꿔버렸다."

이러한 불안의 핵심은 사람들이 자신이 놓여 있는 세상을 도무지 이해할 수 없다는 것이다. 이에 대해 리프먼은 다음과 같이 결론을 내렸다. "현대인은 아직 자기 세상에 정착하지 못한 상태다. 그 세상은 그에게 낯설고, 무섭고, 매혹적이고, 또 이해할 수 없을 정도로 규모가 크다."[6]

그런데 새로운 형태의 산업과 교통과 통신이 혼란스럽긴 해도 정치 공동체에 한층 더 새롭고 넓은 기반을 제공하는 듯 보였다. 20세기 초의 미국인은 여러 가지 면에서 과거 그 어느 때보다도 서로 밀접하게 이어져 있었다. 철도 노선은 대륙 전체로 확장됐다. 전화, 전신, 일간지는 먼 곳에 있는 사건들과 사람들을 가깝게 이었다. 또 복잡한 산업 체계는 상호의존적인 거대한 계획에 따라 사람들의 노동을 조직화하면서 사람들을 하나로 연결시켰다. 어떤 사람들은 새로운 산업과 기술의 상호의존성에서 한층 더 폭넓은 공동체 형태를 봤다. 윌리엄 앨런 화이트^{William Allen White}는 다음과 같이 썼다. "증기는 사람들에게 전기를 제공했으며 이 거대한 나라를 가까운 이웃으로 만들어줬다. 전깃줄, 강철관, 철도, 일간신문, 전화, 철도와 수로를 통한 대륙 횡단 교통로 (…) 등은 우리 모두를 사회적·산업적·정치적으로 한 몸으로 만들었다. (…) 이제는 모든 사람이 서로를 이해할 수 있게 됐다."[7]

그러나 냉정한 관찰자들은 그렇게 확신하지 않았다. 미국인이 복잡한 상호의존적 틀로 연결돼 있음을 깨달았다고 해서 그들이 그 틀과 자신을 동일시하는 것도 아니었기 때문이다. 또 그 틀에 연결된 사람이라고 해서 함께 연결된 미지의 다른 사람들과 동일한 삶을 살아갈 것이라는 보장도 없었기 때문이다. 사회개혁가였던 제인 애덤스^{Jane Addams}가 지적했듯이 "이론적으로 볼 때 '분업'은 사람들을 동일한 목적에 붙들어 매서 상호의존적이고 인간적으로 만든다". 그러나 사람들의 목적이 과연 동일해질지 여부는 그들이 공동사업에 자부심을 가지면서 자신들의 사업으로 여길지 여부에 달려 있다. 즉 애덤스도 지적했듯이 "상호의존적이라는 단순한 기계적 사실만으로는 아무것도 설명할 수 없다".[8]

이 견해에 사회학자 찰스 쿨리^{Charles Cooley}도 동의했다. "단순히 기계적 의미에서 보자면 개인은 과거 그 어느 때보다 규모가 큰 전체의 일부가 됐다. 그러나 전체에 대한 의식적 소속감, 인간적 측면에서 의존할 수 있는 소속감을 자주 잃어버렸다. 한층 더 규모가 커진 그 삶이 도덕적인 삶이 아니라면 개인은 얻을 것이 아무것도 없으며 오히려 잃기만 할 것이다."

게다가 현대적 산업 체계의 규모가 워낙 크기 때문에 그 안에서 활동하며 이 체계에 의해 조직화되는 사람들이 가지는 공통의 정체성은 약화된다. 그러므로 "노동자, 사업가, 농부, 변호사는 전체 체계에 기여하지만, 체계 자체가 워낙 크기 때문에 그들이 공유하는 생각 속에는 전체가 존재하지 않는다". 비록 교통과 통신의 새로운 수단 덕분에 사회적 연대를 한층 더 확장시키는 "기계적 기반"이 마련됐지만, 한층 더 큰 공통성이 성취될 수 있을지 여부는 알 수 없다면서 쿨리는 다음과 같이 결론을 내렸다. "산업과 상업의 방대한 구조는 대부분 비인간적이고 비인격적이다. 그것이 실제로 좋은 것인지 어떤지 여부는 사람들이 그것을 필수적이고 의식적이며 도덕적인 것으로 만드느냐 만들지 못하느냐에 달려 있다."[9]

경제적 삶의 규모와 집단 정체성의 조건들이라는 두 개념은 점점 더 어긋나기 시작했다. 그러자 당시의 몇몇 사회사상가는 협동과 공동체를 구분해야 한다고 강조했다. 산업 체계는 많은 사람의 노력을 조직화한다는 점에서 협동적 틀이지만, 개인이 전체에 관심을 가지고 이 체계에서의 활동을 자기의 정체성이 드러나는 것으로 바라보지 않는 한, 산업 체계가 진정한 공동체가 될 수는 없었다. 1913년에 철학자 조시아 로이스_{Josiah}Royce는 말했다. "단지 협력한다는 것만으로는 오늘날 사람들이 제한적인 뜻으로 사용하는 공동체가 형성되지 않는다. 사람들이 공동체를 형성하는 것은 (…) 서로 협력할 뿐만 아니라 협력에 동참하는 각 개인이 '우리가 함께하는 이 활동, 우리가 하는 이 일, 이 일의 과거와 미래와 결과, 또 그것의 순서와 의미 등 모든 것이 나의 삶 안으로 들어와서 나 자신의 일부가 된다'라고 말할 정도로 자기의 개인적 삶을 이상적으로 확장할 때 비로소 가능해진다."[10]

로이스는 현대의 산업 체계가 상호의존성을 강화했지만 공동의 삶을 구성하는 데 필요한 정체성의 일체감을 불어넣지는 않을 것이라고 설명했다. "대규모의 협력을 확보하려는 사회적 경향과 개인의 삶이 이상적으로 확대돼 공동체의 한 부분이 될 수 있도록 개인이 공동의 삶에 관심을 가지게 만들어주는 조건, 이 둘 사이는 강력한 반발력이 작용한다." 그 규모를 고려할 때 자기를 얽매고 있는 거대한 산업 체계를 자신과 동일시할 사람은 거의 없다. "대부분의 개인은 대부분의 경우에 마치 기계 장치에서 톱니바퀴들이 협력하듯이 협력하면서 작업해야 한다." [11]

듀이도 비슷한 맥락에서 "집단행동이 아무리 많이 일어난다고 해도 이것만으로는 공동체가 형성되지는 않는다"라고 주장했다. 오히려 반대로 현대의 산업과 기술이 전통적 공동체를 대체하는 게 아니라 해체해버린 비인격적 형태의 집단행동을 하도록 사람들을 묶었다고 설명했다. "증기와 전기로 만들어진 '위대한 사회Great Society'는 하나의 사회일 수는 있어도 공동체가 아니다. 인간 행동의 새롭고 비인격적이며 기계적인 방식들이 공동체를 공격하는 현상은 현대적 삶의 두드러진 모습이다." 이런 현상은 생각보다 심각한 결과를 초래한다. "기계 시대machine age는 위대한 사회를 발전시키지만, 다른 한편으로 규모가 작은 이전 시대의 공동체들을 공격해 부분적으로 해체함으로써 '위대한 공동체Great Community'를 따로 만들어내지 못했기 때문이다." [12]

듀이는 공동체의 상실을 단순히 우애와 동료애와 같은 공동체적 감정의 상실만으로 여기지 않았다. 그것은 자치에 필요한 공동의 정체성 상실이자 공유된 사회적 삶의 상실이기도 했다. 전통적으로 미국의 민주주의는 지역 중심지들과 작은 마을들을 토대로 "진정한 공동체적 삶을 발전시켜왔다". 그런데 '위대한 사회'가 등장하면서 "공공성이 지워지고" 또 사람들이 함께 공동의 운명을 고민할 수 있었던 공적인 영역이 사라져버

렸다. 듀이는 민주주의가 공적 영역의 회복을 기다린다면서 이러한 회복
은 경제 규모에 걸맞은 공동의 삶을 강화할 때 가능하다고 했다. "위대한
사회가 위대한 공동체로 전환되지 않는 한 공공성은 계속 힘을 쓰지 못
할 것이다."[13]

진보주의적 개혁: 형성적 야망

넓게 말하면 19세기에서 20세기로 바뀔 무렵에 공동체가 훼손되고 자
치가 위협을 받자 진보주의 개혁가들은 두 가지 종류의 반응을 보였다.
하나는 절차적인 것이었고, 다른 하나는 형성적인 것이었다. 전자는 의사
결정을 전문경영인, 행정인, 전문가 등에게 맡겨 정부가 국민의 바람직한
덕목에 덜 의존해도 되게 하려고 했다. 예를 들어 지방자치 분야의 개혁
가들은 당파를 초월하는 전문적 관료에게 행정을 맡겨 정당 지도부가 부
패하지 않도록 예방하고자 했다.[14] 또 교육개혁가들은 지역의 시민이 가
지고 있던 교육 관련 권한을 전문 관료에게 맡겨 "학교에서 정치 배제하
기"를 꾀했다.[15] 일반적으로 말하면 진보주의자들은 현대의 공적 삶에 나
타나는 온갖 상충되는 요구들을 조정하기 위해 사회과학과 관료적 기법
을 찾았다. 그들이 과학자나 전문가에게 기대했던 사항은 다음과 같았다.
"이들은 중립적 토론의 장을 마련해 서로 대립하는 사안들을 놓고 함
께 논의하고, 어떤 결론이 나오든 간에 모든 사람이 기꺼이 그 결론을 따
르게 만들 것이다. 이처럼 과학적 방법으로 무장한 전문가들은 정치 영역
에 늘 존재하는 갈등과 불확실성을 해소할 수 있을 것이다."[16]
진보 개혁가들은 정치에서 거버넌스governance, 즉 지배구조를 배제하려

고 시도했다. 또 중립적이고 관료적인 기술을 동원해 서로 다투는 이익집단들이나 이해관계를 규제하려고 시도함으로써 절차적 공화주의에 영향을 주는 자유주의 버전을 실현하려 했다. 그러나 진보주의자들은 정부가 바람직한 시민적 덕목에 의존할 필요성을 줄이려고 노력했음에도 불구하고, 다른 한편으로는 공화주의 전통의 형성적 야망을 유지하면서 시민의 도덕적·시민적 성격을 드높일 새로운 방법을 모색했다. 특히 도시 개혁을 시도했던 다양한 사업들에서 두드러졌다. 폴 보이어Paul Boyer의 설명에 따르면 진보주의적 개혁가들의 목표는 "교양 있고 도덕적이며 사회적으로 책임감 있는 시민을 부드럽지만 거부할 수 없는 방식으로 길러낼 물리적 환경을 도시에 마련하는 것"이었다.[17]

도시에 만연하던 뇌물과 부패를 근절하려는 투쟁의 목적은 정직하고 효율적인 정부를 마련하겠다는 것뿐만 아니라 도시의 도덕성을 높이는 한편, 새로운 이민자들에게 모범적 사례를 제시하겠다는 것도 포함했다. 빈민가의 공동주택 개혁운동은 가난한 사람들의 편에 서서 정의를 실현하고 그들이 받는 육체적 고통을 덜어주는 것뿐만 아니라 그들의 도덕적·시민적 덕목을 드높이는 것을 목표로 삼았다. 예를 들어 공동주택 문제를 다루는 한 논문에서는 "이 사람들이 처한 물리적 조건이나 환경은 악덕에 저항할 힘을 약화시킨다"라고 했다. 또 다른 논문에서는 "창문도 없이 어둡고 좁으며 사생활이 보장되지 않는 방에서 잠을 자는 아이들이 올바른 유형의 시민으로 성장할 수는 없다"라고 했다.[18]

진보주의자들은 19세기의 조경사인 프레더릭 로 옴스테드Frederick Law Olmsted를 모범으로 삼아 도심공원을 건설해야 한다고 주장하면서 이런 시설이 가져다줄 도덕적 효과를 강조했다. 그들은 공원이 도시를 아름답게 만들어줄 뿐만 아니라 도시 거주자들 사이에 이웃을 사랑하는 마음을 심어주고 또 사람들이 도덕적으로 타락하는 경향과 맞서서 싸우게 만들 것이라고 주장했다.[19] 비슷한 맥락에서 진보주의 시대의 놀이터운동playground movement*은 도시의 아이들에게 놀이 공간을 마련해주는 것 이상의 원대한 목표를 가지고 있었다. 그 목표는 바로 "건전하고 강건한 시민의식을 만드는 것"이었다. 이 운동 옹호자의 표현을 빌리자면, 모래밭과 그네와 운동장이 있는 도시 놀이터는 "도덕적이고 근면하며 사회적 책임감을 가진 새로운 도시 시민을 낳는 자궁"이었다. 또 그들이 선언했듯이 이 운동장은 "주일학교 교사가 10년 동안 가르칠 수 있는 것보다 더 많은 윤리와 바람직한 시민의식을 단 한 주 만에 아이들에 심어줄 수 있는 공간"이었다.[20]

놀이터운동을 이끌었던 조지프 리Joseph Lee는 팀스포츠가 "가장 단순한 시민의식의 순수한 경험, 다시 말해 공공의식을 공유하고 현재의 사회 조직을 지배적 이상으로 마음에 새겨두는 경험"을 아이들에게 심어주는 방식을 설명했다. 놀이를 통해 아이들은 진정한 공동체가 단순한 협동을 넘어 참가자들의 정체성을 형성하는 데까지 나아가는 길이라는 점을 배운다. 따라서 놀이는 그야말로 "시민 학교"로 기능할 것이라고 말했다. "팀은 팀원이 가지는 의식의 연장선에 놓여 있을 뿐만 아니라 팀원이 가지는 성격의 일부이기도 하다. 팀원이 팀 활동에 참여함으로써 단순한 참여는 소속감으로 발전한다. 이때 그는 팀의 한 부분이 되며, 또한 팀은 그의 한 부분이 된다."[21]

진보주의자들은 자신들이 가졌던 형성적 야망을 야외 역사극 형식으로

---

* 미국에서는 1885년 보스턴 운동장이 신설된 것을 필두로 점차 이 운동이 보급되고 1910년경에는 전 미국에서 150개 이상의 도시가 앞다퉈 놀이터를 설치했다.

펼쳐 보이기도 했다. 그것은 드라마와 음악과 춤을 동원해 시민에게 도시의 역사를 보여줬다. 이런 행사는 미국 전역에서 펼쳐졌다. 그중 규모가 가장 큰 것은 1914년 세인트루이스에서 열린 야외극이었다. 출연진이 7,000명이나 됐고, 봄날 밤에 나흘 연속으로 이어진 공연에서 연 관람객의 수는 10만 명이나 됐다. 이 시민극은 단순한 오락 목적이 아니라 도시 사람들에게 공동의 시민의식과 공동의 목적을 심어주겠다는 목적으로 기획됐다. 세인트루이스 야외극 준비위원회 의장의 발언에서 그런 의미를 찾아볼 수 있다. "멜로디의 첫 선율이 (⋯) 그 멋진 5월의 밤하늘에 엄청나게 많이 모인 관객들 위로 흐르는 순간, 거룩한 시민의식, 이웃을 향한 관심과 자신감, 우리 도시에 대한 자부심 등의 감정도 함께 흘렀다." [22]

진보주의 시대*에 시도됐던 도시계획 운동도 시민의 도덕적 덕목을 드높이고자 하는 시도를 반영했다. 진보주의자들은 돔, 분수, 조각상, 공공 건축물이 시민의 자긍심을 드높이고 도시 생활의 도덕적 분위기를 개선하는 교훈적 역할을 할 것이라고 생각했다. 뉴욕시의 한 공무원은 도시계획의 진정한 의미는 "사람들의 정신적·도덕적 발전에 선한 영향력을 강력하게 행사하는 것"이라고 설명했다. 시카고의 대표적인 도시계획가이자 건축가인 대니얼 버넘Daniel H. Burnham은 도시의 건축물은 개인적 이익보다 공공선을 우선시해야 한다면서 "바람직한 시민의식은 좋은 도시계획의 주된 목적"이라고 주장했다. [23] 뉴욕 시청 맞은편 공원에 서 있는 유명한 기념물인 '시민적 덕목Civic Virtue' 상은 진보주의 시대를 대표하는 가장 두드러진 공공 조각품들 가운데 하나로 꼽힌다. [24]

---

* 미국 역사에서 1890년대부터 1920년대까지를 가리킨다.

진보적인 정치경제학

도시 개혁과 도덕성 제고라는 계획 너머에는 정치경제학과 관련된 한층 더 광범위한 질문들이 놓여 있었다. 예를 들면 이런 것들이었다. 대기업이 지배하는 경제 아래에서 민주주의가 살아남을 수 있을까? '섬 공동체'가 쇠퇴하는 상황에서, 과연 어떤 새로운 형태의 사회적 연대가 사람들이 살아가는 광활한 세계를 지배할 수 있도록 준비시킬 수 있을까? 요컨대 미국인은 현대의 경제적 삶의 규모와 자기가 생각하는 정체성을 갖추는 데 필요한 조건들 사이의 간극을 과연 어떻게 메울 수 있을까?

진보주의 시대의 정치적 논쟁은 이런 질문들에 대해 두 가지 대답에 초점을 맞췄다. 어떤 사람들은 경제 권력을 분산시키고 민주적 통제에 순응하게 함으로써 자치를 보존하고자 했다. 또 어떤 사람들은 경제에서의 집중은 불가피한 기정사실로 바라보고, 국가의 민주주의 기관과 제도가 가진 역량을 확대해 경제 집중 현상을 통제하고자 했다.

탈중앙화의 전망

진보주의의 탈중앙화 노선을 주장한 가장 유능한 인물은 루이스 브랜다이스였다. 그는 연방대법관으로 임명되기 전에 산업의 집중화를 거침없이 비판했던 활동가이자 변호사였다. 브랜다이스가 주로 관심을 기울였던 대상은 경제와 관련된 여러 조치가 시민에게 미치는 결과였다. 그는 독점과 트러스트*에 반대했다. 그는 시장의 권력이 물가를 상승시키기 때문이 아니라 시장이 행사하는 정치 권력이 민주주의 정부를 허약하게 만

---

* 시장을 지배할 목적으로 동일한 생산 단계에 속한 기업들이 하나의 자본 아래 결합되는 것.

들기 때문이라는 것을 근거로 들었다.

브랜다이스는 대기업이 두 가지 측면에서 자치를 위협한다고 봤다. 직접적으로는 민주적 제도를 압도하고 통제력에 저항하고, 간접적으로는 노동자들이 시민으로서 생각하고 행동하게 만드는 도덕적·시민적 역량을 약화시킨다는 것이다. 권력의 집중을 두려워했고 또 산업 자본주의가 초래하는 형성적 결과의 부정적인 측면도 걱정하던 그는 공화주의의 오래된 주제를 20세기의 논쟁 주제로 끌고 왔다. 제퍼슨이나 잭슨과 마찬가지로 그는 경제 권력이든 정치 권력이든 간에 중앙으로 집중된 권력은 무조건 자유를 위협하는 적으로 봤다.

그는 트러스트가 자연스러운 여러 경제적 요소의 산물이 아니라 법률과 금융을 의도적으로 조작한 결과라고 주장했다. 그의 견해에 따르면 만약 '큰 정부'가 대기업을 상대로 맞서게 된다면 오히려 "거대함의 저주 curse of bigness"를 더욱 악화시킬 뿐이었다. 그는 이 문제를 해결하려면 트러스트를 분쇄하고 시장에서의 경쟁을 되살려야 한다고 봤다. 또한 정부가 독점을 규제할 게 아니라 독점과 전국적 규모의 체인점이 수행하는 약탈적 관행으로부터 독립기업을 보호하기 위해 경쟁을 규제해야 한다고 생각했다. 오직 이 방법으로만 진정한 경쟁을 지속하고 민주적 통제에 순응하는 지역 기반 기업의 탈중앙화 경제를 보존할 수 있다고 생각했다.[25]

브랜다이스는 집중된 권력이 민주주의에 가하는 직접적인 위험뿐만 아니라 산업 자본주의가 노동자의 도덕적·시민적 특성에 미치는 악영향도 걱정했다. 19세기의 자유노동 공화주의자들과 마찬가지로 그는 산업 임금노동 체계를 노예제와 유사한 의존적 노동 방식으로 바라봤다. 예를 들면 이런 식이었다. "오늘날의 철강 산업 노동자들은 예전의 흑인 노예보다 못한 비인간적 삶을 살아간다. 과거에 노예주는 노예를 소유해 자신의 이익을 위해 자기 재산인 노예를 부리면서 노예가 일을 잘할 수 있도록 최대한 보살폈다. 그러나 오늘날의 철강 트러스트는 자신들의 노예가 쓸모없어지면 가차없이 내팽개친다." 그 결과는 "물리적이고 도덕적인 타락이며" 미국 시민의식의 부패다.[26]

브랜다이스는 자유노동은 임금을 받는 대가로 자발적으로 이뤄지는 노동이 아니라 자치에 꼭 필요한 인격과 덕목을 배양하는 조건 아래에서 이뤄지는 노동이라는 공화주의적 신념을 여전히 가지고 있었다. 이 기준에 따르면, 미국의 산업 노동자들은 자유롭다고 볼 수 없었다. "생계 유지를 위해 자신의 노력과 행동에 의지하는 것이 아니라 다른 사람 또는 다른 어떤 것에 늘 의존할 수밖에 없는 위험에 놓인 사람이 정말로 자유로울 수 있을까?" 브랜다이스에 따르면 "우리 사회의 위대한 정치적 자유와 이 사회 산업의 노예 사이에" 존재하는 모순은 오래 지속될 수 없다. 왜냐하면 "정치적 자유가 소멸되거나 산업적 자유가 회복되거나, 둘 가운데 하나로 귀결될 수밖에 없기 때문이다".[27]

브랜다이스는 노동시간이 짧아지고 임금이 높아지고 노동조건이 개선된다고 해서 산업적 자유가 실현된다고 보지 않았다. 또 활발한 단체교섭을 통해 임금노동을 진정으로 자발적인 노동으로 만드는 게 중요하지 않았으며, 이익의 분배를 통해 노동자에게 돌아갈 몫을 조금 더 크게 만드는 것도 중요하지 않았다. 물론 그는 이러한 모든 개혁에 동조했다. 하지만 그의 주된 관심사는 자발적 동의가 온전한 것이 되도록 만든다거나 분배의 정의를 확보하는 것이 아니라 자치 능력을 가진 시민을 길러내는 것이었다. 그는 이러한 형성적·시민적 목적은 노동자가 경영에 참여하고 운영에 함께 책임을 지는 산업 민주주의를 통해서만 실현될 수 있다고 봤다.[28]

노동조합이 정당한 존재로 인정받는다는 것은 자본-노동 관계가 "산업 전제주의"를 넘어 적어도 "예전에는 당연하게 여겨졌던 고용주의 전제주의적 권력"을 제한하는 일종의 "산업 입헌군주제"로 한 단계 발전한다는 뜻이었다. 이익 분배도 개선돼야 했다. 그러나 브랜다이스는 "성숙한 산업 민주주의"라면 이익뿐만 아니라 책임을 공유하는 자세까지 필요하다고 봤다. 그는 "산업 민주주의가 실현될 수 있으려면 단체교섭에서 한 걸음 더 나아가 실질적으로 산업 정부를 만들어야 한다"라면서 정치 민주주의 아래에서 시민이 공공정책 관련 쟁점에 대해 발언권과 투표권을 가지는 것과 마찬가지로 산업 정부 아래에서는 노동자가 경영 문제에 대해 발언권과 투표권을 가져야 한다고 주장했다.[29]

브랜다이스는 노동자의 소득 수준이 개선되길 바랐다. 하지만 단지 그뿐만 아니라 노동자의 시민적 능력 향상을 위한 수단으로서 산업 민주주의를 선호했다. "나는 결코 불안이 제거될 수 없다고 생각한다. 노동자의 신체적이고 물질적인 상태를 개선하는 것이 좋은 일이긴 하지만 이것만으로는 그 불안이 제거되지 않는다. (…) 제아무리 물질적 개선을 원하고 또 개인의 안락을 위해 그것을 바라는 게 당연하다고 할지라도, 미국은 민주주의 국가이며 또한 이 나라에는 다른 무엇보다 성숙한 사람이 필요하다는 사실을 언제나 마음에 새기고 있어야 한다. 어떤 산업 체계든 또는 사회 체계든 간에 반드시 지향해야 할 목적은 바로 인격의 성장이다."

브랜다이스에게는 자치를 수행할 수 있는 시민을 길러내는 일이 분배 정의를 실현하는 것보다 훨씬 더 고귀한 목적이었다. "우리 미국인은 부의 부당한 분배가 이뤄지지 않도록 한다는 의미에서 사회 정의 실현에 전념할 뿐만 아니라 민주주의 실현에도 전념해야 한다." 또한 "민주주의를 갈구하는 노력"은 "인격의 성장을 갈구하는 노력"과 떼어놓을 수 없다. "인격의 성장은 사람들이 의식주 문제를 제대로 해결하고 교육과 여가활동 기회를 적절하게 누릴 수 있도록 하는 데 절대적으로 필요하다. 이런 것들이 보장되지 않는다면 우리는 우리가 설정한 목표에 도달할 수 없다. 그러나 어쩌면 우리는 이 모든 것을 가지면서 노예의 나라를 가질지도 모른다".[30]

브랜다이스는 대기업이 있는 곳에서는 산업 민주주의가 뿌리를 내릴 수 없다고 바라봤다. 그래서 "이렇게 권력이 집중되는 한, 노동자들이 아무리 민주화를 위해 노력한다고 해도 성과가 없을 것"이라고 말했다.[31] 그는 공화주의 정치경제학의 전통에 따라 부분적으로는 민주적 통제를 회복하기 위해, 또 부분적으로는 자치에 참여할 능력을 갖춘 노동자-시민을 양성하기 위해 경제 권력의 탈중앙화를 꾀했다.

브랜다이스와 마찬가지로 윌슨도 트러스트에 권력이 집중되는 것은 민주주의를 위협하는 요소라고 생각했다. 그는 "새로운 자유New Freedom"를 주창하며 정부에 행사하는 독점의 영향력을 줄이는 동시에 19세기 미국에서 자유의 기초를 형성했던 경제적 독립성의 여러 조건을 회복할 것을 기약했다. 윌슨은 1912년 여름에 브랜다이스를 처음 만난 뒤로 시어도어 루스벨트Theodore Roosevelt(대통령 재임, 1901~1909)가 제안했던 것처럼 독점권을 규제하기보다 정부가 경쟁을 회복하고 규제하는 방향으로 나아가야 한다는 내용으로 선거 유세를 벌였다.[32]

그러나 윌슨은 브랜다이스의 가르침을 확고하게 신봉하지는 않았다. 브랜다이스와는 달리 그는 인위적 수단으로 성장하고 또 경쟁을 파괴하는 트러스트와 효과적인 경쟁을 벌인 결과로 "자연스럽게" 성장한 대기업을 구분하려고 노력했다. "나는 대기업을 지지하고, 트러스트에 반대한다"라고 한 선언에 그의 생각이 잘 드러난다. 그러나 이러한 구분은 그의 전체 주장과는 잘 맞지 않았고, 그 또한 자신의 논리를 지속적으로 관철하지도 않았다. 독점에 반대했던 윌슨은 기본적으로 독점이 민주 정치를 가로막고, 자치가 이뤄지기 위해 꼭 필요한 시민적 덕목을 훼손한다고 주장했다. 이런 관점에서 보자면 대기업이 성장한 과정이나 기원보다 대기업의 규모와 대기업이 행사하는 권력이 무엇보다 중요했다. "기업 조직은 국가의 정치 조직보다 훨씬 더 많이 중앙집중화돼왔다. 기업은 각 주정부보다 훨씬 더 넓은 지역을 포괄하게 됐고 (…) 예산 규모 면에서도 주정부를 능가한다. 어떻게 보면 사람들에게 그 어떤 연방보다 강력한 영향력을 행사하는 것 같다. (…) 우리가 해야 할 일은 이 거대한 '이익 공동체'를 해체하는 것이다."[33]

윌슨은 독점의 힘이 너무 강력하다 보니 "국민을 등에 업은 미국 정부라고 해도 과연 독점을 제어하고 다스릴 수 있을 정도로 충분히 강력할까, 라는 질문에 선뜻 그렇다고 대답할 수 없게 됐다"라고 진단했다. 그러면서 미국인을 향해 독점 권력으로부터 민주적 권한을 얻어낼 것을 촉구했다. "만약 독점이 지속된다면 독점은 앞으로도 계속 정부를 깔고 앉을 것이다. 만약 이 나라에 미국 정부를 소유할 만큼 충분히 큰 기업인이 있다면, 그들은 정부를 소유하려고 들 것이다. 우리가 지금 당장 해야 할 일은 다시 한번 정부를 우리의 것으로 만들 수 있을 만큼 우리 국민이 충분히 성장했는지, 충분히 많은지, 충분히 성숙한 시민인지, 충분히 자유로운지 판단하는 것이다. 그런데 지난 반 세대 동안 우리는 이런 질문을 자유롭게 하지도 않았고, 심지어 그런 질문이 당연하다는 생각조차 하지 않았다."[34]

윌슨의 정치적 적수였던 루스벨트는 독점 권력을 인정하고 규제할 것을 제안했다. 그러자 윌슨은 루스벨트의 태도가 독점 권력에 대한 조건부 항복이라고 공격하며 "금융계의 거물들이 하나로 결합한 힘이 정부의 힘보다 더 커질 때를 우리는 줄곧 두려워했다"라고 주장했다. "미국의 대통령이나 대통령이 될 사람이 금융 권력 앞에서 모자를 벗고 머리를 조아리면서 '당신이 우리의 주인이라는 사실은 피할 수 없는 진실입니다만, 우리는 당신을 최대한 활용할 방법을 찾아보겠습니다'라고 말해야 할까? 과연 지금이 그렇게 말할 시점인가?"[35]

또한 윌슨은 독점이 민주 정부에 제기하는 직접적 위협뿐만 아니라 대규모 자본주의가 미국인의 도덕적·시민적 덕목에 미칠 영향도 걱정했다. 대기업이 지배하는 경제는 지역 공동체를 무력하게 만들었으며 시민 자치의 역량인 독립성, 주도성, 기업가정신을 꺾어버렸다. 비록 윌슨은 브랜다이스만큼 열정적으로 산업 민주주의를 지지하지는 않았지만, 사람들을 대부분 피고용인 지위로, 즉 자유가 도저히 보장되지 않는 지위로 떨어뜨린다며 현대 경제를 비난했다. 그만큼 그는 공화주의 정치경제학의 형성적 조건을 중요하게 여겼다. "우리나라 대부분 지역에서 사람들은 독립적으로 일하지 않는다. 즉 예전처럼 동등한 자격의 협력자로서 일하지 않고 (…) 대기업에 고용돼 종속적 지위에서 일한다." 그러나 "어떤 기업의 하인이 된다는 것"은 강력한 힘을 가진 소수의 사람이 흔히 공공선과 충돌할지라도 자기 입맛대로 설정한 정책에서 "아무런 목소리도 낼 수 없다"는 뜻이라고 했다.[36]

윌슨이 공감했던 대상은 "이미 완성된 사람들이 아니라 완성 과정에 있는 사람들"이었다. 그는 미국인 대부분이 대기업에 고용돼 입도 뻥긋하지 못하는 하인이 아니라 독립적 노동자나 독립적 기업가였던 시절을 상기시켰다. 그때는 거대한 규모의 경제 단위들에 권력이 집중되기 전이었다. "미국이 모두 작은 마을이었던 시절, 아름다운 골짜기 어디에서나 미국을 볼 수 있던 시절, 드넓은 초원에서 미국이 위대한 힘을 펼쳐 보이던 시절, 산이면 산마다 들이면 들마다 기업의 뜨거운 불길이 내달리던 시절, 열의에 가득 찬 사람들이 모든 곳에서 피고용인이 아니라 독립적 존재로 산업의 불을 지피던 시절, 자기가 하고 싶은 일을 굳이 멀리 떨어진 도시에서 찾지 않고 그저 이웃을 둘러보기만 하면 찾을 수 있었던 시절, 자본주의적 연결성이 아니라 개인의 인격과 덕목에 따라 신용이 평가되던 시절."[37]

윌슨은 피고용인으로 구성된 국가는 자유와 맞아떨어지지 않는다고 생각했다. 나아가 만약 미국의 미래 아이들이 "피고용인 신분으로 살아가거나 아무것도 아닌 존재로 살아가는 나라에서 눈을 뜬다면 (…) 그들은 이 공화국의 건국자들이 생각만 해도 슬퍼할 나라를 보게 될 것이다". 그에게 자유를 회복한다는 의미는 독립적 시민을 길러내고 또 지역 공동체가 통제할 수 없는 경제 권력의 희생자가 아닌 자기 운명의 주인이 되도록 만들어주는 경제를 회복한다는 뜻이었다. "미국의 공공 부문에서 내가 장차 해야 할 모든 일을 할 때마다 나는 모든 산업을 자기 마을 안에서 해결하던 예전의 미국식 마을들을 염두에 둘 것이다. (…) 나는 이런 유형의 마을들을 우리나라에서 계속 만들어낼 것이다. 이 나라에서 산업이 집중화되는 것을 막아 산업이 도시를 소유하는 일이 일어나지 않도록 할 것이다."[38]

윌슨은 미국의 활력은 뉴욕이나 시카고와 같은 대도시가 아니라 소규모의 자족적이고 "자유로운 미국 공동체"가 길러내는 "전국에 산재한 사람들의 기업"에 있다고 생각했다. 그런데 이런 지역 공동체들이 저마다의 경제적 운명을 좌우하는 통제권을 대기업에게 넘기면서 미국의 자유가 위태로워졌다고 본 것이다. 이런 인식에 따라 윌슨은 "미국이 지역성과 공동체와 자족적 도시를 억제하는 것은 미국이라는 국가를 스스로 죽이는 행위"라고 경고했다.[39] 즉 윌슨은 경제 권력의 탈중앙화가 공동체 보존의 필수 조건이며, 그러한 공동체에서 자치에 필요한 시민적 덕목을 배양한다고 생각했다.

국가주의적 전망

진보주의 운동의 또 다른 한 갈래는 기업 권력이 제기하는 위협에 다른 방식으로 대응했다. 예를 들어 시어도어 루스벨트는 "신국가주의New Nationalism"를 제안했다. 경제를 탈중앙화해 지역 정치 단위의 민주적 통제에 순응시킬 것이 아니라 "연방정부의 역량을 키워 대기업을 규제"하자는 것이었다. 이러한 맥락에서 루스벨트는 1910년 한 연설에서 이렇게 선언했다. "대기업은 국가화(전국화)됐다. 대기업을 통제하고 이끌어 전횡을 예방하는 효과적인 유일한 방법은 시민이 정부의 통제력을 국가화해 대기업의 국가화에 대처하는 것이다."[40]

루스벨트도 브랜다이스나 윌슨과 마찬가지로 경제 권력의 집중화가 초래할 정치적 결과를 두려워했다. 대기업은 이윤을 추구하느라 정부를 타락시켰으며 민주주의적 제도와 기관을 위협했다. 나아가 루스벨트는 "우리 시대 최고의 정치적 과제는 우리의 공적 삶에서 특수한 이익집단들을 몰아내는 것"이라고 선언했다. 이 과제를 수행하기 위해서는 미국 시민이 "자신들이 불러들였던 강력한 상업적 요소들을 통제하고" 기업 권력의 손으로부터 자치를 되찾아야 했다. 즉 "기업은 시민이 만들어낸 것이므로 시민의 통치자로 군림하도록 허용해서는 안 된다"는 원칙을 지켜야 한다는 의미다.[41]

루스벨트는 민주적 통제력을 회복하는 방법을 놓고서 탈중앙화를 주장하는 사람들과는 의견이 달랐다. 그는 대기업이 산업 발전의 필연적 산물이라고 파악하고 19세기 탈중앙화의 정치경제학을 회복하려는 시도는 무의미하다고 생각했다. 또한 그의 눈에는 소규모 단위들로 구성된 경쟁 경제를 회복하고자 했던 진보주의자들이 그저 "60년 전의 경제 환경으로 되돌아가겠다는 불가능한 꿈에 빠진, 일종의 농촌 왕당주의rural toryism 추종자들"일 뿐이었다. 또한 산업 집중화가 경제 발전의 필연적 과정이자 결과임을 알지 못하고 "대기업을 압도할 수 있을 정도로 정부 권력을 강화해 대기업에 대처해야 할" 필요성을 인식하지 못하는 부류로 간주했다.[42]

이런 맥락에서 루스벨트는 다음과 같이 주장했다. "산업 부문에서 일어나는 온갖 결합들은 경제법칙의 필연적인 결과이며, 이것을 정치적 입법을 통해 막을 수는 없다. 모든 결합을 금지하겠다는 노력들은 지금까지 실패로 끝났다. 그런 결합을 막는 것이 아니라 그런 결합이 공공복지에 이바지하도록 온전하게 통제하는 것이 실질적인 해결책이다." 대기업들은 대부분 개별적인 주의 범위를 넘어 주와 주 사이에 이뤄지는 상거래 그리고 외국과의 상거래를 통해 운영되기 때문에 오로지 연방정부만이 이들을 통제할 수 있다. 따라서 연방정부의 권력이 기업 권력의 규모에 걸맞게 커져야 한다고 했다.[43]

루스벨트의 "신국가주의"는 국가 권력 강화를 받아들임으로써 공화주의 정치사상과 결별했다. 미국인은 공화주의 전통에 따라 경제에서든 정치에서든 권력 집중화는 자유를 위협하는 적이라고 배워왔다. 제퍼슨에서 브랜다이스에 이르기까지, 시민의식의 정치경제학에서는 온갖 다양한 표현을 들어서 '거대함으로의 전환'에 반대해왔다. 그리고 이제 루스벨트는 규모의 경제*가 작동할 것이고 또 민주적 통제력을 회복할 유일한 방법은 권력의 탈중앙화라는 공화주의적 충동을 포기하는 것이라고 주장했다. 또 현대의 경제 상황에서는 분산된 권력이 자치라는 대의에 더 이상 도움이 되지 않는다고 설명했다. "사람들은 정부가 대기업을 국가적 차원에서 통제하는 것이 마치 혁신이라도 되는 것처럼 말한다. 그러나 혁신이라는 것은 기업을 국가화하는 기업가들에게서 나온다. 국민의 이익을 위한 핵심적 조치는 국가화한 정부 통제로 대기업의 국가화에 대처하는 것이다."[44]

그러나 신국가주의는 공화주의 전통의 탈중앙화 측면은 포기했지만 형성적 측면을 여전히 놓지 않았다. 제퍼슨 시절 이후의 공화주의자들과 마찬가지로 루스벨트는 경제 관련 조치들이 초래하는 시민적 결과를 걱정하면서 자치에 꼭 필요한 시민적 덕목을 배양하려고 노력했다. 루스벨트의 목표는 대기업에 대한 정부 지배력 축소만이 아니었다. 미국 시민의 자기 이해 수준을 높이는 한편, "진실하고 영구적인 도덕적 각성"과 "원대한 국가주의 정신"을 주입하는 것도 그의 목표였다.[45] 그가 주창했던 신국가주의는 단순한 제도 개혁이 목적이 아니라 국가주의적 시민의식이라는 새로운 의식을 함양하고자 했던 일종의 형성적 프로젝트였다.

루스벨트에게 진보주의 정치는 무엇보다도 도덕성을 드높이고자 하는 것이었다. 그는 "우리나라가 맞닥뜨린 가장 큰 과제는 올바른 유형의 바람직한 시민의식을 정착시키는 것"이라고 단정했다. 민주주의 정부는 시민적 덕목에 무관심할 수 없다. "우리의 민주주의 체제 아래에서는 시냇물이 발원지보다 더 높은 곳으로 흘러가기를 기대해서는 안 된다. 우리 사회의 평범한 보통 남자나 여자가 올바른 유형의 시민적 모습을 갖추고

---

* 생산량이 증가함에 따라 평균비용이 감소하는 경제법칙.

있지 않다면 공직자들도 마찬가지일 것이다."[46]

루스벨트는 남북전쟁에서 싸운 사람들이 보여준 것과 같은 불굴의 헌신으로 의무를 다하는 모습이야말로 가장 모범적인 시민의 덕목이라는 말을 자주 했다.[47] 또 어떤 경우에는 정직, 용기, 상식 등에 해당하는 "소박한 덕목"에 대해, 또 자신의 의무를 알고 그것을 행하는 정치적 덕목에 대해 말하기도 했다.[48] 그러나 루스벨트가 가졌던 기본적 목적은 고귀한 목적들에서 멀어지게 만드는 물질적 집착을 떨쳐내도록 시민을 설득하는 것이었다. 그래서 그는 "국가가 행하지 않으면 좋겠다고 바라는 게 딱 한 가지 있다. 사람들의 마음속에 있는 저급함을 부추겨 편안한 삶과 물질적 안락을 추구하도록 가르치는 것이다"라고 말했다.[49]

루스벨트는 사치의 힘이 시민의 영혼을 타락시킬지도 모른다는 두려움 때문에 공화주의 정치경제학의 오랜 주제 하나를 반복해서 언급했다. "물질적 발전은 그 자체로 국가에 아무런 의미가 없다. 미국이 단순히 편안함과 사치에 도움이 되는 것만 축적하는 것을 지지한다면, 오랜 세월이 지난 뒤에 이런 모습은 거의 아무런 의미가 없을 것이다." 물질적 풍요로움을 오로지 "진정한 삶, 정신적이고 도덕적인 노력을 기울이는 삶 그리고 성취의 삶을 쌓아갈 토대"로만 바라볼 때 비로소 그것은 기억할 가치가 있는 것을 상징할 것이다. 다시 말해 "물질적 행복은 매우 좋은 것이다. 그러나 사적으로나 공적으로 높고 훌륭한 인격을 닦는 토대로 사용될 때만 좋은 것이 된다".[50]

루스벨트가 신국가주의의 주요 대변자였다면, 허버트 크롤리Herbert Croly는 신국가주의 이론을 뒷받침하는 주요 철학자였다. 크롤리는《미국 생활의 약속The Promise of American Life》(1909)에서 진보주의의 국가주의적 노선의 기초가 되는 정치 이론을 제시했다. 브랜다이스나 탈중앙화를 주장한 사람들과 다르게 크롤리는 현대 산업 조직의 거대한 규모를 인정하고 이것을 통제할 민주적 제도들을 국가적 차원에서 확대해야 한다고 주장했다. 권력 분산을 제시한 제퍼슨주의적 전통은 이제 민주주의 정치에 도움이 되지 않을뿐더러 오히려 방해만 된다고 했다. 그래서 "미국의 산업적·정치적·사회적 생활에서 집중화가 계속 높아지는 현상"을 감안할 때 미국 정부는 "중앙집중화의 축소보다 확대가 더 필요하다"라고 바라봤다. 그러나 크롤리는 민주주의가 성공하려면 정부의 중앙집중화 이외에도 정치의 국가화도 필요하다고 바라봤다. 또한 정치 공동체의 기본적 형태가 국가적 규모로 재구성돼야 한다고 강조했다.[51]

크롤리는 "미국의 정치적·경제적·사회적 삶의 국가화는 단지 연방정부로의 중앙집중화만이 아니라 그 이상을 뜻한다"라고 설명했다. 그것은 또한 시민에게 새로운 국가 정체성에 대한 영감을 준다는 의미, 즉 사람들을 "단순한 국가 이상의 어떤 것"에 속하도록 만든다는 뜻이었다. 이것은 미국인의 삶의 규모와 미국인의 정체성 사이에 존재하는 간극, 즉 진보주의 시대에 사람들이 그토록 예리하고 날카롭게 느꼈던 간극을 지우기 위한 방편이었다. 그는 현대 경제의 국가적 규모를 고려할 때 민주주의는 "사상과 제도와 정신에서 미국인의 국가화가 한층 더 크게 이뤄질" 필요가 있다고 본 것이다. 다시 말해 국가적 차원의 삶이 강화되면 오늘날 국가적 규모로 커진 경제와 사회를 통치할 수 있는 시민을 양성할 수 있게 되고, 따라서 민주주의에 도움이 될 것이라고 생각했다.[52]

크롤리는 비록 민주주의가 분산된 권력에 의존한다는 제퍼슨의 생각을 버렸지만 경제적·정치적 차원에서 이뤄진 조치들은 이것들이 촉진하는 성격적 특성들을 기준으로 삼아 평가할 수 있다는 제퍼슨의 확신은 버리지 않았다. 그는 민주적 삶의 "형성적 목적"에 대해 여러 차례 분명하게 밝혔다. 민주주의는 다수결이나 개인의 자유 또는 동등한 권리를 보장하는 틀에 그치지 않고, 시민의 도덕적·시민적 개선을 무엇보다도 큰 목적으로 삼는다는 것이었다. 크롤리는 "민주주의가 우월하다는 사실은 민주주의가 권위 있고 포괄적인 도덕적 관념을 정치적·사회적인 틀로 바꿔놓은 최선의 결과라는 사실에 있다"라고 봤다. 그에게 미국인의 성격을 국가화하는 사업은 "본질적으로 형성적이고 계몽적인 정치적 변혁"이었고, 또 그 사업의 목적은 "개인적 및 사회적 삶을 한 차원 더 높이는 것"이었다.[53]

미국의 민주주의는 국가가 단순한 국가 이상의 존재로 거듭남으로써 발전할 수 있다는 그의 주장이 현실화되려면 국가는 미국인에게 한층 더 깊은 국가 정체성을 불어넣는 교육을 실시해야 했다. 이러한 시민 교육의 주요 도구는 형식적 의미의 학교가 아니라 시민 전체, 즉 국민의 민주주의적 삶의 제도 및 실천 관행이었다. "국민이라는 집단 시민의 학교는 (…) 시민성의 삶 그 자체다. 집단으로서의 시민도 개인과 마찬가지로 학교에 가야 한다. 이 시민의 학교는 강의실이나 도서관이 아니다." 바로 집단적 목적을 지향하는 민주적인 삶이 곧 학교의 역할을 하는 것이다.[54]

절차적 공화주의의 자유주의는 특정한 덕목이나 도덕성 우월성에 대한 어떤 특정한 개념을 고취하려 들지 않는다. 그러나 크롤리의 민주적 국가주의는 이런 절차적 공화주의의 자유주의와 다르게 "인간의 본성은 제도나 법률을 개선함으로써 한 단계 높아질 수 있다"는 신념의 토대 위에서 구상됐다. 민주주의의 요체는 사람들이 가진 욕망에 부응하는 것이 아니라 사람들의 인격을 높이고 공감대를 넓히며 시민 정신을 확장하는 것이라는 의미다. 이런 맥락에서 크롤리는 "좋든 싫든 간에 민주주의는 완벽성을 추구하는 인간의 열망과 분리될 수 없다. (…) 민주주의의 원리

는 덕목이다"라고 결론을 내렸다.[55]

진보주의적 개혁의 탈중앙화 노선과 국가주의 노선을 드러내는 인상적인 표현은 1912년에 우드로 윌슨과 시어도어 루스벨트가 나누었던 논쟁에서 나타났다.[56]* 이것과 관련해 한 역사가는 "어쩌면 1800년에 토머스 제퍼슨이 대통령에 당선된 뒤 처음으로 대통령 선거운동 과정에서 정치철학 문제들이 다뤄진 게 아닐까 싶다"라고 말했다.[57] 그러나 그 뒤에 전개된 상황을 놓고 본다면 1912년 대통령 선거에 담겨 있던 한층 더 큰 의미는 그 두 사람이 공유했던 일련의 가정에서 찾아볼 수 있다. 윌슨과 브랜다이스로 구성된 진영과 크롤리와 루스벨트로 구성된 진영은 명백한 의견 차에도 불구하고 자치에 꼭 필요한 도덕적 소양을 강화하거나 약화시키는 점을 들어 경제 기관이나 정치 기관을 평가해야 한다는 점에서는 의견이 일치했다. 과거에 제퍼슨이 그랬던 것처럼 두 진영 모두 당대의 경제적 조치나 환경이 과연 어떤 유형의 시민을 만들어낼 것인지 걱정했다. 이 두 진영은 방식만 달랐을 뿐 같은 시민의식의 정치경제학을 주장했다.

그들이 정치경제학의 시민적 측면을 강조한 점은 경제 성장과 분배 정의에 초점을 맞추는 오늘날의 경제 논쟁과는 구별된다. 이러한 대조는 진보주의 개혁의 세 번째 노선에 비춰보면 한층 더 분명하게 드러난다. 탈중앙주의자와 국가주의자를 각각 중심으로 하는 시민적, 즉 시민성을 이야기하는 차원의 주장과 함께 정치경제학에 대한 새로운 사고방식의 표현이 등장하기 시작했다. 비록 세 번째 노선이 진보주의 시대에만 잠깐

---

* 당시 윌슨은 민주당 후보였고 루스벨트는 진보당 후보였고, 이 선거에서 윌슨이 대통령에 당선됐다.

나타났다가 사라졌지만, 궁극적으로 보면 이것이 미국 정치 논쟁의 조건을 설정한다. 진보주의 개혁의 세 번째 목소리는 이전에 나왔던 두 목소리와 다르게 덜 격렬한 연대로 민주주의의 구원을 추구했다. 이 목소리는 미국인에게 전통적 공동체의 구성원이나 새로운 국가주의의 지지자로서가 아니라 영향력을 가진 계몽된 소비자로서 대기업과 중앙집중화된 시장이라는 비인격적인 세상에 맞서서 싸우라고 촉구했다.

소비자주의적 전망

미국인이 국가적 차원의 경제에서 자신의 길을 찾으려고 고군분투할 때, 어떤 사람들은 직업, 인종, 계급의 차이를 초월하는 정체성과 공동의 목적의 토대가 될 만한 것을 모색했다. 그들은 "일상적인 공통분모", 즉 "공동의 경험에 뿌리를 둔 사회적 연대의 새로운 이념"을 추구했다. 그들이 호소했던 공동의 경험은 바로 소비 경험이었다.[58]

예를 들어 19세기에서 20세기로 넘어가던 시기에 위스콘신의 진보주의자들이 벌이던 운동의 바탕이 되는 발상은 "모든 남자와 여자는 결국 소비자다. 비싼 상품을 소비하든 결함이 있는 상품을 소비하든 또는 반응이 없는 정치인을 소비하든 간에 궁극적으로는 소비자다. 소비자라는 동일한 역할 때문에 그들은 공동의 목적을 가질 수밖에 없다"라는 것이었다. 그러니까 이 진보주의자들은 산업 민주주의처럼 생산자에 초점을 맞추는 문제를 강조하는 데서 벗어나 높은 전차 요금, 부패한 정치인들이 부과하는 높은 세금, 발전소로 인한 대기오염 등과 같이 소비자와 납세자가 맞닥뜨리는 문제에 초점을 맞췄다.

이들이 내걸었던 개혁은 직접 예비선거, 국민발안*, 국민투표, 주민소환, 상원의원 직접 선거, 여성 참정권 등이었다. 다시 말해 다양한 형태의 직접 민주주의를 통해 소비자와 납세자의 이익을 추구했다. 그들이 추구한 개혁의 전반적인 목표는 "인종적 정체성과 생산자 정체성을 바탕으로 하는 구태의연한 정치에 맞서 사람들을 소비자와 납세자라는 틀로 한데 묶는 새로운 대중 정치"를 실천하는 것이었다.[59]

20세기 초가 되면 소비자로서의 시민이 가지는 정치적 존재감은 점점 커졌다. 1914년에 월터 리프먼은 소비자주의 운동을 두고 "오늘날 민주주의 정치에서 새롭게 떠오르는 진정한 권력은 바로 '높은 생활비'에 비명을 지르는 소비자 대중이다. 소비자의 외침은 무기력하게 쪼그라들기는커녕 노동이나 자본이 추구하는 이익보다 더 강력해질 것이다"라고 밝혔다. 또 그는 여성 참정권이 소비자의 힘을 한층 크게 만들어줄 것이라고 예측했다. "여성 대중은 세상을 노동자의 눈이 아니라 소비자의 눈으로 바라보기 때문이다. 시장에서 쇼핑하는 사람도 여성이고, 가계를 꾸려나가는 사람도 여성이며, 초라함과 사기 행태와 고물가를 생생하게 느끼는 사람도 여성이다." 백화점, 체인점, 통신판매업 등과 같은 대형 소매 유통 조직이 성장한 상황도 미국인이 소비자의 관점을 가지고서 정치적으로 생각하고 행동하도록 촉진했다. 대규모 생산이 노동자의 연대를 가능하게 했듯이 중앙집중적 소매 시장 덕분에 "소비자의 연대"가 가능해졌다.[60]

리프먼은 "순수하게 기쁜 마음"으로만 소비자 사회를 맞이했던 것은 아니다. 그는 현대 광고를 소비자주의와 결합해 다음과 같이 묘사했다. "광고는 경관을 해치고 담벼락을 뒤덮으며 도시를 도배해 밤새 유혹의 눈짓을 보내는 기만적인 소란스러움"인데, 이것은 "소비자가 변덕스럽고

---

* 국민 또는 한 지방의 주민이 직접 입법 제안을 하는 것.

미신적인 폭도이며 자신이 무엇을 원하는지 전혀 모르는 존재"임을 일러주는 증거다. 그러나 소비자는 "정치 상황에서 진정한 주인"이 될 것이라고 예측했다.[61]

그러나 모든 사람이 리프먼처럼 단서를 달지는 않았다. 역사학자 대니얼 부어스틴Daniel Boorstin은 "소비 공동체들"의 출현을 서정적 수사로 표현해 연대기순으로 상세히 정리하면서 20세기 초 수십 년 동안 그런 공동체들이 등장한 것이야말로 미국의 민주주의가 경험한 활력 넘치는 새로운 사건이라고 했다. "보이지 않는 새로운 공동체들은 사람들이 무엇을 소비하고 또 어떻게 소비하는지에 따라 만들어지고 유지됐다. 한층 더 규모가 크고 개방적인 소비자들의 유대감이 예전의 제조업자 길드와 머스킷총, 옷, 편자, 마차, 캐비닛 등을 만드는 은밀한 기술들을 매개로 한 동료의식을 추월했다. (…) 사물을 소유와 선망의 대상이 아닌 공동체 결성의 도구로 바꿔놓은 이 새로운 변화는 과거 미국에서 일어났던 그 어떤 변화보다도 압도적으로 눈에 두드러졌다."[62]

에이앤피A&P, 울워스, 월그린스와 같은 체인점들이나 몽고메리워드, 시어스와 같은 통신판매사들 그리고 보든, 캠벨스, 델몬트, 모튼솔트와 같은 브랜드들은 새로운 소비 공동체들로 거듭나며 수많은 미국인을 하나로 묶었다. "이제 사람들은 자기가 믿는 신념보다 자기가 소비하는 것을 통해 묶인다. (…) 서로 만난 적도 없고 알지도 못하는 사람들이 소비 활동을 통해 하나로 묶인다. 이 소비 공동체들은 반응이 빨랐고 이념과 아무런 관련이 없었으며 민주적이었다. 또 공개적이며 모호하며 빠르게 바뀌기도 했다. (…) 이토록 많은 사람이 이토록 많은 물건을 매개로 묶인 적은 과거에 한 번도 없었다." 더불어 부어스틴은 "이 새로운 소비 공동체는 전통적 마을 공동체와 다르게 충성도나 공헌도가 낮고 또 피상적이었다"라고 인정했다. 그러나 이것은 "언제 어디에서나 존재하며 미국의 소비자가 깨어 있는 모든 순간에, 심지어 소비자가 잠을 자는 동안에도 어떻게든 그들에게 감동을 준다."[63]

진보주의적 개혁의 소비자 기반 노선에 대한 전망을 가장 온전하게 보여주는 저작은 월터 웨일Walter Weyl의 《새로운 민주주의New Democracy》(1912)였다.[64] 경제학자이자 저널리스트이던 웨일은 크롤리, 리프먼과 함께 새롭게 발간한 잡지 〈새로운 공화국New Republic〉의 편집자로 참여했으며, 시어도어 루스벨트가 주창한 진보주의적 대의를 널리 알리는 데 힘썼다.[65] 크롤리와 마찬가지로 그는 자신이 "금권정치plutocracy"라고 불렀던 대기업의 비민주적 권력에 맞서는 새롭고 민주적인 연대를 추구했다. 그러나 그는 새로운 국가주의를 추구하는 대신에 소비자들의 연대야말로 민주주의를 기대할 수 있는 최선의 희망이라고 봤다. 이전의 개혁운동들은 농부나 장인, 소기업인 또는 산업 노동자처럼 생산자 정체성을 기반으로 등장했지만, 이제 개혁은 소비자의 역할이라는 관점에서 미국인을 규합할 필요가 있었다. 웨일은 다음과 같이 선언했다.

"오늘날 미국에서는 금권정치에 적대적으로 맞서는 다수의 경제력 집단이 형성되고 있다. 이 집단들은 소비자로서의 시민이 가지는 공통 관심사를 공유한다. 또 다른 소비자이기도 한 생산자는 고도로 분화돼 있다. 생산자는 은행가이고, 변호사이고, 군인이고, 재단사이고, 농부이고, 구두닦이이고, 배달부 소년이다. 또 생산자는 자본가이고, 노동자이고, 대부업자이고, 채무자이고, 도시 노동자이고, 시골 노동자다. 반면 소비자는 분화돼 있지 않다. 신발 생산자만 제외하면, 신발을 사는 사람은 남녀노소할 것 없이 모두 값싸고 좋은 신발에 관심을 가진다. 대부분 품목에서 소비자는 생산자보다 수적으로 압도적으로 많다."[66]

과거에는 "생산이 어떤 사람의 삶을 지배하는 유일한 경제적 사실인 것처럼 보였다". 사람들은 물가보다 임금을 더 걱정했다. 정치적으로 그들은 주로 생산자로서 행동했다. 그 덕분에 다수를 희생시켜 소수에게 도움을 주는 정책들이 나타났다. 예를 들어 관세 정책이 대표적이다. 그러나 독점 자본주의가 성장함으로써 물가상승에 대한 노동자의 우려가 높아지긴 했지만, 자기가 생산하는 제품에 대한 노동자의 직접적인 관심이 줄어들었다. "전반적인 물가상승으로 소비자는 마치 수백만 마리의 각다귀 떼 공격을 받는 형국이 되었다." 웨일에 따르면 "트러스트"에서 비롯되는 주된 문제점은 자치를 해칠 위협이 아니라 "소비자를 직접적으로 해치는 실질적인 위협"이다. 그래서 진보주의적 개혁이라는 대의 아래 소비자를 결집할 수 있다는 희망이 생겨난다.

"이제 자기 무덤에서 걸어 나온 소비자는 '일반인', '평범한 사람', '버스나 기차로 출퇴근하는 사람', '길거리의 보통 사람', '납세자', '최종 소비자' 등과 같은 이름으로 다시 정치판에 다시 등장한다. 생산자로서 투표권을 행사하던 사람들이 이제는 소비자로서 투표권을 행사한다."[67]

그러나 생산자 중심의 개혁에서 소비자 중심의 개혁으로 전환하는 것은 새로운 방식의 이해관계를 조직하는 것 이상의 의미를 담고 있었다. 이 전환에는 개혁의 목표와 그 밑바탕에 깔린 민주주의의 전망이 바뀌었다는 사실이 반영돼 있었다. 19세기 미국에서 이뤄졌던 논의에 영향을 줬던 공화주의 정치경제학 전통에서 생산자라는 정체성은 중요했다. 당시에는 좋든 싫든 간에 노동이 이뤄지는 세상을 시민의 성격이 형성되는 경기장으로 바라봤기 때문이다. 공화주의 정치경제학에서 소비라는 행위는 한층 더 높은 목적을 위해 절제하고 억제해야 할 대상이었다.[68] 과도한 소비, 즉 사치는 흔히 부패로 인식됐고, 이것은 시민적 덕목 상실의 척도였다. 제퍼슨의 농업적 공화주의에서부터 링컨의 자유노동 찬양이나 산업 민주주의에 대한 브랜다이스의 요청에 이르기까지, 생산자라는 정체성을 강조한 데는 자치에 필요한 시민의 성격적 자질을 함양하겠다는 시도가 반영돼 있었다.

그런데 이런 경우들과 다르게 소비자라는 정체성을 기반으로 하는 정치에서는 전혀 다른 질문이 등장한다. 사람들의 선호 수준을 높이거나 개선하거나 제한하는 방법을 묻는 대신에 어떻게 하면 그들을 가장 잘, 또는 가장 완전하게, 가장 공정하게, 가장 효율적으로 만족시킬 수 있을지 물었다. 따라서 20세기에 소비자를 기반으로 하는 개혁으로의 전환은 공화주의 전통의 형성적 야망에서 벗어나는 전환이었으며, 또한 시민의식의 정치경제학에서 벗어나는 전환이었다. 물론 이러한 운동을 추진한 진보당의 시각은 달랐다. 진보당은 미국인에게 생산자가 아닌 소비자로서의 자기 역할을 중요하게 바라보라고 주장했다. 그들은 미국의 정치를 성장 및 분배 정의의 정치경제학으로 바꾸는 데 기여했다. 물론 그러한 일은 수십 년 뒤에나 일어났다.

웨일은 시민적 전통을 명시적으로 포기하지는 않지만, 소비자를 기반으로 하는 개혁과 성장 및 분배 정의의 정치경제학 사이에 존재하는 연관성만큼은 놀랍도록 명확하게 표현했다. 브랜다이스와 크롤리가 민주주의의 형성적 목적, 즉 시민적 성격을 고양하거나 개선하는 역할을 논할 때 웨일의 "새로운 민주주의new democracy"는 형성적 과제를 언급하지 않았다. 소비자를 기반으로 하는 개혁의 목적은 시민적 덕목에 초점을 두는 게 아니라 경제적 풍요로움과 공정한 분배에 초점을 뒀다. 웨일은 민주주의의 핵심은 시민의 덕목을 함양하는 것이 아니라 "경제적 만족을 가장 폭넓게" 달성하는 것이라고 단언했다.[69]

"완전한 민주주의를 기대하는 희망이 토대로 삼아야 하는 것은 미국이라는 나라에서 부가 전체적으로 늘어나는 것이다. (…) 우리가 기울이는 민주주의 노력에 도덕적 충동과 도덕적 제재를 가하는 것"은 경제적 성장, 즉 "사회적 잉여social surplus"를 낳는 것이다. 그러나 웨일은 국가의 부를 극대화하는 것 자체가 목적이라고 주장하지는 않았다. 그는 당시 경제성장 형태가 안고 있는 문제는 불평등한 분배라고 바라봤다. "사람들이 원하는 것은 그냥 부가 아니라 공정하게 분배된 부다. 국민소득상의 통계적 증가가 아니라 한층 더 폭넓게 분배되고 한층 더 경제적인 차원의 만족이다."[70]

웨일은 두 가지 논리를 토대로 부를 한층 더 폭넓게 분배하자고 주장했다. 하나는 공리주의 논리였고, 다른 하나는 자발주의 또는 계약주의 논리였다. 공리주의 논리는 추가로 주어지는 1달러가 부유한 사람보다 가난한 사람에게 더 큰 가치가 발휘되므로 부를 한층 더 평등하게 분배할 때 사회 전체의 행복이 그만큼 더 커질 것이라는 생각이다. 즉 "평범한 사람 1만 명이 100달러의 물품을 소비할 때의 기쁨을 합치면 엄청난 부자 한 명이 100만 달러의 물품을 소비할 때의 기쁨보다 크다". 이 논리는 소득과 부의 분배가 매우 불평등하게 이뤄질 경우에는 경제가 성장해도 사회 전체의 복지가 늘어나지 않는다는 논리로도 이어진다. 금권정치의 경제적 번영이 착취를 기반으로 한다는 사실을 염두에 두면 부의 증가가 오히려 전체 복지의 감소를 초래할 수도 있다. 따라서 웨일은 "사람들이 획득하는 부와 소득이 조금이라도 더 평등해질수록 사회 전체가 누리는 경제적 만족의 총합은 엄청나게 늘어난다"라고 결론을 내렸다.[71]

웨일이 제시했던 두 번째 논리는 특히 노동계약에서 진정한 동의가 이뤄지는 데 필요한 경제적 전제조건과 관련된 것이었다. 그는 당시의 다른 노동개혁가들이나 진보주의자들과 마찬가지로 산업주의자들이 발전시키고 **로크너** 시대의 법정이 강제했던 자유방임주의 논리를 공격했다. 이러한 공격을 자발주의적 자유관의 이름으로 수행했다. 새로운 민주주의는 "거래당사자들 사이에 합법적일 뿐만 아니라 실질적인 경제적 평등, 즉 합법적일 뿐만 아니라 실질적인 경제적 자유"를 역설했다. 또한 진정한 동의는 "권리에 대한 사회적 해석"을 요구했다. "방직공장에서 여성의 야간 노동을 금지하는 법은 여성의 자유를 제한하는 게 아니라 늘리는 것이다. 이 법은 주간 근무를 선호하는 여성에게 경제적 압력을 행사해 야간 근무를 강제할 고용주의 권리를 박탈하기 때문이다."[72]

웨일도 다른 개혁가들과 마찬가지로 누진소득세, 교육과 보건 및 그 밖의 사회 프로그램에 대한 공공 지출, 그리고 산업 노동조건을 개선하기 위한 정부 규제를 지지했다. 그러나 브랜다이스나 크롤리와 다르게 그는 시민의식의 정치경제학을 뒷전에 둔 채 개혁 조치들을 주장했다.

웨일은 브랜다이스나 크롤리보다 더 선구적인 절차적 공화주의자였다. 두 사람이 가졌던 민주주의의 전망은 공화주의 전통의 형성적 야망과 자유라는 시민적 개념을 유지했다. 브랜다이스는 "개인을 완벽하게 만드는 과정을 추구하는 곳에서만 민주주의가 가능하다"라고 주장했으며, 크롤리는 "민주주의는 인간을 완벽하게 만들 수 있는 가능성과 운명을 함께한다"라고 주장했다. 웨일은 이런 견해들에 동의하지 않았다. 그가 말했던 "새로운 민주주의"는 시민을 완벽하게 만든다거나 시민적 덕목을 함양하려는 것이 아니라 "경제적 만족을 가장 폭넓게 실현하려는 것"이었다.[73] 그는 자치라는 명분을 내세우는 대신에 효용과 공정함이 보장돼야 하며, 시장경제 내부에 장착된 장치들을 통해 이뤄지는 동의보다 한층 더 진정한 동의가 이뤄져야 한다고 주장했다. 그는 진보주의의 명분을 형성적 차원의 야망에서 떼어내 시민-소비자를 공정하게 대우해야 한다는 주장에 더함으로써, 나중에 성장과 분배의 정의에 초점을 맞추는 정치경제학, 즉 정치 논쟁의 조건을 새롭게 설정하는 정치경제학으로의 진전을 유도했다.

시민의식에서 소비자 복지로

시민의식의 정치경제학에서 소비자 복지를 전제로 하는 경제로의 전환은 "거대함의 저주"를 제어하려는 두 가지 시도가 걸어갔던 운명에서 그 모습이 선명하게 드러난다. 두 가지 시도 중 하나는 지금도 널리 알려져 있고, 다른 하나는 지금 기억에서 거의 사라졌다. 전자는 독점금지 운동으로 100년도 더 전에 시작돼 지금까지도 공공정책의 도구로 남아 있다. 후자는 체인점금지 운동으로 1920년대와 1930년대에 입법과 논쟁의 한바탕 소용돌이를 일으킨 뒤로 금방 사라졌다. 적어도 부분적으로 두 운동은 지역 공동체와 독립생산자를 경제 권력의 대규모 집중에 따른 영향으로부터 보호해 자치를 지켜내겠다는 복적으로 일어났다.

미국의 정치경제학에서 시민적 고려가 사라지고 소비자주의 차원의 고려가 더욱 두드러지자, 독점금지법은 예전에 없었던 새로운 기능을 떠맡으면서 살아남았다. 즉 이 법률은 예전에는 자치가 원활하게 이뤄지도록 권력을 분산시키는 방법이었지만, 이제는 소비자가격들이 서로 경쟁하게 만들어 시장을 규제하는 방법이 됐다. 반면 체인점금지법 또는 체인점금지 운동은 그런 유연성을 보여주지 못했다. 이 운동은 소비자 복지에 기여할 수 있음을 입증하지 못한 채 독립 식료품상, 독립 소매업자, 약제

사 등이 20세기에 공화주의적 이상을 실현할 주인공이 될 것이라는 희망만 붙잡고 매달렸다. 그러나 그 희망이 사라지면서 체인점금지 운동도 소멸했다. 이 운동의 종말은 경제 논쟁에서 시민성을 말하는 노선이 사라지고 말았다는 뜻이다.

체인점금지 운동

제1차 세계대전 이후에 체인점이 우후죽순으로 성장한 결과, 미국인의 상품 구매 방식에 혁명이 일어났다. 체인점의 성장은 또한 전국의 독립 소매업자의 역할도 위협했다. 1929년이 되면 체인점은 전체 소매유통점 매출액에서 5분의 1이나 차지했다. 식료품만 떼놓고 본다면 무려 40퍼센트나 됐다. 상황이 이렇게 전개되자 1920년대 후반부터 미국 각 주에서는 의회가 나서 주 경계선 안에 있는 체인점의 수에 따라 누진세를 부과하는 방식으로 체인점의 성장을 막으려고 했다. 예를 들어, 인디애나에서는 체인점이 하나밖에 없을 때는 세금을 3달러밖에 부과하지 않았지만, 전체 체인점이 20곳 이상이면 최대 150달러까지 세금이 늘어났다. 텍사스에서는 체인점이 50곳 이상일 경우 각 체인점마다 750달러씩 세금을 부과하는 법률이 1935년에 만들어졌다. 당시에 개별 식료품 체인점의 평균 순수익이 950달러였음을 생각하면 엄청나게 높은 세금을 부과했음을 알 수 있다.[74]

그런데 체인점 관련 많은 법률이 주 법원에서 위헌 판정을 받았다. 그러나 1931년에 미국 대법원은 체인점에 지나치게 높은 세금을 부과하는 법률이 불공정하다고 문제를 제기한 쪽의 손을 들어줬다.[75] 대공황으로 자영업자들이 심각한 경제적 고통을 받는 상황에서 연방대법원의 판결은 체인점금지 운동을 가속화하는 계기가 됐다. 1933년에는 전국에서

225개의 체인점 과세 법안이 발의됐고, 그중 13개가 의결됐다. 1930년대 말까지를 기준으로 보자면 절반이 넘는 주에서 체인점 과세 법안이 의결됐다.[76]

체인점 시스템에 반대하는 사람들은 대개 공화주의적인 관점에 서 있었다. 체인점 확대에 반대하던 비평가였던 몬태빌 플라워스Montaville Flowers는 라디오 방송을 통해 "체인점 시스템은 지역의 일을 지역 차원에서 통제하고 해결하는 미국 시민 및 미국 정부의 일반적 관행에 어긋난다"라고 주장했다. 체인점이 경제 권력의 엄청난 집중을 불러일으켜 지역 공동체를 파괴하고 독립적 소상인의 지위를 훼손함으로써 자치를 위협한다는 것이었다. 그는 지역의 약사와 같은 독립 소매상들은 전통적으로 "지성과 인격"이 남달리 뛰어난 시민으로서 지역 공동체에 봉사해왔지만, 체인점들의 등장으로 약사들은 멀리 떨어진 회사에 고용된 "약 판매원"으로 전락하고 말았다고 강조했다. 결과적으로는 지역 공동체에 해악을 끼친다는 주장이다. 이런 식으로 체인점 시스템은 "선량한 시민 수십만 명에게서 생계수단을 박탈하고, 독립성을 유지하던 사람들을 굴욕적 규제 아래에서 일하는 피고용인 신분으로 떨어뜨려서 (⋯) 공동체와 국가의 정신을 좀먹는다".[77]

플라워스는 체인점들이 자기 직원들을 "커다란 톱니바퀴의 톱니"로 전락시킨 반면, 독립적 상점들은 "우리나라의 축복받은 전통에 따라 직원들이 스스로 자기 사업을 시작할 동등한 기회를 제공하는" 자유노동의 이상을 상징하는 것이라고 말했다. 또 체인점이 농업적인 공화주의적 이상을 위협한다면서 "지금까지 농장을 덮쳤던 농작물 질병 중에서 가장 치명적인 질병은 시어스-로벅과 몽고메리-워드의 카탈로그다!"라며 분노했다. 또한 농민들을 체인점의 카탈로그를 보고 상품을 사는 바보들이라고 했다. "그렇게 할 때마다 자신에게 그나마 남아 있는 독립성을 파괴하면서, 자신이 지고 있는 농노제의 짐을 더욱 단단하게 묶는 셈이기 때문이다!"[78]

유력 정치인들도 체인점 시스템이 초래할 시민성 차원의 결과를 예상하면서 지역 공동체의 운명을 걱정했다. 예를 들어 앨라배마의 상원의원이었으며 나중에 연방대법관이 되는 휴고 블랙Hugo L. Black도 다음과 같이 걱정했다. "생산과 판매와 유통에서의 효율성을 놓고 열광하는 분위기가 전국을 휩쓸면서 실업자가 늘어나고 어떤 정부에서나 해로울 수밖에 없는 신분제도가 튼튼하게 구축되고 있다. 지금 운영되고 있는 체인 식료품점, 체인 포목점, 체인 의류점 등은 조만간에 통합돼 규모와 영향력을 점점 키워갈 것이다. (…) 이렇게 되면 지역민과 지역 상인은 존재감을 잃고 사라질 것이며, 이 사람들로 구성된 공동체가 지역에서 독립적 사유가이자 행정가로서 수행하던 역할도 사라질 것이다."[79]

1933년의 **리겟컴퍼니 대 리 사건**Liggett Company v. Lee에서 연방대법원은 플로리다의 체인점 과세법에 대해 일부 위헌 판결을 내렸다. 이때 브랜다이스 판사는 설득력 있는 소수 반대 의견을 제시했다. 그는 플로리다가 체인점에 특별히 높은 세금을 부과한 것은 세수 증대뿐만 아니라 독립 소매상을 돕겠다는 목적도 함께 가지고 있었기 때문이라고 추론했다. "그들은 단지 경쟁 체제를 유지하고자 했을지도 모른다. 그러나 그들의 목적이 한층 더 넓고 깊었을 수도 있다. 그들은 아마도 체인점이 부와 권력의 집중화를 촉진하고 또 해당 지역에 있지 않은 사람이 해당 기업을 소유하고 운영하는 이른바 부재소유absentee ownership를 촉진함으로써 미국의 이상을 무산시킨다고, 기회의 평등을 불가능하게 만든다고, 독립적 상인을 기업의 직원인 점원으로 신분을 격하시킨다고, 또 작은 도시와 마을의 자원과 열정과 희망을 해친다고 믿었을 것이다." 브랜다이스는 이것이 정당한 헌법상의 목적이라고 주장했다.[80]

또 그는 대기업이 초래한 부와 권력의 불평등이 자치를 위협하는 요소라고 많은 사람이 믿으며 "경영에 책임을 지고 결정에 참여할 때 비로소 자유를 유지하는 필수 요소인 도덕적·지적 발전을 꾀할 수 있다고 생각한다"라고 했다. 나아가 그는 만약 플로리다의 시민들이 진짜로 이렇게 믿는다면 체인점에 세금을 부과하는 방식으로 억제하려는 행동을 막을 근거는 헌법 어디에도 없다고 했다. 그러면서 "각 주의 시민들은 여전히 자신의 운명을 자신이 책임지는 사람들이다"라고 결론을 맺었다.[81]

체인점들과 그 옹호자들은 체인점 반대자들의 공화주의적 주장에 반박했지만 반박의 논지는 소비자 복지에 주로 초점이 맞춰졌다. 그들은 독립 소매상이 공화주의적 덕목을 구현한다는 발상은 실제 사실과 맞지 않는 감성적 차원의 착각일 뿐이라고 반박했다. 예를 들어 한 체인점 간행물에 글을 쓴 사람은, 전형적 독립 소매상의 일반적 모습은 지역 공동체를 떠받치는 기둥과는 거리가 멀다면서 "이들은 추잡하고 문맹이며 근시안적이고 절반쯤만 미국에 귀화한 외국인이거나 아니면 무기력하고 편협하고 근시안적인 미국인"이라고 주장했다. 그리고 제이시페니의 대표는 미국인이 "외딴곳에 있는 오래된 구멍가게"를 낭만적으로 생각하면서도 정작 물건을 살 때는 체인점을 이용한다고 말했다. 그러면서 "엉클 헨리의 가게로 찾아가 주변에 있던 다른 게으름뱅이들과 이런저런 이야기를 나누고 싶긴 하지만 (…) 빈둥거리는 즐거움을 누리는 대가로 우리 가족이 구매하는 모든 물품을 그 가게에서 사겠다는 사람은 거의 없을 것"이라고 했다.

리프먼도 동네 구멍가게가 사라진다고 해서 슬퍼할 이유는 거의 없다고 말했다. "세 블록에 자리를 잡고 있는 여섯 곳의 식료품점, 비좁고 지저분한 정육점들, 살림집이 딸려 있는 작은 소매점, 문을 열고 들어서면 코를 찌르는 음식 냄새, 상품에 묻어 있는 파리똥 (…) 이런 것들은 애써 지킬 만한 가치가 없다."[82]

1931년에 전미체인점연합National Chain Store Association은 토론 매뉴얼을 발간했다. 이 책자에서는 체인점들이 "초기 단계에서 지역 사회의 기업이나 지역 공동체의 복지에 다소 소홀했을 수도 있고" 또 "사회적 책임과 홍보에도 어느 정도 소홀했다"라고 인정한다. 그러면서도 한편으로 이제는 지역 상공회의소 활동에 열성적으로 참여하고 공동모금 행사가 있으면 적극적으로 기부하고 또 보이스카우트와 적십자사를 지원한다고 소개했다. 한마디로 자신들 역시 훌륭한 시민이 될 수 있다는 말이었다.[83]

체인점들이 이처럼 자신들의 훌륭한 시민의식을 입증하려고 노력했지만, 정작 체인점 옹호자들은 체인점의 진정한 가치는 소비자 복지에 기여한다는 데 있다고 주장했다. 즉 체인점의 기본적 존재 이유는 시민성을 이야기하는 시민적 차원이 아니라 공리주의적 차원이라는 것이었다. "사람들 대부분에게 가장 좋은 것은 일상의 경제적 삶 속에서 가장 많은 사람에게 가장 커다란 혜택이 돌아가게 만드는 것이다. (…) 체인점이 더 나은 상품을 더 낮은 가격에 소비자에게 제공한다면, 그들의 개인적 이익이 어떻게 해를 입히든 간에 체인점을 괴롭히거나 비판하거나 파괴할 권리는 어떤 개인에게도, 어떤 계급에게도 없다."[84]

체인점이 수행하는 시민적 역할을 놓고, 즉 체인점이 지역 공동체에 도움이 되는지 해가 되는지, 사람들의 고용과 기회에 도움이 되는지 해가 되는지 등을 놓고 벌어진 모든 논쟁은 "상점의 부차적 기능들"과 관련이 있었다. 바로 이 지점에서 시민적 차원의 고려에서 소비자주의 차원의 고려로 전환하는 과정을 뚜렷하게 확인할 수 있다. 또 다른 체인점 간행물에서는 "소매점이 지역 공동체에서 수행해야 할 가장 우선적이고 또 가장 큰 의무는 소비자에게 혜택을 주는 것"이라면서 체인점 비판자들이 이 단순한 사실을 잊어버린다고 지적했다. "그들이 하는 말을 듣다 보면 상점은 별로 중요하지도 않은 방식으로 우연히 상품을 소매가로 판매하게 된 곳이며, 상점이 수행하는 중요한 과제는 자선 활동에 기여하고 보행도로와 마을회관을 짓고 실업 문제를 해결하는 것이라는 생각이 든다."

그러나 이것은 상점이 수행해야 하는 가장 기본적 기능을 "의도적으로 축소"하는 것이라면서 상점은 시민적 목적에 기여하기 위해 존재하는 것이 아니라 좋은 상품을 싼 가격에 판매함으로써 소비자의 복지를 극대화하기 위해 존재한다고 분명하게 밝힌다. 바로 이 기능을 "체인점들이 최대한 잘 수행한다"라고 역설했다.[85]

1930년대 후반이 되면 체인점들은 체인점을 제한하는 법률에 반대하기 위해 서로 결집해 로비 활동과 홍보 활동을 강화했다. 그 결과 소비자와 농부와 조직된 노동자의 지지를 받았다. 에이앤피는 캘리포니아에서 과잉생산된 농산물을 사들여 농산물 가격을 높게 유지함으로써 1936년에 체인점에 추가 과세하는 법안에 대한 주민투표 결과를 반대로 이끌어내는 데 성공했다. 또 몇 년 뒤에는 일련의 단체교섭협약을 통해 노동자들의 지지도 확보했다. 그런데 1936년에 의회는 로빈슨-패트먼법Robinson-Patman Act을 의결해 체인점이 도매상으로부터 할인된 가격으로 상품을 구매할 수 있는 한도를 제한했고, 그 바람에 체인점은 일시적으로 어려움을 겪었다.

그 후 1938년 라이트 패트먼Wright Patman 하원의원이 제안한 연방 체인점과세법 제정이 실패로 돌아가면서 결국 체인점반대 운동은 1930년대 말에 소멸했다. 지역 식료품상들과 약사들이 스스로를 공화주의적 덕목의 마지막 주자로 자처했지만 온전하게 설득력을 갖추진 못했다. 오히려 그 반대편에서 체인점들은 좋은 제품을 싼 가격에 제공하는 존재로 튼튼하게 자리를 잡았다. 이런 대안들 앞에서 시민의식의 정치경제학은 점차 영향력을 잃었다.[86]

독점금지법과 반독점운동

체인점에 반대하는 법률과 다르게 독점에 반대하는 법률은 오래 살아남았다. 역사의 흐름 속에서 이념이 달라졌기 때문이다. 독점금지법은 시민의식의 정치경제학에서 태어났지만, 20세기 중반에 나타나기 시작했던 성장 및 분배 정의의 정치경제학에 기여했다. 분명한 사실은 독점을 시민의식 차원에서 반대하는 입장과 소비주의 차원에서 반대하는 입장은 애초부터 함께 존재했다는 점이다. 미국인은 자치에 대한 우려 때문은 물론이고, 소비자가 높은 가격을 부담해야 할지 모른다는 우려 때문에도 경제 집중화에 반대했다.

최근에 몇몇 논평가들은 독점금지법의 정치적 목적에 반대하면서 셔먼법Sherman Act*이 오로지 경제적 효율성과 소비자 복지에만 초점을 맞춘다고 주장해왔다.[87] 그러나 의회에서 이뤄졌던 논쟁과 19세기에서 20세기로 넘어가던 무렵의 여러 가지 사정을 고려하면 이야기는 달라진다. 1890년에 연방의회가 반독점에 초점을 맞춘 셔먼법을 논의할 당시에 이 법안은 독점 가격으로부터 소비자를 보호하는 동시에 오랫동안 자치에

---

* 이 법률은 독점 시도, 가격 담합, 생산량 제한 등 경쟁을 저해하는 불공정 행위를 포괄적으로 금지한다.

꼭 필요한 요소로 여겨졌던 소기업 및 소상점 중심의 탈중앙 경제를 지키겠다는 목적을 동시에 가지고 있었다. 단순하게 경제적 효율성을 따진다거나 또는 소비자 복지의 문제에 초점을 맞추는 것 이상의 의미를 가진 반독점운동은 "정치적 기반을 늘 예민하게 인식했던 지도자들의 정치적 판단이 반영된 것이다. 이런 점에서 셔먼법은 미국인이 권력 집중화를 지속적으로 염려한다는 사실을 입증하는 증거이기도 하다".[88]

존 셔먼John Sherman 상원의원과 그의 동료들은 거래를 규제할 목적으로 기업 결합을 제한하는 이 법률이야말로 "자유를 부패하지 않도록 지키고 정치적 삶을 독립적으로 생각하는 자유를 유지하는 중요한 수단, 즉 민주주의 정부를 위한 소중한 주춧돌"이라 생각했다.[89] 셔먼은 트러스트(독점)가 인위적 가격 상승으로 소비자를 기만할 뿐만 아니라 무책임한 권력으로 민주 정부를 위협한다고 주장했다. 트러스트에 집중된 권력은 "우리의 정부 형태에 맞지 않는 왕권적 특권에 해당된다. 그러므로 국가 및 연방 기관들은 여기에 강력하게 저항해야 한다. 만약 무언가 잘못된게 있다면 이 부분에서 잘못이 있다. 만일 우리가 왕이라는 존재를 정치적 권력으로 인정하지 않겠다면, 생필품의 생산과 운송과 판매에서 왕권과 다름없는 권력을 휘두르는 존재 역시 그냥 내버려두면 안 된다."[90]

역사가인 리처드 호프스태터Richard Hofstadter는 반독점 법률에 대해 다음과 같이 썼다. "셔먼법 이면에는 경제 이론보다 한층 더 명확하고 분명한 정치적 충동이 놓여 있었다. '트러스트'와 독점을 말할 때 모호하기 짝이 없는 언어를 사용하는 사람들 (…) 경쟁이 효율성에 얼마나 필요한지 제대로 보여주지 못하는 사람들, 어떤 경쟁 행위가 정당하고 또 어떤 경쟁 행위가 부당하다고 제대로 말하지 못하는 사람들조차도 (…) 자기가 무엇을 피하려고 하는지 합리적이고도 명확하게 밝혔다. 즉 그들은 결합과 집중으로 덩치를 키운 민간 권력이 민주주의 정부를 파괴하는 것을 막고자 한다."[91]

독점금지 옹호자들은 대기업이 민주적 정부에 가하는 직접적 위협뿐만 아니라 시민의 도덕적·시민적 특성에 미치는 간접적 영향도 걱정했다. 개혁가들이 경쟁 체제가 유지돼야 한다고 말할 때 그들이 관심을 가진 대상은 소비자가격만이 아니었다. 사실 그것은 그들의 주된 관심사가 아니었다. 그보다는 소규모 독립생산자 경제와 이 체제가 이상적으로 요구하는 덕목의 특성, 즉 기업가정신과 주도성과 책임성에 관심을 가졌다. 예를 들어 성직자였던 헨리 스팀슨Henry A. Stimson은 1904년에 쓴 글에서 소기업을 "교회 다음으로 중요한 인격 수양의 학교"라고 불렀다. 또한 대기업과 트러스트의 출현이 번영을 가져왔지만 동시에 "과거에는 자기 사업을 운영하거나 그렇게 될 기회를 노렸을 많은 피고용인의 인격적 특성에 해로운 영향을 미쳤다"라고 진단했다. 그리고 오랫동안 공화주의 전통은 피고용인과 사무원들로 이뤄진 국가에서는 자치에 필요한 시민의 독립성과 판단력이 배양될 수 없다며 걱정했다.

비슷한 맥락에서 스팀슨은 과연 기업이 자신에 필요한 리더십을 어떻게 스스로 개발할 수 있을지 다음과 같이 우려했다. "리더십은 행동의 독립성과 자신이 하는 일을 스스로 이끌어나가는 책임성에 익숙한 사람들에게서 나온다. 평생 피고용인으로 살아가는 사람들의 마음이나 정신에서는 결코 나오지 못한다."[92]

또 1899년에 미시간의 주지사 헤이즌 핑그리Hazen S. Pingree는 트러스트 문제를 다루는 전국 회의에서 연설하면서 "트러스트의 부패한 효과"를 언급하면서 "우리의 국가적 생활과 시민의식 그리고 우리 공화국의 실질적인 힘인 모든 남성과 여성의 삶과 인성에 나쁜 영향을 끼쳤다"라고 맹렬하게 비난했다. 즉 "독립적이고 개별적인 사업가와 숙련된 장인 및 기계공"이야말로 늘 우리 공화국의 힘이었는데 트러스트 때문에 기업의 소유와 관리가 소수의 손에 집중되면서 과거에 독립성을 유지했던 기업가와 상인이 대기업의 직원으로 전락하고 말았다는 것이다. "그들의 개인적 정체성이 사라져버렸다. 그들은 거대하고 복잡한 기계 장치에서 톱니바퀴와 작은 톱니가 되고 말았다. (…) 어쩌면 그들은 지금보다 더 큰 톱니바퀴나 톱니가 될 수 있을지 모르지만, 그들은 사업의 자유를 마음껏 누리는 생활은 결코 기대할 수 없게 됐다."[93]

핑그리는 자유노동이라는 이상에 활력을 불어넣는 시민적 자유관에 여전히 의존해 트러스트가 "산업 노예제industrial slavery"를 만들어낸다고 비난했다. 그는 노예주는 트러스트의 이사들이고, 노예는 "과거에 상인이었고 사업가였던 사람들 그리고 독립적 사업 운영의 희망을 소중하게 간직했던 장인과 기계공"에 빗댔다. 또한 설령 트러스트가 번영을 가져다줄지 모르지만, 아무리 번영을 누리게 된다고 해도 도덕적·시민적 차원에서 사람들의 덕목이 타락하는 것이 정당화될 수 없다고 목소리를 높였다. "나는 이 세상에 있는 모든 금이나 은보다 미국 시민의 독립성과 남자다움을 좋아한다. (…) 민주적 시민이 사라지고 나면 민주공화국도 사라질 수밖에 없다."[94]

핑그리에 이어서 연단에 오른 조지 건턴George Gunton은 트러스트 옹호자였다. 결국 청중들로부터 격렬한 항의를 받긴 했지만, 건턴은 핑그리가 지지했던 생산자 윤리에 이의를 제기하면서 수십 년 뒤에야 비로소 널리 인정받게 될 소비자 윤리 개념을 제시했다. 노동운동 지도자에서 교수로 변신했던 건턴은 트러스트가 낮은 소비자가격과 충분히 높은 노동자 임금을 보장함으로써 공공의 복지에 기여할 수 있다고 했다. 건턴이 제시한 트러스트 옹호론의 기준으로 보자면 증오의 대상이었던 스탠더드오일컴 퍼니와 카네기스틸컴퍼니 그리고 여러 철도회사는 엄청난 성공을 거둔 셈이었다. 컨턴은 이들이 자본을 투자하고 규모의 경제를 실현한 덕분에 소기업들이 제공할 수 있었던 가격보다 훨씬 낮은 가격 혜택을 누릴 수 있게 됐다고 주장했다.[95]

건턴은 기업이 노동조건에 미친 영향에 대해서도 직설적으로 평가했다. "노동자의 자유와 개인적 개성은 고용의 영속성과 높은 임금이라는 두 가지에 달려 있다. 고용이 영구적이고 임금이 높은 기업에서 일하는 노동자는 가장 똑똑하고 또 가장 큰 자유를 누리고 가장 독특한 개성의 소유자일 수밖에 없다." 또한 자유노동의 윤리를 대담하게 뒤집어 소기업보다 대기업에서 더 바람직한 시민이 형성된다고 주장했다.

고용 안정이 보장되는 대기업에서 "노동자는 높은 수준의 독립성을 누린다. 대기업이 노동자의 의견과 개인적인 행동에 미치는 영향이 가장 적다는 사실은 이미 잘 알려져 있다". 반면에 분기마다 해고를 걱정해야 하는 소기업에서 "노동자는 고용 안정을 누리는 대기업의 노동자만큼 용감하지도 않고 똑똑하지도 않으며 자유롭지도 않다." 즉 노동자가 독립 생산자와 함께 트러스트에 반대해야 한다고 말하는 생산자 윤리는 잘못된 것이라는 말이다. "적은 자본을 가진 고용주 아래에 있는 노동자는 사회적·경제적·정치적으로 단일한 이해관계를 가지지 않는다."[96]

셔먼법 입안자들은 거래 제한을 목적으로 하는 계약 및 기업 결합의 금지 내용을 폭넓게 규정하고 있어 구체적 사항의 결정은 법원 몫으로 남겼다. 이 법은 제정된 뒤 처음 10년 동안에는 거의 집행되지 않았다.[97] 그러다가 1897년에 대법원은 철도 요금을 담합하는 카르텔에 이 법을 적용했다. 루퍼스 휠러 펙햄Rufus Wheeler Peckham 대법관은 초기의 반독점 의견을 제시한 사람들 중 한 명이다. 그는 가격 담합 수준이 과도하지 않거나 가격이 터무니없이 높지 않은 경우라고 하더라도 셔먼법을 적용할 수 있다고 주장했다. 가격 담합이 비록 소비자에게 해를 끼치지 않았더라도 소규모 독립생산자를 폐업으로 몰고 갈 수 있으므로 독점금지법이 앞장서서 그들을 보호해야 한다는 것이다. "소비자가격을 낮추는 가격 담합은 그 일을 하면서 평생을 살았으며 또 바뀐 환경에 제대로 적응하지 못하는 소규모 거래자들과 훌륭한 사람들을 시장에서 몰아낼 수 있다. 거래상품의 가격이 내려가면, 이런 계층이 몰락하고 또 무소불위의 힘을 휘두르는 자본 결합이 상품에 대한 통제권을 장악해버리는 값비싼 대가가 뒤따를 수 있다."[98]

1970년대 후반에 로버트 보크Robert Bork는 펙햄이 소규모 생산자를 언급한 것은 소비자 복지의 극대화를 말하는 과정에서 나온 불운한 "실언slip"이나 "착오lapse"라고 했다.[99] 하지만 꼭 그렇지만은 않다. 펙햄은 자유노동의 이상적 모습들을 환기시키면서 소규모 생산자의 중요성을 계속해서 설명하기 때문이다. 그는 "소규모 독립생산자들이 무더기로" 사라지는 것은 그들과 가족에게 어려움을 안겨줄 뿐만 아니라 국가 전체적으로도 손실이라고 했다. "대기업에 의해 시장에서 쫓겨난 소규모 독립생산자들이 새로운 생계수단을 찾는다고 가정해보자. 비록 규모가 작아도 자기 소유의 사업을 독립적으로 수행하던 사람이 회사의 경영 방침에 아무런 발언권도 가지지 못한 채, 예전에 자신이 취급했던 물품을 다른 사람의 지시에 따라서 만들거나 팔아야 하는 하인이나 대리인의 역할을 한다면 어떤 나라에서든 간에 번영에 전혀 도움이 되지 않는다." 그러면서 독립적 생산자 계급의 소멸은 소비자 복지라는 잣대만으로는 결코 평가할 수 없는 커다란 시민적 손실이라고 단언했다.[100]

반독점운동은 진보주의 시대에 새롭게 활력을 찾았다. 이 운동을 대변하던 가장 논리적이고 영향력 있는 인물은 브랜다이스였다. 소비자 운동가인 랠프 네이더Ralph Nader와 같은 오늘날의 반독점 개혁가들과 다르게 브랜다이스는 소비자를 내걸고서 트러스트라는 독점 현상에 반대하지 않았다. 그는 소비자가격을 낮추는 일보다는 소규모 독립생산자 경제를 보존하는 일에 더 관심을 가졌다. 그가 소비자보다 소규모 생산자를 독점의 피해자로 강조하자 어떤 비평가는 브랜다이스를 "시민의 변호사People's Lawyer"가 아니라 "소매 약제사, 소규모 신발 생산자, 그 밖의 프티부르주아 계급의 구성원들을 대변하는 사람"으로 기억해야 한다고 제안했다.[101] 그러나 브랜다이스가 소규모 생산자의 운명에 기울였던 관심과 우려는 공화주의 정치사상의 오랜 전통이 반영된 것이었다.

제퍼슨에서부터 노동기사단에 이르기까지 시민의식의 정치경제학에서는 미국인의 도덕적·시민적인 바람직한 덕목 함양을 농부나 장인이나 소기업가와 같은 생산자라는 역할에서 찾으려고 노력했다. 브랜다이스가 견지했던 생산자 윤리는 바로 이런 공화주의적 발상들과 이어져 있었다. 근본적으로 보자면 그가 소규모 독립생산자의 대의를 옹호한 것은 그들을 위해서라기보다 미국의 자치 환경에 적합한 탈중앙의 경제를 보존하기 위해서였다.[102]

물론 브랜다이스는 경제적 효율성과 소비자 복지를 모두 무시하지는 않았다. 대기업 옹호자들이 트러스트가 규모의 경제를 실현해 낭비를 줄이고 생산성을 높인다고 주장할 때 브랜다이스는 규모가 때로는 효율성을 떨어뜨린다고 반박했다. 대규모 기관이 특정한 한계점을 넘어서는 순간 인간적 이해나 통제의 범위를 넘어서는 원심력이 생긴다면서[103] "만일 주님께서 만물을 크게 만들겠다고 의도하셨다면, 인간을 두뇌나 인성이라는 점에서 지금보다 훨씬 더 크게 만드셨었을 것이다"라고 했다.[104] 그러면서 그는 크기가 클수록 비효율적이라는 증거로 위스키, 밧줄, 맥아제조, 종이, 가죽, 증기선 등의 사업 분야에 존재하는 트러스트들이 실패했거나 거의 성공하지 못한 사례를 제시했다.

반면 석유, 담배, 설탕 및 철강 등의 사업 분야에서 성공한 트러스트들은 효율성이 아니라 시장을 독점적으로 통제해 가격을 담합한 덕분이라고 지적했다. 이런 인식의 연장선으로 브랜다이스는 상원위원회에 출석해 "나는 규모가 큰 것은 규모가 작은 것만큼 효율적이지 않다고 강력하게 확신한다"라면서 "오늘날 누구나 바람직하다고 동의하는 규칙에 따라 기업이 운영된다면 어떤 대기업은 결코 생기지 않을 것이며, 또 설령 그런 대기업이 생긴다고 하더라도 성공하지 못할 것이라고 믿는다"라고 발언했다. 공정한 경쟁이 이뤄지는 조건에서 "이 괴물들은 쓰러지고 말 것이다".[105]

그러나 독점에 반대하는 브랜다이스의 기본적 논지는 경제라는 차원을 넘어 자치를 염두에 둔 것이었다. 설령 트러스트라는 독점체가 소규모 기업보다 효율적이라는 사실이 입증된다고 하더라도 독점이 가져다줄 경제적 이익보다 민주주의에 끼치는 위협이 훨씬 더 크다고 바라봤던 것이다. 브랜다이스는 규모가 크다는 것 자체는 악한 것이 아니라는 생각을 부정했다. "우리 사회는 민주주의를 기반으로 하므로 그런 조건들에서는 우리 사회가 지속될 수 없기 때문이다. (…) 또 어느 정도의 산업적 자유가 수반되지 않는 한 미국인은 누구도 진정한 미국적 시민의식을 가질 수 없고 정치적 자유를 보존할 수 없으며 미국적인 생활수준을 확보할 수 없다. 유에스스틸을 비롯한 여러 트러스트들이 산업 자유의 등에 칼을 꽂았다."

또 사람들이 경쟁은 낭비를 조장할 뿐이라면서 독점을 옹호하자 그는 "경쟁에는 약간의 낭비가 뒤따른다"라고 비판을 일부 인정하면서도 다음과 같이 반박했다. "낭비하지 않은 인간 활동이 어디 있단 말인가? 민주주의에 뒤따르는 낭비는 가장 큰 낭비들 가운데 하나임은 분명하다. 그러나 우리는 민주주의를 지킴으로써 그 낭비보다 훨씬 더 큰 절대주의의 낭비를 줄일 수 있다. 그래서 경쟁이 있어야 한다." [106]

브랜다이스의 태도가 오늘날의 소비자 지향적인 개혁운동과 거리가 있다는 사실은 제조업자가 소매상이 가격 할인을 할 수 없도록 소매가격을 결정하는 행위를 옹호한다는 데서 확인할 수 있다. 1911년에 대법원은 특허 의약품 제조업체인 마일즈메디컬컴퍼니가 도소매상들에게 자사의 특허 제품을 특정 가격 이하로 팔지 못하도록 요구한 계약이 불법이라고 판결했다. 이런 계약은 셔먼법에 위배되는 불법적인 거래 제한 행위라고 바라본 것이다. 그러자 브랜다이스는 판결에 반발하면서 재판매가격유지 계약을 반독점 규제 대상에 제외해야 한다는 운동을 벌였다. 그러면서 브랜드 제품의 균일한 소매가격은 체인점, 백화점, 통신판매점 등의 가격 인하로부터 소규모 소매상을 보호하고, 결과적으로 시장의 경쟁 시스템을 촉진했다고 주장했다. 재판매가격유지 행위를 금지하면 판매가격을 내리는 대규모 소매상 때문에 소규모 소매상이 줄줄이 폐업하고 말 것이라는 논리였다. [107]

브랜다이스는 질레트의 안전면도기를 예로 들어 재판매가격유지의 이점을 설명했다. 만일 이 회사가 면도기의 소매가격을 고정하면 소매상들은 면도기를 할인된 가격에 팔 수 없을 것이고 경쟁은 줄어든다. 그러나 가격이 고정되면 규모가 크든 작든 간에 많은 소매상이 면도기를 팔게 되고, 넓은 의미에서 경쟁이 강화된다는 것이다. "모든 판매업자, 모든 소규모 문구점 또 모든 소규모 약국 등이 모두 그 면도기를 판매할 수 있다. (…) 이렇게 되면 고정 가격을 통해 소규모 업자가 백화점을 비롯한 대규모 업자와 맞설 수 있다. 고정 가격 제도가 존재하지 않는다면 도저히 있을 수 없는 일이다."[108]

소비자가격에만 관심을 가지는 사람들에게는 다수의 소생산자 경제라는 브랜다이스식 탈중앙의 경쟁적 경제 시스템보다 가격 경쟁이 한층 더 바람직하다. 그러나 브랜다이스에게는 소비자가격이 전부가 아니었다. 그는 소비자가격이 전부라고 생각하는 소비자를 절망적이고 근시안적이라고 지적했다. 낮은 가격에 제품을 판매하는 업자를 찾아가기보다 소비자조합을 통해 제품을 구매한다든가 "광고되는 모든 상품을 의심의 눈으로 바라본다든가" 또 "주요 생필품의 가격이 조금이라도 오르면 불매운동을 벌이는 것"이 훨씬 더 낫다고 지적했다. 또한 조직되지 않은 소비자가 가격에만 관심을 가질 경우 "비굴하고, 방종하고, 나태하고, 무지해져" 독점의 손에 놀아나는 어리석은 선택을 하고 만다고 봤다. "생각이 없고 나약한 이런 소비자는 눈앞의 사소한 이익에 흔들리게 돼 천부적 권리를 팔아 온갖 잡동사니를 사면서 독점의 도구로 전락한다"는 것이다.[109]

그런데 어쨌든 간에 가격유지 제도는 소비자 복지의 올바른 이해보다 더 중요한 문제를 제기했다. 브랜다이스의 논리를 따르면 제조업자들이 판매가격을 결정할 수 있을 때 민주주의 성립의 필수 요건인 소규모 독립생산자 중심의 탈중앙 경제가 가능하기 때문이다. 그래서 브랜다이스는 〈치열한 경쟁 가격: 사람 잡는 경쟁Cut-Throat Prices: The Competition That Kills〉이라는 유명한 글에서 다음과 같이 썼다. "가격유지 금지는 소규모 독립생산자들에게 심각한 불이익을 강요한다." 이 조치는 제조업자들이 곧바로 체인점을 결합해 소매상들을 도태시키게 만드는 경향이 있다. "이렇게 되면 이미 통신판매점, 기존의 체인점, 대형 백화점 등과 같이 자본이 결합된 대규모 독점체들로부터 압박을 받는 소규모 독립소매상의 소멸 과정이 가속화될 것이다. 수많은 직원을 거느리며 부재소유와 금융 통제라는 도구까지 거머쥔 대기업이 이처럼 소규모 독립소매상을 대체하는 일은 민주주의를 위협하는 심각한 위험 요소다."[110]

비록 연방의회에서 브랜다이스가 주장했던 내용이 담긴 밀러-타이딩 공정무역법Miller-Tydings Fair Trade Act을 1937년에 제정했지만 가격유지 계약을 독점금지 대상에서 제외하자는 브랜다이스의 운동은 결국 실패했다. 진보주의 시대 반독점운동이 정점을 찍었던 시기는 1914년였다. 이 해에 비경쟁적 관행에 대한 제한을 강화하는 클레이턴법Clayton Act이 제정됐고, 또 "불공정한 경쟁 방법들"을 조사하고 규제하는 행정기관인 연방거래위원회Federal Trade Commission가 설치됐다. 그리고 1914년 이후로는 반독점 정서는 수그러들었다. 제1차 세계대전 이후 뉴딜정책 말기까지 독점을 억제하는 조치는 활발하지 못했다. 대기업을 향한 적대감도 정치적 논쟁 과정에서 별로 드러나지 않았다. 1920년대 후반에 기업계에 합병 바람이 불었지만 예전과 다르게 대중적 저항은 없었다. 대공황이 시작되면서 반독점 조치 요구가 있었음에도 불구하고 뉴딜정책의 추진과 함께 정부가 지원하는 카르텔과 국가부흥청National Recovery Administration*의 가격할인 제도를 실험하기 위해 반독점 관련 법률들은 일시적으로 정지됐다.[111]

그런데 1930년대 후반에 들어서자 반독점 정서와 활동이 극적으로 되살아났다. 국가부흥청이 기대한 것만큼 성과를 내지 못하기도 했고 또 1937년에 경기가 나쁘기도 했던 상황에서 1938년에 프랭클린 루스벨트(

---

* 뉴딜정책의 일환으로 산업의 진흥 및 실업률 저하를 목적으로 1933년에 설립됐다.

대통령 재임: 1933~1945)는 예산 50만 달러를 배정해줄 것을 의회에 요청했다. 독점금지법 집행을 위한 기금 확충과 미국 산업에서의 경제 권력 집중에 대한 포괄적 연구 지원이 목적이었다. 루스벨트는 의회를 향해 시민성을 이야기하는 차원의 노선과 소비자 복지 차원의 노선을 모두 아우르는 반독점 주장을 펼쳤다. 그는 시민성에 대한 반론으로 "국민이 민주국가 자체보다 더 강해질 정도로 경제 권력의 성장을 용인한다면 민주주의의 자유는 안전하지 않다"라고 선언했다. 또 소비자 복지 차원에서는 고용과 분배 정의 그리고 "국가 전체의 구매력"에 독점이 끼치는 부정적인 영향을 우려했다.[112]

같은 해에 루스벨트는 예일대학교 교수이던 서먼 아널드Thurman Arnold를 법무부의 반독점국Antitrust Division 수장으로 임명했다. 반독점운동에 대한 냉소적 글을 썼던 아널드의 임명은 적절치 않은 것처럼 보였다. 그는 한 해 전에 출간했던 《자본주의의 민속The Folklore of Capitalism》에서 개혁가들이 독점금지법에 에너지를 쏟아붓긴 했지만 기업의 거대화 추세를 늦추는 데 거의 도움이 되지 않았다면서 이는 공허한 의식이자 "거대한 도덕적 제스처"라고 묘사했다. 또한 조직화의 시대를 거슬러 탈중앙의 소규모 경제로 돌아가겠다는 발상은 애초부터 불가능한 것이라고 조롱하기도 했다. "윌리엄 보라William Borah 상원의원과 같은 사람들은 아무짝에도 쓸모없지만 세상의 관심을 끄는 데는 성공한 이런저런 운동을 벌이면서 정치 경력을 쌓았다." 그러나 "대기업들은 자기에게 대항하는 바로 이런 운동 덕분에 점점 더 규모를 키웠으며 점점 더 많이 인정받게 됐다".

이런 도발적인 글을 썼음에도 불구하고 아널드는 상원의 인준을 받았다. 한편 보라는 인사청문회 자리에서 "그 책에서 독점과 관련된 부분을 전면적으로 수정하라"라고 아널드에게 조언했다.[113]

아널드는 대기업에 반대하는 개혁운동을 경멸했지만, 그의 재임 기간 동안 독점금지 법률들이 미국 역사상 가장 강력하게 집행됐다. 시어도어 루스벨트 대통령 아래에서 "독점 파괴자"라는 유명한 별명으로 불리던 법무부 반독점국은 "변호사 다섯 명과 속기사 네 명이 모여 대기업 연합 세력에 맞서는 싸움에 나섰다". 1920년대와 1930년대 초까지 거의 아무 런 활동도 하지 않았던 반독점국은 아널드가 취임하던 당시만 하더라도 "분대급" 규모였다. 그런데 아널드는 취임 첫해에 변호사 수를 58명에서 100명 이상으로 늘렸고 독점금지 위반 기소 건수도 대폭 늘렸다.

셔먼법이 제정된 뒤로 1938년까지 해당 기소 건수는 연평균 아홉 건 밖에 되지 않았지만, 1940년 한 해에만 기소 건수가 85건이나 됐다. 아 널드의 지휘 아래 독점금지 위반으로 기소됐던 유명한 사건이 속한 산업 은 낙농업, 건설업, 영화, 미국의학협회, 타이어 제조업, 비료, 석유업, 신 문 인쇄업, 광고판, 타자기, 운송업 등이다. 1943년에 법무부를 떠날 때 까지 그는 "예전에 법무부에서 다뤘던 독점금지 사건의 총건수보다 더 많은 사건을 기소하고 또 승소했다".[114]

겉으로만 보자면 독점금지법 집행에서 거뒀던 전례 없는 성공은 "거대 함의 저주"를 제어하려는 개혁운동에 대해 아널드가 반감을 가졌다는 사 실과 모순되는 것처럼 보인다. 하지만 자세히 들여다보면 실상은 그렇지 않다. 그의 재임기에 독점금지법이 부활할 수 있었던 것은 당시의 법률이 이전의 법률과 달랐기 때문이다. 아널드는 브랜다이스의 전통을 이어받 았던 독점 반대자들처럼 자치를 위해 탈중앙의 경제를 추구한 것이 아니 라 낮은 소비자가격을 위해 경제를 규제하고자 했다. 그가 추진한 독점금 지법의 목적은 경제적 효율성을 높이는 것이지 권력의 집중화에 맞서서 싸우자는 것이 아니었다. 즉 아널드가 되살린 독점금지는 독점금지의 목적 및 그 기초가 되는 정치 이론에서 모두 예전의 독점금지와는 다른 것이었다. 브랜다이스는 시민의식 정치경제학의 한 표현으로서 소규모 독립생산자 경제를 보존하는 데 독점 반대의 초점을 맞췄지만, 아널드는 공화주의 전통의 생산자 윤리와 무관하게 소비자의 복지에 봉사하는 데 독점 반대의 초점을 맞췄다.[115]

아널드는 이러한 목적의 변화에 대해 다음과 같이 분명하게 밝혔다. "독점을 금지하던 과거의 법률은 '거대함의 악'을 없애기 위해 고안된 것이었다. 그런데 우리가 강조해야 할 대상은 규모에 따른 악이 아니라 효율적이지 못하거나 효율성을 소비자에게 제공하지 못하는 산업에 따른 악이다. 만약 독점금지법이 단순히 거대함을 경제적 죄악으로 비난하는 종교적 차원의 표현이라면, 이것은 오늘날과 같은 기계 시대에 맞지 않는 시대착오다. 그러나 만약 그 법률들이 한층 더 효율적인 분배라는 목적을 지향한다면, 중요한 의미를 지닌다."[116]

아널드는 무려 40년 동안 미국인이 기업의 규모를 놓고 갑론을박을 벌여왔다면서 "그 논쟁은 높은 건물이 낮은 건물보다 나은지, 아니면 큰 석탄 조각이 작은 석탄 조각보다 나은지 따지는 것이나 마찬가지"라고 지적했다. 그는 이러한 문제 제기나 논쟁은 어떤 구체적인 목적과 관련되지 않으면 아무런 의미가 없다고 바라보면서 경제 조직의 유일한 목적은 재화의 효율적 생산과 유통뿐이라고 결론을 내렸다.

공화주의 전통에서는 경제학에 보다 폭넓은 도덕적·정치적 목적을 부여했다. 초기에 독점에 반대했던 사람들은 이러한 전통에 충실하게 입각해 자치에 필요한 덕목을 갖춘 시민을 양성해야 한다는 잣대를 들고서 경제적 제도나 조치를 평가했다. 아널드는 이러한 "낡은 종교"는 대량 생산 시대에 어울리지 않는 감상적 개념일 뿐이라고 했다. 다시 말해 그는 독점금지법에 대한 시민적 차원, 즉 시민성을 이야기하는 차원의 주장을 완전히 거부하고 소비자주의 차원의 주장만을 고집했던 최초의 중요한 독점금지법 옹호자였던 셈이다. "거대한 조직이 누릴 수 있는 특권을 검증할 수 있는 합리적 기준은 딱 하나밖에 없다. 그것은 바로 '과연 생산 또는 유통의 효율성을 높이며, 절약한 것을 소비자에게 돌려주는가?' 하는 질문이다."[117]

시민의식에 대한 고려를 논외로 삼자 소비자 복지에 미치는 영향을 제외하고는 민간 권력의 집중화를 반대할 근거는 아무것도 없었다. "소비자로서는 조직의 규모가 크다는 사실이 악이라고 확신할 수 없다. 소비자는 대기업이 아니면 자신이 타는 자동차를 생산할 수 없음을 잘 안다. 또 소비자는 유리잔, 접시, 망치, 그리고 현재 10센트 물품 가게에서 팔리고 있는 모든 것들이 사치품이었던 때를 기억한다. 소비자는 대량 생산과 대량 유통이 없었다면 유통에서의 효율성은 불가능했을 것임도 안다. 소비자들은 소기업이라는 이상을 머릿속에 그리는 정서적 애착을 고집하면서까지 기계 시대의 이 모든 편리함을 잃고 싶어 하지는 않는다." 아널드는 미국인이 대기업을 향한 증오가 아니라 "돼지고기, 빵, 안경, 약, 배관 공사 등의 가격"에 대한 관심을 근거로 독점을 금지하는 여러 조치를 지지하도록 만들어야 한다고 주장했다.[118]

한때 반독점운동의 정치적·이념적 동반자였던 체인점반대 운동이 사람들의 기억에서 사라지던 바로 그 시점에 아널드는 반독점운동을 되살리고 또 바꿔놓았다. 그는 과거에 내세웠던 소규모 생산자의 윤리를 포기하는 대신에 "돼지고기 가격"의 인하를 약속함으로써 반독점운동의 법률적·정치적 입지를 안정적으로 확보했다. 그러나 시민주의 윤리에서 소비자주의 윤리로의 전환은 독점에 반대하는 노선이 미국 정치와 법률에서 일정한 지위를 확보한다는 사실을 넘어 한층 더 큰 의미를 담고 있었다. 비록 당시에는 분명하지 않았지만, 이러한 변화는 20세기의 나머지 기간에 경제와 정치를 바라보는 미국인의 사고방식에 일어날 거대한 변화를 암시했다.

소비자 복지를 전제로 한 정치경제학은 시민에게 자치의 습관과 덕목을 길러주겠다는 공화주의 정치경제학과 달리, 사람들이 좋아하는 것과 싫어하는 것을 있는 그대로 받아들인다. 즉 공화주의 전통의 형성적 야망을 버리고 사람들이 자기가 좋아하는 것을 충분히 그리고 공정하게 충족할 수 있게 해주는 경제 시스템을 추구한다. 아널드의 반독점주의는 이러한 새로운 입장을 취했다. 그의 반독점주의는 소비자의 복지에 관심을 기울이는 한편, 오래된 형성적 야망을 버리고 생산성과 가격에 관심을 기울였다. 브랜다이스의 독점반대 전망이 아널드의 독점반대 전망으로 바뀌는 과정에서 우리는 미국이 시민의식의 정치경제학에서 성장 및 분배 정의의 정치경제학으로, 또 공화주의적 공공철학에서 절차적 공화주의에 영향을 주는 자유주의적 버전으로 나아가는 과정을 엿볼 수 있다.

소비자를 기반으로 하는 독점반대 목소리가 점점 커졌음에도 불구하고, 시민성을 이야기하는 차원의 독점반대 목소리는 완전히 사라지지 않았다. 시민의식의 정치경제학은 독점금지 관련 논쟁에서 계속 목소리를 냈지만, 1940년대와 1950년대 이후에는 점점 더 소수의 목소리로 줄어들었다. 한편 1945년 알루미늄 산업에서 알코아의 독점을 불법으로 판결한 사건에서 러니드 핸드 Learned Hand 대법관은 초기 독점금지법의 형성적 목적을 상기시켰다.

"소규모 생산자의 성공과 실패 여부는 각자가 가진 기술과 덕목에 따라 갈린다. 그러므로 소규모 생산자 체계는 사회적 또는 도덕적 간접 효과 덕분에 다수 대중이 소수의 지시를 따라야 하는 체계보다 선호될 수 있다." 독점을 금지하는 데는 경제적 이유 외에도 "대규모의 산업 합병은 이것이 초래하는 경제적 결과와 상관없이 본질적으로 바람직하지 않다는 믿음을 근거로 하는 다른 여러 이유가 있다". 서먼법의 제정 목적 가운데는 "자본의 거대한 집중이 개인에게 자치권 박탈에 따른 무력감을 유발하기 때문에 이것을 금지하고자 했던 바람도 있었다".[119]

1950년에는 인수합병 규제를 강화하는 법안 마련에 나섰던 상원의원 에스테스 키포버Estes Kefauver는 경제 집중 때문에 시민은 자신의 경제적·정치적 운명을 스스로 통제할 권한을 박탈당한 채 무력한 존재가 되고 말았다고 주장했다. "지난 몇 년 동안 이뤄진 기업의 합병과 경제 집중이 앞으로도 이어진다면 지역경제의 독립성은 유지되지 못한다. 현재 미국 기업에 대한 통제권이 지역 사회의 손에서 떨어져나가고 있는 현상에 대해서는 매우 안타깝다고밖에 말할 수 없다. 이러한 통제권은 중앙의 책임자가 기업의 정책 및 기업의 운명을 결정하는 소수의 대도시로 꾸준히 넘어가고 있다. 지역 사회의 수백만 명은 소수 대도시의 중앙 책임자가 내리는 판단에 속수무책으로 의존할 뿐이다. 독점적 합병이 이뤄지는 바람에 사람들은 자신의 경제적 복지를 감독하고 통제할 권한을 잃고 있다. 이처럼 자신의 경제적 복지를 지시할 권한을 잃으면 자신의 정치적 미래를 이끌고 갈 수단도 잃을 수밖에 없다."[120]

그로부터 2년 뒤 상원에서는 재판매가격유지 법안, 즉 "공정거래법"을 법률적으로 보장할 방안을 논의했다. 이때 휴버트 험프리Hubert Humphrey 상원의원은 그때까지 남아 있던 마지막 몇 가지 주장들 중에서 시민성이라는 차원에 무게중심을 두고 탈중앙의 경제를 지지하는 주장을 제시했다. 우선 그는 그런 법률이 소비자가격 상승으로 이어진다는 주장을 반박했다. 설령 법률적 영향으로 소비자가격이 상승한다고 해도 미국 민주주의가 의존하는 소규모 독립생산자를 보호할 수 있다는 점에서 얼마든지 정당하다고 주장했다.

"우리는 지금 작은 돈에 벌벌 떠는 사람이 빵 한 덩어리를 사는 데 0.5센트를 절약할 수 있을까 하는 문제를 이야기하는 게 아니다. 과연 우리는 고속도로변마다 그리고 골목마다 온통 통신판매점만 있는 그런 미국을 바라는가? 또는 우리 시장에 온통 프랑켄슈타인과 같은 괴물 대기업만 있는 그런 미국을 바라는가? 그게 아니면, 수천만 명의 소규모 독립기업가나 소규모 토지 소유자가 자립적으로 존재하면서 정부나 그 밖의 누구에게든 당당하게 자기주장을 말할 수 있는 그런 미국을 바라는가?"

험프리는 가족이 운영하는 약국이나 철물점만큼이나 가족이 운영하는 농장도 중요하게 여기고 보존할 필요가 있다고 봤다. 그는 가족 농장을 보존해야 하는 이유는 대기업보다 경제성이 높기 때문이 아니라 "가족 농장이야말로 바람직한 시민을 배출하며, 바람직한 시민이야말로 자유와 민주주의의 유일한 희망이기 때문이다. 그래서 우리는 이것을 보존하는 데 들어가는 대가를 기꺼이 치를 수 있다. 나 역시 그 대가를 기꺼이 치를 용의가 있다"라고 설명했다.[121]

한동안 시민성의 논리가 법원 판결에서 잇따라 나타났다. 1962년에 대법원은 두 신발 회사의 합병을 금지하는 결정을 내렸다. 그 근거로서, 소기업의 편을 들어야 하고 또 지역의 산업은 지역이 통제력을 가져야 한다는 키포버의 주장을 인용했다. 얼 워런Earl Warren 대법원장은 판결문에서 독점을 금지하는 법률은 "경쟁자들이 아니라 경쟁 자체"를 보호한다는 점을 인정했다. "그러나 우리는 실행 가능한 소규모 지역 회사를 보호함으로써 경쟁을 촉진하려는 의회의 바람을 무시해서는 안 된다. 산업과 시장이 집중되지 않고 흩어져 있어 종종 비용이 많이 발생하고 가격이 높아질 수 있다는 점은 의회도 인정했다. 그러나 의회는 이 모든 것을 고려하면서도 탈중앙의 경제를 지지했다."[122]

그로부터 몇 년 뒤 대법원은 로스앤젤레스의 두 식료품 체인점 합병 관련 사건에서 합병 이후 시장점유율이 7.5퍼센트밖에 되지 않았음에도 불구하고 비슷한 이유를 들어 합병을 금지했다.[123] 1973년에는 양조업 부문의 인수합병 사건을 다뤘던 윌리엄 더글러스William O. Douglas 대법관이 경제 권력의 집중을 반대하는 시민적 차원의 논지를 다음과 같이 인용했다. "미국 기업에 대한 통제권은 지역 사회의 손을 떠나 멀리 떨어진 도시로 넘어가고 있다. 도시의 고층빌딩에 있는 사람들은 자신과는 거의 또는 전혀 관계가 없는 지역 공동체의 운명을 대차대조표와 손익계산서만으로 결정한다."

그러면서 더글러스는 자신의 고향이던 워싱턴주에서 한때 번성했던 도시인 골든데일을 예로 들었다. 그는 워싱턴주 바깥에 있는 대기업이 골든데일에 있는 제재소를 인수한 뒤 벌어진 일을 소개했다. "골든데일의 영광과 자랑거리를 전혀 알지 못하던 뉴욕의 감사관들은 이 지역의 제재소를 폐쇄하고는 벌목한 목재를 트럭에 실어서 야키마 카운티로 가지고 가서 거기에서 처리 작업을 하기로 결정했다. 그 바람에 골든데일은 불구가 될 정도로 엄청난 타격을 입었다." 더글러스는 독점이 지역 사회를 무기력하게 만드는 과정을 보여주는 증거, 즉 "브랜다이스의 우려를 입증하는 증거"로 골든데일이 걸어갔던 몰락의 운명을 언급하면서 "독립생산자가 아닌 피고용인이 주축이 되는 국가는 독점금지의 세상을 그리는 미국의 꿈에 찬물을 끼얹는 저주다"라고 강조했다.[124]

그러나 시민성을 고려하는 차원의 판결은 법원에서 점점 예외적인 것으로 바뀌었다. 1970년대와 1980년대에 자치 공동체를 뒷받침하는 탈중앙의 경제라는 "독점반대의 꿈"은 소비자 복지의 극대화라는 한층 더 일상적인 대의에 자리를 내주고 물러났다. 1978년에 독점금지법을 다룬 현대의 대표적인 논문에서는 법원이 대체로 탈중앙의 경제와 같은 "대중주의적populist" 목표보다 경제적 효율성을 우선시해왔다고 지적한다. "기업의 규모 자체는 나쁜 게 아니다. (…) 법원이 실제로 경쟁과 효율성을 희생하면서까지 시민적 목표를 추구하겠다는 의사를 가졌다고 볼 수 있는 사건은 거의 없다"라고 결론 내렸다.[125]

이 논문의 저자들은 독점금지야말로 우리 시대의 시민의식의 정치경제학을 위한 유망한 수단으로 바라보는 사람들에게 그것과 반대되는 냉철한 제안을 한다. 그들은 적어도 한 세기에 걸쳐 진행되는 산업 집중화 추세가 반전되는 상황을 기대하기는 어렵다면서 이런 상황에서는 "효율성을 희생하면서 부를 분산하며 작은 규모를 추구할 경우에는 비용이 도저히 받아들일 수 없을 정도로 많이 들 것"이라고 전망했다.

현재로서는 사람들이 소비의 결실에 너무나 매료돼 있고 또 경제 집중의 길로 너무나 멀리 와버렸기 때문에 브랜다이스가 시민적 이상을 정당화할 수 있을 거라 기대한 탈중앙의 경제를 회복하기가 현실적으로 불가능하다고 진단하는 한편, 실질적인 문제로 "독점금지 정책이 모든 시장에서 소비자 복지를 희생하면서까지 매우 많은 생산자의 존재를 보장하지는 않을 것"이라는 점을 고려할 때 변죽만 울리는 땜질식 처방이 과연 경제 구조에 얼마나 많은 영향을 주고 자치에 도움이 될지 의심스럽다고 결론 내렸다. 우리가 지금까지 걸어온 거리를 생각해본다면 기존 시장 구조가 "합리적으로 수용할 수 있는 간섭"이라고 해봐야 그저 그런 수준밖에 되지 않을 것이고, 또 "여기저기에 흩어져 있는 몇 개 되지 않는 회사들을 인위적으로 보호한다고 해봐야 기업의 권력 분산이나 정치적 민주주의 보호에 미칠 영향은 별로 없을 것이다."[126]

이런 인식은 보수주의자와 진보주의자가 서로에 대해 갖는 차이에도 불구하고 적어도 1970년대까지는 독점금지 정책의 주된 목적이 소비자 복지의 촉진이라는 점에서는 차이가 없었다는 사실을 뒷받침한다. 보수주의 법학자였으며 나중에 레이건 정부 때 연방대법관으로 지명됐지만 상원 인사청문회에서 거부당했던 로버트 보크는 1978년에 "미국 독점금지 법률의 유일한 합법적 목표는 소비자 복지의 증진이지 소기업의 생존이나 안락함이 아니다"라고 썼다.

보크는 브랜다이스를 비롯해 잘못된 인식을 가졌던 몇몇 판사가 지지하는 독점금지의 정치적 목적은 "반쯤 소화된 개념들과 허무맹랑한 신화들이 뒤섞인 것"이며 "법률에 근거하지 않았을뿐더러 그로 인해 기대하는 장점들도 의심스럽기만 할 뿐"이라고 봤다. 그래서 "기업의 중간관리자는 직접 소규모 독립기업가로 일할 때보다 사회적으로나 정치적으로 바람직하지 않은 존재라는 주장을 입증할 설득력 있는 증거는 어디에도 없다"라고 했다. 아울러 지역 사회가 자기 구역 안에 있는 기업을 통제해야 하며 소기업을 보호해야 한다는 식의 발상과 우려는 "평판이 나쁜 낡은" 이론일 뿐이며, 이 이론을 따랐다가는 경제적인 효율성과 소비자 복지에서 고비용의 결과만 초래할 뿐이라고 지적했다.[127]

그러나 소비자주의에 초점을 맞춘 논지를 펼친 사람들은 보크와 같은 보수주의자들뿐만 아니라 독점금지 정책을 선호했던 랠프 네이더와 같은 자유주의 개혁가들도 이런 논지를 펼쳤다. 비록 보크처럼 독점금지라는 시민적 전통을 무시하지는 않았지만, 네이더와 그의 추종자들 역시 소비자 복지를 기반으로 하는 주장을 펼쳤다. 웨일과 아널드의 친소비자 전통을 따르는 진보주의자였던 네이더는 시민-생산자가 아니라 "시민-소비자"에 관심을 두고 있었다. 그는 전통적 독점금지 주장에 담긴 지혜가 "현대적으로 의미가 있을까?"에 대한 대답은 "사람들이 빵, 휘발유, 자동차 부품, 처방약, 주택 등을 구입할 때 지불하는 가격"이 초래하는 결과에 따라 달라진다고 바라봤다.

소비자주의를 주창했던 또 다른 인물인 마크 그린^{Mark Green}은 "소비자의 금전적인 손실"에 초점을 맞출 경우 독점반대 문제는 "'경쟁 시장이 소비자에게 소비자가 지불하는 돈의 값어치를 제대로 보장할 수 있을까?'라는 근본적 문제로 현대화된다"라고 말했다. 기업이 덩치를 키울 때 발생하는 기업의 사회적·정치적 비용을 강조하는 사람들도 있겠지만 "독점금지 정책을 실행할 때의 기본적 전제는 지역의 농민이나 약사나 식료품상이 아니라 효율적 생산과 유통에 초점을 맞춰야 한다".[128]

물론 독점금지 정책이 소비자 복지 증진에 초점을 맞춰야 한다는 논리가 일반화됐다고 해서 독점반대를 둘러싼 정치적 논쟁이 끝난 것은 아니었다. 1980년대에 나타났던 독점반대 논쟁에서는 소비자 복지를 둘러싸고 서로 다른 다수의 견해가 다퉜다. 보수주의자들에게는 소비자 복지와 경제적 효율성이 동일한 것이었다. 즉 소비자 복지가 커진다는 의미는 효율성 향상 덕분에 발생한 이득이 낮은 소비자가격이라는 형태로 "낙수효과"*를 유발하든 또는 단순히 기업이 거두는 이익의 증가로 이어지든 간에, 경제적 생산량의 총액이 극대화한다는 뜻이었다. 이런 맥락에서 보크는 다음과 같이 썼다. "소비자 복지는 (…) 국가의 부를 나타내는 또 다른 표현일 뿐이다. 그러므로 독점반대는 애초부터 물질적 번영에 내재된 개

---

* 대기업이 거둔 이익이 중소기업이나 소비자에게 돌아간다는 이론. 이것의 반대 개념은 '분수효과'다.

넘이긴 하지만, 번영의 열매가 분배되거나 사용되는 방식과는 아무런 관련이 없다."[129]

한편 자유주의자들은 총생산량뿐만 아니라 분배 효과와 공정성의 문제에도 관심을 가졌다. 즉 그들에게는 소비자 복지 증진이 소비자가격의 인하, 제품의 품질과 안정성 향상을 의미했다. 이처럼 소비자 복지에 대해 서로 전혀 다른 생각을 가졌기에 보수주의자들은 시장에 대한 정부의 개입을 줄여야 한다고 했고 자유주의자들을 정부의 개입을 강화해야 한다고 했다.

레이건 정부는 보수주의 견해에 따라 인수나 합병에서 독점금지법의 집행을 대폭 줄였다. 예컨대 레이건 정부에서 법무부 반독점국의 초대 책임자였던 윌리엄 백스터William Baxter는 "독점반대의 유일한 목표는 경제적 효율성"이라고 선언했다. 그의 후임자였던 찰스 룰Charles Rule은 "소비자와 생산자 중 잉여가치를 가져가야 할 주체가 누구인지 반드시 명확하지만은 않다"라는 이유를 들어 독점반대로 인해 발생한 효율성 이득이 소비자에게 넘어가야 한다고 주장할 수는 없다고 말했다. 즉 기업에게 돌아가는 이익이 늘어나는 것은 결국 기업의 주주들에게 돌아가는 이익이 늘어나는 것이라고 했다. 그러나 보수주의적 견해에서는 룰의 견해가 소비자 복지의 분배 효과에 대해 전혀 관심을 가지지 않음을 인정하는 것이었다. 효율성 향상에 따른 열매가 주주들에게 돌아가든 월스트리트의 거물 기업들에게 돌아가든 중요하지 않다고 바라본다는 의미였다. 이에 백스터는 "독점금지법의 소비자 복지 기준은 (…) 전체 경제의 파이 중 개인에게 돌아가는 몫의 크기가 아니라 (…) 파이 전체의 크기에 주목한다"라고 썼다.[130]

소비자주의 옹호자와 의회 내의 일부 민주당원을 포함한 자유주의자들은 독점을 금지하는 법률이 부의 총량을 극대화하는 일뿐만 아니라 부의 불공정한 이전 때문에 소비자가 손해를 보고 기업이 이득을 보는 일이 일어나지 않도록 막는 데도 관심을 가져야 한다고 주장했다. 그들은 경제적 파이의 크기뿐만 아니라 분배 방식에도 관심을 가졌던 것이다.[131] 그런데 어떤 경우에는 독점이 생산량을 제한하고 가격을 인상함으로써 비효율성이 나타나고, 실질적으로 총생산량이 줄어들기도 한다. 또 어떤 경우에는 독점이 소비자가격을 낮추지 않음으로써 기업의 이익을 높이는 효율성 이득을 창출한다. 이것은 "소비자 가치의 성장이 없는 대기업만의 경제 성장"으로 이어진다.[132] 자유주의자들은 이와 같은 독점으로 "이전되는 비용"을 강조했다. 즉 "소비자가 과도하게 높게 설정된 가격을 지불하면, 소비하는 대중의 수입이 특정 기업의 주주에게 재분배된다"라는 말이었다. 반면 기업의 이익이 늘어날 때 주주들과 그 밖의 평범한 미국인이 이익의 수혜자가 될 수 있다고 주장한 보수주의자들은 기업의 주식 대부분을 미국에서 가장 부유한 소수가 소유한다는 사실을 무시한 것이다.[133]

소비자 복지를 둘러싼 서로 다른 견해들 때문에 1980년대에 소매가격 고정을 둘러싼 논쟁이 벌어졌다. 이는 독점금지를 다루는 논쟁의 성격이 얼마나 근본적으로 달라졌는지 잘 보여준다. 소매가격 고정, 즉 재판매가격유지 행위를 둘러싼 논쟁의 역사는 과거로 거슬러 올라간다. 1911년에 연방대법원이 닥터마일즈컴퍼니가 사람들에게 인기가 있는 약품의 소매가격을 지정할 수 없다고 판결했을 때, 브랜다이스는 가격이 유지되지 않으면 체인점들이 재량껏 가격을 낮추게 돼 결국 소규모 약국들이 폐업하고 말 것이라고 항의했다. 마침내 1937년에 의회는 독점금지 대상에서 재판매가격유지 행위를 제외하는 밀러-타이딩공정거래법을 제정했다. 또 1952년에는 험프리의 주도로 연방의회에서 공정거래법을 강화했다. 그러다가 1975년에는 소비자주의 정서가 민주당과 공화당에서 모두 높아지면서 그 법률은 폐지됐다.[134]

1980년대에 등장한 소매가격 고정이라는 문제는 과거와 조금 다른 형태를 띤다. 백화점과 같은 강력한 소매유통업체들이 제조업체들에게 가격 인하를 요구하는 할인점들에게는 브랜드 상품을 제공하지 못하도록 압박하는 방식의 소매가격담합 행위였다. 1911년에 대법원이 내린 **닥터 마일즈** 사건 판결문은 가격 담합을 불법적인 것으로 규정했다. 하지만, 레이건 정부의 법무부는 기업이 효율성의 열매를 누릴 수 있도록 자신들이 가진 시장 지배력을 자유롭게 사용해 자신들이 원하는 대로 가격 담합을 할 수 있어야 한다는 이유로 가격 담합에 대한 법 집행을 거부했다.

레이건 정부의 결정에 민주당 의원들이 반발하고 나섰다. 오하이오의 하워드 메첸바움Howard Metzenbaum 상원의원과 텍사스의 잭 브룩스Jack Brooks 하원의원을 필두로 하는 연방의회 민주당원들이 들고 일어난 것이었다. 그들은 정부가 수직적 가격 담합*을 단속해 소비자가격을 낮추기를 원했다. 브룩스는 경제가 빠른 속도로 회복되기만 한다면 "사람들이 블루밍데일백화점에서 파는 가격으로는 물건을 사지 않아도 될 것"이라고 말했다.[135] 과거의 진보주의자들에게는 체인점이 민주주의의 토대가 되는 독립적 소규모 약국과 상점을 파괴하는 잔인한 경쟁자, 즉 악당이었다. 그러나 현대 자유주의자들에게는 가격 할인을 하는 체인점들은 영웅이나 마찬가지였다. 소비자들은 낮은 소매가격 덕분에 블루밍데일백화점에서

---

* 최저 재 판매가격을 설정하기 위한 유통 경로 구성원들 간의 가격 담합. 반면에 동일 산업에 종사하는 경쟁자들 사이의 가격 담합을 '수평적 가격 담합'이라고 한다.

파는 가격으로 물건을 사지 않아도 되기 때문이었다.

그런데 만약 이런 결과를 만들어낸 주역들이 자신들이 옹호하는 정책의 기원을 곰곰이 되새겼다면, 자신들이 지키고자 하는 대상의 정체를 알고 당황했을 것이다. 20세기에 들어와 정치적 담론의 초점이 바뀌었고, 그 과정에서 낯설기만 했던 이념들은 어느새 자신들의 친구가 돼 있었다. 레이건 정부의 보수주의자들은 경제적 효율성과 시장 존중을 내세웠지만, 이들은 소규모 생산자들과 독점반대의 시민성을 옹호했던 진보주의자들인 브랜다이스와 험프리가 한때 옹호했던 정책을 옹호하고 나섰다. 한편 자유주의자들과 소비자 단체들은 소매가격이 낮아졌다는 명목을 내세우면서, 과거에 자유주의자들이 독립생산자의 탈중앙 경제를 파괴한다고 경멸했던 할인 체인점을 옹호하고 나섰다. 이러한 역설이 거의 주목받지 못했다는 사실은 독점금지법을 처음으로 도입했던 공공철학이 소멸했음을 상기시킨다.

자유주의와
케인스혁명

경제학의 승리가 의미하는 진실들

번영과 공정성, 고용과 인플레이션, 세입과 세출, 재정적자와 금리 등을 다루는 경제 논쟁 관련 용어들은 매우 익숙하다. 마치 시대를 초월해 아주 오래전부터 존재했던 것처럼 보이기도 한다. 만약 경제 정책이 국부의 크기나 분배 문제를 다루지 않는다면 과연 무슨 문제를 다룰까 하는 생각이 들 정도다. 그러나 20세기를 돌아보면, 우리가 관심을 가지는 경제 관련 질문들의 역사가 사실은 그다지 오래되지 않았음을 알 수 있다. 오늘날 이뤄지는 경제 논쟁은 시어도어 루스벨트와 우드로 윌슨이, 또 허버트 크롤리와 루이스 브랜다이스가 각각 날카롭게 대립했던 문제들과 비슷한 점을 거의 찾아볼 수 없을 정도다. 그들은 경제 구조에 관심을 가졌으며 또 경제 권력이 집중되는 환경에서 민주주의 정부를 어떻게 보존할지 논의했다. 그러나 지금 우리는 경제 생산량의 전반적 수준에 관심을 가지며 또 번영의 열매를 많은 사람이 누리도록 보장하는 동시에 경제 성장을 촉진할 방법을 논의한다.

　돌이켜보면, 오늘날의 경제 관련 문제가 과거의 경제 관련 문제를 대체했던 순간이 언제인지 포착할 수 있다. 독점금지의 사례가 시사하듯이, 1930년대 후반은 경제 논쟁의 주제가 자치에서 소비자 복지로 바뀌는 시점이었다. 그리고 거의 같은 시점에 국가의 경제 정책도 비슷한 변화를 거쳤다. 뉴딜정책 말기에서 시작해 1960년대 초에 절정에 다다랐던 성장 및 분배 정의의 정치경제학이 시민의식의 정치경제학을 대체했던 시점도 바로 그 무렵이었다.

뉴딜 개혁을 바라봤던 다양한 전망들

뉴딜정책이 시작되면서 진보주의 시대에 마련됐던 대안들을 반영하기 위한 정치적 논쟁이 계속됐다. 대공황의 와중에 프랭클린 루스벨트가 대통령으로 취임했고, 이때 개혁을 바라보는 두 개의 전통은 경제 회복으로 나아갈 서로 다른 접근법을 제시했다. 두 개의 개혁자 집단 중 하나는 "새로운 자유" 및 브랜다이스 철학의 계승자들이었다. 이들은 독점금지 및 경쟁 회복을 추구하는 다른 여러 조치를 통해 탈중앙의 경제를 꾀했다. 신국가주의에 뿌리를 둔 다른 집단은 국가적 차원의 경제 계획을 통해 경제 합리화를 꾀했다. 이들은 권력 집중이 현대 경제의 피할 수 없는 특징이므로, 산업 시스템의 체계적 계획과 합리적 통제가 필요하다고 바라봤다. 경제 계획을 주장하는 사람들 사이에서는 누가 그 계획을 담당해야 하는지를 두고 의견이 제각각이었다. 기업가들은 제1차 세계대전 때 그랬던 것처럼 자치적 동업자조합이 생산량과 가격을 규제하는 일종의 기업 버전의 연방제도business commonwealth scheme를 선호했다. 그리고 또 뉴딜 경제학자인 렉스퍼드 터그웰Rexford G. Tugwell과 같은 사람들은 정부나 공공

기관이 그 계획을 담당하기를 원했다.[1]

경제계획자들과 독점금지 옹호자들은 비록 서로 의견이 다르긴 했지만, 대공황을 극복하려면 산업 자본주의의 구조가 바뀌어야 한다는 데는 의견이 같았다. 또 경제 권력의 집중화를 방치하면 민주주의 정부가 위험해질 수 있다는 데도 의견이 같았다. 그러나 과거에 크롤리와 브랜다이스가 그랬던 것처럼 이들 역시 경제 권력을 앞에 두고 민주주의를 보존하는 최선의 방법이 무엇일지를 두고는 의견이 갈렸다. 한쪽은 경제 권력에 맞서 연방정부로 권력을 집중하는 것이 최선이라고 봤고, 다른 한쪽은 경제 권력이 지역의 정치 단위들에 책임을 질 수 있도록 경제 권력을 탈중앙화하는 것이 최선이라고 봤다.

서로 대립하는 두 가지 접근법의 갈등은 뉴딜 기간의 많은 부분 동안 지속됐다. 그런데 루스벨트는 어느 하나를 전적으로 수용하거나 거부하지 않고 둘 다 실험했다. 그러나 결국 경제계획자들과 독점금지 옹호자들 중 어느 한쪽도 승자가 되지는 못했다. 경기 회복은 구조 개혁이 아니라 막대한 규모의 정부 지출 덕분에 가능했다. 제2차 세계대전은 정부 지출의 기회를 제공했고, 케인스주의 경제학은 그 근거를 제공했다. 그러나 케인스주의 재정 정책은 전쟁을 통해 성공이 보장된 경제 정책임을 증명하기도 전에 이미 정치적 차원의 호소력을 가지고 있었다. 구조 개혁을 위한 다양한 제안과는 달리 케인스주의 경제학은 좋은 사회를 둘러싼 여러 가지 개념 중 어느 하나를 선택하지 않고도 경제를 통제하는 방법을 제시했다. 과거의 개혁가들은 특정 유형의 시민을 양성할 경제적 조치를 추구했지만, 케인스주의자들은 형성적 임무를 떠맡지 않았다. 그저 기존의 소비자 선호들을 받아들이고 총수요를 조절하는 방식으로 경제를 규제하면 좋겠다는 의견을 제시했다.

초기 뉴딜정책에서 우위를 차지하고자 다투던 개혁의 상반된 전망 두 가지를 놓고 살펴볼 때 케인스주의 재정 정책이 가지고 있던 정치적 강점을 가장 잘 이해할 수 있다. 처음에는 경제계획자들이 우세한 듯했다. "1933년에 벌어진 일련의 상황들은 산업 성장이 국가 통제를 받아야 하는 유기적 경제를 만들어냈다고 주장하는 사람들에게 유리한 쪽으로 전개됐다."

정부가 시도했던 첫 번째 주요 개혁 조치는 농업에 대해 연방정부 차원의 계획 권한을 주장하는 것이었다. 1933년에 설립된 농업조정국Agricultural Adjustment Administration, AAA은 기초 농산물들의 가격과 생산량을 감독했다. 농업조정국은 농산물 가격 상승과 농업 경제 안정을 위해 농민 보조금을 지급하면서 생산량 축소를 유도했다. 이 계획을 실행할 때 정부는 면화 생산 농민에게 수확량을 기존의 4분의 1 이하로 줄이고 양돈 농민에게는 돼지 600만 마리를 살처분하라고 명령했다. 그러자 굶주림과 궁핍함에 시달리던 국민이 항의하고 나섰다. 일반 국민으로서는 도저히 이해할 수 없는 조치였다.

또 정부는 농민에게 신용대출을 제공하고 농촌 지역에 전기를 공급했다. 비록 농업조정국이 시행했던 사업의 일부를 대법원이 무효화하기도 했지만, 농업 부문에서 연방정부가 수행하는 역할은 가격지원 정책, 신용대출 사업과 여러 가지 다른 정책을 통해 그 뒤로도 계속됐다.[2]

루스벨트의 두 번째 주요 계획은 자신의 계획 철학을 산업 경제로까지 확대하는 것이었다. 1933년에 미국의 연방의회는 전국산업부흥법National Industrial Recovery Act을 의결했다. 이것은 기업과 노동자와 정부 사이에 새로운 협력 체계를 만들어 미국 산업을 재구성하겠다는 시도였다. 루스벨트는 "미국 의회가 제정한 법률 중 가장 중요하고 포괄적인 법률"이라며 환영했다. 이 법률에 따라 협력 계획 전체를 관장하는 국가부흥청National Recovery Administration이 설립됐고 또 33억 달러 규모의 공공사업을 추진할 공공사업청Public Works Administration이 설립됐다.[3]

국가부흥청의 수행 과제는 국가의 주요 산업을 대상으로 협상을 벌여 두 가지 합의를 이끌어내는 것이었다. 하나는 실업률 감소, 노동조건 개선, 구매력 증가 등을 위해 고용주들로부터 최저임금, 최대노동시간, 단체교섭, 아동노동 폐지 등의 약속을 받아내는 것이었다. 동시에 국가부흥청은 산업 단체들이 제품의 최저 가격을 설정하고 일부 경우에는 생산을 제한하는 담합을 할 수 있도록 독점금지 법률의 적용을 중단했다. 정부의 감독을 받는 산업 단체들이 설정한 가격 협정은 적어도 이론적으로는 적정한 임금 지급을 거부하는 탐욕스러운 고용주들 때문에 사회적 책임을 다하는 고용주들이 경쟁에서 불리한 위치에 놓이지 않도록 막아줄 수 있었다.[4]

그런데 단편적으로 진행되는 산업별 협상이 경제 회복을 촉진하기에 충분하지 않다는 사실이 증명됐다. 그러자 은퇴한 장성 출신으로 국가부흥청의 수장이 됐던 휴 존슨Hugh S. Johnson은 임금과 노동시간에 대한 국가부흥청 기준을 따르는 일괄적 협약에 모든 고용주가 동의하도록 전국적인 운동을 시작했다. 협약에 동의한 고용주는 회사 건물의 창문과 제품 겉면에 국가부흥청의 "푸른 독수리Blue Eagle" 표식을 붙여 협약 준수를 증명해 보였다. 국가부흥청은 또 소비자들에게도 해당 인증을 받은 상인들의 제품만을 구매하겠다고 약속하도록 촉구했다. 그러나 아무리 국가부흥청의 수장이라고 해도 명령권은 없었다. 그래서 그는 전쟁 때처럼 국민에게 애국적 열정을 호소함으로써 대중이 국가부흥청이 마련한 규범을 지지할 수 있도록 노력했다. 그는 대공황이 전쟁보다 더 많은 미국인에게 고통을 가져왔다는 사실을 언급하면서 "거대한 위험의 순간에 마치 한 사람처럼 일사불란하게 행동하는 미국 국민의 힘과 의지를 북돋우는" 대중 운동을 벌였다.[5]

이 캠페인의 절정으로 꼽을 수 있는 사건은 1933년 9월 뉴욕시에서 대규모로 진행된 '푸른 독수리 행진Blue Eagle parade'이었다. 아서 슐레진저 주니어Arthur Schlesinger, Jr.는 다음과 같이 묘사했다. "도시 역사상 가장 위대한 퍼레이드가 벌어졌다. 25만 명이나 되는 남녀 인파가 5번가를 따라서 줄지어 걸어내려왔고, 150만 명이 넘는 사람들이 이 행진을 구경하고 환호했다." 밤이 되어도 "사람들의 행렬은 끊이지 않았다. 짙은 올리브색 제복을 입은 민간자원보존단CCC 청년들, 생명보험사 직원들과 전화교환원들, 주식중개인들과 합창단 소녀들, 붉은색 조명탄 아래 걸어가는 양조업자들과 '행복한 날들이 다시 여기에Happy Days are here again'를 연주하는 밴드까지 이 행진은 흩날리는 색종이와 뜨거운 열기와 연대의식의 향연 아래에서 '푸른 독수리'의 비행은 절정으로 치달았다."[6]

그러나 환호는 오래가지 않았다. 1934년이 되자 국가부흥청을 향한 비난이 대중적으로 거세게 일어났다. 기업은 단체교섭의 요건을 싫어했고, 소비자는 가격 인상에 분노했으며, 노동계는 국가부흥청이 지나치게 기업의 편을 든다고 불평했다. 가격과 생산량 협정은 애초에 노동자와 일반 대중을 대변하기 위한 것이었지만, 실제로는 조직력 수준이 높은 산업 단체들의 입맛대로 돌아갔다. 국가부흥청이 정한 노동 기준을 어기는 일이 일상적으로 일어났고, 강제적인 법 집행이 제대로 이뤄지지 않았다.

국가부흥청을 비판하는 사람들은 대기업이 정한 가격을 정부가 그저 승인만 하는 조직일 뿐이라고 주장했다. 변호사인 클래런스 대로Clarence Darrow가 의장을 맡은 심의위원회는 국가부흥청은 그저 독점의 도구일 뿐이라고 결론을 내렸다. 이런 인식에 존슨은 분노했다. 사방에서 비판이 쏟아지자 존슨은 점점 더 변덕스러운 행보를 이어갔고, 결국 루스벨트는 그를 해임했다. 이미 그 무렵 국가부흥청을 향한 대중의 열정은 식어버렸고, 국가부흥청의 새로운 지도부는 그 흐름을 되돌릴 수 없었다. 1935년 연방대법원은 **셰크터**Schechter 사건에서 대법원은 국가부흥청이 광범위한 규약 작성 권한을 위임받은 것이 위헌이라고 판결했고 결국 국가부흥청은 폐지됐다. 루스벨트는 법원을 공개적으로 비판했지만 개인적으로는 안도의 한숨을 쉬었다. 훗날 그는 한 지인에게 "국가부흥청은 정말이지 지독한 골칫거리였다"라고 속마음을 털어놓았다.[7]

국가부흥청의 소멸로 뉴딜은 새로운 국면에 접어들었다. 계획성이라는 노선이 희미해지고 탈중앙의 분권적 노선이 새롭게 떠오른 것이다. "초기의 뉴딜은 경제 권력 집중을 미국 경제의 중심적이고 돌이킬 수 없는 흐름으로 받아들이고 그 해답으로 정치 권력 집중을 제시했었다." 뉴딜 정책 노선의 선도적 인물이었던 터그웰이 말했듯이 "대기업을 바라보는 오랜 두려움의 감정은 불필요해졌다. (…) 우리는 경쟁을 버리고 통제를 선택했다". 그러면서 터그웰은 국가부흥청 이후의 기간을 지칭하는 "2차 뉴딜"은 대기업에게 느끼는 오래된 공포를 여전히 간직한 채로 정부의 계획을 불신하는 사람들에게 힘을 실어줬다고 덧붙였다.[8]

초기 뉴딜 조치 중에서 탈중앙주의자들의 철학이 반영된 것은 증권 산업 개혁과 테네시계곡개발청Tennessee Valley Authority뿐이었다. 1934년에 설립된 증권거래위원회는 계획을 목적으로 하는 기관이 아니라 증권가의 폐해를 막고 증권시장에서 공정 경쟁이 이뤄지도록 이끄는 업무를 맡은 감독 기관이었다. 시골 지역에 값싼 전력을 공급하고 홍수를 조절하겠다는 목적으로 1933년에 설립된 테네시계곡개발청은 사실상 정부 계획 노선과 관련이 있었다. 그러나 탈중앙주의자들의 관점에서 볼 때 이 조직은 탈중앙화 행정과 지역 개발에 대한 실험을 대표하는 것이었다. 또한 노동자들이 자기 지역에서 계속 거주하면서도 전기, 교통, 현대 기술의 혜택을 누리도록 통합적인 소규모 지역 공동체를 장려하는 방법을 대표하는 것이기도 했다.[9]

그 뒤에 진행됐던 뉴딜정책의 주도적인 인물은 하버드대학교 법대 교수이자 브랜다이스의 제자이며 프랭클린 루스벨트의 측근이었던 펠릭스 프랭크퍼터Felix Frankfurter였다. 프랭크퍼터는 윌슨과 브랜다이스의 진보주의적 성향을 가지고 있었다. 그는 "소기업, 경제적 독립성, 자유로운 경쟁을 회복하고 보존하기 위한 정부의 조치가 올바른 것이라고 믿었다". **셰크터** 판결의 여파로 프랭크퍼터는 자신이 정부에 밀어 넣은 많은 사람들과 함께 한층 더 큰 영향력을 행사할 수 있었다(그들 중에는 자신의 제자들과 후배들도 포함돼 있었다). 그는 기업과 정부 사이의 협력이 실패했다고 주장하면서, 루스벨트에게 대기업에 반대하는 목소리를 내고 반독점을 장려하며 대기업에 매기는 세금을 늘리라고 촉구했다.[10]

독점에 반대하는 분위기가 새롭게 두드러지고 있었다. 1935년에 루스벨트가 제안한 내용이 대표적인 사례 중 하나다. 소수의 유력한 투자자들이 지역의 전력 회사들을 장악할 수 있게 하는 대규모 지주회사들을 해체하자는 내용이었다. 루스벨트는 이런 내용을 담은 법안을 통과하라고 촉구하는 메시지를 의회에 보냈다. 이 메시지에서 그는 대기업은 기본적으로 민주주의를 위협한다는 브랜다이스식 비판을 되풀이했다. 그는 지주회사들이 공익사업을 통제할 수 있는 권한을 지역 공동체에게서 빼앗고 특혜를 받은 소수에게 "전제적 권력"을 부여했다고 주장했다.

"전통적으로 자기 소유의 사업을 독립적으로 운영하던 미국 시민 대부분의 처지가 지금은 완전히 바뀌었다. 그들은 지주회사와 같은 장치를 이용해 부당한 경제적 이득을 취하는 극소수가 베푸는 호의에 의존해 일용할 양식을 속수무책으로 마련할 수밖에 없다. 이처럼 권력이 집중된 과정을 되돌리려는 노력을 해야 할 때다. 나는 사회주의 정부에 반대하는 것만큼이나 사적 권력이 집중된 사적 사회주의private socialism에도 철저하게 반대한다. 후자는 전자만큼이나 위험하기 때문이다."

그러면서 루스벨트는 공공사업지주회사법Public Utility Holding Company Act은 비록 산업계의 강력한 로비 때문에 다소 약해지긴 했지만 그래도 경제 집중에 반대하는 사람들에게는 승리의 상징이나 다름없다고 했다.[11]

또 1935년에 루스벨트는 부의 집중 및 권력의 집중을 공격하기 위한 시도로 의회에 서한을 보냈다. 서한에서 그는 부자들의 상속세, 증여세, 소득세 인상과 기업 규모에 따른 법인세의 누진 과세를 요구했다. 그의 제안은 휴이 롱Huey Long 상원의원이 시작했던 "재산 나누기Share the Wealth" 운동을 지지하는 움직임이 점점 커지던 상황에 대응하기 위한 의미도 일정 부분 담고 있어 분배 정의에 대한 관심을 환기시켰다. 예를 들어 루스벨트의 메시지는 미국인의 삶에 존재하는 "사회적 불안감과 점점 깊어지는 불공정성에 대한 인식"을 언급하면서 세금 부담을 공정하게 분배할 것과 "국가 번영의 열매를 공정하게 분배할 것"의 필요성을 강조했다. 또한 루스벨트는 분배 정의의 문제를 넘어 권력과 부가 소수에게 집중될 때 시민성 차원에서 빚어질 수 있는 결과도 강조했다.

"부가 거대한 규모로 축적될 수 있도록 하는 것은 (…) 수많은 사람의 고용과 복지를 통제할 수 있는 권한을 상대적으로 소수인 사람들에게 바람직하지 않게 집중시키며 또한 이런 제도를 영속화하는 것이나 마찬가지다." 미국의 건국자들이 정치 권력의 세습을 거부했듯이 이제 미국인

이 경제 권력의 세습을 거부해야 할 때라고 했다.[12]

루스벨트가 제안한 세금 인상안에 기업이 격렬하게 반발하면서 결국 애초의 법안은 대폭 축소되고 말았다. 결과적으로 1935년의 세입법Revenue Act은 부를 재분배하거나 부가 거대화하는 추세를 막는 데는 거의 도움이 되지 않았다. 이듬해에 루스벨트는 미배당 기업 이익에 세금을 부과하려고 시도했지만, 이 또한 기업의 반대에 부딪혀 보잘것없는 성과밖에 거두지 못했다. 1935년과 1936년에 조세 분야에서 진행됐던 투쟁은 경쟁 체제의 소규모 기업이라는 이름으로 자본의 거대화에 대항하는 새로운 모습을 보이긴 했지만, 이 투쟁은 탈중앙의 경제를 세우는 데는 거의 아무런 기여도 하지 못했다.[13]

그러나 루스벨트는 물러서지 않았다. 그는 대기업과 권력 집중에 거세게 반대하면서 1936년 재선 운동을 시작했다. 루스벨트는 민주당 전당대회의 대통령 후보 지명 수락 연설에서 자신들이 가진 거대한 권력을 이용해 미국의 민주주의를 훼손하는 "경제적 왕당파"를 공격했다. 미국의 독립이 정치적 폭정을 뒤엎었고 시민 개개인은 "이웃들과 함께 떨쳐 일어나서 자신들이 직접 세운 정부를 통해 자신의 운명을 개척하고 결정할 권리"를 얻었지만 기계와 철도, 증기와 전기, 대량 생산과 대량 유통으로 대변되는 현대의 세상은 새로운 폭군들이 "물질적인 것들에 대한 통제력의 집중이라는 토대 위에" 자기들의 왕국을 새롭게 건설할 수 있게 했다고 진단했다. 또 얼마 지나지 않아 "이 새로운 경제 왕조에서 특권을 누리는 왕자들이 권력을 갈망하면서 미국의 정부 자체를 통제하겠다고 손을 내뻗고 있다"라고 경고했다.[14]

또 루스벨트는 "새로운 유형의 산업 독재"는 사람들에게서 노동 시간, 임금, 노동조건의 결정권을 박탈했다고 했다. 땅을 경작하는 사람들이 받을 "얼마 되지 않는 수익은 경작지에서 멀리 떨어진 도시 사람들이 결정한다". 또한 독점은 사람들에게 돌아갈 기회를 파괴했고, "개인이 가지고 있었던 독립성과 주도권은 거대한 기계의 톱니바퀴에 박살나고 말았다". 정치적 평등은 "경제적 불평등 때문에 빛을" 잃어버렸다. 그러면서 그는 다음과 같이 결론을 내렸다. "소수로 구성된 집단이 다른 사람들이 일군 번영의 열매와 다른 사람들의 노동, 즉 다른 사람들의 삶을 온전하게 통제하는 권한을 거머쥐었다." 뉴딜정책의 임무는 경제 권력의 전제주의로부터 미국의 민주주의를 구하는 것이었다.[15]

루스벨트는 1936년 선거에서 압승을 거두며 재선에 성공했다. 그러나 두 번째 임기 첫해에 심각한 경기 침체가 또다시 시작됐다. 1937년의 불황은 산업 생산량의 급격한 감소와 함께 시작됐고, 그 뒤로 주식 시장이 폭락했다. 경기 회복을 믿었던 정부로서는 갑작스러운 위기였다. 그가 첫 번째 임기 때 맞이했던 경기 침체는 전임자에게서 물려받은 것이었지만, 두 번째 임기 때 맞이한 경기 침체는 오롯이 자기 책임이었다. 그는 마땅한 해결책을 찾고자 했지만 대안들은 하나같이 불확실하기만 했다. "산업들을 제각기 흩어놓고 중앙으로 집중된 경제를 탈중앙화해야 할까? 경제 계획 수립에 기업인들이 직접 참여하게 해야 할까? 또는 경제 권력을 연방정부가 아닌 주정부나 비영리집단에게 넘겨야 할까? 그런데 과연 이런 대안들 가운데 현실적 해결책이 있기나 할까?"[16]

개혁을 주장하는 진영에는 여러 가지 노선과 학파가 있었다. 그중 독점 반대주의자들이 가장 큰 영향력을 미치는 진단을 내렸다. 대기업이 생산을 제한하고 인위적으로 높은 "독과점가격administered price"을 상품에 매기면 소비자의 구매력이 감소하는데, 루스벨트의 두 번째 임기 때 나타난 불황이 바로 그러한 사실을 입증한다고 주장한 것이다. 심지어 기업계가 뉴딜정책을 방해하고자 고의로 불황을 유도했다고 주장하는 사람도 있었다. 이런 진단에 따르면 독점금지의 규제를 강력하게 집행할 때만 경제를 건강하게 회복할 수 있었다. "따라서 적어도 표면적으로만 보자면 뉴딜정책을 추진하는 진영에서 1938년 초에 가장 강력하게 제기됐던 충동은 '독점'에 대항하는 개혁 진영의 유서 깊은 십자군전쟁을 부활시키는 것이었다. 뉴딜정책 담당자들이 한 해 전에 나타났던 갑작스러운 불황을 설명하는 과정에서 경제 집중을 성토하는 온갖 발언의 목소리가 루스벨트 정부에서 크게 울려 퍼졌다."[17]

1938년에 루스벨트는 의회에 보낸 서한에서 독점금지 정책 집행에 필요한 예산 확충과 미국 산업에서의 경제 집중에 대한 포괄적 연구를 요청하면서, 미국 사회에 전통적으로 존재하던 독점반대의 메시지를 강하게 제시했다. "민간 권력이 민주주의 국가보다 더 강력해질 만큼 성장하도록 국민이 내버려둔다면, 민주주의는 결코 안전하지 않다"라고 천명한 루스벨트는 법무부 반독점국의 책임자로 서먼 아널드를 임명했고, 아널드는 법무부의 반독점국 활동에 활력을 불어넣었다.[18]

그런데 겉으로만 보자면 브랜다이스식 개혁이 승리한 것 같았지만 실제로는 그렇지 않았다. 앞에서 살펴봤듯이, 아널드의 독점반대 집행력은 강력했지만 경제의 탈중앙화나 대기업의 정치 권력 축소가 아니라 소비자가격 인하가 목표였다. "아널드는 '거대함bigness', 즉 경제 집중을 예방하기보다 단속하기 위한 목적으로 독점금지 법률들을 사용하는 데 성공했다. 그런데 그의 성공은 그 법률들이야말로 진정한 탈중앙화로 나아가기 위한 수단이라고 여겼던 과거의 발상에 심각한 타격을 줬다. 어쩌면 그것이 마지막 치명타였을지도 모른다." 그러나 독점금지 조치들도 경제 회복을 촉진하는 효과적인 수단이라고는 입증되지 않았다. "아널드가 진행했던 독점금지 운동은 경제 성장을 자극하는 수단으로는 실패했다고 볼 수밖에 없다. 비록 전쟁으로 무력화되지 않았다고 해도 그것은 지나치게 거추장스럽고 경직되고 또 속도가 느렸다."[19]

루스벨트가 촉구했던 독점 관련 대규모 연구 사업도 독립생산자들이 경쟁력을 가지는 경제를 부활시키는 효과적인 정책을 만들어내지 못했다. 임시국가경제위원회Temporary National Economic Committee는 3년 동안 활동하면서 증인 655명을 소환해 증언을 듣고 80권 분량의 증언집을 냈으며 44편의 논문을 발표했다. 하지만 구체적 결론이라고 할 만한 것은 거의 아무것도 내놓지 못했다. 이것을 두고 〈타임〉은 "이 위원회는 자기가 사용할 수 있는 모든 실탄을 모아놓고도 녹슨 BB탄 총으로 국가의 경제 문제들을 해치우려고 했다"라고 논평했다. 역사가 앨런 브링클리Alan Brinkley도 다음과 같이 말했다.

"이 위원회가 최종적으로 내린 시시하기 짝이 없는 결론은 1938년에 뜨거웠던 독점금지의 열풍이 1941년에는 얼마나 차갑게 식어버렸는지 잘 보여줬다. 무려 3년 동안 심혈을 기울인 조사가 이렇게 끝나버렸다는 사실은 독점반대 진영이 가장 강력한 표현을 동원했음에도 불구하고 반대 운동이 더 이상 탈중앙을 지향하는 단호하고도 진정한 의지의 표현이 될 수 없음을 단적으로 보여줬다."[20]

당시 탈중앙주의자들은 1930년대 후반의 정책 투쟁에서 허울뿐인 승자였다. 진정하고도 지속적인 승리는 그들과 다른 길을 걸어갔던 사람들, 즉 구조적 개혁을 포기하고 정부의 재정 지출에 초점을 맞춘 경제 회복 노선을 주장했던 사람들에게 돌아갔다. 이들은 경제를 불황에서 끌어올리는 방법은 여러 가지 재정 정책을 동원해 소비 수요를 자극함으로써 경제 성장을 촉진하는 것이라고 주장했다.

정부 지출이라는 해결책

불황에서 탈피하는 수단으로서 정부의 재정 지출을 끌어들이는 발상이 완전히 새로운 것은 아니었다. 농산물 가격 지원에서 테네시계곡개발청 그리고 33억 달러 규모의 공공사업에 이르는 뉴딜정책 초기의 많은 사업이 정부의 재정 지출을 전제조건으로 삼았다. 그러나 루스벨트 대통령은 이러한 지출을 경제 전반을 활성화하는 방법으로 바라보지 않고 특정 사업을 진행하는 데 필요한 긴급 조치로만 바라봤다.

예를 들어 공공사업의 경우 그는 유용한 공공 프로젝트는 제한적이라고 주장하면서 정부 지출을 늘리라는 조언을 무시했다. 더 중요한 사실은 그런 지출이 실제로 창출되는 건설 일자리의 효과를 넘어서는 "간접적 효과"를 함께 가져다줄 것이라는 전망을 그가 인정하지 않았다는 점이다. 즉 그는 공공사업이 소비자의 구매력과 총수요 증가를 위한 "마중물"이 아니라 "미봉책"일 뿐이라고 생각했다.[21]

루스벨트는 케인스주의 경제학의 신봉자가 아니었기에 균형 예산의 중요성을 강조하는 기존의 통설을 고수했다. 1932년 선거운동 기간에 그는 허버트 후버Herbert Hoover(대통령 재임: 1929~1933) 대통령이 재정 적자를 내고 있다고 비판했다. 수십 년 뒤라면 배리 골드워터Barry Goldwater나 레이건과 같은 보수적 공화당원으로 쉽게 오인될 수 있는 표현을 구사하면서 과도한 재정 지출을 비난했다. "나는 허버트 후버의 현 정부가 미국 역사상 가장 평화로운 시대에 정부 지출을 최대로 했다는 사실을 고발한다." 현 정부는 납세자의 돈으로 "사무국 위에 사무국을 짓고 위원회 위에 위원회를 지었다. 현 정부는 모든 것에 대한 통제권을 연방정부로 집중해야 한다는 생각에 빠져 있다". 루스벨트는 후보 시절에 자기가 대통령이 되면 연방정부의 운영비를 지금보다 25퍼센트 줄여 문제를 해결하겠다고 공약했다. "나는 연방정부의 예산 지출 삭감 문제가 이번 선거에서 가장 중요한 쟁점이라고 생각한다. 이것이야말로 정부가 기업에게 가장 직접적이고 효과적으로 기여하는 것이다." [22]

루스벨트의 균형 예산 공약은 선거운동에서 흔히 볼 수 있는 종류의 과장이 아니었다. 그는 비록 그 공약을 실현하지는 못했지만 재임 기간 내내 자신의 공약을 여러 차례 강조했다. 매리너 에클스 Marriner Eccles를 비롯한 조언자들은 그에게 경제 회복의 수단으로 정부 지출을 활용해야 한다고 촉구했다. 그들은 자신들의 조언이 "루스벨트가 명확하게 고수했던 몇 가지 경제 원칙들 중 하나인 '불균형 예산은 나쁘다'라는 원칙과 충돌한다"라는 사실을 발견했다.

루스벨트는 현대 재정 정책의 창시자인 케인스의 조언에도 큰 영향을 받지 않았다. 1934년에 케인스가 백악관을 방문했을 때 루스벨트는 그에게서 전혀 감명을 받지 않았다. 오히려 케인스가 하는 말을 전혀 알아듣지 못했다. 당시에 루스벨트는 노동부장관이던 프랜시스 퍼킨스 Frances Perkins에게 "그 사람은 시종일관 수치數値 이야기만 했다. 정치경제학자라기보다 수학자가 아닐까 싶다"라고 불평했다. 한편 케인스는 나중에 퍼킨스에게 "나는 루스벨트 대통령이 경제에 대해 많은 것을 알고 말도 간결하게 할 줄 알았는데 그렇지 않더라"라고 말했다. [23]

1937년 말에 루스벨트는 균형 예산을 달성하고자 한다면 정부 지출을 줄여야 한다고 촉구하던 재무부장관 헨리 모건소 주니어 Henry Morgenthau, Jr.를 비롯한 자문위원들의 손을 들어줬다. 경제가 무너진 뒤인 1938년이 돼서야 루스벨트는 마지못해 소비자 구매력 증가를 위한 적자 재정 정책을 채택했다. 정부 지출에 찬성하는 에클스와 해리 홉킨스 Harry Hopkins와 같은 조언자들의 주장에 따라 그는 의회에 45억 달러의 추가 예산을 요청했다. 추가 예산의 액수도 인상적이었지만, 그 근거가 더욱 중요했다. 그 이전까지만 하더라도 그는 뉴딜정책의 지출들은 구조 개혁의 결과로 경제가 회복될 때까지 실업 대책과 같은 긴급 요구에 대처하는 임시 조치일 뿐이라고 생각했다. 루스벨트가 정부 지출을 경제 회복의 수단으로 처음 인정한 사건이었다.

그는 새로운 정책을 설명하는 노변담화에서 "우리가 고통을 겪는 주된 이유는 구매력 부족에 따른 소비 수요의 실패"라고 말했다. 그러므로 "국가의 구매력을 일정하게 높여 경제 호전"의 조건을 창출하는 것이 바로 정부가 해야 할 일이라고 했다. 정부 지출은 정부 지원 일자리에 취업한 사람들에게 도움이 될 뿐만 아니라 "개인의 경제 활동을 촉발하는 방아쇠 역할을 할 것"이므로, 정부의 세수는 지출보다 훨씬 더 커질 것이라고 했다.[24]

루스벨트가 정부 지출을 경제 회복의 도구로 바라보는 식으로 발상을 바꿨다는 것은 곧 초기 뉴딜정책에 영향을 줬던 여러 가지 가정들과 결별했다는 뜻이었다. 지난 5년 동안 뉴딜정책은 경제 구조를 개혁하기 위한 다양한 사업을 통해 경제 회복을 추구했다. 그런데 불황이 다시 경제를 덮쳤고 동원할 수 있는 실천적 대안이 별로 없는 상황에서 루스벨트는 어쩔 수 없이 케인스주의 재정 정책을 채택했다. 그러나 그는 균형 예산이라는 전통적 재정 정책과 결별했음에도 불구하고, 케인스주의가 요구하는 한층 더 큰 규모의 재정 지출에는 반대했다.

1938년 말에 경제가 다소 개선되긴 했지만 1939년에도 불황의 기조는 큰 변동 없이 이어져 어려웠다. 전체 노동인구의 6분의 1이 넘는 약 1,000만 명이 여전히 실업 상태였다. 제2차 세계대전이 일어나 정부 지출이 훨씬 더 큰 규모로 이뤄진 다음에야 비로소 경제가 완전히 회복되고 재정 정책의 부양 효과가 최종적으로 입증됐다.[25]

그동안 케인스주의 경제학의 영향력은 미국 경제학자들과 정책 입안자들 사이에서 점점 더 커졌다. 1938년에 하버드대학교와 터프츠대학교의 소장파 경제학자들이 이러한 새로운 경제학의 지혜를 요약한 보고서를 발표했다. 1933년부터 1937년까지 경제가 점진적으로 회복한 것은 임시 일자리 마련, 농업 보조금 지급, 공공사업 운영으로 대표되는 뉴딜 정책의 사업들에 따른 직접적 영향 덕분이 아니라 적자 재정 정책이 경제 전체에 미쳤던 광범위한 간접 효과 덕분이었다. 1937년에 정부 지출이 줄어들자 경기는 곧바로 침체했다. 뉴딜정책이 안고 있던 문제는 경제 회복을 위해 충분히 많은 돈을 풀지 않았다는 점이다. 경제학자들은 정부 지출을 일시적 비상수단이 아니라 경제 부양을 위한 영구적 정책으로 바라봐야 한다고 촉구했다. 그들은 또 저소득층의 구매력을 높이려면 노령 연금, 교육 및 보건 부문에 대한 정부 지원금, 실업급여 등을 통해 소득을 재분배해야 한다고 주장했다.[26]

제2차 세계대전을 거치면서, 전시뿐만 아니라 평시에도 정부가 완전 고용을 추구하는 재정 정책을 펼쳐야 한다는 데 깊은 공감대가 형성됐다. 민주당원과 공화당원 모두 이런 확신을 받아들였다. 1944년 대통령 선거운동 때 공화당 후보이던 토머스 듀이Thomas Dewey는 "우리 공화당원들은 완전 고용이 국가 정책의 첫 번째 목표가 돼야 한다는 데 동의한다"라고 선언하고 정부 지출을 목표 달성의 수단으로 꼽았다. "만약 민간 부문에서 일자리가 부족하다면 정부는 언제든 일자리를 추가로 창출할 수 있어야 하고 또 그렇게 해야 한다. 이 나라에서는 모든 사람에게 돌아갈 일자리가 마련돼 있어야 하기 때문이다." 제2차 세계대전이 끝나자 전후 번영을 마련하기 위해 재정 정책을 펼쳐야 한다는 사실에 동의가 이뤄졌고 1946년에 고용법Employment Act이 탄생했다. 고용법은 연방정부의 정책과 책임, 즉 "고용과 생산과 구매력을 최대화하는 것"이야말로 "연방정부가 지속적으로 실천해야 하는 정책이자 의무다"라고 규정하고 있다.[27]

제2차 세계대전이 끝나갈 무렵까지도 경제 정책의 핵심적 쟁점들은 진보주의 시대부터 뉴딜정책에 이르기까지 미국인이 매달렸던 논쟁과 거의 관련이 없었다. 산업 자본주의를 어떻게 개혁할 것인가 하는 문제를 둘러싼 오랜 논쟁은 역사의 무대에서 서서히 사라졌고, 그 대신 오늘날 익숙한 거시경제적 쟁점들이 논쟁의 주제로 떠올랐다. 1960년이 되면 "국가에서 중요하게 다뤄져야 하는 경제 문제는 높은 수준의 총생산량 목표를 빠르게 달성하고 또 유지하는 것"이라는 데 대부분의 경제학자들 및 정책 입안자들이 동의했다. 이들은 소득 분배를 한층 더 평등하게 만드는 조치들이 필요하다고 보면서도 완전 고용 및 경제 성장이라는 목표에 비하면 부차적이라고 바라봤다.[28]

물론 경제 성장 및 분배 정의, 인플레이션과 실업 사이의 균형, 세금 정책과 재정 지출 우선순위 등을 주제로 하는 논쟁은 계속됐다. 그러나 이러한 논쟁들은 경제 정책은 무엇보다도 국부의 규모와 분배에 초점을 맞춰야 한다는 가정을 전제로 한 것이었다. 자치에 바람직한 경제 환경을 따지는 예전의 질문들은 더 이상 설 자리가 없었다. 재정 정책이 승리하면서 시민의식의 정치경제학은 성장 및 분배 정의의 정치경제학에 자리를 내주고 물러났다.

케인스주의 경제학과 절차적 공화주의

　새로운 정치경제학의 출현은 단지 경제학 차원의 문제가 아니라 미국 정치의 공화주의적 노선이 소멸하고 오늘날의 자유주의가 등장하는 변곡점의 순간이기도 했다. 현대 자유주의에 따르면 정부는 좋은 삶을 규정하는 서로 다른 견해들 사이에서 중립을 지켜 개인이 자유롭고 독립적 자아로서 각자의 목적을 선택해 살아갈 수 있도록 존중하고 보장해야 한다. 1930년대 후반에서 1960년대 초반까지 우세하게 진행된 케인스주의 재정 정책은 바로 그러한 자유주의를 반영하는 한편, 자유주의가 미국의 공적 삶에 미치는 영향력을 강화했다.

　케인스주의 경제학을 실천한 사람들이 비록 이 책에서 설명하는 용어와 표현을 정확하게 구사해 케인스주의 경제학을 옹호하지는 않았지만, 새로운 정치경제학은 절차적 공화주의의 본질을 정의하는 현대 자유주의의 두 가지 특징을 보여줬다.

　첫째, 새로운 정치경제학은 정책 입안자들과 선출직 공무원들이 좋은 삶에 대한 논쟁적 개념을 논외로 치부할 방법을 제공함으로써 구조적 개혁을 추구하는 사업들로서는 도저히 불가능한 합의를 이끌어낼 수 있게 했다. 둘째, 새로운 정치경제학은 특정 습관이나 덕목을 함양하겠다는 야망을 버림으로써 어떤 정부의 성공 여부가 시민의 도덕적 특성에 따라 좌우된다는 발상을 부정할 뿐만 아니라 사람은 자유롭고 독립적 자아이므로 자신에게 적합한 어떤 것을 선택할 수 있다는 발상을 확실하게 마련했다. 따라서 케인스주의 혁명은 제2차 세계대전 이후 미국 헌법에 등장한 현대 자유주의 정치경제학의 상대 개념인 절차적 공화주의의 경제적 표현이라고 볼 수 있다.

정치 논쟁 회피하기

케인스주의 경제학이 절차적 공화주의의 특징인 중립성을 지향한다는 사실에 담긴 일차적인 의미는 경제 개혁이라는 목표를 추구하는 전망들이 제각기 다른 내용으로 많이 존재한다는 뜻이다. 1930년대 후반부터 1960년대 초반까지 케인스주의 재정 정책은 제각기 다른 온갖 노선의 개혁을 저마다 주장하는 학자들 및 경제 부문의 대변인들 사이에서 벌어지는 고질적 논쟁을 회피하는 방법으로서 정책 입안자들에게 환영받았다. 이러한 정치적 이점은 1938년에 루스벨트 정부의 재정 지출 정책을 채택하는 데도 기여했다.

구조 개혁을 주장하지만 서로 상충하는 여러 대안과 다르게 정부 지출이라는 해결책은 케인스주의자들뿐만 아니라 뉴딜정책 지지자들, 즉 정부 주도의 경제 계획 지지자든 탈중앙 경제의 지지자든 간에 모두 동의할 수 있는 것이었다. 심지어 보수주의자들조차 정부의 재정 적자 정책은 경제 집중을 막으려 하거나 국가 경제 계획을 강요하는 것보다는 상대적으로 덜 불쾌하게 받아들였다.

도덕적·정치적 전망이 달랐던 결과, 서로 상충하는 목표들은 뉴딜 개혁가들을 분열시켰고 "정책 입안자들은 합의라는 공통의 기반을 마련하기가 극도로 어렵다는 사실을 깨달았다". 이처럼 최종적 목적이 달랐기 때문에 "정부 지출이라는 해결책은 점점 더 매력적 대안"으로 다가섰다."[29]

뉴딜정책은 산업 자본주의의 구조를 개혁하려는 시도 또는 일련의 시도에서 시작됐다. 그리고 뉴딜 개혁가들은 하나로 뭉치는 데 실패했다. 이런 점을 엘리스 홀리Ellis Hawley는 다음과 같이 설명한다. "뉴딜 개혁가들은 결국 경제 집중의 기원과 본질, 그에 따르는 효과, 혹은 이러한 문제를 해결하는 방법론 등에 대해 합의하는 데 실패했다. 1939년의 분열 양상은 1933년에 비해 훨씬 더 심한 것 같았다. 어쩌면 그들은 (…) 진정한 해결책이 없는 문제를 놓고 씨름하고 있었을지도 모른다." 그렇잖아도 상충하는 이념들 및 목적들에 시달리던 루스벨트 정부는 일련의 논쟁들에 대해 중립적 태도를 취하는 해결책을 선택했다. 이렇게 해서 "루스벨트 정부는 극단적 제도 개혁을 회피하고서 주로 정부 지출이라는 해결책에 의존하게 됐다".[30]

전후에 케인스주의가 환영받은 데는 오랜 정치적 논쟁을 가급적 피하고 싶다는 심리도 한몫했다. 제2차 세계대전 동안에 시도됐던 정부 주도의 계획 경제는 국가 역량을 바라보는 미국인의 신뢰를 떨어뜨렸다. 반면 전시의 경제 확장 정책은 대규모 재정 부양책이 얼마나 강력한 효과를 낼 수 있는지 입증했다. "완전 고용으로 나아가는 경로는 자본주의적 제도와 기관을 국가가 관리하는 게 아니라 소비를 촉진해 경제 성장을 자극하는 재정 정책을 통해 이뤄진다. 바로 이 사실을 전쟁이 입증한 것 같다." 브링클리가 말했듯이 케인스주의 경제학은 "경제 기관이나 경제 제도를 관리하지 않고도 경제를 관리하는" 방법을 제공했다. 정부가 산업 부문에 직접 개입해 관리하지 않고도 재정 정책이나 통화 정책을 통하기만 하면 경제를 얼마든지 성장시킬 수 있었다. "이런 조치들은 과거에 일부 자유주의자들이 믿었던 것처럼 단순한 미봉책이 아니라 그 자체로 해결책이었다."[31]

뉴딜러New Dealer를 자처했던 전후의 자유주의자들은 초기 뉴딜정책의 개혁 이념이 아니라 1930년대 후반과 1940년대에 주목을 받은 절차적 자유주의를 자신들의 이념으로 내세웠다. "그들은 뉴딜정책의 실패한 경제 계획 실험, 실패로 끝나버린 조화로운 결합 체제 노력, 열정적이었지만 단명하고 말았던 반독점 및 규제 개혁운동, 자본주의와 그 우두머리들을 향한 공공연한 의심 그리고 국가를 향한 공공연한 축하 등을 대부분 무시했다." 반면에 "전후의 자유주의자들은 자본주의 구조를 굳이 바꾸지 않아도 되는 해결책을 발견했다는 사실 그리고 경제에 너무 깊이 개입하지 않는 것으로 국가의 방향을 규정했다는 사실을 들어 뉴딜정책을 높게 평가했다".[32] 후기의 뉴딜정책은 정치적·경제적 개혁의 논쟁적 개념들을 수용하기보다 회피하려고 노력했다. 바로 이런 회피 전략이 절차적 공화주의의 특징이었다.

전후에 경제 성장과 완전 고용을 강조하는 태도는 뉴딜 개혁가들이 하나로 뭉칠 수 있는 합의의 토대를 마련했을 뿐만 아니라 진보주의자들과 보수주의자들이 합의할 수 있는 토대도 마련했다. "완전 고용은 모든 사람이 뭉칠 수 있는 깃발이 됐다. 온갖 논쟁과 갈등을 일으켰던 목적이나 정책은 완전 고용이라는 가치보다 중요도가 떨어지게 됐다." 전후에 자유주의자들과 보수주의자들이 완전 고용이라는 목표에 합의함으로써 재정 정책이 합의된 수단으로 격상될 수 있었다. 나중에 리처드 닉슨Richard Nixon(대통령 재임: 1969~1974) 대통령 아래에서 경제자문위원회 의장을 지내게 될 경제학자인 허버트 스타인Herbert Stein은 이 과정을 다음과 같이 설명했다.

"재정 정책은 적어도 몇 가지 변형된 형태에서는 서로 상충하는 목적들에 대해 중립적 태도를 유지하면서도 완전 고용이라는 목적을 달성하는 데 상당히 효과적일 것임을 약속했다. 즉 어떤 사람이 친기업적이든 반기업적이든 상관없이 또 정부가 계획하는 경제에 찬성하든 반대하든 상관없이 재정 정책을 적극적으로 활용할 수 있다는 말이다. 이런 쟁점들을 놓고 다투는 논쟁은 얼마든지 이어질 수 있고 또 실제로도 그렇게 이어졌다. 하지만 그 누구도 이런 쟁점들에 대해 다른 사람과 의견이 다르다고 해서 완전 고용을 추구하는 중립적 정책을 방해할 이유도 없었고 또 그럴 필요도 없었다."[33]

케인스주의 혁명은 존 F. 케네디John F. Kennedy(대통령 재임: 1961~1963)가 1962년 제안했으며 1964년에 마침내 제정됐던 감세안으로 결실을 맺었다. 케네디는 대통령 임기를 시작할 때만 하더라도 균형 예산 신봉자였다. 그러나 재임 첫해에 경제 회복의 속도가 느렸고 또 주변에 케인스주의 자문자들이 있었기에 그는 경제에 자극을 주는 부양책의 필요성을 깨달았다. 케네디를 포함해 많은 정부 인사들이 대중의 긴급한 필요성을 충족시키는 동시에 경제를 부양하는 데 정부 지출 규모를 늘려 경제에 대한 재정적 자극의 제공을 선호했을 수도 있었을 것이다. 그러나 균형 예산이라는 발상에 여전히 사로잡혀 있던 보수주의자들과 기업인들은 정부의 새로운 재정 정책에 반대했다. 케네디는 당시의 정치적 분위기를 감안해 정부 지출을 늘리는 정책 대신 감세 정책을 선택했다. 그러자 보수주의자들이 달리 반대 의견을 내놓지 않았다. 그들로서는 균형 예산보다 세금 감면을 더 좋아했기 때문이다.[34]

감세 정책 덕분에 1960년대가 끝날 때까지 경제 성장이 이어졌고, 케인스주의 재정 관리의 성공적 사례가 됐다. 그런데 케네디의 감세 정책은 경제적 성공을 넘어 현대 재정 정책이 가지는 정치적 매력도 한껏 발산했다. 특히 서로 다투는 정치적 목적들에 대해 중립성을 지킨다는 점에서 더욱 그랬다. 이런 점에 대해 1966년에 한 경제학자가 말했다. "새로운 국민적 합의가 가져다준 평온함 덕분에 케인스주의 경제학이 보수적이지도 않고 진보적이지도 않으며 급진적이지도 않음을 알 수 있게 됐다. 소위 경기를 부양하고 또 안정시키는 기법들은 약간의 편차는 있을지언정 국민소득을 다소 공정하게 분배하고 (…) 또 경제에서 공공 부문이 가지는 중요성을 늘리거나 줄이는 중립적 행정 도구일 뿐이다."[35]

새로운 경제학을 국가적 거버넌스의 중립적 도구로 여기는 발상을 가장 선명하게 표현한 것은 케네디였다. 1962년에 있었던 백악관 경제회의에서 케네디는 사람들이 각자의 정치적·이념적 신념을 잠시 내려놓기만 하면 현대 경제가 안고 있는 문제들을 가장 잘 해결할 수 있다고 주장했다. "우리는 대부분 오랜 세월 동안 공화당이 아니면 민주당의 정치적 관점, 즉 자유주의나 보수주의나 온건주의적 관점을 가지도록 강요를 받았다. 그러나 사실 현재 우리가 직면하는 문제들은 대부분 또는 적어도 많은 것이 기술적 차원의 문제나 행정적 차원의 문제다. 이런 문제들을 해결하는 데는 매우 정교한 판단이 필요하다. 다만 대체로 이런 판단은 과거에 이 나라를 자주 떠들썩하게 만들었던 대단한 '열정적인 운동들'과는 전혀 맞지 않는 것이다."[36]

몇 주 뒤에 있었던 예일대학교의 졸업식 연설에서도 케네디는 이 내용을 자세히 풀어 설명했다. "우리 시대의 핵심적인 국내 쟁점들은" 미국 건국 초기에 국가의 관심을 끌었던 커다란 도덕적·정치적 문제와 비교하면 "한층 더 미묘하고 또 한층 덜 단순"하다. "이것들은 철학이나 이념의 기본적 충돌이 아니라 공동의 목표를 달성하는 방법이나 수단과 관련된 문제다. (…) 오늘날 우리가 어떤 경제적 결정을 내릴 때 중요한 판단의 기준이 되는 것은 서로 다른 이념들 사이에서 벌어지는 전쟁, 즉 이 나라를 온통 뜨겁게 달구며 진행되는 대규모 전쟁이 아니라 현대 경제를 현실적으로 관리하는 방법에 관한 현실적 문제다." 이런 진단 아래에서 케네디는 "위대한 경제가 계속 전진할 수 있도록 이끄는 정교하고도 기술적인 문제들"에 초점을 맞춰 "이념적 선입견 없이 기술적 문제를 처리해야 한다"고 말했다.[37]

물론 엄격하게 말하면 케인스주의 경제학도 모든 정치적 목적에 대해 중립적이지는 않다. 오히려 정반대라고도 할 수 있다. 케인스주의 경제학은 번영, 즉 경제 성장이라는 목적을 추구한다. 그러나 성장을 목적으로 설정하는 것은 좋은 삶을 규정하는 논란의 여지가 있는 개념들이나 논쟁을 회피하겠다는 발상과 두 가지 측면에서 일치한다.

첫째, 경제 성장은 적어도 1930년대 후반부터 1960년대까지는 미국 정치에서 확실한 목적으로 자리를 잡고 있었기 때문에 경제계획자와 탈중앙주의자가 또는 기업과 노동자가 저마다 제시했던 한층 더 특수한 목적에 비하면 충분히 중립적이라 할 만큼 일반적 목적이었다. 서로 다른 정치적·경제적 신념을 가진 집단이나 당파가 좋은 사회 또는 바람직한 사회를 어떻게 규정하든 간에 국가 전체의 부를 높일 때 자신들이 염두에 두고 있는 특정한 목적을 실현하기가 한층 더 쉬워진다고 생각했다. 따라서 그들은 경제 성장이라는 목적에 쉽게 동의했다. 경제 성장이 모든 사회적·정치적 목적에 기여한다는 발상은 나중에 환경론자들이 등장하면서 무의미해지지만, 어쨌거나 1930년대 후반부터 1960년대 초반에 이르는 동안 발전한 케인스주의 재정 정책에 모든 당파와 집단이 합의할 수 있었던 토대였다.[38]

형성적 프로젝트 포기하기

경제 성장이 서로 다른 목적들 사이에서 중립성을 표현하는 두 번째 의미는 제2차 세계대전 이후에 등장한 성장의 정치경제학을 절차적 공화주의의 공공철학과 더 깊고 분명하게 연결시킨다. 중립성의 첫 번째 의미가 서로 경쟁하는 공공 정책들과 관련이 있다면 중립성의 두 번째 의미는 사람들이 공적 삶 속으로 가지고 들어오는 바람, 욕망, 관심, 목적 등과 관련이 있다. 케인스주의 재정 정책은 바로 이 두 번째 의미에서 중립적이다. 즉 정부는 시민이 지지하는 관심사나 목적을 자기가 앞장서서 형성하거나 수정해서는 안 되며 더 나아가 그것들을 판단해서도 안 된다. 다른 사람들이 누리는 유사한 자유와 모순되지 않는 한 시민이 그 관심사와 목적을 추구할 수 있도록 보장해야 한다고 가정한다는 점에서 그렇다. 성장의 정치경제학과 시민의식의 정치경제학을 구분하고 케인스주의 경제학을 현대 자유주의와 연결시키는 것은 바로 이 가정이다.

이러한 새로운 정치경제학의 옹호자들은 자신들이 실천하던 일을 지금 설명하는 이런 용어로 묘사하지는 않았다. 그러나 그들은 자기 견해를 설명하고 정당화하는 과정에서 케인스주의 혁명의 세 가지 주제를 분명히 밝혔다. 세 가지 주제는 케인스주의 경제학이 두각을 나타낼 수 있었던 새로운 공공철학의 윤곽을 드러냈다. 첫 번째는 정치적 정체성 및 경제 정책의 초점을 생산에서 소비로 전환한 것이었다. 두 번째는 초기 개혁 운동과 공화주의 전통의 특징, 즉 바람직한 시민성의 함양이라는 목적의 형성적 프로젝트를 거부하는 것이었다. 마지막으로 세 번째는 자발주의적 자유관과 인간은 자기 목적을 스스로 선택할 수 있는 자유롭고 독립적인 자아라는 인간관을 받아들인 것이었다.

세 가지 주제 중에서도 소비에 초점을 맞추는 점이 케인스주의의 특성을 가장 잘 보여준다. 케인스주의자들은 '소비'라는 용어를 가장 빈번하게 썼다. 케인스는 고전이 된 명저《고용, 이자와 화폐에 관한 일반이론The General Theory of Employment, Interest, and Money》에서 "소비는 모든 경제 활동의 유일한 목적이자 목표다"라고 선언했다. 선도적이었던 뉴딜 개혁가들도 이와 비슷한 말을 했다. 루스벨트 정부의 내무부장관이자 공공사업진흥청국Works Progress Administration의 수장이던 해럴드 아이크스Harold Ickes는 정부가 소비자의 운명을 개선하는 방향으로 노력을 기울여야 한다고 주장했다. "우리 모두가 행하는 활동의 주요 부분은 소비 활동이다. 생산을 위해 종사하는 일의 종류와 관계없이 모든 사람은 공통적으로 소비자로서의 관심사가 있다. 우리는 소비할 돈을 벌기 위해서 일한다."[39] 그리고 앞에서도 살펴봤듯이 1930년대 후반에 서면 아널드는 독점금지 운동의 목표를 소비자 복지 향상 쪽으로 바꿔놓았다.

미국의 경제학자들 중에서도 케인스주의를 전파했던 선구자였던 앨빈 핸슨Alvin Hansen은 전후 번영의 열쇠는 바로 소비 증가라고 강조했다. 핸슨은 1943년에 쓴 글에서 전쟁이 끝난 뒤에 완전 고용을 유지하려면 상당한 규모의 공공 지출, 특히 건설 부문의 공공 지출이 필요할 것이라고 전망했다. 그러면서 건설 부문에 무제한으로 정부 예산을 쏟아부을 수는 없다면서 다음과 같이 주장했다. "완전 고용을 달성하고 늘어나는 생산력을 효과적으로 활용할 수 있도록 고소비 경제high-consumption economy를 발전시키는 것이 중요하다. 우리는 사람들의 소비 성향을 높여야 한다." 즉 전쟁 이후의 번영은 "대량 소비와 대량 생산을 일치시키는" 경제를 건설하는 데 달려 있다.[40]

소비는 모든 경제 활동의 유일한 목적이라는 케인스의 주장은 명백해 보이지만, 이 주장은 공화주의 정치 사상이 설정했던 주요 가정들 중 하나와 배치된다. 공화주의 전통에 따르면 경제 활동의 목적 중 하나는 자치에 우호적인 환경과 조건을 배양하는 것이다. 제퍼슨에서부터 브랜다이스에 이르기까지 공화주의자들은 소비 환경보다 생산 환경에 더 많은 관심을 가졌다. 그들은 노동이 이뤄지는 세상은 좋든 싫든 간에 시민의 성격, 즉 바람직한 시민성의 덕목이 형성되는 현장이 될 수밖에 없다고 바라봤기 때문이다. 그러므로 소비 활동은 자치에 결정적으로 중요한 활동이 아니었다. 공화주의 정치경제학에서 소비에 관심을 가지는 이유는 소비는 절제하고 억제해야 할 대상, 즉 타락의 잠재적 원천이었기 때문이다. 이 경우에만 소비는 관심의 초점이 될 수 있었다.

그러나 케인스주의자들이 소비를 바라보는 초점은 달랐다. 그들은 "소비하고자 하는 성향"을 높이는 데 관심을 가졌다. 이러한 점에서 보자면 케인스주의자들도 사람들의 행동을 바꾸고자 노력했다고 말할 수 있다. 그러나 변화의 방향 면에서 추구하는 바가 달랐다. 예를 들어 사람들을 더 방탕하게 만들겠다는 식으로 사람들의 성격을 바꾸자는 게 아니었다. 사람들의 욕구나 욕망의 내용을 바꾸자는 것도 아니었다. 케인스주의 경제학은 개인의 선호가 아니라 총수요를 관리하는 방식으로 개인의 소비성향을 높이고자 했다. 이와 관련해 핸슨은 다음과 같이 썼다.

"사회보장, 사회복지, 지역사회 소비지출과 결합된 누진세 구조 등을 통해 그리고 생산성 향상에 상응하는 임금 상승으로 높은 수준의 고용을 지속적으로 유지함으로써 현재의 소비 성향을 한층 더 높일 수 있다. (…) 고용 안정이 보장되면 사람들은 자기 소득 중에서 더 많은 금액을 소비 활동에 사용하게 된다." 새로운 시민적 덕목을 마련하는 데 집중하기보다 소비자 신뢰가 늘어나고 사회의 다양한 계층으로 구매력이 분배될 때 비로소 국가는 "고소비 경제를 향해서" 나아갈 것이다.[41]

케인스주의자들은 총수요의 수준에 초점을 맞추기 때문에 정부는 소비자의 수요와 욕망의 내용에 대해 정부가 중립성을 취할 수 있다. 존 케네스 갤브레이스John Kenneth Galbraith는 1950년대 미국을 "풍요한 사회affluent society"로 규정하고 이 사회는 공공 지출보다 민간 소비를 지나치게 우선시했다고 주장하면서 다음과 같은 가설을 제시했다. 소비자 수요 이론 theory of consumer demand은 소비자의 욕구를 "제시된 데이터"로 받아들인다.

그리고 이때 경제학자의 임무는 "소비자가 만족하게 될 방안을 찾는 것일 뿐"이며, 따라서 소비자의 수요를 충족할 재화를 극대화하는 것이다. 그러므로 "경제학자로서는 그런 요구나 수요가 어떻게 형성되는지 굳이 알 필요가 없고" 또 그런 것들이 얼마나 중요한지 또는 정당한지 생각할 필요도 없다. 이처럼 소비자 수요 이론은 "경제학이 관계하는 재화들에 대한 판단 일체를 경제학에서 배제한다."[42] 이처럼 케인스주의의 수요 관리는 개인의 판단을 단호하게 배제한다. 이런 특징은 절차적 공화주의의 자유주의를 암시하는 새로운 경제학의 첫 번째 주제다.

케인스주의 정치경제학을 오늘날의 자유주의와 이어주는 두 번째 주제는 시민적 전통이 가지고 있던 바람직한 시민적 덕목의 형성이라는 야망을 거부하는 것이다. 새로운 정치경제학의 이런 특성은 소비의 강조와 밀접한 관련이 있지만, 그 당시에는 분명하게 부각되지 않았다. 뉴딜 시기 및 전후 시기의 많은 자유주의자가 자신들이 주장하는 정치가 과거의 진보주의 운동과 중요한 점에서 다르다는 것을 알았지만, 형성적 야망이 사라지는 현상에 주목한 사람은 거의 없었다. 그 현상에 주목했던 소수의 사람들 중 한 명이 정치평론가 에드거 켐러^{Edgar Kemler}였다. 그는 뉴딜정책을 이선의 개혁 전통과 비교하면서 "미국적 이상들이 쇠퇴하는 현상"에 대해서 다음과 같이 썼다.

"과거에 있었던 머그웜프^{Mugwump}* 개혁운동을 어떤 식으로 평가하든 간에, 그 운동이 바람직한 시민적 덕목을 높이고자 하는 것이었음은 부인할 수 없다." 그러나 뉴딜 시대가 시작될 무렵에 이미 "정신적 고양의 시

---

* 19세기 후반 미국 공화당 내 개혁파로, 1884년 대통령 선거에서 새로운 정치를 위해 공화당 후보가 아닌 민주당 후보를 지지했다.

대era of uplift"는 "사회공학의 시대era of social engineering"에 자리를 내주고 물러 났으며 "우리는 개혁의 영역에서 인간적인 덕목은 배제했다".[43]

켐러는 이러한 변화를 "미국적 이상들이 쇠퇴하는 가장 중요한 측면" 이라고 바라봤다. "내 생각에 이런 현상은 정치 교육의 성격이 바뀐 데서 가장 분명하게 드러난다. 우리는 개인을 민주주의 정치에 기여하는 유일 무이한 존재가 될 수 있도록 가르치는 일을 더 이상 중요하게 여기지 않 는다. 어떤 개인이든 간에 군대에서 다른 병사들과 협력하는 한 명의 병 사와 같은 존재가 되기를 우리는 바랄 뿐이다. 과거에는 학교에서 제퍼슨 주의에 입각해 시민의식과 자치권을 강조했지만, 이제는 루스벨트가 주 장하는 것처럼 사람들이 영웅적 리더십에 호응할 것을 강조하는 것으로 바뀌었다." 켐러는 이처럼 현대적 경제가 전개됨에 따라 미국적 이상들 이 소멸할 수밖에 없음을 인정했다. "합리적 태도를 가지자." 그는 냉소 적인 결론을 내렸다. "영감을 쏟아내는 일은 여러 사람이 하고 있다. 성직 자, 교사, 작가, 음악가, 시인, 미술가 등이 바로 그런 사람들이다. 바람직 한 덕목을 실천하고 또 시민성의 바람직한 모습을 형성하는 일은 이들에 게 맡기자. 정치인이 해야 할 일은 따로 있다."[44]

정치 논쟁에서 시민성을 고려하는 내용이 줄어들면서 형성적 야망을 언급하거나 따지는 일도 없어졌다. 컬럼비아대학교의 경제학자이자 초 기 뉴딜 시대의 주요 인물이었던 터그웰은 형성적 차원의 정책과 사업을 포기해야 한다고 분명하게 주장했던 몇 안 되는 사람들 가운데 한 명이 었다. 그는 1934년에 열린 전국적 규모의 사회사업가 총회 자리에서 이 렇게 말했다. "나는 늘 누군가의 인성을 조금이라도 바꿀 권리나 힘이 우 리에게 있다고 생각하는 것은 오만한 발상이라고 생각한다. 5천 년 전이 나 지금이나 사람들이 가지고 있는 기본적 욕망이나 충동이나 열정은 거의 같다. (…) 우리가 사회적 변화를 이야기할 때, 사람들이 사용하는 제도를 바꾸자는 것이지 사람 자체를 바꾸자는 것이 아니다."[45]

한 세대 전에는 크롤리가 "민주주의는 인간적 완벽함을 바라는 열망과 분리될 수 없다"라고 주장했다. 브랜다이스도 민주주의는 "개인을 완벽하게 만들고자 할 때만 가능하다"라고 했다. 이것은 절차적 공화주의는 개인의 도덕성을 높이지 않고도 민주주의는 얼마든지 가능하다는 믿음을 전제로 하는 절차적 공화주의와 그 두 사람 사이의 거리가 얼마나 먼지 보여준다. 터그웰은 절차적 공화주의라는 새로운 믿음을 대변했다. 바로 이 점에서 뉴딜정책은 이전의 개혁운동과 달랐다. 즉 뉴딜정책의 숨은 의도는 미국인의 욕구와 목적의 제고나 개선이 아니라 미국인이 그것들을 한층 더 잘 누릴 수 있도록 유도하고자 한 것이다. 그런 의미에서 터그웰은 "뉴딜은 **사람들**에게 무언가를 시도하고자 하지 않으며, 사람들의 삶의 방식이나 바람 또는 욕망을 바꾸려 하지 않는다"라고 주장했다.[46]

현대 자유주의의 관점에서 볼 때 시민적 덕목을 형성하고자 하는 사업을 하지 않겠다는 의미는 미국적 이상의 폐기가 아니라 그 이상을 자유주의 개념에 적합하도록 수정하는 것이다. 공화주의 전통에 따르면 자유는 자치에 의존하며, 자치는 인격의 특정한 성질, 즉 특정한 도덕적·시민적 덕목을 요구한다. 자유주의자들의 관점으로 보자면 시민의 인격 형성을 정부의 역할로 규정하면 강압적 정치로 나아가는 길을 열어주는 것이나 마찬가지다. 또한 스스로 자신의 목적을 선택할 수 있는 자유롭고 독립적인 자아로서 인간을 존중하지 않게 된다. 즉 자유주의자들이 형성적 프로젝트를 거부하는 데는 자유에 대한 경쟁적 개념, 즉 자발주의적 자유관이라 부를 수 있는 생각이 깃들어 있었다.

이런 점이 절차적 공화주의의 자유주의를 지향하는 케인스주의 경제학의 세 번째 주제를 암시한다. 이 새로운 정치경제학의 옹호자들은 단순히 과거의 개혁가들이 가졌던 형성적 야망을 버린 것이 아니라 자발주의적 자유관으로 대체해 받아들였다. 19세기 이후 자발주의적 자유관은 고전적 자유주의 또는 자유방임적 자유주의를 옹호하는 사람들이 주장해 왔다. 즉 그들은 시장경제의 운영에 정부가 개입하는 것은 노동자와 고용주가 노동과 임금을 교환하는 조건을 스스로 선택하지 못하도록 함으로써 자유를 침해한다고 주장했다. 19세기 후반까지는 개혁주의 자유주의자들도 자발주의적 자유관을 가지고 있었다. 그들은 자유방임주의 자유주의자들과 다르게 진정한 자발적 선택은 계약 당사자들 사이의 공정한 교섭적 지위를 전제로 하며 그런 이유로 경우에 따라서는 정부 규제가 정당하다고 주장했다.[47]

그런데 케인스가 등장하면서 사정이 달라졌다. 정부가 개별 소비자의 선택을 규제하지 않으면서도 총수요를 규제할 방법을 제안함으로써 개혁적 자유주의의 전통이 한층 더 발전하게 된 것이다. 케인스는 자신의 견해를 혐오했던 자유방임주의적 자유주의자들과 마찬가지로 자신이 주장하는 경제학을 자발주의적 자유관에 입각해 정당화했다. 비록 "완벽한 케인스주의 정책과 사업이 때로는 경제적 자유주의의 초기 전통과 상충하는 것처럼" 보이기도 했지만, 사실 그러한 정책이나 사업은 그 전통을 최대한 살린 것이라고 볼 수 있다. 이와 관련해 경제학자 프레드 허시Fred Hirsch는 "케인스는 자유방임주의가 애초에 무엇을 하도록 설계됐는지 검증하는 데 필요한 조정 작업들을 완료했다"라고 말했다. 즉 케인스는 개인이 자신의 목적을 스스로 선택할 자유를 존중하는 데 필요한 조정 작업들을 완료했다는 말이다.[48]

케인스는 자기 이론에서 허용하는 정부 개입이 개인 선택의 존중과 모순되지 않는다는 사실을 자기 이론의 중요한 장점으로 여겼다. "만약 정부가 한 나라의 총지출 증감 비율을 규제할 수 있다면, 개인 소득을 소비하는 방식이나 수요를 충족하는 수단은 자유롭고 안전하게 유지될 수 있다. 이것이 개인적 선택의 자유가 파괴되는 것을 피할 수 있는 유일한 방법이다." 케인스는 "완전 고용을 보장하는 데 필요한 중앙의 통제는 물론, 정부의 기능을 과거와 달리 크게 확대하는 것이 될 것"임을 인정했다.

그럼에도 불구하고 그는 민간이 주도권을 행사하고 책임을 지는 영역은 여전히 광범위하게 남을 것이라고 주장했다. "무엇보다도 개인주의에 담긴 결함을 제거할 수만 있다면 개인주의는 개인의 선택권을 행사할 수 있는 영역을 크게 넓혀주므로 개인의 자유를 가장 잘 보호하는 개념이 된다." 또 케인스는 "정부 기능의 확대"가 "개인주의를 엄청나게 침해"하는 것으로 보일 수도 있지만, "기존의 경제가 전체적으로 파괴되는 것을 예방하는" 실용적 대안으로서 유일하며 또 개인의 선택을 토대로 하는 경제 체제를 보존할 유일한 길이라고 주장했다.[49]

대개 사람들은 자신이 살아가는 생활 방식에 내재한 이상이나 자아상이 무엇인지 알아차리지 못한다. 따라서 미국의 케인스주의자들 중 시민적 덕목에서 자발주의적 자유관으로 발상이 바뀌는 전환을 명시적으로 언급한 사람이 거의 없다는 사실도 그다지 놀랍지 않다. 테네시계곡개발청의 초대 책임자였던 데이비드 릴리엔탈David Lilienthal이 그러한 전환을 가장 분명하게 인식했던 사람이 아닐까 싶다. 그는 당대의 정치경제학을 조망하며 성찰하던 중 전환의 순간을 포착했고 1943년에 쓴 글에서 테네시계곡개발청의 존재 및 사업을 시민적 자유관에 입각해 풀뿌리 민주주의의 표상이라고 규정했다.

각 시민이 "자기 의견을 자유롭게 표현할 수 있게 되길 바랄 뿐만 아니라 자기 의견이 어느 정도의 무게감을 가지고 있다는 사실, 혼자 결정을 내리거나 어떤 결정에 참여할 몫이 있는 일들이 존재한다는 사실, 그리고 자기가 자신보다 훨씬 더 크고 중요한 어떤 일에 반드시 필요하고 유용한 부분이라는 사실 등을 알고 싶어 한다는 점"을 테네시계곡개발청은 인정했다. 또한 이러한 "공동의 노력과 시민적 참여로 개인의 본질적 자유는 강화된다".

또 릴리엔탈은 정부든 기업이든 간에 행정이 중앙으로 집중되면 이런 자유가 위협받는다고 지적했다. "그런 집중은 원격 통제 및 부재 통제를 촉진하고, 개인이 결정을 내릴 기회와 자기 인격을 함양하고 계발할 책임을 떠안을 기회를 배제시킨다. 만약 사람들이 정부로부터 멀리 떨어져 있거나 (…) 또는 공업과 농업과 재화의 유통 등과 같은 삶의 통제나 방향성이 사람들이 살아가는 일상 및 지역 공동체와 동떨어져 있다면, 민주주의가 일상의 현실이 될 방법을 사람들이 도저히 알 수 없을 것이라고 나는 생각한다."[50]

1950년대가 되면 릴리엔탈은 자유를 바라보는 자기의 희망을 자발주의적 차원에서 재구성했다. 그는 대기업을 옹호하는 글에서 경제 집중이 초래하는 거대함 bigness이 자유와 상반된다는 "시대에 뒤떨어진" 공포를 반박하면서 "지금의 시대는 거대함이 우리나라의 생산성뿐만 아니라 개인의 자유와 복지를 증진하고 발전시키는 수단이 될 수 있다는 확신을 요구한다"라고 썼다. 임금노동을 비판하는 공화주의자들은 산업 자본주의가 노동자들로부터 자치에 꼭 필요한 독립성을 박탈했다고 무려 한 세기 이상 동안 주장해왔다. 이런 맥락에서 릴리엔탈은 이제 독립성을 더는 노동의 세계에서만 추구할 게 아니라 여가 및 소비의 영역에서도 추구해야 한다고 했다.

"거대함에서 비롯된 생산성 향상 덕분에 이제 인간의 독립성 가운데 대부분은 그 사람이 가진 직업에서 직접 나올 필요가 없어졌다." 일에서 해방되는 여가 시간이 크게 늘어난 결과 "개인이 온전하게 자기 마음대로 보낼 수 있는 시간 비율이 크게 늘어났다." 대규모 산업이 가진 생산성 덕분에 주당 노동시간이 60시간에서 44시간으로 줄어듦으로써 "사람들이 매주 누릴 수 있는 독립성이 16시간 추가됐다. 이렇게 늘어난 시간 동안에 우리는 자기 소유의 기업을 운영한다는 의미에서가 아니라 이것보다 한층 더 중요한 의미에서 '자기 자신의 주인'이 된다."[51]

릴리엔탈이 찬양한 자유는 시민의식의 정치경제학에 영감을 불어넣었던 시민성 차원의 자유와는 다른 것이었다. 즉 그는 "내가 말하는 자유는 본질적으로 가능한 한 최대한 많은 **선택을 할 수 있는 자유**라는 뜻이다"라고 말했다. 이 자유는 단순히 많은 상품을 생산하고 소비하는 자유가 아니라 미국 경제 체제의 최상의 목적이자 또 거대함, 즉 대기업을 궁극적으로 정당화하는 것이었다. "경제 문제에서 선택의 자유는 서로 자기가 낫다고 주장하는 생각이나 용역이나 재화 중에서 어떤 것을 선택할 수 있는 자유를 뜻한다. 이것은 다른 직업이나 일이 아니라 특정한 직업이나 일을 선택할 수 있는 최대한의 자유를 뜻한다. 이것은 소비자가 돈을 지불하면서 어떤 소비를 할 때 그가 선택할 수 있는 범위의 최대치를 뜻한다. (…) 이런 선택들은 경제 활동에 국한되지 않고 한층 더 높은 도덕적 이상을 표현하는 것이다. (…) 이런 자유로운 선택은 바로 사람들이 사회에서 가능한 한 자유로울 수 있다는 사실의 표식이다."[52]

구세대의 뉴딜 개혁가였던 릴리엔탈은 자발주의적 이상이 절차적 공화주의에 활력을 불어넣는다는 사실을 인정했다. 하지만 이것과 동시에 시민의식의 정치경제학을 떠나보내는 고별사를 쓰기도 했다. "오래된 꿈이 하나 있었다. 자기 소유의 가게나 사업을 하는 독립적 인간이 되는 꿈이었다. 그것은 정말 좋은 꿈**이었다**." 그러나 이제 "새로운 꿈이 생겼다. 거대함이 작동하는 세상을 바라는 꿈이다. 사람이 통제하는 이 세상은 새로운 종류의 독립성을 창조하기 위해 무생물들을 고안하고 활용하는 세상이다. (…) 인간이 새롭게 찾아낸 위대함에 도달할 때, 거대함은 인간이 얼마나 영웅적일 수 있는지 보여주는 표식이 될 수 있다".[53]

절차적 공화주의의
승리와 고난

민주주의의 불만이 불신으로 이어지다

제2차 세계대전 이후에 케인스주의 재정 정책이 떠오르면서 경제 논쟁의 시민적 노선은 미국의 정치 담론에서 점점 희미해졌다. 경제 정책은 전체 국민생산의 규모와 분배에는 집중하는 반면, 자치의 조건에는 소홀했다. 미국인들은 점점 더 경제적 조치나 제도를 시민의식 함양의 학교가 아니라 소비의 도구로 바라봤다. 형성적 야망은 번영의 열매를 늘리고 또 더 많은 사람에게 분산하겠다는 한층 더 일상적인 희망에 자리를 내줬다. 정부는 바람직한 시민의식을 가진 시민을 양성하기보다 사람들이 가진 수요와 욕망을 있는 그대로 받아들이고, 가능한 한 완전하고 공정하게 그것들을 만족시키는 것을 목표로 삼는 정책을 추구하게 됐다.

　공화주의 전통의 관점에서 바라보면 시민의식의 정치경제학이 무너지는 것은 곧 패배이자 미국적 이상들의 위축과 자유의 상실을 의미했다. 공화주의 정치 이론에서 자유롭다는 의미는 자기 운명을 지배하는 정치적 공동체 통치에 참여하는 것, 즉 자치의 수행이다. 이런 뜻에서 보자면 자치는 시민 개개인의 운명을 통제하는 정치 공동체 그리고 그 공동체와 자기를 동일시하며 공동선을 위해 생각하고 행동하는 시민을 요구한다. 시민이 자치에 참여하는 데 필요한 덕목과 독립성 그리고 공동체의 일원으로서 함께 공유하는 인식을 배양하는 것은 공화주의 정치의 중심적 목표다. 따라서 형성적 야망을 포기한다는 것은 공화주의 전통이 구상하는 자유를 위한 여러 가지 정책과 사업을 모두 포기하는 것이나 마찬가지다.

제퍼슨부터 링컨, 브랜다이스, 크롤리, 시어도어 루스벨트에 이르기까지 자유에 대한 시민적 개념에 자극을 받았던 미국인은 경제 권력을 민주주의가 지배할 수 있도록 하고자, 또 시민이 자치에 적합한 덕목을 갖출 수 있도록 하고자 고군분투했다. 그런데 이제 미국인은 그 투쟁을 포기할 준비가 된 것 같았다. 정확하게 말하면 그 투쟁이 꼭 필요하다고 바라봤던 자유관을 포기할 준비가 된 것 같았다. 시민의식의 정치경제학이 무너지면서 시민적 자유관이 물러나고 그 자리를 자발주의적 자유관이 대신했기 때문이다.

제2차 세계대전 이후의 미국인은 전혀 다른 상황을 맞이했다. 경제는 공화주의가 바라는 민주적 지배를 허용할 수 없을 정도로 거대해졌다. 또 번영의 전망이 사람들을 사로잡았다. 사람들은 새로운 자유관을 가지게 됐다. 새로운 자유관에 따르면 자유는 개개인이 하나로 묶인 집단의 운명을 지배하는 힘을 형성하는 시민적 역량에 달려 있지 않고 자신의 가치관과 목적을 선택하는 개인적 역량에 달려 있다.

20세기 후반이 되면 시민적 자유를 추구하는 노선이 쇠퇴하면서 민주적 제도와 기관에 대한 불만이 늘어났고 공동의 목적과 공유된 인식은 느슨해졌다. 또 자신의 삶을 지배하는 힘에 대한 통제력을 개인적으로나 집단적으로 상실하고 있다는 공포감이 미국인 사이에서 점점 커졌다. 그러나 처음에는 그렇게 보이지 않았다. 제2차 세계대전 이후 절차적 공화주의가 자리를 잡을 때 미국인은 새로운 공공철학이 자신들이 가지고 있던 자치 역량 및 권한을 무력하게 만드는 것이라고 생각하지 않았다. 오히려 그 반대였다. 절차적 공화주의는 기존에 가지고 있던 가치관이 실패로 끝났다는 사실을 인정하는 것이 아니라 주체성과 자기통제의 승리로 받아들이는 것으로 비쳤다. 일부는 당시의 역사적 순간이 가지는 의미 때문이기도 했고, 또 일부는 자발주의적 자유관에 녹아 있던 해방적 약속 때문이기도 했다.

미국이 세계를 지배할 때

절차적 공화주의는 미국이 전 세계에 대한 지배권을 쥐게 되는 매우 드문 순간에 탄생했다. 제2차 세계대전이 끝나갈 무렵에 미국은 독보적 강국이었다. 일본이 항복 선언을 하던 날에 해리 트루먼Harry Truman(대통령 재임: 1945~1953) 대통령은 라디오 연설에서 "미국이 인류 역사상 가장 큰 힘과 권력을 가지고 있다"라고 선언했다. 이는 결코 과장이 아니었다.[1]

전 세계에서 미국이 가장 우월한 지위를 가지고 있다는 사실은 미국인에게 집단적 지배 의식을 심어줬다. 마찬가지 맥락에서 미국이 국내 경제 부문에서 거둔 성과는 미국인에게 자신들의 운명은 자기 스스로 통제할 수 있다는 인식을 심어줬다. 국민총생산은 1947년에 2,310억 달러였지만 1960년에 5,040억 달러로, 다시 1970년에는 9,770억 달러로 늘어났다. 1948년부터 1968년까지 20년 동안 인플레이션을 고려해 보정한 평균 경제성장률은 연간 4퍼센트로 국가 역사상 유례없이 높은 수치였다. 출생률도 1940년대부터 1950년대 후반까지 빠르게 증가했고 1960년대 초반까지 높은 수준을 유지했다. 주택 보급률은 1940년에 44퍼센트에서 1960년에 62퍼센트로 급증했다.

정치분석가인 마이클 배런은 이렇게 말했다. "1947년쯤 미국인의 경제 성장이 다시 한번 더 가능하다고 결론을 내렸다. 1964년쯤에는 경제 성장은 당연하고 불가피한 것이라고 결론을 내렸다. 경기 순환은 아예 사라져버린 것 같다." 케인스주의의 수요 관리 도구들을 두루 확보한 정책 입안자들은 "인플레이션이나 불황을 피하면서 경제를 지속적으로 성장시키는 비결을 발견한 것 같았다".[2]

전후의 활기 넘치던 경제는 미국에 물질적 번영만 안겨준 게 아니었다. 이런 호경기뿐만 아니라 미국이 쥐게 된 전 세계적 권력 덕분에 미국인은 스스로를 자기가 놓인 환경을 독립적으로 헤쳐나가는 개척자로 바라보는 데 익숙해졌다. 물론 이후에 벌어진 일련의 사건 때문에 자신감을 잃고 혼란스러워하기도 하지만, 어쨌거나 그 시대를 살았던 미국인 세대는 "국내에서든 해외에서든 간에 자기가 원하는 일은 무엇이든 할 수 있다는 믿음 아래에서 성장했다."[3]

존 F. 케네디는 감동적 웅변으로 미국의 주도적 실행력을 강조하며 분명하게 천명했다. 1950년대 후반에 소련이 인공위성 스푸트니크를 발사하고, 1957~1958년에 불경기가 나타나고, 러시아와 미국 사이에 이른바 "미사일 격차"*가 발생하고 또 냉전 상황에서 미국이 갈수록 지배력을 잃어간다는 우려가 고조되는 상황에서 케네디는 대통령 선거운동을 벌였다. 자국에 대한 우려가 흉흉하던 시점에 케네디는 미국의 목적과 의지를 재천명하면서 미국을 다시 앞으로 전진시키겠다고 약속했다. "내가

---

* 미국과 소련의 과학 발전 차이로 미국이 교육 부문에서 소련에 뒤졌다는 위기의식.

하는 대통령 선거운동은 단 하나의 가정을 기반으로 한다. 미국인은 이제 우리나라가 나아가야 할 방향성이 흔들리고 국격이 지속적으로 떨어지는 상황에 넌덜머리가 났으며 이제 다시 일어설 준비가 돼 있다는 가정이다." 민주당 후보 수락 연설에서는 미국인을 향해 "하늘과 비, 바다와 조수, 우주의 저편과 인간 내면을 지배하기 위한 경주"에서 승리하겠다는 "배짱과 의지"를 가지자고 목소리를 높였다.⁴

케네디의 취임사는 자신들이 프로메테우스의 힘을 가졌다고 믿는 세대의 확신을 보여줬다. "세상은 지금 과거와 무척 달라졌다. (…) 오늘날 인간은 어떤 가난이든 그리고 어떤 삶이든 깡그리 지워버릴 힘을 쥐고 있기 때문이다." 만일 냉전을 벌이는 양측이 서로의 차이를 극복할 수만 있다면, 경이로운 과학의 힘을 활용해 "별을 탐험하고 사막을 정복하고 질병을 근절하고 해저를 탐사하고, 또 예술과 상업을 장려할 수 있을 것이다". 그리고 그사이에 미국은 무한한 의지를 가지고서 자신들이 가진 힘을 발휘할 것이다. "자유가 존속하고 성공할 수 있도록 우리는 어떤 대가라도 치를 것이고, 어떤 부담이라도 질 것이며, 어떤 고난도 감수할 것이고, 어떤 우방국에게도 지원을 아끼지 않을 것이며, 또 어떤 적국에게도 단호하게 맞설 것이라는 사실을 미국이 잘되길 바라는 나라든 그렇지 않은 나라든 간에 전 세계의 모든 나라에게 알리자. 우리는 단호하게 맹세하고, 또 이것보다 더 많은 것을 맹세한다는 사실을."⁵

그로부터 몇 달 뒤에 케네디는 취임사와 비슷한 맥락에서 미국이 달에 사람을 보낼 것이라고 약속했다. 그는 기본적으로 미국이 가진 힘과 의지를 표현할 목적으로 달 탐사 계획을 구상했다. 다른 어떤 우주 프로젝트도 "이보다 더 인류에게 인상적"일 수 없고, "이보다 성공하기 어렵거나 비용이 많이 들지 않을 것"이다. 이 임무는 가시적 결과보다 집단적 주도성 및 결의를 주장하는 수단으로서 중요했다. 케네디는 "우주를 지배하는 궁극적 의미가 무엇인지 아무도 확실히 예측할 수 없다"라는 사실을 인정하면서도, 세상과 우주를 지배할 수 있다는 전망과 이 계획을 성공시키는 데 필요한 "헌신과 조직과 규율"만으로도 달 정복 계획을 시도하는 이유는 충분하다고 했다. 또 이 계획이 성공할 수 있으려면 "미국의 모든 과학자, 엔지니어, 군인, 기술자, 협력업체, 공무원이 우주라는 무대에서 이 나라가 최고 속도의 자유로써 펼치는 흥미진진한 모험에 각자 전력을 다하겠다는 개인적 서약을 해야 한다"라고 호소했다.[6]

케네디는 미국의 목적이라고 자신이 제시한 것들이야말로 미래의 새로운 세대가 수행해야 할 사명이라고 말했다. 그러나 돌이켜보면 그가 제시했던 구호인 "뉴프런티어New Frontier"는 지금 미국의 힘과 의지를 나타내는 퇴색한 전망의 기념물이자 미국인이 자신을 자기 운명의 주인이라고 여겼던 20세기 중반의 마지막 표현으로 남아 있다. 케네디가 국가가 자신에게 무엇을 해줄지 묻지 말고 자신이 국가를 위해 무엇을 할 수 있을지 물으라고 미국인에게 요구하던 바로 그 시점에 미국인의 삶에서 시민적 자원들은 이미 줄어들고 있었다. 또한 시민의식의 정치경제학은 경제성장이라는 방향성과 절차적 공화주의의 공공철학에 떠밀려서 지배력을 잃고 있었다. 케네디도 인정했듯이 당시의 경제 문제는 과거에 전국을 떠들썩하게 만들었던 "열정적인 운동들"과는 무관하며 "대다수 사람이 알 수 없는 정교하고 기술적인 질문들"과 관련이 있었다.[7]

그래서 제2차 세계대전 이후 20년 동안에는 미국적 삶의 여러 가지 특별한 상황 때문에 시민주의적 자유관의 몰락이 두드러진 양상으로 드러나지 않았다. 지배의 순간들이 지나갔을 때, 즉 냉전 초기의 엄혹함이 누그러지고 경제가 비틀거리며 정부의 권위가 흔들리기 시작했을 때, 미국인은 자기가 직면한 혼란 및 자치 권한 박탈이라는 도전에 맞서서 싸울 준비가 제대로 돼 있지 않았다.

자발주의의 약속

전후 수십 년 동안 존속했던 미국의 우위와 지배라는 약속은 미국이 가지고 있었던 막강한 힘에 따른 보상이었을 뿐만 아니라, 현대 자유주의의 공공철학에 내포된 또 다른 원천에서 비롯된 결과이기도 했다. 그 원천은 바로 좋음the good보다 옳음the right을 우선시하는 자유주의다. 즉 정부는 사람들을 자신의 목적을 선택할 수 있는 자유롭고 독립적인 존재로 존중해야 하며, 그 전제조건으로서 좋은 삶을 규정하는 서로 다른 견해나 개념 사이에서 중립을 지켜야 한다는 것이다. 이런 자유주의를 고취한 자발주의적 자유관은 해방의 전망, 즉 권력이 집중된 조건에서도 실현될 수 있는 것처럼 보이는 주체성의 약속을 제시한다.

공화주의자들은 시민적 자유관에 고취돼 "거대함의 저주"를 내세우며 경제 집중을 비난했고, 정치 공동체의 여러 조건과 경제적인 삶 사이의 괴리를 걱정했으며, 도덕적·문화적 차이를 뛰어넘는 공동의 목적을 만들려고 애를 썼다. 그런데 자발주의적 자유관에서는 이런 노력이 전혀 필요 없었다. 만약 정부가 상충하는 목적들 사이에서 중립을 취할 권리 체계를 제공하기만 한다면 시민들은 다른 사람들이 누리는 자유와 충돌하지 않는 한 자기가 선택한 가치관과 목적을 추구할 수 있다. 현대 생활의 사회적·경제적 조건들이 공화주의적 자유에 대한 사람들의 갈망을 키울 조짐을 보이던 시점에 미국인은 시민성 개념과는 다르게 분산된 권력에 의존하지 않는 자유관을 선택해 그 길로 나아갔다.

만약 자유가 사람들이 좋은 삶에 대한 자신만의 전망을 추구할 수 있는 중립적 권리 체계에 따라서 좌우된다면, 남은 문제는 그러한 체계에 필요한 권리들이 무엇인지 묻는 것이다. 자발주의적 자유는 언론의 자유, 종교적 자유, 배심재판, 투표권 등과 같은 시민적·정치적 권리들만 존중할 것을 요구할까? 아니면 교육, 고용, 주택, 의료 등에 대한 권리처럼 특정한 사회적·경제적 권리도 요구할까? 이 질문에 대해 1940년대부터 1990년대까지 다양한 사람들이 다양한 대답을 제시했다. 그러나 개인이 가지는 권리의 범위와 내용에 대해 어떤 견해를 가지고 있었든 간에 답변자 대부분은 자발주의적 자유관에 의거해 자기주장을 정당화한다.

이것은 정치적 담론이 바뀌었다는 뜻이다. 19세기 대부분의 기간에 걸쳐 미국인은 자치에 필요한 시민적 덕목을 사람들에게 고취할 방법을 두고 논쟁을 벌였다. 그러나 20세기 후반이 되면 미국인은 사람들이 자신의 가치관과 목적을 선택할 수 있게 만드는 권리가 무엇인지를 두고 논쟁을 벌였다. 시간이 흐른 뒤, 자발주의적 자유관으로 규정된 정치적 의제는 자치에 대한 열망을 웅변할 수 없으며 또 자치를 고취할 역량도 상실했음이 증명됐다. 그러나 처음에는 그것이 도덕적·정치적 개선이라는 광범위한 사업에 동력과 목적을 부여했었다.

새로운 공공철학은 판사들의 지속적인 지지를 받았다. 1940년에 미국 대법원은 여호와의 증인 신도인 학생들이 종교적 신념을 이유로 '국기에 대한 경례'와 맹세를 하지 않겠다고 해도 이것을 강제할 수 있다는 지방 법규의 손을 들어줬다. 당시에 프랭크퍼터 대법관은 시민적 덕목을 함양해야 한다는 공화주의 전통의 사명을 판결의 토대로 삼았다. 그는 교육구가 어린 학생 시민에게 자유가 의존하는 "사람들의 마음을 하나로 묶어주는 유대감"을 주입하는 것을 헌법에서 금하지 않는다고 판결했다. 그런데 그로부터 3년 뒤 대법원은 '국기에 대한 경례'의 강요는 위헌이라는 정반대의 판결을 내렸다.

당시의 결정은 전혀 다른 자유관을 토대로 했다. 즉 자유는 시민적 덕목을 함양하는 것이 아니라 다수의 힘으로 강제할 수 없는 특정한 권리를 보장하는 데 달려 있다고 바라본 것이다. 게다가 정부는 시민에게 좋은 삶에 대한 특정 견해나 태도를 강요할 수 없다고도 했다. 이 판결문은 "지위가 높든 낮든 간에 그 어떤 공무원도 정치, 민족주의, 종교 또는 그 밖의 다른 쟁점에 대해 특정한 의견이 정통적인 것이라고 규정할 수 없다"라고 규정하면서 애국심은 이제 설득이나 주입의 문제가 아니라 선택의 문제이며, 자유롭고 독립적인 자아가 수행하는 자발적인 행동일 뿐이라고 했다.[8]

제2차 세계대전 이후에 진행된 경제 논쟁에서는 자유주의적 가정들이 시민적 노선을 대체했다. 이와 비슷한 변화가 헌법 해석에서도 나타났다. 1940년대 초부터 대법원은 오늘날 익숙하게 보이는 역할을 수행하기 시작했다. 정부가 개인의 권리를 침해하지 못하도록 보호하고 또 좋은 삶을 규정하는 문제에서 중립을 지키도록 강제하는 역할이었다. 1947년에 처음으로 대법원은 정부가 종교에 대해 중립적이어야 한다고 결정했다. 그 뒤로 수십 년 동안 대법원은 자발주의적 자유관에 기대서 이 중립성을 정당화했다. 판결문에서 "존중할 가치가 있는 종교적 믿음은 신자들이 자유롭고 자발적으로 선택의 결과물이다"라고 밝혔다.[9] 같은 기간에 법원은 자치보다 자기표현이 더 중요하다는 인식 아래에서 언론의 자유로 보호받을 수 있는 영역을 넓혔다. 예컨대 "자기표현의 선택권이 보호를 정당하게 만들어주는 결정적인 요소가 된다".[10] 그리고 1960년대부터

1980년대까지의 일련의 판결에서 대법원은 자율성 및 선택의 자유라는 근거를 내세워 정부가 피임과 낙태 문제와 관련된 도덕적 사항을 법률로 규정하려는 시도를 차단하며 사생활의 권리를 강력하게 보호했다.

좋음보다 옳음을 우선시하는 자유주의 버전은 헌법 영역에 국한되지 않았다. 뉴딜 시대에서 현재에 이르기까지 전면적으로 부상한 복지국가라는 개념을 정당화하는 데서도 자유주의가 중요한 역할을 했다. 언뜻 봐서는 자유주의가 어떻게 그런 역할을 할 수 있었을지 분명하지 않다. 복지국가의 시장경제 개입은 중립성을 지키려는 시도와 상반되는 듯 보일 수 있다. 게다가 모든 시민에게 특정 재화를 공적으로 제공한다는 것은 상호 의무와 공유된 시민의식이라는 강력한 윤리, 즉 고도로 발달한 연대감과 공동의 목적을 전제로 하는 것처럼 보인다.[11] 예를 들어 영국에서 복지국가 개념은 노동당의 사회주의 전통뿐만 아니라 토리당의 자유주의 이전의 보수주의 공동체적 전통을 토대로 했다. 실제로 1960년대 중반에 영국 정치를 설명하며 정치학자 새뮤얼 비어Samuel H. Beer는 이렇게 말했다. "강력한 정부와 온정주의paternalism* 그리고 유기적 사회라는 오래된 전통들 덕분에 국가 권력은 최근 수십 년 동안 보수당의 후원을 받으며 존재감을 강력하게 드러낼 수 있었다."[12]

영국의 경우와 다르게 미국의 복지국가 옹호자들은 시민적이거나 공동체적 의무라는 윤리에 호소하지 않고 자발주의적 자유관에 호소했다. 사회적·경제적 권리를 확대해야 한다는 그들의 주장은 사람들이 공유하는 시민의식을 한층 더 깊이 배양하자는 것이 아니라 시민 개개인이 자신의 가치관과 목적을 선택할 수 있는 역량을 존중하자는 데 초점이 맞

---

* 정부나 조직이 그 종사자에 대해 가부장적 가족관계의 모델에 따라 보호·규제하는 체계.

취졌다.

프랭클린 루스벨트는 때로 한층 더 넓은 개념인 국가 공동체의식에 호소하기도 했다. "우리는 지역 공동체라는 사회의 오래된 원칙을 국가적 삶으로까지 확장해왔다. 그런데 지금 우리는 '이 관행이 또 이 관습이 과연 다수를 희생하면서 이뤄지는 것은 아닌가?'라는 질문을 던진다. 그런데 이 다수는 우리의 이웃이다. 국가적 차원에서 보자면 이 다수 또는 이 이웃은 하나의 정체로서의 미국the United States as a whole 국민이다."

또 1935년에 민주당 청년당원들을 상대로 연설할 때도 루스벨트는 협력과 상호증진이라는 윤리를 받아들이라고 촉구했다. 과거에 한때 미국인은 "개인이 각자 자기만을 위해 노력하는 계층 상승의 황금 사다리를 꿈꾸었지만" 새로운 세대는 이제 다른 꿈을 가지게 됐다. "여러분의 발전 그리고 여러분의 희망은 수천 명 동료가 넓은 길을 함께 더 나은 곳을 향해 걸어가는 것이다."[13]

그러나 루스벨트는 연방정부의 사회 정책이 그러한 공동체 윤리를 토대로 하지 않도록 조심했다. 예를 들면 1935년에 제정된 사회보장법Social Security Act만 하더라도 국가가 제공하는 복지 프로그램을 지향하는 것이 아니라 민간보험사의 보험 상품과 비슷한 형태로 나아가도록 설계했다. 세수가 아니라 수혜자 개인이 지불하는 "자부담금"을 이 제도의 재원으로 삼은 것이다. 나중에 루스벨트는 역진 소득세가 잘못된 것임을 인정하면서도 그렇게 할 수밖에 없었던 것은 그 목적이 정치적인 것이었기 때문이라고 강조했다. "사회보장법을 통해 사람들이 받는 급여 가운데 일정액을 떼어내 재원으로 납부하게 만든 것은 그들이 나중에 연금과 실업수당을 받을 법률적·도덕적·정치적 권리를 부여하기 위함이었다. 정치인 누구라도 세금으로 문제를 해결하겠다는 방식으로는 내가 마련한 사회보장 프로그램을 폐기할 수 없다."[14]

1944년에 루스벨트는 마지막 국정연설을 하면서 수십 년 뒤에 복지국가 의제로 나타날 내용을 제시했다. 그는 그것을 "경제적 권리장전"이라고 불렀다. 또한 산업 경제가 확장됨에 따라 헌법에서 정한 정치적 권리만으로는 자유가 충분하게 보장되지 않는다는 사실이 입증됐다고 말했다. 그러므로 "진정한 개인의 자유"를 보장하는 데 필요한 사회적·경제적 권리에는 "만족스럽고 보수가 좋은 일자리를 가질 권리 (…) 적절한 음식과 옷과 여가를 누리기에 충분할 정도로 돈을 벌 권리 (…) 모든 가족이 함께 괜찮은 주택에 살 권리, 적절한 의료 서비스를 받을 권리 (…) 노령, 질병, 사고, 실업 등에 따른 경제적 두려움으로부터 적절한 보호를 받을 권리 (…) 등이 포함된다." 루스벨트의 관점에서 이런 권리들을 정당화하는 것은 강력한 공동체적 의무감이 아니라 "가난한 사람은 자유로운 사람이 아니다"라는 발상이었다. 즉 개개인이 자기의 목적을 스스로 선택하는 자유를 누릴 수 있으려면 반드시 물질적 전제조건들이 필요하다는 인식이었다.[15]

미국의 복지국가 정책 기조는 트루먼 대통령의 "페어딜Fair Deal", 즉 공정한 거래에서 린든 존슨Lyndon Johnson(대통령 재임: 1963~1969) 대통령의 "위대한 사회Great Society"에 이르기까지 때로는 끊어지기도 했지만 대체로 이어졌다. 교육, 저소득자 주택, 일정 자격을 갖춘 사람에게 제공되는 건강보험인 메디케어, 저소득층을 위한 건강보험인 메디케이드, 식료품 할인권food stamp*, 직업 훈련, 사회보장 대상 확대, 실업 보험, 공공부조 등을 연방정부가 지원하는 것은 자유주의적인 개혁 사업들을 수행하는 데 상

---

* 저소득층 식비 지원 제도.

당한 역할을 했다. 이런 사업들을 지지하는 의견은 모두 개인이 가진 권리와 자발주의적 자유관을 근거로 제시한 루스벨트의 연설 내용에서 크게 벗어나지 않았다.

존슨은 "위대한 사회"라는 정책의 근거로 국가 공동체의 이상을 포함해 많은 것들을 제시했다.[16] 그는 "이 나라에서 한층 더 거대한 일체감을 형성"하고 "개인의 차이를 넘어 공동선을 추구하는 법"을 배우며 "이해관계의 일치를 목적의 일치로, 또 목적의 일치를 위대한 사회 안에서의 일치"로 미국인을 바꾸는 일에 대해 이야기했다. 어려움에 처한 구성원을 모든 구성원이 돌보는 "가족"에 국가를 비유했다. 또 국민을 "신뢰와 애정이라는 공동의 끈으로 묶여 있는" 존재로 비유했다. 이후 이러한 비유는 민주당 내에서 한 세대 동안 계속 되풀이된다.[17]

국가 공동체라는 개념을 역설했다는 사실만 놓고 보자면 존슨은 진보주의적 개혁 전통을 국가주의화한 것처럼 보일 수도 있다. 또 그가 절차적 공화주의의 자유주의에서 벗어난 것처럼 보일 수도 있다. 존슨은 크롤리에서 프랭클린 루스벨트로 이어지는 진보주의자들과 마찬가지로 연방정부의 역할을 확장할 뿐만 아니라 미국인이 가지는 국민적 소속감을 강화하기 위해, 즉 "국가를 국가 이상의 어떤 것으로 만들기 위해" 노력했다.[18] 그는 정치의 주요 목적은 "국민적 삶을 향상하는 것", "국민의 일체감이 완벽해지도록 지원하는 것"이라고 제시했다. 그리고 미국인이 "자기 개인보다 한층 더 큰 공동의 대의에 힘쓰도록 하는 것이며 (…) 이것이 없다면 우리는 이방인들로 구성된 국가밖에 되지 않는다"라고 말했다.[19]

그러나 자세히 살펴보면 존슨의 정치적 전망은 형성적 야망이라는 전통보다 1960년대에 이르러 점점 더 미국 정치 담론의 조건을 설정하게 되는 자유주의 버전에 더 가까웠다. 과거에 바람직한 시민성 배양을 주장했던 사람들은 공립학교에서부터 산업 민주주의와 그 밖에 자치 습관에 유리하다고 생각되는 경제적 조치들에 이르기까지 여러 가지 구체적 관행과 제도를 통해 바람직한 시민성을 형성하고자 노력했다. 그러나 이와 다르게 존슨이 국가 공동체 개념을 내세운 것은 한층 더 추상적이었으며 권장의 성격도 강했다. 존슨의 국가 공동체 윤리는 아프리카계 미국인들에게 시민적 권리, 즉 시민권civil rights과 투표권을 부여해야 하고 부유한 사람이 가난한 사람을 돕기 위해 고안된 정책을 지지해야 하는 이유를 설명하는 방법으로 기능했다.[20] 그러나 그가 제시한 정책 기조인 '위대한 사회'는 비록 "공동체를 바라는 갈망"에 부응하겠다고 약속했음에도 불구하고 기본적으로는 풍요로움과 그 결실에 대한 공정한 접근성을 강화하는 데 관심을 두고 있었다. 즉 그 정책은 시민의 자치 수행에 필요한 덕목의 형성에 도움이 되는 것은 거의 아무것도 제공하지 않았다.[21]

시민의식의 정치경제학을 상기시킨 '위대한 사회'의 한 측면은 '빈곤과의 전쟁'이라는 공동체 실천 프로그램이었다. 이 프로그램의 목적은 지역사회 차원에서 빈곤 퇴치 프로그램 참여를 유도해 빈곤층의 시민적 역량을 확대하는 것이었다. 그러나 존슨에게 이 프로그램은 이례적이고 불편한 것이었다. 이후 해당 프로그램을 실천하는 지역사회의 활동가 단체들이 민주당 소속 시장 및 지역 관리와 충돌하자 아예 프로그램을 포기했다.[22]

국가 공동체를 바라보는 존슨의 전망에서는 진보주의 전통의 형성적 정책과 사업이 현대적 자유주의의 자발주의적 정책과 사업에 자리를 내주고 밀려나는 것을 볼 수 있다. 절차적 공화주의로의 전환은 존슨이 주장했던 시민의식 개념에서도 확인할 수 있다. 존슨에게 국가의 통합을 완성한다는 의미는 미국인이 지역, 인종, 종교, 계급 등에 얽매인 정체성을 잠시 내려놓거나 또는 아예 뛰어넘도록 장려한다는 뜻이었다. 이상적 미국 시민이라면 특정한 정체성과 애착에 방해받지 않는 보편적 인간으로서 생각하고 행동해야 한다는 것이었다.

존슨이 이상적으로 생각한 미국은 "북부와 남부를 구분하지 않고 동부와 서부를 구분하지 않으며 (…) 계급이나 정치 노선이나 피부 색깔로 나뉘지 않는 통일적인 국가"였다. 존슨은 1962년의 쿠바 미사일 위기 때 백악관에 정부와 군의 고위 인사들이 백악관에 모였던 것을 "통합의 정치politics of unity"가 이뤄졌던 사례로 들었다. 그는 그 자리에 모인 사람들이 개인적으로 가지고 있는 특정한 배경이나 공동체를 넘어 문제를 해결하고자 했던 방식 그 자체를 중요하게 생각했다. "그 자리에서 어떤 사람이 했던 말만 가지고서 그 사람의 종교가 무엇인지 그 사람이 소속된 정당이 무엇인지 알 수 없다. 또 그 사람의 억양을 가지고서 그 사람이 어디 출신인지 알 수도 없다."[23]

존슨은 국가 공동체의 이상을 호소할 때에도 자발주의적 자유관에 입각해 '위대한 사회'를 옹호했다. 바로 여기에 절차적 공화주의의 자유주의와 그가 연결된 지점이 놓여 있다. 그는 연방정부가 "개인의 자유를 위협하는 주된 요소"가 됐다는 보수주의 비판자들의 주장에 반박했다. "전혀 그렇지 않다. 연방정부가 개인을 짓밟는다는 주장은 진실과 거리가 멀다. 연방정부는 개인을 환경의 노예로 만들고자 하는 세력에 맞서서 개인을 보호하려고 최선을 다한다." 민주당이 이룩한 개혁의 성과 덕분에 "모든 미국인은 지금 인류 역사상 그 어느 때보다도 자유롭게 자기가 하고 싶은 활동을 선택하고 자신의 목표를 정하며 또 자기 생활 속에서 자기가 하고 싶은 것을 한다."[24]

존슨은 1964년에 민주당 대통령 후보직을 수락하면서 경제적 안정이

야말로 개인의 자유를 위한 전제조건이라는 루스벨트의 주장을 되풀이
하면서 "굶주린 사람, 일자리가 없는 사람, 자식을 학교에 보내지 못하는
사람, 결핍에 굴복당한 사람, 이런 사람들은 온전하게 자유롭지 못하다"
라고 말했다. 또한 그는 개인이 자기의 목적을 스스로 선택하고 추구할
수 있어야 한다는 이유를 내세워서 자유주의적 개혁 사업을 옹호했다.
"우리는 지금까지 30년이 넘는 세월 동안 사회보장에서부터 빈곤과의
전쟁에 이르기까지 인간의 자유를 확대하기 위해 부지런히 노력해왔다.
그리고 그 결과, 오늘 밤 미국인은 우리가 걸어온 영광스러운 역사의 그
어느 시점보다도 자유롭게 (…) 자기가 살고 싶은 대로 살고, 자기가 가진
야망을 추구하며 또 자기가 가진 욕망을 충족하고 있다."[25]

개인이 자신의 가치관과 목적을 선택할 권리를 정부가 존중해야 한다
는 발상은 복지국가 옹호자들의 전유물이 아니었다. 보수적 공화당원이
던 배리 골드워터와 경제학자 밀턴 프리드먼처럼 자유방임주의적 관점
에서 복지국가를 비판하던 사람들도 똑같이 생각했다. 그러한 발상은 국
가적 차원에서 이뤄진 정치 논쟁의 토대가 됐다. 1964년 대통령 선거에
서 존슨과 맞붙었던 공화당 후보 골드워터는 근래에 있었던 대통령 선거
들 중에서도 이념적 차원의 대결 양상을 가장 뚜렷하게 드러냈다. 골드워
터는 가난과의 전쟁이나 누진 소득세 그리고 심지어 사회보장과 같은 자
유주의적 대의에까지 반대했음에도 불구하고 자유주의자들과 마찬가지
로 자발주의적 자유관을 가지고 있었다.[26]
"[한 사람의] 삶을 좌우하는 선택은 반드시 **본인** 스스로 해야 한다. 이
선택을 다른 누군가가 또는 다른 어떤 집단이 대신하게 할 수 없다." 골
드워터는 1960년에 출간한 저서 《보수주의자의 양심The Conscience of a

Conservative》에서 다음과 같이 썼다. "만약 사회보장의 '혜택'을 늘리는 문제에 대해 보수주의자가 자유주의자보다 소극적이라면, 이것은 사람들이 평생에 걸쳐 본인이 가장 적합하다고 생각하는 시점에 자기 소득을 자유롭게 쓸 수 있도록 하는 데 보수주의자가 자유주의자보다 적극적이기 때문이다." 또 정부의 기능 가운데서 유일하게 합당한 것은 "사람들이 스스로 선택한 목표를 최대한 자유롭게 수행하도록 만드는 기능이다".

골드워터는 이러한 기능들은 질서 유지, 국방, 사유재산권 보장 등에만 제한돼야 한다고 말했다. 가난한 사람들을 돕기 위해 부자들에게 세금을 부과하는 등의 정부 활동은 개인의 자유를 침해하는 행위로서 자선 활동의 강요에 해당한다면서 "개인이 자기 노동의 결실을 자기 마음대로 처분할 수 없고 사회의 공동재산으로 처분해야 한다면 어떻게 개인이 진정으로 자유롭다고 할 수 있겠는가?"라고 반문했다. 그러면서 다양한 복지 프로그램이 올바른 것이라고 믿는 사람들은 "개인이 져야 하는 사회적 책임에 대해 자신과 다른 생각을 가진 동료 시민"의 돈을 강제로 몰수할 게 아니라 개인적으로 베풀 수 있다고 생각하는 만큼 각 개인이 기부하도록 하면 된다고 했다.[27]

프리드먼은 골드워터가 주장하는 내용을 학문적 차원으로 정리해 제시했다. 그러나 프리드먼은 "보수적"이라는 용어는 받아들이지 않았다. 대신 그는 개인의 자유라는 개념에 근거해 복지국가를 반대하는 것이야말로 19세기 고전적 자유주의에 충실한 것이라고 주장했다. "자유주의자로서 나는 소득재분배만을 목적으로 하는 누진적 과세가 정당하지 않다고 생각한다. 이것은 다른 사람들에게 나눠줄 목적으로 개인의 소유물을 강제로 빼앗는 것이며 개인의 자유와 정면으로 충돌한다." 그가 바라보는 관점으로는, 사회보장제도를 통해 사람들이 은퇴 이후의 노후를 준비하도록 일정 금액을 강제로 적립하게 만드는 것도 자유를 부당하게 침해하는 것이다. "만약 어떤 사람이 오로지 현재를 위해 살면서 지금 당장 즐거움을 누리려고 자기가 가진 자원을 사용하겠다면, 그렇게 해서 가난한 노후를 의도적으로 선택하겠다면, 과연 우리는 무슨 권리로 그를 막겠는가? 우리는 논쟁을 통해 그가 틀렸다고 설득할 수 있겠지만, 그가 선택하지 못하도록 강요할 권리가 과연 우리에게 있을까?"[28]

프리드먼은 또 비슷한 이유를 들어 주택 보조금, 최저임금제, 국립공원, 공익적으로 운영되는 유료 도로, 의사나 약사 등의 전문적 종사자들에게 면허증을 따도록 요구하는 법률 등의 광범위한 정책에 반대했다. 이처럼 프리드먼은 복지국가 개념을 철저하게 비판했다. 그러나 그도 복지국가 옹호자들과 마찬가지로 자발주의적 자유관을 가지고 있었다. 그는 최근 수십 년간의 정부가 여러 프로그램을 도입하는 과정에서 일부 사람들의 가치관을 다른 사람들에게 강요했다면서 이것은 "자기 가치관에 따라 자기의 삶을 살겠다는" 사람들의 욕망을 존중하지 않는다는 점에서 잘못된 것이라고 결론을 내렸다.[29]

시대의 자아상

제2차 세계대전 이후 수십 년 동안 미국의 정치적·헌법적 논쟁에 영향을 준 자유주의의 버전은 1970년대에 온전한 철학적 진술을 확보했다. 특히 존 롤스John Rawls의 《정의론Theory of Justice》이 가장 대표적이다. 롤스는 20세기의 대부분 기간에 영미 철학을 지배했던 공리주의적 가정들에 대해 반대하면서 특정한 개인적 권리individual right는 워낙 중요해 사회 구성원 일반을 대상으로 하는 복지나 다수의 의지보다 우선한다고 주장했다. 그러므로 "정의에 따라 확보된 권리는 정치적 흥정이나 사회적 이익이라는 계산에 의해 좌우될 수 없다"라고 했다.[30]

물론 특정한 개인권이 공리주의적 고려보다 우선한다는 발상은 절차적 공화주의의 자유주의에만 한정되지 않는다. 권리를 옹호하는 근거는 여러 가지가 있을 수 있다. 특정 권리를 존중하는 것은 시민적 덕목을 기르거나 시민들 사이에서 가치 있는 관행, 신념, 인격 등을 장려하는 방법이라는 것도 그런 근거에 포함된다. 예를 들어 자치에 필요한 정치적 논쟁과 심의를 가능하게 해준다는 이유로 언론 자유의 권리를 옹호할 수 있다. 또 좋은 삶의 중요한 특징인 종교적 실천과 믿음이 특별한 보호를 받을 가치가 있다는 이유에서 종교 자유의 권리를 옹호할 수 있다.

그러나 롤스는 이런 이유들을 들어 여러 권리를 옹호하지 않았다. 오히려 그 반대로 좋은 삶을 규정하는 특정 견해가 어떤 권리를 정당화해서는 안 된다고 주장했다. 롤스는 정의로운 사회는 바람직한 덕목을 함양하려고 노력하거나 시민에게 특정 목적을 강요하지 않는다고 바라봤다. 정의로운 사회는 오히려 상반되는 여러 가지 목적 사이에서 중립적 권리 체계를 제공하며 사람들은 그 체계 안에서 타인의 유사한 자유와 충돌하지 않는 한 얼마든지 자신이 가진 견해를 추구할 수 있다고 바라본 것이다. 이것은 좋음보다 옳음을 우선시하는 주장이자, 절차적 공화주의의 자유주의를 규정하는 주장이다.[31]

옳음이 좋음보다 우선한다는 주장과 밀접하게 연결된 것이 바로 자발주의적 자유관이다. 롤스가 설명했듯이 사람들은 자유롭고 독립적인 존재이며 저마다 자기 목적을 스스로 선택할 수 있으므로 목적 중립적 권리 체계가 필요하다. 정부가 시민의 바람직한 덕목을 증진하는 방향으로 시민의 도덕적 성격을 형성하려고 시도한다는 것은 사람들에게 특정한 가치관을 강요하는 것이다. 즉 자신의 가치관과 목적을 선택하는 개인의 능력을 존중하지 않는 의미다. 자발주의적 관점에서 보자면 언론의 자유나 종교의 자유와 같은 권리를 보장하는 이유는 각 권리가 보호하는 활동이 특별히 가치가 있어서가 아니라 사람들이 자신의 신념과 견해를 스스로 선택할 수 있는 능력을 존중하기 때문이다. 이것은 정부가 제각기 다른 목적들 사이에서 중립을 지켜야 한다는 주장의 밑바탕에 해방적 전망을 전제한다는 뜻이기도 하다. 이런 점에 대해 롤스는 다음과 같이 설명한다.

"도덕적 인간은 자기가 선택한 목적을 가진 주체이며, 또 자신에게 주어진 상황이 허락하는 한 최대한 자유롭고 평등한 이성적 존재로서의 자기 본성을 드러낼 수 있는 삶의 방식을 자기 의지대로 조직할 수 있는 조건을 근본적으로 선호한다." 옳음이 좋음보다 우선하듯이 자아는 자아의 목적보다 우선한다. "기본적으로 우리의 본성을 드러내는 것은 우리가 가진 목표가 아니라" 우리가 자기 목표에서 이끌어낼 수 있다면 존중하겠다고 동의할 수 있는 권리다. "자아는 자아가 확인하는 목적보다 우선하기 때문이다. 심지어 아무리 지배적인 목적이라고 하더라도 여러 가능성 가운데서 선택된 것일 뿐이다."[32]

만약 정부가 선택하기에 앞서 여러 가지 목적 사이에서 중립을 지켜야 하는 이유가 도덕에 속박되지 않은 인간, 즉 선택의 자유를 가진 독립적 존재로서 사람들을 존중하는 것이라면, 중립적 국가의 이상이 요구하는 권리는 어떤 것일까 하는 질문이 새롭게 제기된다. 이와 관련해 1970년대에 펼쳐진 철학 논쟁은 '뉴딜'에서 시작해 '위대한 사회'까지 이르는 시기의 권리 관련 정치 논쟁과 궤를 같이한다. 롤스를 포함한 일부 논자는 복지국가를 옹호하는 주장을 내세웠다. 정부가 목적 중립적이라는 것은 사회에서 가장 혜택을 받지 못한 구성원들에게 유리하게 작용하는 사회적·경제적 불평등만을 허용한다는 뜻이었다. 시장경제에서 어떤 사람은 성공하고 어떤 사람은 실패하게 만드는 재능과 자질이 개인에게 분배되는 것은 "도덕적 관점에서 임의적이다". 그러므로 사람들을 자유롭고 독립적인 존재로 존중한다는 것은 운명의 임의성을 보상하는 권리 및 특별 지원 혜택을 보장하는 구조의 필요성을 의미한다.[33]

《무정부, 국가 그리고 유토피아Anarchy, State, and Utopia》의 저자 로버트 노직 Robert Nozick과 같은 사람들은 복지국가에 반대했다. 골드워터와 프리드먼의 전통을 잇는 자유방임주의 자유주의자인 노직은 권리를 존중한다는 것은 소득과 부의 재분배 과정에서 국가가 수행할 역할이 없다는 뜻이라고 주장했다. 그는 시장 사회에서 자발적 교환으로부터 비롯되는 것은 무엇이든 정당한 분배라고 했다. 즉 "각 개인은 선택하고 또 선택받은 것에 따라 분배를 받는 것"이 원칙이라고 했다. 분배 정의를 바라보는 인식이 다름에도 불구하고 개인권이 공리주의적 고려사항들보다 중요하다는 것 그리고 정부는 자기의 가치관과 목적을 선택하고 추구하는 사람들의 능력을 존중하기 위해서는 각 개인이 가지는 목적 앞에서 중립적이어야 한다는 롤스의 의견에 노직은 동의했다.[34] 그들이 철학적으로 명확하게 규정했던 정치 논쟁과 마찬가지로, 그들이 벌인 논쟁은 자발주의적 자유관이라는 울타리 안에서 이뤄졌다.

절차적 공화주의의 바탕에 깔린 자유주의적 자아상은 1970년대 대중 심리학 및 자기계발 분야에서 비록 교훈적이라 보긴 힘들지만 한층 더 생생한 표현으로 드러났다. 자발주의적 자유관에 담긴 해방적 약속은 바로 이 분야들에서 가장 극단적인 형태로 나타났다. 1970년대 베스트셀러 작가인 웨인 다이어Wayne Dyer는 행복과 자유로 나아가는 길은 "나는 내가 선택한 그 모든 것의 총합이다"라는 통찰에서 시작한다고 말했다. 자기통제self-mastery, 혹은 자기지배는 모든 목표, 애착, 모든 감정과 생각을 선택의 산물로 바라보는 데 있다. 모든 감정을 "삶의 조건이 아니라 선택"으로 바라보는 것은 "개인적 자유의 핵심"이라고도 했다. "당신은 당신의 머릿속에 떠오르도록 당신이 선택하는 것은 무엇이든 생각할 힘을 가지고 있다. 어떤 것이 문득 당신 머리에 떠오른다면 (…) 이것이 당신 머리에서 사라지게 할 힘도 당신이 가지고 있다."

도덕과 종교도 제대로만 이해한다면 선택의 산물이라고도 했다. 제도권 종교는 "승인받고자 하는 욕구"의 징후이며 "당신이 자유롭게 선택하지 않은" 행동을 낳는다고 했다. 그보다는 "외부적 힘의 승인을 필요로 하지 않고", "개인이 자기의 행동을 결정하는 자아의 진정한 종교"가 더 낫다고도 했다.[35]

오늘날의 자유주의 정치 이론에 따르면 정부는 자기 시민의 성격을 형성하려 들거나 판단하려고 들면 안 된다. 다이어는 친한 사람들 사이에서도 어떤 것을 미리 판단해서는 안 된다고 말한다. 사랑의 본질은 "당신이 아끼는 사람들이 자기 스스로 선택한 것의 결과가 될 수 있도록 기꺼이 허락하는 것이다". 이런 사랑은 "사랑하는 상대방에게 어떤 가치관을 강요하지 않는다". 이런 독립적 자아는 인기 있는 사랑 노래의 가사에 영감을 줘서 "당신을 사랑하는 것을 멈출 수 없어요"가 아니라 "나는 당신을 향한 사랑을 멈출 수 있지만, 이 시점에서 나는 멈추지 않기로 했어요"라고 노래하게 만든다.[36]

그러나 개인적 판단을 하지 않는 자세에도 불구하고 다이어 박사가 말하는 구속에서 벗어난 자아unencumbered self는 자기가 사랑하는 사람들이 독립성이라는 이상적인 모습에 맞게 살아가야 한다고 주장한다. 그들은 "자기가 사랑하는 사람들이 독립적이기를, 스스로 선택하기를, 또 자기 스스로 자신의 삶을 살기를" 원한다. 그들은 "모든 관계에서 독립성을 의존성보다 우월하다고 여긴다. (…) 그들은 성숙한 관계에는 의존적이기를 거부한다".[37]

다이어가 말하는 이상적 인간의 특징을 한층 더 선명하게 설명하자면 절차적 공화주의에 활력을 불어넣는 해방적 약속을 단적으로 요약한 것이다. 그가 우리에게 찬미하라고 하는 행복하고 건강한 자아는 어떤 모습일까? "그 자아는 놀랄 만큼 독립적이다. 그들이 맺는 관계는 개인이 스스로 결정을 내릴 수 있는 권리를 서로 존중하는 태도를 기초로 한다." 그들은 자기가 경멸하는 의존적 사람들을 제외한 모든 사람을 향해 관용적이고 또 어떤 판단을 내리지 않는다. "그들은 다른 사람들에 대해 어떤 의무도 지지 않는다. 그들은 모든 사람이 선택권을 가지고 있는 것으로 바라보고, 또 다른 사람들을 화나게 만드는 사소한 것들은 그저 누군가가 내린 결정의 결과일 뿐이라고 바라본다."

또한 이들은 사람들이 흔히 가치관을 두고 의견이 갈린다는 사실을 염두에 두고서, 논란의 여지가 있는 문제는 옆으로 제쳐둠으로써 도덕적 담화나 논쟁에는 거의 시간을 낭비하지 않는다고 다이어는 말한다. "그들은 어떤 것을 주장하지도 않고 성급하게 토론하지도 않는다. 그들은 단지 자기 견해를 말하고 다른 사람들이 하는 말을 들을 뿐이다. 다른 누군가를 설득하려는 노력이 아무짝에도 쓸모없음을 잘 안다. 그러므로 그들은 그저 '괜찮아, 우리는 단지 서로 의견이 다를 뿐이야. 그리고 우리는 굳이 의견이 같아져야 할 필요는 없어'라고 말한다. 그들은 논쟁에서 이기거나 상대방이 자기 입장이 틀렸음을 깨닫게 할 필요는 느끼지 못한 채 그 모든 것을 그냥 내버려둔다.”[38]

다이어가 규정하는 이상적 자아는 자기가 선택하지 않은 도덕적 주장에 방해받는 일이 없으며, 그 어떤 연대도 알지 못한다. “그들의 가치관은 지역적인 것이 아니다. 그들은 가족, 이웃, 공동체, 도시, 주 또는 국가에 대해 그 어떤 동일성도 발견하지 않는다. 그들은 자기를 인류의 일원이라고 생각한다. 오스트리아인 실업자를 미국 캘리포니아에 사는 실업자보다 낫다고도 생각하지 않고 나쁘다고도 생각하지 않는다. 그들은 어느 수준에 이르기 전까지는 애국심을 전혀 느끼지 않는다. 자신을 인류 전체의 한 부분으로만 바라볼 뿐이다.”[39]

다이어의 행동 수칙에 따라서 살아가는 사람들은 건강과 행복이라는 차원을 넘어 자기 삶에 대한 “총체적 통제total mastery”의 수준에 다다를 수 있다.[40] 그러나 이러한 통제 또는 지배는 자치를 실행하는 공화주의적 자유와는 거리가 멀고 대개 개인적 관계나 소비 활동과 관련이 있다. 예를 들어 사람들은 백화점 직원이 무례하게 굴면 곧바로 항의하고 나선다거나 식당에서 직원이 무례하게 굴면 곧바로 주문을 취소하는 행동을 거리낌 없이 한다. 바로 여기에 1970년대까지 펼쳐졌던 자발주의 정책과 사업의 비애가 놓여 있다. 미국인이 비록 개인적 삶에서는 자기통제를 갈망할지라도 자발주의적 전망으로부터 영향을 받은 공적인 삶에서는 집단적 주도성이 사라지고 있다는 두려움에 시달렸기 때문이다.

지배력 상실

1970년대가 되면 미국에서는 옳음이 좋음보다 우선한다고 주장하는 자유주의 버전이 지배적 공공철학이 됐다. 정치 담론과 헌법에서는 자신의 가치관과 목적을 선택할 수 있는 사람들의 권리를 존중하기 위해 좋은 삶에 대한 서로 다른 주장들 사이에서 정부가 중립적이어야 한다는 발상이 두드러지게 나타났다. 정치, 경제, 법률, 철학, 그리고 한층 더 넓게는 대중문화에서도 자신이 선택하지 않은 도덕적이거나 정치적인 규정에 방해받지 않는 자유롭고 독립적 자아상을 표현했다. 시민의식과 자유에 대한 오래된 공화주의적 이해 방식과 태도는 완전히 사라지지 않은 채 미국의 공적 담론에서 비주류 노선으로 남아 있었다.

그러나 현대 자유주의의 공공철학은 해방적 전망을 가지고 있었지만 자신들이 약속했던 자유를 확보할 수 없었다. 자발주의적 자유관이 우월한 철학으로 자리를 잡을 때, 권력 집중에 따른 개인적 자치 권한의 박탈감도 점점 커지고 있었다. 권리가 확장되고 혜택의 범위가 확대됐음에도 불구하고, 또 성장 및 분배 정의의 정치경제학이 성과를 냈음에도 불구하고, 미국인은 자신의 삶을 지배하는 요소들을 자기 스스로 통제할 힘을 잃어가고 있다는 좌절감에 사로잡혔다. 국내외에서 온갖 사건들이 걷잡을 수 없이 일어났지만 정부의 대응은 무기력해 보였다. 또 현대적 삶의 환경은 전 세계 사람들에게 위치를 규정하며 정체성과 소속감을 불어넣는 공동체의 여러 형태, 즉 가족과 이웃, 마을과 도시, 시민적·인종적·종교적 공동체를 갉아먹고 있었다.

자치의 상실과 공동체의 잠식이라는 두 가지 두려움이 그 시대를 살던 사람들이 느끼던 불안감의 정체였다. 시민적 자원이 약화돼 있던 까닭에 그 시대를 지배하던 정치적 의제가 그 문제들을 도무지 해결할 수 없다는 불안감을 넘어 적극적으로 다룰 수조차 없다는 불안감이었다. 이러한 실패 상황은 1960년대 후반부터 오늘날에 이르기까지 미국의 민주주의를 괴롭히는 불만에 부채질을 했다. 이러한 불만을 어떻게든 해결하고자 했던 정치인들은 현대 자유주의를 넘어 해결책을 모색하고자 했다. 즉 공화주의적 주제들을 되살리는 방식으로 해결책을 모색하고자 한 것이다.

역사가 자신의 움직임을 정확하게 드러내는 경우는 거의 없다. 역사의 시간적 경계선들은 너무도 흐릿해 구분하기 어렵기 때문이다. 그러나 1968년은 예외였다. 바로 미국의 지배력이 종료되는 시점이었기 때문이다. 정치평론가이자 역사학자였던 시어도어 화이트Theodore White는 1968년의 정치적 격동을 연대기적으로 묘사하는 책인《1968년 대통령 만들기 The Making of the President, 1968》에서 미국 국방부 지휘센터의 모습을 묘사하는 장면으로 시작한다. 지휘센터는 전 세계의 지도와 병력 현황을 빽빽하게 표시한 유리벽과 상황을 시시각각으로 전하는 텔레타이프 소리로 분주했다.

"1968년 1월의 이곳은 미국이 가지고 있는 믿음이 마치 신화처럼 가시적으로 마련돼 있던 상징이다. 미국이 가진 믿음은 그 누구도 미국의 힘을 억제할 수 없다는 것이다. 미국 정부의 수단들은 의지만 있으면 언제든 작동할 수 있으며 그럼으로써 자신들이 원하는 목적을 달성할 수 있다는 것이다. 그런데 1968년, 믿음이 산산조각 났다. 미국이 가진 힘의 신화가 깨졌다. 미국 정부와 제도 및 기관 지도력에 대한 믿음이 깨져버린 것이다. 1860년 이후로 단 한 번도 없었던 일이 1968년에 일어났다."[41]

그 믿음이 깨지는 첫 번째 사건이 그해 1월 말에 일어났다. 국방부 지휘센터의 텔레타이프로 베트남에서 공산당이 공세를 시작했다는 보고가 전해진 것이다. 베트콩 군대가 베트남의 구정을 기해 사이공을 비롯한 남베트남의 주요 거점들을 기습적으로 공격했다. 대규모 공격으로 미국 대사관도 점령당했다. 결코 일어나지 않으리라 생각했던 일이 일어난 것이다. 미국인은 미국이 어떤 전쟁에서든 결코 지지 않는다는 정부의 말을 철석같이 믿고 있었다. 하지만 베트콩 부대가 미국 대사관에 진입하는 장면을 그날 밤 저녁 뉴스에서 보고는 모두 충격을 받았다. 심지어 다음 날에는 남베트남 장교 한 명이 베트콩 포로를 총으로 머리를 쏴서 죽이는 끔찍한 광경을 목격했다. 베트남전쟁의 잔혹함을 상징하는 것으로 길이 남게 되는 충격적인 광경이었다.[42]

실제로 베트콩 군대의 구정 대공세는 공산주의 군대가 큰 손실을 입으면서 패배한 것으로 끝나고 말았다. 하지만 그 사건으로 미국인은 린든 존슨 대통령의 전쟁 수행 능력을 불신하게 됐다. 구정 대공세 뒤 몇 주 동안 반전 정서가 고조됐고 존슨의 인기는 급락했다. 심지어 신중하기로 소문난 CBS 뉴스 진행자 월터 크롱카이트Walter Cronkite조차도 미군을 단계적으로 철수해야 한다고 요구했다.

한편, 1968년에는 미국 정치권에서도 혼란스럽고 또 궁극적으로는 폭력적이기까지 한 일련의 사건들이 일어났다. 뉴햄프셔 예비선거에서 전쟁에 반대하던 유진 매카시Eugene McCarthy 상원의원이 자신의 소속 정당 대통령에게 반기를 들어 존슨을 거의 패배 직전 상태로 몰고 갔다. 여론조사 결과를 보면, 전쟁에 반대하던 사람들뿐만 아니라 베트남이라는 수렁에 빠져 허우적거리는 존슨에게 환멸을 느낀 강경파까지도 매카시를 지지했음을 알 수 있었다. 며칠 뒤 로버트 케네디Robert F. Kennedy가 출마 선언을 했다. 3월 말에 존슨은 대통령 선거 불출마를 선택했다. 전쟁뿐만 아니라 그로 인한 국내 불안을 안고서 더 이상 선거를 이어갈 수 없었던 것이다. 존슨의 발표 이후 미국 전체는 충격에 휩싸였다.[43]

나흘 뒤에 마틴 루터 킹 주니어Martin Luther King, Jr.가 멤피스에서 암살당했다. 이 일로 전국의 도시 빈민가에서 폭동이 일어났고, 43명이 사망했으며 2만 명 넘게 체포됐다. 다음 달, 케네디는 캘리포니아 예비선거에서 승리를 거뒀던 날 밤에 로스앤젤레스에서 암살당했다. 부통령이던 휴버트 험프리가 그해 8월 시카고에서 열린 민주당 전당대회에서 대통령 후보로 지명됐지만, 전당대회장 바깥에서 경찰과 반전 시위대가 격렬하게 충돌하는 사건 때문에 묻혀버리고 말았다.* 11월 리처드 닉슨이 "법과 질서"를 바라는 미국인의 열망을 등에 업고 대통령에 당선됐다.[44]

1968년에 미국 정치를 뒤덮었던 불만과 환멸의 정서는 사실 이미 여러 해 전부터 쌓이고 쌓인 것이었다. 1960년대 중반에 일어났던 도심 폭동, 대학가의 시위, 반전 시위 등은 기존 질서에 대한 믿음이 깨지고 있음을 암시하는 것이었다. 이런 시위와 혼란 그리고 그에 따른 두려움 때문에 모든 것이 통제불능 상태가 됐지만 정부는 이에 대응할 도덕적이거나 정치적인 권위를 가지고 있지 않다는 인식이 점점 커졌다.

그러다가 1968년이 되면서 그런 환멸이 도시 빈민가와 대학가를 넘어 한층 더 넓은 대중으로 확산된 것이다. 수십 년 동안 자신들이 세상을 지배한다며 의기양양하던 미국인의 의식은 "사건들이 마차의 마부석에 앉아 사람들을 이리저리 몰고 있다"**라는 확신에 자리를 내주고 물러났다.[45] 이제 미국인은 자신들을 주체적으로 행동하는 사람으로 바라보기보다 이해할 수도 없고 통제할 수도 없는 한층 더 큰 힘의 도구 같은 존재로 전락한 현실을 마주하게 됐다. 예컨대 저널리스트이던 제임스 레스턴 James Reston 은 다음과 같이 썼다. "미국 정가는 지금 오늘날의 무력감을

---

* 험프리는 베트남전쟁에 찬성하는 입장이었고, 반전을 주장하던 민주당 내의 다른 세력들이 전당대회장 바깥에서 험프리가 민주당 후보로 지명되는 것을 격렬하게 항의했다.

** 연이어 터지는 사건들 때문에 정부로서는 달리 선택의 여지가 없다는 뜻이다.

나타내는 상징이다. (…) 중요한 위기는 베트남전쟁 그 자체도 아니고 여러 도시에 있지도 않다. 이런 모든 것을 처리하는 정치 체계가 무너져버렸다는 정서가 무엇보다도 중요한 위기다."[46]

그 뒤로 수십 년이 지나는 동안에도 그 무력감은 누그러지지 않았다. 1970년대와 1980년대에 국내외에서 일어난 사건들은 미국인이 개인적으로나 집단적으로 자신의 삶을 지배하는 힘들에 대한 통제력을 잃어버리고 있다는 두려운 심정을 한층 더 부풀렸다. 대통령의 은폐와 거짓말이 문제가 됐던 워터게이트 사건[*], 탄핵을 당하게 된 닉슨의 대통령직 사임, 미국인과 남베트남인들이 철수하는 마지막 헬리콥터에 탑승하려고 필사적으로 올라타는 모습으로 상징되는 사이공의 함락, 1970년대의 인플레이션, OPEC(석유수출국기구)의 오일쇼크[**], 거기에 뒤따른 에너지 부족 사태와 주유소 앞에 길어 늘어선 행렬, 이란 인질 사태 및 인질 구출 작전 실패, 테러리스트가 베이루트에 주둔하던 미 해군을 공격해 241명이 피살된 사건, 중산층 소득의 정체, 연방정부의 재정적자 확대, 범죄와 마약과 도시 부패에 두 손을 들어버린 정부의 무능함까지, 미국인은 이러한 일련의 사건들을 목도하며 자기 운명의 주인은 자신이라는 믿음을 더욱 잃게 됐다.

한마디로 이러한 사건들은 정부에 대한 미국인의 신뢰에 치명타가 됐다.[47] 1964년에는 미국인 76퍼센트가 미국 정부가 국정 수행을 제대로 한다고 믿었지만, 그로부터 30년 뒤에는 겨우 20퍼센트만 그렇게 믿었

---

[*] 1972년에 닉슨 대통령의 측근이 닉슨의 재선을 위해, 워싱턴의 워터게이트 빌딩에 있는 민주당 본부에 침입해 도청 장치를 설치하려 했던 사건.

[**] OPEC이 원유 가격을 인상하고 생산을 제한하며 야기된 세계 금융시장의 혼란.

다.[48] 또 1964년에는 정부가 납세자들의 돈을 낭비한다고 생각하는 미국인이 전체 가운데 절반이 되지 않았지만, 1990년대가 되면 무려 80퍼센트가 그렇게 생각했다. 또 1964년에는 정부가 다수의 이익을 위해 일하지 않고 소수의 거대 이익집단의 편에 선다고 믿는 사람이 세 명 중 한 명 미만이었지만, 1990년대가 되면 75퍼센트로 늘어났다.[49] 존 케네디가 대통령으로 선출됐을 때 미국인 대부분은 공무원이 국민의 생각에 신경을 쓴다고 믿었지만, 30년 뒤에는 그렇게 생각하는 미국인이 거의 없었다.[50]

불만을 해결하기 위한 모색

정부에 대한 환멸이 점점 커지자 정치인들은 당시를 지배하던 정치적 의제가 포착하지 못하는 국민의 좌절과 불만을 포착하고자 나섰다. 조지 월리스George Wallace와 로버트 케네디뿐만 아니라 지미 카터Jimmy Carter(대통령 재임, 1977~1981)와 레이건이 대표적이다. 하지만 불만이라는 전국적 분위기를 대하는 정치적 노선은 첨예하게 달랐다. 문제 해결의 모색에 성공한 사람들은 모두 현대적 자유주의의 틀 바깥에 있는 주제들로 관심의 대상을 넓혔으며 또 자치와 공동체의 상실을 이야기했다.

저항의 정치: 조지 월리스

저항의 정치politics of protest를 일찍이 실천한 사람들 가운데 두드러진 인물이 조지 월리스다. 월리스는 앨라배마 주지사이던 1963년에 "오늘도 인종분리를 해야 하고, 내일도 인종분리를 해야 하며, 영원히 인종분리를 해야 한다"라고 천명했다. 그는 앨라배마대학교의 인종분리 철폐 정책을 막고자 "대학교의 문 앞을 지키고 서겠다"라며 맹세했던 불같은 남부 출신의 열혈 포퓰리스트였다.[51]* 1968년 대통령 선거에서 그는 소속 정당이던 민주당 경선에 참여하지 않고 제3당 후보로 출마했고 1972년 대통령 선거에서는 민주당 후보 경선에 참여했다. 그는 공립학교의 강제적인 인종 통합 통학버스 운행으로 피해를 봤으며 학생 시위 및 반전 시위에 불만을 가질 뿐만 아니라 범죄와 인종 폭동에 위협을 느끼고 관대한 법원 판결과 오만한 연방 관료 때문에 자기가 당연히 누려야 할 권리를 박탈당했다고 느끼던 백인 노동자의 분노를 대변했다. 그가 대변하는 집단은 "거리의 평범한 보통 사람들, 방직공장이나 철강공장에서 일하는 사람, 이발사, 미용사 그리고 거리를 순찰하는 경찰관"들이었다.[52]

월리스의 주장에는 인종차별이라는 명백한 요소가 있긴 했지만, 그 저변에는 많은 미국인이 연방정부가 무능하다고 느끼던 불만이 폭넓게 깔려 있었다. 즉 연방정부가 자신의 삶을 규제하기만 할 뿐이며 자신을 가장 힘들게 만드는 사회적 혼란과 무법 상태의 통제에는 너무 무력하다는 불만이었다.[53] 월리스는 그 어떤 정당도 이런 자치 권한의 박탈감을 해결하려 나서지 않는다는 사실을 이용했다.

민주당원이나 공화당원은 일반 시민의 말보다 "자전거 하나 똑바로 세워둘 줄 모르면서 아는 척만 하는 사이비 지식인"의 말에만 귀를 기울인다는 점에서 "다를 게 없다"고 비난했다. "그들은 거리의 평범한 보통 사람들을 너무도 오랫동안 무시해왔다. (…) 그들은 '우리가 모든 지침을 작

---

* 월리스는 연방정부가 군대를 동원하면서까지 앨라배마대학교에 흑인 학생의 입학을 허용하려 하자, 직접 학교 강당의 정문을 막고 서서 군대와 대치하는 사건을 벌였다.

성해놓았다. 당신들이 아침에 언제 일어나야 할지 저녁에 언제 잠자리에 들어야 할지는 우리가 정해놓았다'라고 말한다. 그러나 우리는 민주당과 공화당이라는 두 전국 정당에게 테네시와 앨라배마와 캘리포니아의 평범한 보통 사람들에게는 자신이 언제 일어날지 정해놓은 지침 따위는 필요 없다고 말할 것이다."[54]

월리스가 연방정부의 권력을 맹렬하게 비난했다고 해서 그가 자유방임주의적 보수주의자는 아니었다. 그는 세제 개혁에 찬성했으며 사회보장, 실업수당, 최저임금제를 지지했다. 예전의 포퓰리스트들처럼 그는 부의 집중과 경제 권력의 집중에 반대했다. "우리는 록펠러, 포드, 멜론, 카네기 등과 같은 억만장자들이 세금을 내지 않는 동안에 평범한 보통 시민들이 세금을 내느라 죽어나가는 현실에 질릴 대로 질렸다."[55]

월리스는 사회 불안을 해결할 방법을 직설적으로 제시했다. 혁명을 외치는 교수들이나 공산주의자들을 위해 돈을 모으는 학생들을 "감옥에 처넣어야 한다"라고 했고, 제멋대로 구는 정치 시위자들은 "두개골의 주름을 잡아줘야 한다"라고 했다. 또 대통령의 차량 앞을 막으려 했던 "무정부주의자"에 대해서는 "만일 내가 대통령일 때 시위대가 내가 탄 차 앞에 누우면, 그 자리를 그 사람이 마지막으로 눕는 자리로 만들어줄 것"이라고 공언했다.[56]

월리스는 반대자들을 엄중하게 단속하는 것을 넘어 연방정부의 권력을 축소하겠다고 약속했다. 평범한 미국인의 가치관을 경멸하는 엘리트 집단이 연방정부 권력을 장악하고 있으므로 당연한 결과라고 했다. "나는 몇몇 교수들과 설교자들, 판사들 및 신문 편집자들이 나의 일상에 대해 나보다도 더 말을 많이 하는 현실에 질릴 대로 질렸다." 또한 워싱턴의 정치인들이 들고 다니는 "서류 가방을 빼앗아 포토맥강에 던져버리겠다"거나 "워싱턴의 비트족(비트 세대)* 폭도는 지방정부뿐만 아니라 우리 나라의 학교 시스템까지도 거의 파괴했다"라고 주장했다. 나아가 월리스 는 "큰 정부에 반대하고 나설 것"을 촉구하면서 권력이 연방정부로 넘어 가는 추세를 되돌려놓겠다고 맹세했다. "우리는 우리의 국내 기관과 제 도를 통제할 권리가 (연방정부의 시민이기에 앞서서) 주정부의 시민인 여러 분에게 돌아가게 할 것이다."[57]

월리스가 대통령 선거에 후보로 나섰다는 사실 자체가 무력한 정치의 어두운 측면을 드러내는 것이었다. 그러나 그가 선거에서 어느 정도 거뒀 던 성공 때문에 주류 정치인들은 국민 사이에 쌓이는 불만에, 결코 무시 할 수 없는 그 불만에 경각심을 가지게 됐다.[58] 1968년 선거에서 제3당 후보로 나섰던 월리스는 거의 1,000만 표 가까운 지지를 받으면서 다섯 개 주를 가져갔다. 민주당 후보 경선에 나섰던 1972년 선거에서 정신질 환자가 쏜 총에 맞아 후보직에서 사퇴할 수밖에 없는 상황을 맞이하기 전까지 그는 다른 후보들보다 더 많은 지지를 얻어 다섯 차례의 예비선 거에서 승리하고 다른 예비선거 다섯 개 중에서는 2위를 했다.[59] 월리스 는 현실성이 있는 해결책은 거의 제시하지 않았다. 하지만 민주당과 공화 당, 진보주의자와 보수주의자가 다루는 쟁점들이 정작 가장 중요한 문제 를 다루지 않는다고 믿는 미국인의 불만이 점점 더 늘어나고 있다는 사 실을 최초로 포착했던 인물인 것만은 분명하다. '뉴딜'과 '위대한 사회'라 는 정책의 각인 효과를 여전히 유지하고 있던 당시의 지배적인 정치 의 제는 개인권을 둘러싼 다양한 인식들 그리고 복지국가와 시장경제 사이 의 관계를 관리하는 다양한 방법들과 관련이 있었다. 그러나 지역사회와

---

* 기성세대의 질서를 거부하고 자유를 주장하던 1950~1960년대 초의 청년 집단.

공동체의 도덕적 틀이 자기 주변에서 붕괴하고 그 결과 자기 삶에 대한 통제권을 거대한 비개인적 권력 구조들에게 빼앗길지 모른다고 두려워 하던 사람들에게는 제공하는 바도 없고 관심도 거의 없는 의제들일 뿐이 었다.

시민성의 맹아: 로버트 케네디

최근 수십 년 동안의 대통령 후보들 중에서 미국 정치를 괴롭히는 막막한 좌절감을 분명하게 포착해 표현하고자 노력했으며 또 가장 설득력 있는 정치적 전망을 제시한 사람은 로버트 케네디였다. 그가 제시한 대안은 당대의 자유주의에 가려져 퇴색한 상태이던 공화주의 정치 전통에서 비롯됐다. 로버트 케네디는 자기 형이던 존 케네디 대통령 아래에서 법무부 장관을 지냈고 훗날 뉴욕주 상원의원으로도 활동했다. 사람들은 그를 1960년대 정치적 담론의 조건을 설정했던 자유주의 버전과 널리 동일시했다. 그러나 생애의 마지막 몇 년 동안에 그는 미국 복지국가의 기초가 되는 여러 개념과 믿음을 신랄하게 비판했다.[60]

로버트 케네디는 1960년대 중반에 이르러 연방정부가 자유주의적 개혁의 의제를 대체로 완수했다고 바라봤다. "뉴딜의 유산은 실현됐다. 지금은 모든 문제를 해결하고자 하는 프로그램이 마련돼 있다. 정부의 예산도 지출되고 있다. 모든 문제나 프로그램에 수십, 수백, 수천 명의 관료가 진지하게 달라붙어 노력하고 있다."[61] 그러나 자유주의적 정책과 사업이 성공했음에도 불구하고, 그리고 어쩌면 부분적이긴 하지만 그런 성공이 있었기 때문에, 미국인은 자신이 자기의 통제권 바깥에 존재하는 거대한 비개인적 세력들의 희생자라는 사실을 깨달았다. 케네디는 이러한 주도성 상실 현상을 자치가 훼손되고 또 자치를 유지하는 공동체의식이 취약해지는 현상과 관련이 있다고 바라봤다.

케네디는 정치 권력을 탈중앙화해 분산함으로써 개인의 주도성 상실 문제를 바로잡고자 했다. 그런데 이것은 자신이 사는 시대의 자유주의에서 벗어나야 한다는 뜻이었다. 1930년대부터 1960년대까지 자유주의자들은 연방정부 권력의 강화를 자유의 도구로 바라봤다.[62] 연방정부, 즉 국가 차원의 정부로 권력이 집중되고 개인의 권리와 혜택이 확대되는 것은 함께 맞물려 돌아간다고 바라봤던 것이다. 자유주의자들은 연방정부 권력의 강화는 지역의 다수파가 저지르는 위법 행위로부터 시민들의 기본적 권리, 즉 시민적 권리들과 특정 경제적 권리들을 지키는 데 반드시 필요하다면서 옹호했다. 만약 연방정부의 권력이 커지지 않으면 지방정부가 인종분리 허용이나 복지 혜택의 부당한 거부 등을 통해 사람들의 기본권을 박탈할 수 있다고 주장했다. 실제로 인종분리 정책 철폐에 반대했던 월리스나 사회적·경제적 권리에 반대했던 골드워터와 같은 사람들은 자신들이 싫어하는 연방 정책에 반대하는 방법으로서 주정부의 권리와 지역 차원의 통제권을 요구했다.

케네디의 탈중앙화 논리는 그들의 주장들과는 달랐다. 그는 시민권과 가난한 사람을 위한 연방정부의 예산 지출을 옹호했다. 그 또한 연방의 권력을 우려하긴 했지만, 연방 권력이 추구하는 목적에 반대하지는 않았다. 그가 우려했던 것은 복지국가가 실현된다고 해도 자치 참여와 밀접하게 연결된 자유는 보장되지 않는다는 사실, 즉 복지국가가 실현되더라도 자치에 필요한 시민의 역량과 공동체적 자원이 자동으로 확보되지 않을 뿐만 아니라 그 역량과 자원이 줄어들 수도 있다는 사실이었다. 미국의 공적, 즉 사회적 삶에서 불만이 계속 쌓여간다는 사실에서 케네디는 자유주의 정치가 자유의 시민적 차원에 주의를 제대로 기울이지 못한다는 점을 통찰했다.

현대 경제와 관료 국가라는 두 가지 측면에서 권력의 집중을 비판하는 케네디에게서는 "거대함의 저주"라는 표현을 들어 경제 권력을 공격했던 브랜다이스의 모습이 연상된다. 예컨대 그는 미네소타의 한 시골 마을에서 청중을 향해 말했다. "지금의 거대함과 집중은 우리가 과거에 상상도 하지 못했던 높은 수준까지 도달했다." 그런데 "우리는 조직, 특히 정부 조직이 대규모로 커지는 과정에서 얼마나 비싼 대가를 치렀는지 지금 문득 깨달았다. (…) 개인의 노력이나 개인이 가지는 중요성은 지워진 가운데 조직들은 너무나 거대해지고 강력해졌다. 또 미국의 소도시들과 농촌 지역들에서 자양분을 섭취했던 공동체의 가치관과 지역적 다양성이 소멸함으로써 우리가 얼마나 비싼 대가를 치렀는지 깨달았다. (…) 거대함, 공동체의 상실, 인간적 차원을 훨씬 초과하는 수준으로 커진 조직과 사회, 이 모든 것들은 모두 우리의 행동 능력을 마비시킬 수 있는 20세기의 끔찍한 죄악들이다. (…) 그러므로 이제 때가 됐다. (…) 거대함과 지나친 집중에 맞서 싸워 정부의 동력과 기술의 동력 그리고 경제의 동력을 온전하게 우리 시민이 장악해야 할 때가 됐다."[63]

비교적 쉽게 관리할 수 있는 규모를 바람직한 기준으로 설정하는 정치는 미국 시골 지역을 대상으로 하는 목가적 차원의 정치만은 아니었다. 이는 또한 도시들이 맞닥뜨린 위기를 해결하고자 하는 케네디의 접근법에도 영향을 줬다. 그는 상원 소위원회에 출석해 미국의 도시들이 처한 곤경을 전했다. "그 곤경의 밑바탕에는 공동체의식의 파괴, 인간적 대화, 즉 보이지 않는 수천 가닥의 경험과 목적 그리고 애정과 존중의 파괴가 있다. 사람과 사람을 연결해주는 이런 끈들이 모두 끊어져버렸다는 말이다. 공동체, 이웃, 시민적 자부심, 우정 등과 같은 말로 표현되는 것들이 파괴되고 끊어졌다."[64]

린든 존슨에서부터 월터 먼데일Walter Mondale과 마리오 쿠오모Mario Cuomo에 이르기까지 수십 년 동안 공동체적 이상을 주장했던 민주당원들은 하나같이 국가 공동체의 건설을 호소했다.[65] 그러나 케네디는 국가라는 단위가 과연 자치에 필요한 공동체가 될 수 있을지 의심했다. "국가나 대도시는 사람들에게 공동체적 가치관을 심어주기에는 규모가 너무 크다. 공동체는 사람들이 서로 알아볼 수 있는 규모여야 한다. 아이들이 함께 뛰어놀고 어른들이 함께 일하며 또 자기가 사는 장소의 즐거움과 책임을 함께 할 수 있을 정도여야 한다." 하지만 현대 사회에서는 이런 공동체는 사라지고 있으며, 사람들은 서로 단절되고 자치 역량을 박탈당해서 무력해졌다. "동네 바깥의 세상은 점점 더 비개인적이고 추상화되었으며" 개인의 통제 범위를 벗어났다.

"도시들이 마구잡이로 확장되면서 이웃이라는 개념이 사라지고 있다. 주택의 수는 늘어나지만 사람들이 걸어다닐 장소가 없다. 여자들이나 아이들이 자기들끼리 공동의 관심사를 가지고 공동으로 활동할 장소가 없다. 사람들이 일하는 근무지는 연기에 시커멓게 그을린 터널이나 인적이 드문 고속도로를 이용해야만 갈 수 있는 먼 곳에 있다. 의사와 변호사와 공무원은 대개 다른 곳에 있는데, 사실 그들이 어디에 있는지 사람들은 잘 모른다. 널찍한 교외든 빽빽한 도심이든 집이라는 공간은 먹고 자고 텔레비전을 보는 장소에 불과한 경우가 너무도 많다. 사람들이 가깝게 모여 산다고 해서 공동체가 아니다. 우리는 많은 곳에서 살지만 어디에서도 살지 않는다고 할 수 있다."[66]

케네디는 도시 빈민가에 사는 사람들이 범죄와 실업으로 얼마나 고통받으며 살고 있는지 묘사하면서 그들이 마주한 시민성 차원의 결과를 강조했다. 범죄의 비극은 단지 물리적 차원의 위험에만 그치지 않고 자치에 꼭 필요한 공적 공간인 이웃 및 공동체를 파괴한다고 지적했다. "범죄가 제기하는 진정한 위협은 그것이 우리 자신과 우리 공동체에 초래하는 결과다. 문을 잠근 채 숨어 있는 국민은 자유로울 수 없다. 그들은 두려움에 갇혀 있는 것이다. 시민이 삶의 터전인 동네에서 걷는 것을 두려워한다면 이 나라는 건강하지 않다. 고립은 공적 참여를 죽이는 독소다."

비슷한 맥락에서 실업이 초래하는 문제는 실업자들의 가처분소득 부족 이상의 결과로 이어진다. 시민의식이라는 공동의 삶에 실업자가 참여할 수 없다는 것이 더 큰 문제다. "실업은 일로서 해야 하는 일이 없다는 뜻인데, 이것은 실업자가 다른 사람과 어떤 관계도 맺지 못한다는 뜻이기도 하다. 일자리가 없다는 것, 즉 다른 동료 시민에게 쓸모가 없어진다는 것은 랠프 엘리슨Ralph Ellison이 썼던 '보이지 않는 인간Invisible Man'이 된다는 뜻이다."[67]*

당대의 많은 자유주의자는 자유에 대한 자발주의적 자유관을 토대로 빈곤 문제를 해결하고자 한다면 수혜자들의 삶에 그 어떤 조건이나 판단을 전제하지 않은 채 최소한의 소득을 보장하는 것이 이상적이라고 주장했다. 그들이 바라보는 관점에서 개인이 자신의 목적을 선택할 수 있도록 자유롭고 독립적인 자아를 존중한다는 의미는 각 개인이 일정한 경제적 안정성을 누릴 수 있도록 보장한다는 것이었다.

케네디는 여기에 동의하지 않았다. 많은 자유주의자와 달리 그는 자발주의적 자유관에서 영감을 받지 않았다. 그가 주로 관심을 기울였던 대상은 자유의 시민적 차원, 즉 자치 참여 능력이었다. 이와 연계해 그는 복지

---

* '보이지 않는 인간'은 20세기 미국 흑인 남자의 현실을 다룬 진지한 사실주의 소설의 제목이기도 하다.

와 일정한 수준의 소득 보장이 적절하지 않다고 바라봤다. 복지가 빈곤을 완화할 수는 있어도 시민의식을 온전하게 발휘할 정도로 도덕적·시민적 능력을 사람들에게 보장하지는 않는다는 것이었다. 이처럼 케네디는 복지 정책에 대해 회의적이었다.

복지는 어쩌면 "우리가 국내적으로 행한 최대의 실패"일지도 모른다. 복지가 "수백만 명의 국민을 의존과 빈곤의 노예로 만들었기 때문이다. 다시 말해 자신들이 먹고사는 데 필요한 돈을 동료 시민들의 기부 행위에 의지하는 사람으로 만들었다는 말이다. 동료애, 공동체, 애국심 등과 같은 우리 문명의 본질적 가치들은 단지 상품을 함께 사고 소비하는 데서 오는 것이 아니다. 개인의 독립성 및 개인적 차원의 노력을 공동으로 인식할 때 생겨난다". 빈곤 문제의 해결책은 정부가 보장하는 소득이 아니라 "괜찮은 보수를 지급하는 품위 있는 일자리다. 사람들이 자신의 가족, 공동체, 나라는 물론이고 가장 중요하게는 자기 자신에게 '나는 이 나라를 건설하는 데 힘을 보태고 있다. 나는 위대한 공적 사업에 종사하는 사람이다'라고 말할 수 있게 해주는 그런 일자리다." 물론 정부가 개인에게 일정 소득을 보장해주면 도움이 되기는 하지만 "이러한 소득 보장이 민주주의 사회 시민에게 꼭 필요한 자족감, 즉 공동체적 삶에 자신이 참여한다는 인식을 주지는 못한다".[68]

도심의 빈민 지역에 일자리를 제공하자는 케네디의 제안은 그가 품고 있었던 한층 더 큰 목표인 시민의식의 정치경제학 회복을 반영하는 것이었다. 케네디는 정치권의 지시에 따라 정부가 일자리 사업을 마련하기보다 빈곤 지역에 창업하는 회사에 연방정부의 세금을 감면해주자고 했다. 이 아이디어는 최근에*"기업유치지구enterprise zone"라는 개념으로 되살아났다. 그러나 그는 시장의 힘에만 의존하자고 제안하지 않았다. 세제 혜택 덕분에 외부 기업의 빈민가 투자를 유치했다고 해도 주민이 자기 지역사회에 대한 통제권 확보에는 거의 도움이 되지 않는다는 게 이유였다.

케네디는 지역적 필요에 따라 개발을 지시하는 지역사회 운영기관인 공동체개발회사Community Development Corporation 설립을 보완책으로 제안했다. 즉 외부 기업들이 저가 주택, 진료소, 공원, 더 나아가 쇼핑센터나 영화관 등의 건설에 자금을 대고 또 지역 주민이 해당 공사장에서 일할 수 있도록 직업 훈련을 조직할 수 있도록 하자는 것이었다. 이는 경제적 목적뿐만 아니라 "빈민가가 하나의 공동체 단위가 되도록 돕는 것, 즉 거주민들이 자기 삶의 조건에 영향을 미치는 권한과 자원을 가지고서 서로의 관심사를 위해 협력하는 기능적 단위가 되도록 돕는다"라는 시민적 목적까지 담은 사업이기도 했다.[69]

이런 방침에 따라 케네디가 시도했던 중요한 실험들 중 하나가 바로 미국에서 두 번째로 큰 규모의 빈민가인 브루클린의 베드퍼드-스튜이브선트Bedford-Stuyvesant에서 정부와 기업과 재단이 함께 힘을 합해 진행하도록 유도했던 개발 사업이었다. 케네디는 이 사업의 성격을 단순한 개발 사업이 아니라 "정치 실험이자 자치 실험"으로 바라보면서 "사실상 이것은 정부가 지역사회에 대한 권한을 해당 지역의 주민에게 돌려주는 기회이기도 하다"라고 규정했다. 제퍼슨의 오래전 제안을 환기시킨 셈이었다. 당시 제퍼슨은 주민 스스로 자기 지역의 문제들을 맡아 처리하고 시민의식의 습관과 기술을 익힐 수 있는 작은 단위의 정치 구역인 "구ward"로 분할해 사람들이 시민적 덕목을 함양하자고 제안했다. 케네디는 책임과 권한이 제대로 주어지기만 하면 공동체개발회사들과 그 밖의 다른 지역사

회 기구들이 제퍼슨의 공화주의적 전망을 현대적으로 실현할 수 있을 것이라고 전망한 것이다. 즉 "워싱턴에 있는 중앙정부에 점점 더 많이 축적된 권력 및 의사결정 권한을 지역사회의 주민에게 돌려줄 수 있을 것"이라는 발상이었다.[70]

당대의 주요 정치인들 중 미국인의 공적 삶을 암울하게 뒤덮고 있던 자치 권한의 박탈감을 바라보면서 이것이야말로 시민적 덕목의 실천 및 시민적 이상이 무력해졌음을 보여주는 징후라고 진단한 사람은 로버트 케네디뿐이었다. 그가 대통령 선거 후보로 나섰을 때 불만에 차 있던 백인과 흑인 두 유권자 집단이 모두 그에게 박수를 보낸 데는 이런 요인도 어느 정도 작용했다. 하지만 로버트 케네디 암살 이후 두 집단은 지금까지도 사이가 나쁘다. 예를 들어 인디애나에서 치러진 예비선거에서 케네디는 흑인에게서 86퍼센트 득표율을 기록했고, 1964년 선거에서 월리스를 가장 크게 지지했던 일곱 개 카운티를 휩쓸었다. 한때 케네디는 "백인 노동자 계급과 소통할 수 있는 마지막 자유주의 정치인"으로 일컬어졌다. 월리스에서 레이건과 제시 잭슨에 이르는 정치인들을 놓고 볼 때 그는 누가 뭐라 해도 저항을 상징하며 "무력감에 빠져 있던 양극단의 두 집단과 동시에 소통할 수 있는" 유일한 대통령 후보였다.[71]

수십 년 뒤 카터와 레이건은 미국의 정부와 정치인을 보며 미국인이 느끼는 좌절감에 호소하며 대통령에 당선됐다. 두 사람 모두 미국 주류 정치의 국외자를 자처하면서 선거운동에서 미국인의 자신감과 자부심을 되살리겠다는 공약을 내세웠다. 하지만 두 사람은 대통령 취임 후 자신들을 당선시킨 요인이었던 불만의 조건들을 바꾸지 못했다. 불만을 진단하는 두 사람의 서로 다른 시도는 지금도 여전히 우리가 직면한 정치적 상황의 실체를 생생하게 보여준다.

도덕주의와 관리주의: 지미 카터

지미 카터는 워터게이트 사건과 제럴드 포드 Gerald Ford (대통령 재임, 1974~1977) 대통령의 리처드 닉슨 사면 조치의 여파 속에서 선거운동을 했다. 카터는 정부에 대한 국민의 믿음을 회복하고자 기존 워싱턴 정계를 뿌리부터 부정하고 나섰다. 그는 미국인이 정부를 신뢰하지 않게 된 이유로 미국 정부의 기만적이고 비효율적인 태도를 지목하며 해결 방법으로 두 가지를 제시했다. 하나는 도덕 차원의 접근법으로 정직성과 개방성을 강조했고, 다른 하나는 관리 차원의 접근법으로 효율성과 능력을 강조했다.[72]

먼저 도덕 차원의 접근법으로서 국민에게 절대 거짓말을 하지 않겠다고 약속했다. 이 약속은 그가 했던 유명한 서약을 통해서도 표현됐다. 그러나 카터가 약속한 정직성과 개방성은 개인적 차원의 진실성을 넘어서는 것이었다. 또한 그것은 국민과 정부 사이에 존재하는 거리감을 없애기 위한 것이기도 했다. 그 거리감이란 바로 개인의 권한이 줄어듦에 따라 미국인이 점점 더 무겁게 느끼던 감정이었다.

카터가 내세운 전망은 공화주의 전통에서 벗어나 당대의 공공철학을 반영한 것이었다. 공화주의 전통에서는 국민과 정부 사이의 일정한 거리 유지는 불가피할 뿐만 아니라 심지어 바람직하다고 가르쳤다. 이것은 제퍼슨의 "구" 시스템에서 케네디의 공동체개발회사에 이르는, 즉 바람직한 시민적 덕목 함양을 위한 형성적 프로젝트의 동력이 됐던 통찰이었다. 그런데 카터는 이러한 전통을 정치적으로 이용하지 않았다. 그는 국민과 정부 사이의 거리를 오히려 좁히고자 했다. 정부가 정직하고 개방적이어야 한다는 그의 주장은 정부와 시민 사이의 거리를 무너뜨리고, 대통령과 국민 사이에 일종의 투명성 또는 직접성을 실현하겠다는 열망의 표현이었다.

카터는 이러한 열망을 다양하게 표현했다. 그는 "비밀을 훌훌 벗어던지고", "국민과 정부 사이에 가로놓인 벽을 허물고", "정직하고 국민이 원하는 것을 곧바로 알아차리며 개방적인" 정부를 만들겠다고 했다. 또 대통령의 입에서 나오는 "사소한 거짓말이나 오해의 소지가 있는 발언"조차도 파멸을 가져다줄 수 있다고 봤다. 그래서 그는 자신을 국민과 직접 "연결"함으로써 잘못된 결과를 회피하려고 했다. "나는 나와 이 나라의 보통 시민 사이에 어떤 강력한 정치적 중개자가 서 있는 것을 결코 원하지 않는다. 대통령과 국민은 하나로 융합돼야 한다."[73]

카터가 제시한 전망의 두 번째 특징은 국민이 정부에게 느끼는 환멸의 원인을 정부의 비효율성에서 찾았다는 점이다. "지금 우리의 정치는 비대해진 관료주의 때문에 어려움을 겪고 있다. 이 문제를 바로잡으려면 워싱턴 정가 바깥에 있는 외부자의 관점이 필요하다." 정부를 더 효율적이고 경제적이고 관리하기 쉽게 만들려면 "연방 관료제의 과감하고 철저한 개혁, 예산 시스템 정비, 연방정부가 제공하는 다양한 서비스의 효율성에 대한 지속적인 분석 절차 마련을 우선 과제로 삼아야 한다. 대통령이 자신의 모든 권한을 동원하고 또 직접 개입해서라도 기업에서처럼 엄격한 관리와 계획 기법들이 효율적으로 실행되도록 해야 한다."[74] 카터가 연방 예산의 수치부터 백악관의 테니스 코트 사용 내역까지 직접 꼼꼼하게 검토하고 나서자 비판자들은 카터가 기술 관료적 공약에 너무 충실한 것 같다면서 비웃었다.[75] 그러나 비웃음보다 더 깊고 큰 장애물은 정작 다른 곳에 있었다.

카터가 추구한 정치의 특징인 도덕주의와 관리주의는 내용이 다르긴 하지만 본질적으로 동일한 결함을 가지고 있었다. 둘 다 정부가 추구하는 목적을 밝히지 않았다. 절차적 공화주의의 공공철학과 마찬가지로 카터가 추구한 정치의 정직성과 효율성 프로그램은 실질적으로 도덕적이거나 정치적인 목적들에서 비롯된 게 아니었다. 기술 관료주의적 기만 그 이상이었던 카터의 도덕주의와 관리주의는 이념적 논쟁을 피할 수 있다는 정치적 이점을 가졌다. 사실상 카터는 자신이 주장하는 정치가 이념적이지 않음을 반복해 강조했다. "나는 예산을 낭비해서는 안 된다고 믿는다. 나는 엄격하고 유능한 경영이 옳다고 믿는다. (…) 또한 나는 정부의 다양한 서비스를 요구하는 사람들에게 해당 서비스를 효율적이고 경제적이며 즉각적으로 제공하는 것이 옳다고 믿는다. 이것은 자유주의적인 것도 아니고 보수적인 것도 아니다. 그저 좋은 정부라면 당연히 해야 하는 일일 뿐이다."[76]

어떤 사람들은 카터가 "열정 없는 대통령직"을 수행한다고 비판했다.[77] 그러나 진짜 문제는 따로 있었다. 선거운동에서 제시한 공약처럼 목적이 없는 대통령직을 수행한다는 것이었다. 정직성과 효율성이 아무리 좋은 것이라 해도 어디까지나 이것은 목적이 아니라 목적을 추구하는 방법일 뿐이다. 그 자체로 통치의 전망이 될 수는 없다는 말이다. 실질적 통치 목적이 없는 카터의 대통령직 수행은 미국인이 느끼는 자치 권한의 박탈감을 심화시켰던 국내외의 여러 사건에 한층 더 취약했다.

대표적으로 소비자물가가 점진적으로 상승했다. 두 자릿수의 기록적 인플레이션율은 제2차 세계대전 직후에 이어 두 번째로 높은 수치였다. 에너지 가격 상승이 원인으로 크게 작용하며 연간 인플레이션율이 1978년 5월 7퍼센트 수준에서 1980년 3월 14.8퍼센트 수준으로 꾸준히 상승했다.[78] 인플레이션율 상승에 따라서 소비자의 구매력은 줄어들었고, 또 자신이 자기 운명을 통제하는 주인이라는 미국인의 자신감은 더욱 위축됐다. 인플레이션이 시민성이라는 차원에 미친 결과는 1979년 1월에 작성된 《대통령 경제 보고서Economic Report of the President》에서 가장 잘 설명하고 있다. 이 보고서는 "민주주의 정부가 수행해야 하는 주요 업무들 중 하나는 시민이 자기 운명을 스스로 통제한다는 의식을 가질 수 있는 여건을 유지하는 것"이며 인플레이션이 진행되는 동안 사람들은 자신들이 받는 급여나 연금의 가치가 "자기가 통제할 수 없는 과정에 의해" 깎이는 것을 절망적으로 바라봐야 했다고 지적했다. 또 최고의 호황기에는 미래를 계획하기가 어렵다면서 당시의 현실을 진단했다.

"우리가 어떤 계획을 세울 때 사용하는 기준치, 즉 달러의 구매력이 전혀 예상하지 못했던 폭으로 크게 줄어들면, 자신의 미래를 통제할 수 있는 요소 하나가 사라지게 된다. 그러므로 정부 및 사회 기관과 제도에 대한 신뢰가 동시에 깎이는 것은 당연한 결과다."[79]

자기 운명을 스스로 통제할 수 없게 된다는 인식은 1979년의 오일쇼크로 한층 더 강화됐다. 1979년 이란에서 혁명이 일어나 팔레비 왕조가 무너지며 이란이슬람공화국이 들어서고 또 중동의 다른 산유국들이 유가를 급격하게 올리면서 오일쇼크가 일어났다. 1973년 배럴당 3.41달러이던 유가는 1978년에 14.54달러까지 올랐고 1980년에는 30달러까지 치솟았다.[80] 오일쇼크는 미국의 인플레이션에 힘을 보탰을 뿐만 아니라 자신들이 통제하지 못하는 외국의 값싼 에너지에 자신들의 삶의 방식을 얼마나 무겁게 의존하고 있는지를 미국인이 뼈저리게 느끼게 만들었다. 1979년 봄과 여름에 휘발유 부족으로 전국의 주유소에 긴 줄이 늘어서고 배급제가 등장하면서 미국인이 느끼는 좌절감은 공황 수준으로 치달았다.

카터 대통령은 석유 부족 사태로 느끼는 미국인의 분노와 환멸을 마주하고는 공적 삶에 대한 신뢰의 위기에 초점을 맞춰 에너지 위기 관련 연설을 했다. "미래에 대한 우리의 신뢰가 약해지면서 미국이 가지고 있는 사회적·정치적 구조 자체가 파괴될 수도 있는 위험이 닥쳤다." 사람들은 "정부 자체뿐만 아니라 우리 민주주의의 궁극적 통치자이자 형성자 역할을 해야 하는 시민으로서의 자기 능력에 대한" 믿음도 잃어가고 있다고 진단한 카터는 이런 상황을 바꾸기 위해 간곡하게 호소했다. "우리는 서로를 믿어야 하고 우리의 자치 능력을 믿어야 하며 또 이 나라의 미래를 믿어야 한다. 이런 믿음을 예전처럼 회복하는 것이 우리가 맞닥뜨린 가장 중요한 과제다."[81]

카터의 연설은 그가 '불안감malaise'이라는 용어를 사용하지 않았음에도 "불안감의 연설malaise speech"로 일컬어졌다. 또한 카터 자신이 안고 있던 문제를 미국인의 불안한 기분 탓으로 돌렸다고 비판받았다.[82] 그러나 사실 그 연설은 10년 넘게 미국인이 마음속에 차곡차곡 쌓아왔던 불만을 정확하게 표현한 것이었다. 그 연설의 문제점은 대통령으로서 져야 하는 책임에 대한 비난을 다른 데로 돌렸다는 사실이 아니라 자신이 적절하게 묘사한 불만을 해결하고 나아갈 미국 정치의 방향을 제시하지 못했다는 사실이다.

그로부터 몇 달 뒤 오일쇼크의 파동은 가라앉았지만, 미국 시민의 믿음은 계속 허물어졌고 카터의 지위는 계속 약화됐다. 한마디로 카터는 대통령으로서 불운한 임기를 보내야 했다. 그중 가장 굴욕적이었던 사건은 1979년 11월에 이란의 시위 군중이 테헤란에 있던 미국 대사관을 점거하고 미국인 53명을 인질로 잡은 사건이었다.* 당시 CBS 뉴스의 월터 크롱카이트는 매일 밤 방송 엔딩멘트로 인질이 억류된 지 며칠째인지를 알렸고, 이 일은 카터의 임기가 끝날 때까지 계속됐다. 또 ABC 방송국은 날마다 심야뉴스에서 굴욕적인 장면을 내보냈다(이 방송 프로그램은 나중에 장수 프로그램인 〈나이트라인Nightline〉이 됐다). 인질 사태와 사막에서 실패로 끝나버린 구출 작전**은 지배당하는 게 아니라 지배하는 것에 익숙해 있던 한 나라가 자기 운명을 스스로 통제할 수 없게 돼버렸다는 사실을 다시 한번 더 확인시켜줬다.[83]

자유지상주의적 보수주의 대 공동체적 보수주의: 로널드 레이건

로널드 레이건은 미국의 지배력을 회복하겠다는 공약으로 호소하며 1981년에 대통령으로 당선됐다. 절차적 공화주의의 제약에 얽매이지 않았던 그의 발언은 자치와 공동체라는 미국적 이상에 반향을 일으켰다. 미국의 자부심과 결의를 호소한 그의 목소리는 한동안 경제 회복이라는 긍정적 효과와 맞물리면서 정부를 향해 날로 커져만 가던 환멸의 흐름을 반전시키는 듯했다. 그러나 레이건도 결국에는 미국인이 느끼는 불만의 밑바닥에 놓인 조건들을 거의 바꾸지 못했다. 집단적 주체성과 공동체의 구조에 가장 큰 위협을 가하던 것은 현대적 삶의 여러 특징이었지만, 그가 추진한 정책들은 여기에 초점을 맞추지 않았기 때문이다. 1984년에 레이건이 선거 광고에 출연해 "미국의 아침"을 선언했지만, 결국 거짓 새

---

* 이란혁명으로 등장한 이란이슬람공화국이 당시 미국에 있던 팔레비 전 국왕의 신병을 인도하라고 요구했으나 미국은 인도적 이유를 들어 거부했다. 그 일로 대규모 반미 시위가 일어났으며 444일 동안 인질 억류 사태가 이어졌다.

** 1980년의 이른바 '독수리발톱작전'은 시작도 하기 전에 종료됐으며, 그나마 철수 과정에서 군인 여덟 명이 사망하고 헬리콥터들은 모두 이란에 버려두고 와야 했다.

벽임이 드러났다. 또한 미국인이 자신들의 정치적 상황에 대해 가지고 있던 불만은 1980년대 말까지 계속 커져만 갔다.[84]

레이건은 결국 자신이 감지했던 미국인의 불만을 누그러뜨리지 못했다. 그러나 그의 호소가 어디에서 비롯된 것인지, 또 어떤 이유에서 그의 호소가 당시의 정치적 담론들과 어긋나게 됐는지 살펴보면 많은 것을 깨달을 수 있다. 레이건의 업적은 미국 보수주의 내에서 대립되는 두 가지 노선을 하나로 통합했다는 점이다. 두 노선 중 하나는 골드워터와 프리드먼이 주창했던 자유지상주의적 또는 자유방임주의적 보수주의, 즉 다른 사람에게 해를 끼치지 않는 한 자신이 원하는 것을 할 수 있어야 한다는 주장이다.

이러한 노선의 지지자들은 자유시장을 찬양하고 사람들의 삶에서 정부의 역할을 최소화하자고 말한다. 또한 이들은 정부가 시민의 바람직한 덕목을 형성해야 한다는 발상을 거부한다. 따라서 그들의 주장은 절차적 공화주의가 설정하는 가정과 원만하게 들어맞는다. 이러한 보수주의에서는 시민적 덕목을 쌓기보다 자발주의적 자유관을 받아들인다. 한때 레이건은 자유지상주의자로서 선언하기도 했다. "우리는 미국인이 자기 스스로 어떤 결정을 내릴 자유, 심지어 실수할 자유를 얼마나 많이 가지고 있느냐가 자유의 척도라고 믿는다."[85]

레이건의 또 다른 보수주의 노선은 첫 번째 노선과 잘 들어맞지 않을뿐더러 절차적 공화주의의 틀에서도 벗어난 것이다. 이 노선은 문화적 보수주의자와 종교적 우파가 선호하는 시민적 윤리 또는 공동체적 윤리에 호소했다. 자유지상주의적 보수주의자들이 형성적 프로젝트를 거부하는 반면, 공동체적 보수주의자들은 정부가 시민의 특성에 주의를 기울여 시민적 덕목을 형성하는 데 힘써야 한다고 믿는다. 또 전자는 공공 생활에서 시장의 역할을 늘리고자 하고 후자는 도덕의 역할을 늘리려고 한다.

레이건 시대에 공동체적 보수주의를 가장 잘 드러낸 것은 제리 폴웰Jerry Falwell 목사의 공격적 발언들과 그가 만든 정치 운동 단체인 "도덕적 다수 Moral Majority"였다. 폴웰은 페미니즘, 낙태, 동성애, 포르노그래피, 성적 관용, 세속적 휴머니즘, 록 음악, 공립학교에서의 기도 금지 등을 거론하면서 미국 사회에 도덕적 부패가 만연해 있다고 비판했다. "지금 우리 공화국 에서 일어나는 부패의 흐름을 뒤집어놓을 희망은 미국 내 기독교 대중에 게 있다.", "우리는 진보주의자들로부터는 아무런 도움을 기대할 수 없 다.", "미국은 신정국가가 아니지만 미국의 건국 기반은 기독교의 원칙이 었다. (…) 지금 우리는 우리나라를 파괴하는 온갖 죄악과 죄로 물든 수많 은 삶의 문제가 무엇인지 규정하고 또 명확하게 규명할 필요가 있다."

폴웰은 이런 시도가 "검열이나 일종의 기독교 나치즘"으로 이어지지 않겠느냐는 질문에 다음과 같은 불편한 대답을 내놓았다. "우리 사회의 비도덕적 소수 집단이 도덕적 문제들을 가지고서 우리를 위협하는 것을 우리는 결코 좌시할 수 없다. 도덕성 기준이 낮은 사람은 당연히 도덕성 이 취약하다."[86]

공동체적 보수주의의 주장은 칼럼니스트인 조지 윌George F. Will 의 글에서 한층 더 매력적 표현으로 나타났다. 윌은 "국가를 다스리는 기술은 결국 정신을 다스리는 기술이다"라고 주장하면서 정부가 도덕적 문제에 대해 중립적이어야 한다는 전제를 받아들였다는 점에서 진보주의자와 보수주 의자를 싸잡아 비판했다. "학습이 도덕적 행동을 좌우한다는 점을 고려 할 때 많은 입법 행위는 곧 도덕적 입법을 의미한다. 모든 교육이 곧 도덕 교육인 것과 마찬가지로 광범위하고 중요한 영역에서 시민의 행동과 생 각에 영향을 미치기 때문이다."

윌은 기독교 도덕의 부활에서 미국의 구원을 추구했던 폴웰과 달리 자유로운 정부의 필수적 요소인 "시민의 성향과 습관 등"의 시민적 덕목을 기르려고 노력했다. 그가 말하는 시민적 덕목은 "절제, 사회적 공감, 공적 목적을 위해 사적 욕구를 기꺼이 희생하고자 하는 의지 등으로 구성되는 바람직한 시민의식"이었다. 윌은 당대의 자유방임주의적 보수주의자들 과는 다르게 보수주의 정치를 위해 공화주의 전통의 형성적 야망을 되살리고자 노력했다.[87]

정부를 바라보는 적대감 속에서 보수주의자들은 정치적 제도나 기관은 "시민의 성격인 '내면적 삶'에 무관심하거나 중립적 태도를 취하려고 노력해야 한다"는 데 자유주의자들과 의견을 같이했다. 예컨대 많은 자유주의자가 정부는 도덕적 문제에 대해 중립적이어야 한다는 이유로 낙태권을 옹호했듯이, 많은 보수주의자가 정부는 시장경제에서 창출된 결과에 대해 중립적이어야 한다는 이유로 자유방임주의적 경제 정책을 옹호했다.

그런데 윌은 정부가 도덕 관련 문제에 대해 중립을 지키는 것은 가능하지도 않고 바람직하지도 않다고 주장했다. 정치의 형성적 측면을 회피하려는 시도는 정치적 담론을 피폐하게 만들고 사회적 결속을 약하게 만들며 정부를 바라보는 혐오감만 높일 뿐이라고 했다. 이에 대해 윌은 "우리의 시민의식이 색을 잃어버렸다"라고 진단했다. 또 모름지기 보수주의자라면 정부를 경멸하는 것을 멈추고, 보수적 가치에 적합한 훌륭한 시민의식의 토대가 되는 덕목들을 함양할 가능성이 있는 복지국가의 전망을 제시해야 한다고 주장했다.[88]

레이건은 해당 시점의 분위기나 조건에 따라 미국 보수주의의 자유방임적 노선과 공동체적 노선 두 가지를 자유롭게 바꿔가면서 의존했다. 레이건도 골드워터처럼 복지국가는 개인의 자유를 침해한다고 봤고, 공공부조는 가난한 사람들이 당연히 누려야 할 권리라는 발상을 거부했다. 그러나 개인의 자유와 시장 해결책을 언급한 그의 모든 발언에도 불구하고, 당대의 미국인이 품고 있던 불만과 관련된 발언은 그가 가지고 있던 정치적인 공동체적 노선을 토대로 했다. 그가 내세운 정치적 호소 중에서 가장 크게 공감을 얻었던 것은 가족과 이웃, 종교와 애국심이라는 공동의 가치를 솜씨 좋게 환기시킨 내용이었다. 레이건이 자유방임주의적 보수주의자들과 달랐던 지점이다. 그 덕분에 그는 당대의 자유주의 공공철학과도 차별화될 수 있었다. 이것은 모두 절차적 공화주의가 제공하는 것보다 규모가 작고 덜 비인격적이며 더 큰 의미를 가진 공동의 삶을 바라는 미국인의 갈망을 포착했던 그의 능력 덕분이었다.

레이건은 지배력의 상실과 공동체의 약화에 대해 말했다. 1976년에 레이건은 공화당 대통령 후보 자리를 놓고 공화당의 현직 대통령이던 포드에 도전하면서 "우리에게 자기 운명을 스스로 개척할 능력이 없다고 믿게 할 수도 있는, 수도에 있는 사람들"을 비판했다. 1980년 대통령 선거운동에서 그는 카터 대통령을 임기 내내 괴롭혔던 무력감을 떨쳐내는 지배력에 초점을 맞췄다. 레이건 선거운동 본부의 한 인사는 이렇게 말했다. "오늘날 미국에서 통제권을 쥔 사람이 아무도 없다는 견해가 지배적이다. 또 전반적으로 사람들은 백악관을 보며 아무도 통제권을 행사할 수 없다는 인상을 받는다." 그러나 레이건 진영에서는 "레이건이야말로 지도력과 통제력을 상징하는 후보라는 가장 분명한 메시지를 전달하고자" 했다.[89]

1980년에 레이건은 공화당 대통령 후보 수락 연설을 하면서 "우리나라의 절정기는 이미 끝났다"라는 견해를 비판하면서 "연방정부가 너무 크고 강력해져 어떤 대통령도 통제할 수 없게 됐다"는 발상을 부정했다. 그러면서 그는 미국 외교정책의 주요 질문이 "더는 '무엇을 해야 하는가?'가 아니라 '**무엇이든** 할 수 있는 역량을 과연 가지고 있는가?'여야 한다"라고 경고했다. 인간의 주체적 역량과 통제를 허용하지 않는 듯이 보이는 세계에서 레이건은 미국적 정신을 다시 불태우고 "우리의 국가적 의지와 목적"을 강조하며 "우리의 운명을 우리 손안에 되찾겠다"고 약속했다.[90]

레이건은 미국인이 느끼는 자치 권한의 박탈감을 공동체가 약화되고 개인과 국가를 이어주는 도덕적 권위 및 공동 정체성의 원천이 무너지는 현상과 연결시켰다. 1976년에 공화당 대통령 후보 경선 과정에서 레이건은 "거대화의 경향을 끝장내고 인간적 규모로 돌아가자고, 즉 인간이 이해하고 대처할 수 있는 규모로, 지역의 친목회로, 교회의 신자 모임으로, 이웃사촌 모임으로, 지역의 농업단체로 돌아가자"라고 주장했다. 또 그는 브랜다이스를 연상시키는 표현을 가져와 "각 지역이 소유하는 공장, 고객을 직접 상대하며 자기 생산물에 책임을 지는 소규모 사업가, 농장이나 소비자협동조합, 지역사회에 투자하는 마을 은행, 지역조합을 높이 평가"했으며 "공동체를 실질적으로 구성하는 것은 바로 이런 작고 인간적 규모의 활동이다"라고 말했다.[91]

레이건이 내건 1980년의 공화당 강령은 그의 주장을 정교하게 구체화했다. 그 강령에서는 "정부와 개인 사이"에 놓여 있는 "가족과 이웃과 일터와 같은 중요한 공동체"를 다시 한번 더 강조하고 "전국의 지역사회 및 도시에서 시민 활동의 부활"을 지원하겠다고 약속했다. 레이건은 대통령으로 재임하는 동안에도 "가족, 직장, 이웃, 종교의 가치"를 회복해야 한다는 얘기를 반복했다. 1984년에 재선 출마를 선언할 때는 다음과 같이 선언했다. "미국은 다시 돌아와서 우뚝 섰다. 정부의 존엄성, 가족의 따뜻함, 이웃의 힘 등 위대한 미국의 가치관을 우리는 이미 회복하기 시작했다."[92]

레이건은 큰 정부가 시민에게서 권력을 빼앗고 공동체를 허약하게 만든다고 비난했다. "우리 시민은 학교, 복지, 도로, 심지어 쓰레기 수거에 대해서조차도 가장 기본적 의사결정의 통제권을 잃어버렸다고 느낀다. 그들이 그렇게 느끼는 것은 옳다." 또 큰 정부가 과거에 "우리 국민의 시민적 특성을 형성했던" 시민사회의 제도를 밀어낸 바람에 범죄와 도덕적 부패가 늘어났다고 주장했다. 그는 시민과 정부 사이에서 중재 역할을 하는 기관의 필요성을 강조하는 논객들의 주장을 인용해 정부가 "가족, 이웃, 교회, 학교와 같은 기관들, 즉 개인과 국가 사이에서 완충재이자 다리 역할을 하는 조직들을 선점해버렸다"라고 주장했다.[93]

레이건이 제시한 해결책은 권한과 권력을 연방정부에서 주정부 및 지방정부로 넘기는 "신연방주의New Federalism"였다. 새롭게 활성화된 연방 체계에서는 사람들이 거주하는 집과 가까운 곳으로 권력이 이동함으로써 자신의 운명을 통제할 수 있는 통제권을 회복할 것이고, 정부 간섭이 줄어드는 만큼 지역사회가 번성할 여지도 더 커질 것이다. 한편, 민간운동 태스크포스Task Force on Private Sector Initiatives가 나서서 민간 차원의 자선 활동 및 공동체 차원의 서비스를 촉진할 방법을 찾아낼 것이라고 했다.[94]

레이건 정치의 공동체적 노선은 권력 집중에 대해 공화주의가 가졌던 오래된 우려를 상기시켰다. 그러나 레이건은 이전의 공화주의와는 조금 다른 방식으로 그 전통을 부활시켰다. 공화주의 정치경제학의 지지자들은 큰 정부와 대기업에 대해서도 똑같은 우려를 드러냈다. 그러나 레이건은 대기업은 제외하고 정부에게만 거대함의 저주 딱지를 붙였다. 그는 공동체의 이상을 주장하면서도 경제 권력이 대규모로 커질 때 나타날 수 있는 자본도피* 또는 개인을 무력하게 만드는 결과에 대해서는 거의 아무런 언급도 하지 않았다. 이와 관련해 역사학자 크리스토퍼 래시Christopher Lasch는 다음과 같이 평가했다. "'가족과 지역사회'를 옹호하는 레이건의 미사여구는 기업이 아무런 규제도 받지 않은 채 지역사회를 쇼핑몰과 고속도로로 뒤덮어버리는 행위와 상충하는 것이었다." 레이건은 전통에 호소했지만 "실제로 그의 정책은 경제 성장과 규제받지 않는 기업, 즉 전통을 훼손하는 바로 그 세력들에게 힘을 실어주는 것을 목표로 했다".[95]

이에 대해 레이건 시대의 민주당원들은 레이건에게 이의를 제기하지 않았다. 또한 공동체와 자치를 쟁점으로 하는 토론에 조직적으로 나서지도 않았다. 그들은 권리를 지향하는 자유주의에 얽매여서 미국 사회에 팽배하던 불만의 분위기를 포착하지 못했다. 그들은 레이건의 경제 정책이 부자들의 편을 든다고 비판했다. 하지만 미국인이 느끼던 한층 더 큰 두려움, 즉 자기 삶에 대한 통제력 상실과 자기 주변 공동체의 해체에 관한 문제를 해결하겠다고 나서지 않았다.

어떻게 보면 민주당원들은 도덕적 관심사들을 아예 회피하기로 작정했던 것 같다. 예를 들어 1988년에 민주당의 마이클 듀카키스Michael Dukakis가 공화당의 조지 부시George H. Bush를 상대로 한 선거운동에서 "이번 선거는 이념이 아니라 역량을 다투는 것이다"라고 말한 것이 대표적이다. 민주당원들은 자치의 기초가 되는 도덕적 전망을 말할 때 대부분 공정과 분배 정의를 언급했다. 그들은 민주당과 공화당 사이에 늘 존재했던 친숙한 논쟁의 틀로 돌아가 레이건이 "롤스로이스를 살 수 있을 정도로 부자

---

* 기업이 자본을 수익 차원에서 유리한 지역이나 국가로 이전하는 것.

인 사람들에게는 세금 감면 혜택을 넉넉하게 해줬다"라고 지적하며 평범한 보통 미국인에게는 "자동차 타이어의 휠캡 값을 꼬박꼬박 잘 낼 것"을 요구했다고 주장했다.[96]

민주당의 주장이 비록 타당하긴 해도 레이건의 강력한 호소력에 비하면 사람들의 마음을 움직이기에는 도덕적·시민적 울림이 부족했다. 이런 사실을 감지한 민주당은 종종 공동체적 입장에서 공정성의 문제를 제기하기도 했다. 1984년에 레이건에 맞섰던 민주당의 먼데일과 뉴욕 주지사 쿠오모는 모두 국가 공동체의 이상과 이것이 암시하는 공유의 윤리에 호소했다. 두 사람은 린든 존슨의 전철을 따라 국가를 가족에 비유했다. "우리 모두 공동체의 일원이 되자." 예컨대 먼데일은 "서로를 아껴주는 가족이 되자. 이기심과 탐욕과 자기 자신만을 생각하는 새로운 쟁탈전을 끝내자"라고 호소했다.

쿠오모는 1984년 민주당 전당대회의 기조연설에서 국가의 도덕적 목적은 "가족이라는 개념"에서 찾을 수 있다고 주장했다. "우리는 미국의 가족일 수밖에 없음을 우리는 믿는다. 우리가 서로 연결돼 있다는 것을 마음 깊은 곳에서 인정할 수밖에 없으며, 덜루스에서 은퇴한 교사가 안고 있는 문제가 **우리의** 문제임을 인정할 수밖에 없다. 버펄로에 사는 아이의 미래가 **우리의** 미래임을 인정할 수밖에 없다. 보스턴에 사는 장애인이 살아남고 또 품위 있는 삶을 살기 위해서 벌이는 힘겨운 노력이 **우리의** 노력임을 인정할 수밖에 없다. 또 리틀록에 사는 어떤 여자의 배고픔은 **우리의** 겪는 배고픔임을 인정할 수밖에 없다."[97]

그러나 1980년대가 되면서 국가 공동체라는 이상은 호소력을 잃었다. 적어도 분배 정의를 실현하는 차원에서는 그랬다. 19세기에서 20세기로 전환되던 때부터 개혁가들은 강력한 국가 공동체의식을 배양하려고 노력했으며 때로는 그들의 노력이 성공을 거두기도 했다. 그러나 이제 국가가 최소한의 공통점 이상을 유지하기에는 규모가 거대할 뿐만 아니라 한층 더 관대한 복지국가로 거듭나기 위해 필요한 공감과 연민을 불러일으키기에도 시민 개인들과 너무 떨어져 있다는 것이 증명됐다.

거대해진 국가는 새롭게 제기되는 불만을 처리하는 데 적합하지도 않았다. 그 시대에 사람들이 느끼던 불안감은 가족과 이웃, 도시와 마을, 학교와 회중 등과 같이 개인과 국가를 연결하는 공동체가 쇠퇴했다는 불안감이었다. 오랜 세월 동안 미국의 민주주의는 국가 혼자서 수행할 수 없는 공공정신 배양이라는 과업을 공동체와 같은 조직 단위들에 의존했었다. 공화주의 전통에서는 지역을 사랑하는 마음을 가지면 공적 활동에 관심을 가지는 습관이 형성되고 그로 인해 자치가 원활하게 이뤄진다고 가르쳐왔다. 토크빌^{Alexis de Tocqueville}의 표현에 따르면 그런 활동 덕분에 시민은 "자기 손이 닿는 작은 영역에서 통치의 기술을 익힌다".[98]

적어도 이상적으로는, 영역이 확대되면 통치력의 범위도 확대된다. 시민적 역량은 처음에 이웃과 마을회관, 종교적 공간, 노동조합과 사회운동단체에서 처음 각성되고 나아가 한층 더 넓은 영역으로 확장된다. 예를 들어 남부의 흑인 침례교회에서 시작된 시민 교육 및 사회적 연대는 훗날 전국적 규모로 전개되는 민권운동의 결정적 전제조건이 됐다. 인종분리 정책 철폐를 요구하며 몽고메리에서 처음 시작됐던 버스 탑승 거부 운동은 나중에 남부에서 인종차별 전체에 저항하는 운동으로 발전했다. 또한 평등한 시민권과 투표권의 보장을 외친 전국적 운동으로 이어졌다. 이는 단순히 투표에서 이기기 위한 수단을 넘어 그 자체로 자치의 실현과 권한 부여의 사례가 됐다. 한마디로 지역을 사랑하는 마음과 공동체적 유대가 시민의 참여를 이끌어낼 수 있다는 본보기였다.

그러나 레이건 시대에 민주당이 가졌던 공공철학에는 자치를 바라는 열망에 부응할 만한 시민적 자원이 없었다. 한때 권력 분산을 주장하던 민주당은 이런 공동체에서 편견, 불관용, 다수의 전횡이 횡행하는 경우가 너무도 많았다는 이유로 지난 수십 년 동안 개인과 국가 사이를 중재했던 공동체에 의심을 품었다. 그래서 뉴딜에서부터 시민권 운동, '위대한 사회'까지 아우르는 자유주의 프로젝트는 연방정부의 권력을 사용해 지역사회가 보호하지 못하는 개인의 권리를 옹호하고자 했다. 개인과 국가가 직접 손을 잡고 나갔던 것이다.

　민주당은 시민적 삶에서 중간적 공동체가 수행할 수 있는 역할을 불안하게 바라봤기 때문에 자치의 기반이 취약해지는 현상에 대해 신경 쓸 여유가 없었다. 민주당이 주장했던 국가 공동체 개념은 공화주의 전통과는 매우 먼 관계만 가지고 있을 뿐이었다. 민주당이 공동체의 역할이라고 바라봤던 것은 시민적 덕목을 기르거나 시민에게 자치 역량을 훈련시키는 것이 아니라 복지국가의 근거를 제공하는 것이었다. 그들은 공화주의 전통의 형성적 이상과 상관없이, 경제 성장을 추구하는 것이 분배와 관련된 특정한 관심에 따라 조절되고 완화돼야 한다는 이유를 설명하는 역할만 하면 된다고 바라봤던 것이다. 그러나 그들이 생각했던 방향성은 시민적 삶에 새로운 활력을 불어넣지도 못했고, 시민의식의 정치경제학이 재건될 것이라는 희망도 주지 못했다.

　이처럼 레이건은 시민적·공동체적 노선을 내세워 민주당과 다르게 미국인의 불만을 성공의 도구로 활용했다. 그러나 온갖 장밋빛 약속에도 불구하고 결과적으로 미국인이 가진 불만의 밑바닥에 깔린 조건들을 거의 아무것도 바꾸지 못했다. 레이건은 시민의식 차원의 보수주의자가 아니라 시장 차원의 보수주의자로서 통치했다. 그는 규제와 제한으로부터 좀

더 자유로운 자본주의를 지지했지만, 그의 자본주의는 가족과 이웃 또는 공동체의 도덕적 구조를 복구하는 일에는 아무런 기여도 하지 않았다.[99]

그가 제안했던 "신연방주의"는 결국 사람들 사이에서 채택되지 않았다. 또 세계의 경제가 자신이 통제할 수 없는 영역으로 치닫는 가운데 지역의 공동체들은 물론이고 심지어 국가들까지도 맞닥뜨렸던 자치 권한의 박탈이라는 문제에 대해 전혀 손을 쓰지 않았다. 1980년대 내내 연방 정부의 적자 재정 정책에 힘입어 경제 성장은 지속됐지만 성장의 열매는 전체 미국인에게 폭넓게 분배되지 않았다.

제2차 세계대전 이후 수십 년 동안 미국인은 자신이 자기 운명의 주인이라고 믿었으며, 경제 성장의 열매도 다양한 경제 계층에 걸쳐 폭넓게 분배받았다. 그러나 그 이후, 특히 레이건 재임 때부터는 사정이 달라지기 시작했다. 1979년부터 1992년까지를 놓고 보자면 미국의 가계소득 증가분은 8,260억 달러에 달했으며 그중 98퍼센트가 전체 인구의 상위 5분의 1에게 돌아갔다. 미국 가계 대부분은 경제 기반을 잃어버리고 말았다.[100] 그러다 보니 정치를 바라보는 미국인의 좌절감은 계속 커질 수밖에 없었다. 너무나 당연한 결과였다.[101]

무엇이
잘못되었을까?

1990년대 이후의 자본주의와 민주주의

DEMOCRACY'S DISCONTENT

자본주의와 민주주의는 오랫동안 불편하게 공존했다. 자본주의는 개인적 이익을 위한 생산적 활동의 조직화를 추구하는 반면, 민주주의는 시민의 자치 참여를 위한 권한의 부여를 추구하기 때문이다. 애초에 시민의식의 정치경제학은 두 개념을 조화롭게 만들겠다는 의도로 등장했다. 시대에 따라 방식이 다르긴 하지만 주로 자본가들의 정치적 지배력 행사를 막으면서 노동자를 착취하고 시민으로서의 능력을 감소시키는 자본주의의 경향성에 저항한다는 뜻이었다.

제퍼슨주의자들은 대규모 공장에서의 삶이 자작농의 삶을 통해 형성되는 시민적 윤리를 해칠 것이라고 우려했다. 19세기 중반의 노동 공화주의자labor republican들은 임금노동을 자유와 상반되는 것으로 바라봤다. 즉 어떤 사람이 고용주 밑에서 평생 일하면 그에게는 민주적인 시민의식에 필요한 독립적 판단력과 정신이 형성되지 못한다고 생각한 것이다. 노예제 폐지론자들은 노예 신분의 아프리카계 미국인을 잔혹하게 상품화하는 것을 기반으로 하는 미국 최초의 대기업인 플랜테이션(농장) 목화 산업을 자본주의의 궁극적 죄악이라고 통렬하게 비난했다.

19세기 후반에 등장한 노동기사단은 독점 권력의 대안으로 철도, 전신, 전화를 공적 소유로 바꾸자고 요구했고, 또 노동자들이 여러 가지 공적 문제를 스스로 깨우칠 수 있도록 공장에 도서관을 설치하라고 요구했다. 세기가 바뀔 무렵에 등장한 반독점운동은 거대한 규모로 집중된 경제 권력을 해체하고자 노력했다. 1930년대에는 뉴딜정책이 은행을 규제했고 또 노동자들이 단체교섭권을 가지고 작업장에서 목소리를 낼 수 있도록 하는 법률도 마련했다.

제2차 세계대전이 끝난 뒤 수십 년에 걸쳐 시민의식의 정치경제학은 쇠퇴하고 경제 성장 및 분배 정의의 정치경제학으로 대체됐다. 자유주의자들과 보수주의자들은 경제 성장을 가져다줄 정책과, 또 번영의 열매를 분배할 방법을 두고 논쟁을 벌였다. 그러나 경제 활동의 유일한 목적이 소비라는 가정에 의문을 제기하는 사람은 거의 없었다. 이렇게 해서 경제가 자치라는 목적에 도움이 돼야 한다는 발상은 정치 논쟁에서 사라졌다.

시민의식 차원이 아니라 소비자주의 차원의 개념으로 경제를 바라보는 관점은 경제를 넘어서는 신념을 반영했다. 또한 자유에 대한 확실한 개념을 드러냈다. 이러한 개념에 따르면 자유는 다른 사람들이 가진 자유를 해치지만 않는다면 자신의 이익과 목적이 무엇이든 그것을 추구할 수 있다는 것을 의미한다. 이런 개인주의적 개념의 자유는 자치를 공유하고 자신의 삶을 지배하는 힘을 형성하는 과정에서 발언권을 가질 수 있어야 한다는 시민적 공화주의 사상과 충돌한다.

이 책의 초판에서 나는 자유에 대한 시민적 개념과 시민의식의 정치경제학을 포기하는 것은 미국적 이상을 상실 또는 축소시키는 것이라고 주장했다. 자유에 대한 소비자주의적 개념은 어떤 사회에서 시민이 된다는 것의 의미를 빈약하게 만들었다. 그 개념은 민주주의가 정의와 공동선에 대한 숙고보다 개인의 선호를 종합하는 방식으로 작동하는 경제라는 발상을 촉진했다. 20세기의 마지막 수십 년 동안 미국의 민주주의를 괴롭혔던 불만은 이러한 열망의 축소를 반영한 것이었다. 즉 자유를 규정하는 소비자주의적 개념 때문에 개인은 자기 운명을 통제할 힘이 점점 줄어든다고 인식했다. 그와 더불어 이 개념은 자치에 필요한 소속감과 참여의식을 고취하는 데 실패했다.

　그 뒤로 많은 게 바뀌었다. 21세기 이후 20년 동안 민주주의를 괴롭혔던 불만은 한층 더 예리해졌고 사회적 결속력은 철저하게 무너졌으며 좌절감은 한층 더 뚜렷하게 나타났다. 1980년대와 1990년대 초에 문제가 됐던 시민적 차원의 문제들은 현재 우리가 맞닥뜨린 문제들에 비하면 아무것도 아니라고 할 정도다. 2016년에 트럼프가 대통령에 당선된 사건은 미국 민주주의에 줄곧 어두운 그림자를 드리우며 수십 년 동안 쌓인 원한과 분노의 결과였다. 우리 시대에 유효한 시민의식의 정치경제학을 새삼스럽게 상상하려는 모든 시도는 최근 수십 년 동안에 무엇이 잘못됐는지를 진단하는 데서부터 시작한다. 이는 민주당과 공화당이라는 두 정당이 과거와는 전혀 다른 새로운 버전의 자본주의를 받아들였고, 이러한 자본주의 버전이 불평등과 해로운 정치를 증폭시켰기 때문이다.

　새로운 버전의 자본주의는 단순한 경제 교리를 넘어 세계화globalization, 금융화financialization, 능력주의meritocracy라는 상호강화 관계의 특성으로 구성된다. 세 가지 특성으로 정의되는 자본주의는 시민의식의 정치경제학과는 거리가 한참이나 멀다. 그러나 동시에 제2차 세계대전 이후 수십 년 동안 세상을 지배했던 성장 및 분배 정의의 정치경제학에서도 벗어나 있다. 1940년대부터 1970년대까지 존재했던 기업 중심의 산업 자본주의는 주로 국민국가라는 테두리 안에서 운영됐지만, 새로운 자본주의의 규모는 국가 차원이 아니라 세계 차원이며 또한 금융이 주도하는 것이었다.

세계화

1989년에 베를린 장벽이 무너지고 그로부터 2년 뒤 소비에트연방(소련)이 해체됐다. 이는 서구 민주주의 국가들의 정치적·경제적 상상력에 강력한 영향을 미쳤다. 소비에트연방의 붕괴 소식은 겉으로 보기에는 유일하게 생존한 자유주의 자본주의 체제의 정당성을 입증하는 사례였다. 또한 곧 펼쳐질 금융 주도의 세계 자본주의, 즉 장벽이 존재하지 않는 세상이 곧 나타날 것이라는 일종의 비유적 예고이기도 했다.

세계화 시대는 앞뒤를 가리지 않는 승리주의의 시대였다. 1990년대의 정치 지도자들과 비평가들은 상품과 사람과 자본이 국경선을 넘어 자유롭게 이동하는 것을 반기고 축하했다. 그들은 눈앞에 펼쳐진 변화가 번영의 약속이기보다 그동안 장소에 얽매여 있던 편협한 과거의 정치경제학을 대체할 수 있는 개방적이고 관용적이며 세계시민적 대안이라는 점에서 환영했다. "장벽이 없는 세상"은 국가를 향한 충성보다 상품과 자본의 자유로운 흐름이 더 중요한 경제 체제를 가리키는 친숙하고도 고상한 표현이 됐다.

물론 이런 변화를 걱정스럽게 바라본 사람들도 있었다. 그들은 새롭게 체결되는 유동적 협정들 때문에 기업들이 환경 보호나 노동자 보호에 관심이 거의 없는 저임금 국가로 이전할 것이라고 경고했다. 또 마우스 클릭 한 번만으로 자본을 이 나라에서 저 나라로 이동시킴으로써 금융위기를 촉발할 수 있다고 우려했다. 하지만 세계화 지지자들은 그러한 변화를 비롯한 세계화 추세는 불가피한 것이라고 반박했다. 예컨대 영국의 마거릿 대처Margaret Thatcher(총리 재임: 1979~1990) 총리는 1980년대 자유시장 자본주의가 빚어내는 정치의 엄혹함을 옹호하면서 "다른 대안은 없다"라는 선언을 자주 했다.

1990년대의 중도좌파 정치 지도자들도 이러한 불가피성 주장을 되풀이했다. 예컨대 미국의 빌 클린턴(대통령 재임: 1993~2001) 대통령은 "세계화는 우리가 미루거나 중단할 수 있는 것이 아니다. 이것은 바람이나 물과 같은 자연의 힘과 똑같다"라고 했다. 클린턴을 상대했던 노동당 출신의 영국 총리 토니 블레어Tony Blair(총리 재임: 1997~2007)도 비슷한 논조로 세계화는 계절만큼 어쩔 수 없는 것이라면서 "나는 사람들이 우리가 세계화를 당장 멈추고 이것을 놓고 토론해야 한다고 하는 말을 들었다. 그렇지만 여름에 이어서 가을이 오는 현상을 두고 굳이 토론까지 할 필요는 없다"라고 말했다.[1]

세계화의 지지자들이 세계화를 인간이 통제할 수 없는 가을이라는 계절로 묘사했지만, 세계화 추세 때문에 각국 정부는 서로 경쟁할 수 있는 경제 정책들의 광범위한 목록을 정리해야 한다는 압박을 받았다. 이 정책들은 레이건-대처 시대의 자유시장 이데올로기와 놀라울 정도로 유사했다. 〈뉴욕타임스〉의 칼럼니스트이자 저술가인 토머스 프리드먼Thomas L. Friedman은 이런 정책들은 각국의 문화와 전통이 무엇이든 간에 모든 나라가 새로운 경제 체제에서 번영하기를 바란다면 반드시 입어야만 하는 "황금 구속복golden straitjacket"과 같다고 설명했다.[2] 그는 세계화에 필요한 정책들을 다음과 같이 열거했다.

민간 부문을 경제 성장의 주요 동력으로 삼을 것. 인플레이션율을 낮게 유지해 물가를 안정적으로 유지할 것. 정부의 관료 체계 규모를 줄일 것. 흑자가 아니더라도 정부의 재정 정책을 가능한 균형 예산에 근접하도록 유지할 것. 수입품에 매기는 관세를 철폐하거나 내릴 것. 외국인 투자 규제를 철폐할 것. 수입 쿼터제나 국내 독점 보장 제도를 철폐할 것. 수출을 늘릴 것. 국영 기업이나 시설을 민영화할 것. 자본시장에 대한 규제를 철폐할 것. 통화 교환을 가능하게 할 것. 산업시장, 주식시장, 채권시장을 외국인 소유 및 투자가 가능하도록 개방할 것. 국내 경쟁이 최대한 치열하게 진행되도록 경제 규제를 철폐할 것. 정부의 부패, 보조금, 리베이트를 최대한 없앨 것. 은행 체계과 통신 체계를 개인 소유 및 경쟁에 개방할 것. 그리고 시민이 여러 가지 다양한 연금 옵션 및 외국계 연금과 뮤추얼펀드에서 자유롭게 선택할 수 있게 할 것. 이모든 조각을 하나로 꿰고 나면 당신은 '황금으로 만든 구속복'을 입게 될 것이다.[3]

부패 척결에 반대할 사람은 거의 없을 것이다. 그러나 프리드먼의 목록에 있는 다른 모든 정책 처방은 논쟁의 여지가 있다. 그럼에도 불구하고 황금 구속복은 경제 관련 조정에 대한 민주적 논쟁의 여지를 거의 남겨두지 않았다. 프리드먼도 비유를 통해 인정한 사실이다. 그는 경제 성장의 약속이라는 의미로 황금색을, 민주 정치의 영역을 근본적으로 좁혔다는 의미로 구속복을 제시했다. 프리드먼은 선출직 공무원들로서는 명령을 따르는 것 외에는 선택의 여지가 거의 없다는 점에 대해 다음과 같이 설명했다. "요즘은 황금 구속복을 입은 나라들의 여당과 야당 사이에 어떤 질적 차이가 있는지 파악하기가 점점 더 어려워진다. 일단 이 옷을 입은 나라에게 주어지는 정치적 선택지는 펩시콜라 혹은 코카콜라밖에 없다."[4]

겉으로는 정치적으로 보이지 않지만 1990년대에 전 세계의 대통령과 총리들이 복종해야 한다고 느끼게 만든 제한을 누가 강요했을까? 프리드먼은 "전자 집단electronic herd", 즉 온라인상의 가축 떼라고 표현했다. 또한 그들을 주로 뉴욕, 런던, 프랑크푸르트, 도쿄 등에 익명으로 존재하며 "컴퓨터 모니터의 스크린과 네트워크로 연결돼 있으면서 주식과 채권과 통화를 거래하는 사람들의 집단"이라고 정의하면서 눈 깜짝할 사이에 국가와 기업을 오가며 돈을 움직이는 존재로 묘사했다. 이러한 집단의 등장과 함께 새로운 세계 자본주의의 요구 사항을 따르지 못하는 나라들은 투자자들의 신뢰를 잃었고, 자본에 호의적인 나라들로 투자가 집중됐다. 그러자 가장 강력하던 국가들도 경제 건설에 필요한 외국인의 투자를 유치하고자 했고, 어떻게든 금융시장의 비위를 맞춰야 했다.[5]

클린턴 대통령 당시의 정책은 세계화에 대한 관점이 실제로 어떻게 작용했는지 잘 보여준다. 클린턴은 1992년에 선거운동을 하면서 경제를 촉진하고, 법률을 마련해 직업 훈련, 교육, 인프라 부문에 대한 야심 찬 공공 투자 프로그램을 추진할 것이며, 건강보험을 개혁하고 중산층을 위한 세금 감면을 공약으로 내세웠다. 그러나 클린턴의 당선 이후 진보적 목적은 국정에서 슬그머니 사라져버렸다. 그 대신 시장의 힘에 복종해야 한다는 인식과 정책이 등장했다.

클린턴은 취임 직후, 레이건에서 부시에 이르는 공화당 대통령들의 연속된 재임 기간에 쌓인 연방정부의 재정적자가 예상보다 크다는 것을 알게 됐다. 클린턴의 정치 분야 자문위원들은 경제에 활력을 불어넣고 중산층을 지원하려면 경기를 부양하고 공공투자에 힘을 실어야 한다고 조언했다. 그러나 클린턴의 경제 분야 자문위원들은 생각이 달랐다. 주로 월스트리트와 정치권의 기득권층에 속해 있다가 클린턴의 부름을 받았던 경제 분야 자문위원들은 재정적자를 줄여야 한다고 주장했다. 재정적자의 감축은 소비를 억제하고 세금을 올린다는 뜻이었다. 그들은 정부가 금융시장의 신뢰를 얻어 금리가 낮아지면 기업의 투자 활동이 촉진될 것이라고 추론했다. 그 결과 클린턴이 선거운동에서 공약했던 "사람이 먼저다Putting People First"라는 공공 투자 정책보다 경제를 한층 더 효과적으로 부양할 것이라고 내다봤다.[6]

클린턴 정부에서는 골드만삭스의 공동회장이었던 로버트 루빈Robert Rubin이 이끄는 경제팀이 실세였다.* 정치 분야 보좌관이었던 제임스 카빌James Carville은 클린턴이 경기부양 정책이 아니라 재정적자 감축 정책을 택하자 실망감을 감추지 못한 채 금융시장이 민주적 정치를 뒤덮어버리는 방식에 혀를 내둘렀다. "만약 환생이 가능하다면 나는 대통령이나 교황이나 4할 타율을 가진 야구 선수로 환생하고 싶다는 생각을 하곤 했었다. 그러나 지금은 채권시장으로 환생하고 싶다. 그러면 모든 사람이 내 앞에서 벌벌 떨지 않겠는가."[7]

여러 해가 지난 뒤에 역사학자 넬슨 리히텐스타인Nelson Lichtenstein은 클린턴 대통령이 1993년에 내린 예산 결정이야말로 레이건 시대에 굳건하던 시장에 대한 믿음이 그의 임기 동안 강화될 것임을 예고하는 결정적 순간이라고 묘사했다. "공화당의 드와이트 아이젠하워 대통령이 뉴딜정책의 많은 성과를 수용함으로써 뉴딜정책을 정당한 것이었다고 인정했듯이, 클린턴은 레이건의 경제적 세계관의 여러 주요 측면을 정당한 것이었다고 인정했다. (…) 임기 초에 클린턴은 적극적 정책을 펼치는 정부보다 시장이 모든 문제를 해결해줄 것이라는 식으로 시장을 신뢰하는 쪽을 선

---

* 루빈은 백악관 국가경제회의 보좌관이었다가 나중에는 재무부장관이 된다.

택했다. 이 선택 과정은 클린턴이 프랭클린 루스벨트와 린든 존슨의 후계자가 아니라 사실은 신자유주의자임을 드러내게 되는 향후 그의 결정을 예고하는 것이라고 볼 수 있다."[8]

클린턴은 채권시장에 무릎을 꿇는 것이 자신이 선거운동 때 중산층 및 노동자층 유권자들로부터 호응을 얻었던 정부의 적극적 경제 정책을 내팽개치고 그들을 배신하는 행위임을 잘 알고 있었다. 그는 경제 자문위원들에게 분노를 터트렸다. "민주당원들은 지금 모두 어디에 있는가? 나는 여러분 모두가 아이젠하워 공화당원임을 스스로 잘 알고 있기를 바란다. 우리는 지금 아이젠하워 공화당원으로서 레이건 공화당원과 싸우는 셈이다. 우리는 지금 재정적자 감축을 지지하고 자유무역과 채권시장을 지지하고 있다. 정말 웃기는 얘기가 아닌가?"[9]

그러나 클린턴의 분노는 오래가지 않았다. 분노가 가라앉자 재정 정책뿐만 아니라 무역 및 금융에 대한 규제 완화라는 신자유주의 의제에도 서명했다. 임기 첫해에 그는 북미자유무역협정이 의회를 통과하도록 강하게 밀어붙였다. 레이건이 구상하고 조지 부시가 협상했던 이 협정은 멕시코 및 캐나다와의 무역 장벽을 허물었을 뿐만 아니라 미국 기업이 타국에서 거둔 이익을 본국으로 보낼 수 있고 또 특허를 미국 국경 바깥에서도 보장받을 수 있는 규정을 포함하고 있었다. 그로 인해 미국 기업들은 낮은 임금의 멕시코로 공장을 이전할 것이고, 그러면 일자리가 줄어들게 뻔했다. 당연히 미국 대중에게 인기가 없었고, 미국 노동운동계에서는 단호하게 반대하고 나섰다.[10]

클린턴은 북미자유무역협정 덕분에 무역이 늘어날 것이고 미국에서 새로운 일자리 수십만 개가 창출될 것이라고 주장했다. 그는 또한 이렇게 하는 것이야말로 시대정신과 세계 자본주의가 바라는 한층 더 넓은 세계 통합의 선례가 된다고 바라봤다. 클린턴 정부의 강력한 지원 속에서 협정은 비준됐다. 이 과정에서 정작 민주당 의원보다 공화당 의원이 더 많이 찬성했다. 이후 1995년에 세계무역기구WTO가 창설됐고 또 2001년 세계무역기구에 가입한 중국과의 무역 관계 정상화 등과 같은 추가 협정도 뒤따랐다.

결과적으로 세계화 시대의 무역협정이 미국의 경제 성장에 기여한 몫은 미미했다. 어떤 추정에 따르면, 그 효과는 국민총생산 성장분의 0.1퍼센트밖에 되지 않았다.[11] 이 무역협정들은 주로 기업과 전문직 계층의 이익에 봉사하는 방향으로 미국 경제를 재구성했다. 미국의 중산층과 노동자층은 소비자 입장에서는 이익을 얻었지만 생산자 입장에서는 이익을 얻지 못했다. 중국을 비롯한 저임금 국가들로부터 수입품이 홍수처럼 들어온 덕분에 소비자들은 월마트에서 텔레비전과 옷을 싸게 살 수 있었다. 하지만 국내 기업들이 외국 기업들과 경쟁해야 했기에 노동자 대부분의 임금은 정체됐다. 더불어 미국의 제조업 일자리는 어마어마한 규모로 사라졌다. 실제로 2000년과 2017년 사이에 550만 개의 제조업 일자리가 사라졌다.[12] 이렇게 일자리가 사라진 원인을 순전히 세계 무역으로 볼 수는 없다. 제조 공정의 자동화도 그 과정에 크게 기여했기 때문이다. 그러나 1999년부터 2011년까지 국내 제품은 중국의 수입품과 경쟁을 벌여야 했고, 그 바람에 약 240만 개나 되는 일자리가 미국에서 사라졌다.[13]

생산직 일자리의 해외 이전으로 인해 국내 일자리가 사라졌던 현상은 경제 분야의 충격을 넘어 2010년대까지 정치 분야에도 충격을 안겨줬다. 민주당과 공화당이라는 양당의 주류 진영은 그때까지 클린턴 시대의 무역 정책을 계속 이어나갔다. 클린턴의 뒤를 이어 대통령이 된 조지 W. 부시George W. Bush(대통령 재임: 2001~2009)는 북미자유무역협정을 모델로 삼아 중앙아메리카의 여러 나라 및 그 밖의 다른 나라들과도 무역협정을 체결했다. 또 부시의 뒤를 이은 버락 오바마(대통령 재임: 2009~2017)는 환태평양경제동반자협정TPP을 제안했다. 이것은 중국의 힘이 점점 커지자 여기에 대응해 힘의 균형을 맞추겠다는 의도에서 환태평양 12개국을 상대로 체결한 무역협정이었다. 그러나 이 협정은 민주당원, 노동조합, 진보적인 단체에게 인기가 없었다. 그들은 이 협정이 다국적기업들에서 고용한 로비스트들이 초안을 작성했으며 오로지 다국적기업들에게만 이익을 몰아준다고 주장했다. 2016년 예비선거 기간에 버니 샌더스와 트럼프가 이 협정에 반대했고, 결국 미국에서는 이 협정이 비준되지 않았다.*

2016년 대통령 선거에서 힐러리 클린턴은 20년 동안 민주당이 찬성했던 무역 정책에 반대하는 역풍 앞에서 고전했다. 북미자유무역협정과 환태평양경제동반자협정에 반대했던 트럼프는 중국과 멕시코에 일자리를 빼앗긴 여러 카운티에서 이전의 공화당 후보들보다 높은 지지를 받았다.[14] 경제학자들은 일자리 소멸이라는 심각한 타격을 입었던 여러 지역의 투표 양상을 분석한 끝에, 만약 중국의 수입품 홍수 규모가 절반만 됐더라도 네 개 주, 즉 미시간, 위스콘신, 펜실베이니아, 노스캐롤라이나에서 민주당 지지율이 높아 트럼프 대신 힐러리 클린턴이 대통령에 당선됐을 것이라고 했다.[15]

1990년대에 세계화의 열성적 지지자들은 중국을 세계무역기구에 가입시키면 중국의 정치 체계가 급격하게 민주화될 것이라고 기대했다. 하지만 이는 또 하나의 오만하고 잘못된 해석이었음이 드러났다. 중국은 정

---

* 2017년 1월에 트럼프는 TPP 탈퇴를 선언했고, 현재 이 협정은 CPTPP라는 이름으로 11개국만 참여하고 있다.

치를 자유화하지도 않고서, 심지어 황금 구속복의 계율을 지키지 않으면서도 눈부신 경제 성장을 이룩했다. 신자유주의적 세계화의 믿음을 회의적으로 바라봤던 경제학자 대니 로드릭Dani Rodrik은 2019년에 쓴 글에서 다음과 말했다.

"중국 경제는 새로운 초세계주의 체제의 핵심적 원칙들을 깨뜨린 산업·금융 정책들을 기반으로 기적을 이뤄냈다. 그 정책들은 바로 유망 산업들에 대한 보조금 지급, 중국 진출을 희망하는 외국 기업의 중국 기업으로의 기술 이전, 국가 소유권 확보, 철저한 통화 통제 등이었다."[16]

그동안 세계화가 불변의 자연법칙으로 묘사되면서 세계화의 정치적 성격은 잘 드러나지 않았다. 2016년에 이르러서야 미국의 대다수 유권자들은 1990년대와 2000년대에 민주당과 공화당의 주류가 당연한 것으로 받아들였던 세계화가 정작 세계화 지지자들의 주장처럼 불가피한 것이 아니었음을 분명하게 감지했다. 세계화는 특정 경제 활동을 글로벌 경쟁에 노출시키는 경쟁 정책을 선택한 결과일 뿐이었다. 이런 경쟁 정책에 따라 승패가 결정되고 결국 승자가 세계 통합의 규칙을 자신에게 유리하게 왜곡할 힘과 접근성을 가지게 된 것은 당연한 결과였다.[17]

자유무역협정에 대한 정치적 논쟁은 대부분 노동 기준과 환경 기준에 관한 것이었다. 예컨대 기업들이 노동자의 단체교섭권이 거의 보장되지 않고 환경 및 안전 관련 규제가 느슨한 저임금 국가로 일자리를 빼돌림으로써 미국에서 노동자를 보호하는 규제를 피해가도록 허용하는 것이 과연 옳을까?

비교우위comparative advantage 경제 이론에 따르면 자유무역은 거래 당사국들에게 모두 이익을 안겨준다. 자유무역이라는 조건에서는 거래 당사국에서 자신이 가장 잘하는 것에 집중해 전문화할 수 있기 때문이다. 그러나 만약 어떤 국가의 "비교우위"가 노동자에게 위험하거나 착취적 조건에서 노동하도록 허용할 것을 전제로 한다면 어떨까? 이것은 경제 전문가들이 해결할 수 있는 문제가 아니라 민주적 시민이 토론하고 결정해야 하는 도덕적·정치적 문제다.

세계화 시대의 무역 거래에는 눈에 잘 띄지 않아 공적 토론에서 자주 놓치는 정치적 선택 하나가 더 내재돼 있었다. 바로 자유무역협정의 대상이 무역만이 아니라는 사실이다. 관세가 상대적으로 낮았던 1990년대를 고려하면 자유무역협정의 가장 중요한 효과는 관세 인하가 아니었다. 그보다 협정과 관련된 국가들의 규제 정책을 "부드럽게" 완화하는 규정을 마련하는 데 더욱 효과를 발휘했다. 예를 들어 특허법과 지적 재산권의 제한적 적용, 미국 금융 기업에 대한 개발도상국 시장 개방, 그리고 외국인 투자자들이 자신들의 수익이 줄어들도록 규정하는 투자 대상국 정부의 규제를 문제 삼아 소송을 제기할 수 있는 금전적 손해배상 청구권의 보장이었다.[18]

기업에서 고용한 로비스트들이 영향력을 행사해 은밀하게 협상된 조항들은 대기업에게 이득이 돌아가는 독점지대monopoly rent*를 낳았다. 예를 들어 제약 산업에서는 거대한 영역에서 어마어마한 약물 특허를 확보했고, 디즈니는 미키마우스 관련 저작권을 한층 더 오래 보호받을 수 있게 됐으며, 월스트리트의 은행과 투자사는 해당국 은행법의 제약을 받지 않고서도 개발도상국으로 자본을 가져가거나 자본을 빼낼 수 있게 됐다. 또 다른 나라에 진출한 화석 연료 회사 기업이 그 나라에서 새롭게 정한 환경 기준 때문에 손해를 볼 경우 그에 따른 배상을 그 나라에 요구할 수

---

* 토지의 공급을 독점함으로써 발생하는 지대.

있게 됐다.[19]

이처럼 특별한 집단에게 특별한 이익을 보장하는 조치들은 관세 인하와 관련된 광범위한 경제적 이익을 낳지 않았음에도 불구하고 자유무역이라는 깃발 아래 꾸준하게 발전했다. 조지 W. 부시의 뒤를 이은 오바마는 "이 21세기 경제에서는 무역을 제한하거나 보호무역주의를 마냥 끌어안고 가는 것은 효과가 없다. 국경선을 경계로 삼아 바깥세상으로부터 우리 스스로를 봉쇄해서도 안 되고 또 그렇게 할 수도 없다"라고 천명했다.[20] 그러나 북미자유무역협정이나 환태평양경제동반자협정에 반대하는 사람들 중에서 무역에 반대하는 사람은 별로 없었다. 그들이 반대했던 대상은 세계화 시대의 무역협정이 권력을 노동자에게서 투자자로 또 국가에게서 기업으로 옮기는 방식이었다.

이런 변화의 중심에는 금융을 세계화하려는 분투와 노력이 놓여 있었다. 이런 경향을 경제학자 대니 로드릭은 다음과 같이 정리했다. "초세계화hyper-globalization를 응원하는 치어리더들은 (…) 상품을 취급하는 무역 관련 논의에서 금융 자유화 논의로 슬그머니 넘어갔다. 하지만 금융 자유화에서 주장하는 내용은 항상 다르고 또 한층 더 의심스럽다."

관세 인하 및 수입 할당량 축소를 놓고 벌이는 협상과 개발도상국을 압박해 자본 통제를 포기하게 만듦으로써 외국인 투자가 무제한으로 이뤄질 수 있도록 만드는 일은 전혀 별개의 문제라고 로드릭은 말했다. 즉 자본 흐름이 무제한으로 이뤄질 수 있어야 한다는 주장이 국가가 자기 경제를 통제할 능력을 허약하게 만들었고 또 세계 금융시장의 변덕에 국가 경제가 취약할 수밖에 없는 구조를 만들었다는 것이다.[21]

자본을 이 나라 저 나라 안으로 또 밖으로 이동시키는 "전자 집단", 즉 온라인상의 무리인 채권 거래자들과 투자자들은 해당 국가에서 자유롭게 방목되던 가축이 아니었다. 그들은 워싱턴컨센서스가 창조한 새로운 종의 가축이었다. 초세계화의 지지자들이 저지른 "가장 끔찍한 실수는 어쩌면 금융 세계화를 촉진한 것일지도 모른다". 로드릭은 다음과 같이 말하기도 했다. "금융 세계화는 1997년에 동아시아에서 일어났던 금융위기*를 포함해 해당 국가가 값비싼 대가를 치러야 했던 일련의 금융위기를 촉발했다. 금융시장 개방과 경제 성장 사이의 상관성은 미미할 뿐이다. 그러나 금융의 세계화와 금융위기 사이에는 강력한 상관성이 존재한다." 동아시아에서 금융위기가 터졌을 때 "외국의 자본을 상대적으로 많이 통제한 나라일수록 피해를 덜 입었다".[22]

자본의 자유로운 흐름은 해당 국가의 자국 경제 통제력을 허약하게 만들고 금융위기를 촉발했을 뿐만 아니라 국민소득 중에서 노동자가 차지하는 몫이 줄어드는 데 기여했다. 자본의 이동성이 노동의 이동성보다 높아지자 회사들은 공장을 해외로 이전하겠다는 위협을 앞세워 노동자에게 양보를 강요했다.[23] 1990년대에 조지 소로스 펀드를 책임졌던 로버트 존슨Robert A. Johnson은 그런 상황을 다음과 같이 설명한다. "지금 자본은 날개를 달았다. 자본은 스무 개의 노동시장을 한꺼번에 처리하고 그중에서 자기 마음에 드는 노동시장을 골라낼 수 있다. 그런데 노동은 한 곳에 고정돼 있을 뿐이다. 이런 이유로 권력은 이동했다."[24]

또한 자본의 이동성이 높아지자 자본에 세금을 매기는 일이 점점 더 어려워졌다. 1980년대부터 지금까지 미국을 비롯한 선진국에서는 법인세율이 큰 폭으로 떨어졌고, 그 바람에 노동자와 소비자 몫의 세금 부담은 그만큼 더 늘어났다.[25]

---

* 한국이 경험했던 'IMF 사태'를 말한다.

금융화

개발도상국들이 자본 흐름의 규제를 포기하도록 압박하는 과정은 1980년대와 1990년에 미국 자본주의를 바꿔놓던 변화가 전 세계적으로 나타났던 현상이었다. 산업화 시대에 기업이 지배하던 경제가 금융이 지배하는 경제로 자리를 내주는 과정이기도 했다. 기업에서 연구개발 역량을 늘린다거나 공장을 신설한다거나 시설이나 직원을 확충하는 등의 미래 생산 역량에 수익을 투자하는 전통적 기업 운영 방식은 투자보다 금융 공학을 중요하게 여기는 경제의 등장으로 인해 설 자리를 잃고 밀려났다. 그 덕분에 점점 더 많은 기업과 투자자가 상품을 생산해 제공하는 방식이 아니라 기존 자산의 미래 가치를 추정하는 방식을 통해 막대한 부를 획득할 수 있게 됐다.

은행업이 무미건조하고 조용한 직업이었던 1950년대와 1960년대에 금융 부문이 전체 미국 기업 이익에서 차지하는 비율은 10~15퍼센트였다. 그런데 1980년대 중반에 이르러 30퍼센트로 늘어났고, 2001년에는 제조업의 네 배가 넘는 40퍼센트에 육박했다. 금융 산업이 전체 산업에서 차지하는 점유율은 2008년 금융위기 때 급락했다가 금방 30퍼센트대로 반등했다.[26]

은행들 및 증권가의 기업들이 달성한 기업 이익의 상당 부분은 금융으로의 전환을 가늠할 수 있는 기본적 지표일 뿐이다. 전통적 제조업 내에서도 상품의 생산과 판매보다 금융 거래가 기업의 이익을 높이는 데 더 중요해졌다. 20세기 미국 제조업의 상징이라고 할 수 있는 기업인 포드 자동차를 놓고 생각해보자. 2000년대 초에 이미 포드는 자동차 판매보다 자동차 구입 자금을 위한 대출 상품 판매로 돈을 더 많이 벌었다. 제너

럴일렉트릭은 냉장고 판매보다 신용카드 판매와 기업 인수합병 사업에 따른 자금 조달로 돈을 더 많이 벌고 있었다.[27] 1978년에 미국의 제조업 회사들이 금융 활동을 통해 창출한 이익은 전체 이익 중 18퍼센트였지만, 1990년에는 60퍼센트로 높아졌다.[28] 1980년대 초에 유에스스틸이 미국의 북동부 및 중서부에 있는 공장들을 폐쇄할 때 이 회사의 CEO는 "우리 회사는 더는 강철을 만드는 사업을 하지 않고 (…) 이윤을 창출하는 사업을 한다"라고 설명했다.[29]

미국 경제의 금융화는 세계화에 대한 신자유주의적 접근을 촉발했던 것과 동일한 시장의 믿음으로부터 활성화됐다. 그 믿음은 자본 시장이 국내외 구분 없이 아무런 제약을 받지 않고 운영되도록 허용할 때 비로소 자본이 가장 효율적으로 유도될 것이라는 믿음, 또한 그 덕분에 경제 성장도 한층 더 활발하게 이뤄질 것이라는 믿음이다. 당시를 지배하는 경제적 정통성이 가르쳐준 결과이기도 했다.

국내 경제에서 금융 규제 철폐는 또 다른 매력을 가지고 있었다. 금융 규제 철폐 덕분에 정치인들은 서로 우선순위를 다투는 여러 사회적 목적들을 두고 적절하게 투자 배분을 해야 하는 어려운 선택의 짐에서 자유로울 수 있었다.

국가는 주택과 교육과 대중교통 중 어디에 더 많이 투자해야 할까? 신약이나 정보기술 또는 청정에너지의 연구개발 분야에는 어떻게 투자해야 할까? 자동차 산업과 철강 산업을 살리는 데 투자해야 할까, 아니면 자동차와 철강은 다른 나라에서 수입하는 대신 인공지능AI과 로봇공학 같은 첨단 산업에 투자해야 할까? 중소기업이나 소비자에게는 신용을 얼마나 더 할당해야 할까? 공공 투자와 민간 투자 사이의 균형점을 어디에 둬야 할까? 이처럼 수많은 우선순위를 결정해야 하는 선택을 금융시장에

일임함으로써 정치인은 공공선을 둘러싼 어렵고 까다로운 판단을 회피할 수 있었다.[30]

물론 시장의 결정에 맡긴다는 결정 자체가 하나의 정치적 결정이긴 하다. 레이건은 시장이 결정하도록 하는 선택을 지지했다. 그는 정부 자체가 문제라고 선언하면서 "시장의 마법magic of the marketplace"이 해결책이라고 했다.[31] 그런데 시장에 대한 믿음의 추종자들은 레이건 시대 이전과 이후에 민주당원들 사이에도 있었다. 카터의 경제자문위원회 의장이었던 찰스 슐츠Charles Schultze는 공공정책을 결정하는 하나의 방법으로 민주주의보다 시장이 장점을 갖고 있다고 주장했다. "민주적 다수주의 정치가 이뤄질 때는 각각의 특정한 결정에는 동의하지 않는 소수자가 반드시 있게 마련이다." 그러나 시장은 "만장일치 합의 방식이다". 상품을 매매할 때 "개인들은 서로에게 이익이 되는 방향으로 자발적으로 행동할 수 있다".[32]

카터는 레이건 이전에 이미 항공과 천연가스 및 그 밖의 산업들에서 가격 규제를 해체하기 시작했다. 그리고 규제가 완화된 신용 시장이 등장할 수 있도록 유도하는 법안을 처리할 의회에 저축계좌 예금의 금리 상한 규제*를 단계적으로 폐지할 것을 촉구했으며 그의 뜻은 의회 의결에 반영됐다. 금리 상한 규제는 뉴딜정책 이후로 줄곧 시행되던 것으로, 은행들이 고수익의 성과를 누릴 수 있는 투기적 사업에 투자자를 유도하기 위해 서로 높은 금리를 제공하려고 경쟁하는 것을 막기 위한 조치였다.[33]

그러나 경제 금융화의 가장 결정적 순간은 레이건 대통령 때 불현듯 나

---

* 은행을 비롯한 금융기관에 대해 일정 수준 이상의 이자를 부과하지 못하게 하거나, 반대로 이자율 최고 한도를 정해놓고 그 이상의 이자를 주지 못하도록 금하는 규제 조치.

타났다. 레이건은 선거 때 세금 감면, 국방비 지출 증대, 연방정부 재정적자 감축을 공약으로 내세웠다. 그가 국내 지출 삭감을 약속했지만 해당 공약이 실행될 가능성은 없어 보였다. 대규모 감세와 국방비 지출 증대는 재정적자 감축과 정반대의 방향이었기 때문이다. 그러나 레이건은 "공급 측 경제학supply-side economics"을 내세우며 세금 감면이 새로운 투자와 경제성장을 자극해 세수가 증가할 것이라고 주장했다. 세금이 감면되면 그만큼 세수가 늘어날 것이라는 이론은 한때 조지 부시가 "부두 경제학voodoo economics"*이라고 비웃었던 바로 그 이론이었다.[34]

나중에 레이건의 부통령이 되는 부시의 말은 결국 옳았던 것으로 판명됐다. 레이건의 감세는 신규 투자를 많이 창출하지 못했고, 연방정부의 재정적자는 늘어났다. 그러자 뒤이어 정부 차입이 민간 차입을 밀어내고 금리를 인상하며 기업이 신규 사업에 자금을 조달할 때 필요한 신용이 박탈될 것이라는 두려움이 경제를 뒤덮었다. 그런데 정책 입안자들이 깜짝 놀랄 일이 벌어졌다. 신용 경색은 일어나지 않고 갑자기 새로운 자금원이 등장한 것이다. 바로 외국인 투자자들, 특히 일본의 투자자들이 재무부 증권에 돈을 쏟아부었고, 그 덕분에 미국의 재정적자 문제가 해결될 수 있었다.[35]

외국 자본이 미국 경제에 홍수처럼 들어온 것은 의도적 정책에 따른 결과가 아니었다. 그것은 1979년에 카터 대통령이 연방준비제도이사회 의장으로 임명한 폴 볼커Paul Volcker가 몇 년 전에 제정했던 정책에서 의도치 않게 빚어진 결과였다. 볼커는 지겹게 이어지던 인플레이션과 싸우기 위

---

* '부두'라는 단어는 부두교를 뜻하기도 하지만 주어진 문제에 대해 주술적·비합리적인 방식으로 접근하는 것을 가리키는 경멸적 형용사이기도 하다.

해 통화 공급을 줄였는데, 그 결과 금리가 치솟고 경기가 가라앉았다. 하늘 높이 치솟은 금리는 외국 자본의 대규모 유입을 불러왔고, 그 덕분에 미국의 재정적자가 메워졌던 것이다.[36]

1980년대 내내 미국 경제는 회복 과정을 거쳤다. 그러나 레이건이 약속했던 미국 제조업의 부활은 일어나지 않았다. 경제 성장에도 불구하고 국민총생산 대비 고정투자비 비율은 줄어들었다. 미국의 다국적기업들은 더 많은 투자를 해외로 돌리며 금융 투기를 통한 이익에 점점 더 많이 의존했다. 1980년대 말에 이르자 국민총생산에서 금융, 보험, 부동산이 각각 차지하는 비중은 제조업이 차지하는 비중을 앞질렀고, 이러한 추세는 2000년대까지 이어졌다.[37] 한편 기업 사냥꾼*들은 차입금을 이용해 미국의 기업을 인수한 다음 사업부별로 해체해 매각하고 비용을 줄이며 직원을 해고했다. 이러한 일련의 과정은 "주주가치"를 극대화한다는 명목으로 이뤄졌다.

새로운 자본주의의 정신은 1987년에 발표된 영화 〈월스트리트Wall Street〉에서 마이클 더글러스가 연기한 기업 약탈자인 고든 게코의 말에서 생생하게 표현된다. 게코는 부실기업의 주주들을 상대로 한 연설에서 이렇게 말했다. "나는 기업을 파괴하는 사람이 아니다. 나는 기업을 해방하는 사람이다! '탐욕' 외에 적절한 단어를 찾지 못해 아쉽지만, 아무튼 중요한 것은 탐욕은 좋은 것이라는 사실이다."[38]

미국 자본주의의 통사를 기술했던 저술가 조너선 레비Jonathan Levy는 레이건 시대가 낳았던 금융으로의 전환을 다음과 같이 요약한다. "1980년대의 투기 붐은 생산적 활동에 대한 투자 증가로 이어지지 않았다. 오히

---

* 기업을 인수하거나 합병한 다음에 기업의 가치를 높여서 되파는 투자자.

려 금융가들은 '차입매수leveraged buyout'*라는 자본과 신용에 대한 새로운 접근법을 활용해 전후에 등장한 산업 기업들을 폭파하고 전후에 등장했던 경영 계층을 해체했다. 특히 북동부-중서부 지역이라는 역사적인 제조업 벨트에서는 고정자본을 대대적으로 처분하는 일이 일어났다. 제조업 부문의 남자 노동자와 노동조합은 기업이 투자를 줄이는 바람에 엄청난 타격을 입었다."[39]

세계화 경우와 마찬가지로 금융화와 함께 레이건 시대의 시장 전환은 클린턴과 오바마 두 민주당 대통령에 의해 통합되고 수용됐다. 클린턴 정부는 금융 산업에 대한 규제를 더욱 완화하는 조치를 취해 결과적으로는 불평등을 확대하는 데 기여했다. 1992년 선거운동 때 클린턴은 "터무니없는 임원 급여에 적용하던 법인세 공제를 폐지할 것"을 공약했다. 그 덕분에 기업은 이제 더는 연간 100만 달러를 초과하는 임원 급여에 대해 법인세 공제를 받을 수 없게 됐다. 그러나 클린턴 정부가 시행한 개혁에는 커다란 허점이 하나 있었다. 100만 달러라는 상한선은 기본급에만 적용됐을 뿐, 스톡옵션을 포함한 성과급에는 한도가 설정되지 않아 전액 공제됐던 것이다.[40]

이러한 허점 덕분에 임금의 고삐를 조이겠다는 클린턴의 주장은 조롱당했다. 그것은 또한 경영진이 기업 수익을 사용해 자기 회사의 주식을 매입하는 방식으로 주가를, 따라서 자기가 소유하는 스톡옵션의 가치를 인위적으로 높이는 강력한 동기가 됐다. 뉴딜정책 이후 이런 식의 자사주매입buy-back은 시장 조작의 한 형태로 인식되던 불법 행위였다. 그러나 1982년에 레이건 행정부는 자사주매입을 합법화했다. 성과급 허점이 있

---

* 차입 자금을 이용해 회사를 매수하는 것. 매수 자금의 대부분을 매수할 기업의 자산을 담보로 해 조달한다.

는 클린턴의 개혁이 도입되자 자사주매입은 CEO의 급여와 마찬가지로 폭발적으로 늘어났다.[41]

레이건이 대통령에 당선된 해인 1980년에 주요 기업의 CEO들이 받던 평균 급여는 평균적인 노동자들 급여의 35배나 됐다. 1992년에 클린턴이 기업 임원의 급여를 제한하겠다고 약속하던 당시에는 그 수치가 무려 109배에 달했다. 클린턴의 임기 마지막 해인 2000년이 되면서는 이것이 거의 세 배 넘게 늘어나 366배가 됐다. CEO들은 평균적인 노동자가 1년 일해 버는 돈을 하루 만에 버는 셈이었다.[42]

다른 형태의 여러 금융 공학과 마찬가지로 자사주매입은 주주들에게 단기적 이익을 가져다준다. 하지만 기업이 거둔 수익이 연구개발, 공장 설비, 장비, 직원 교육 등과 같이 생산성을 높이는 부문에 투자되지 않고 생산성 향상과 전혀 상관없는 곳에 투자된다는 문제를 안고 있다. 그 뒤로 자사주매입 관행은 민주당 정부니 공화당 정부를 가리지 않고 계속 이어졌다. 2010년부터 2019년까지 미국 기업들은 일자리 창출과 생산성 향상에 사용할 수 있는 자본 6조 3,000억 달러를 자사주를 매입하는 데 썼다.[43]

자사주매입에 투자된 자금 중 일부는 비상사태에 대비하는 완충자금으로 따로 관리했어야 하지만 그런 일은 일어나지 않았다. 코로나 팬데믹이 발생하기 전 5년 동안 미국의 주요 항공사들은 대부분 자사주매입 방식으로 주주들에게 450억 달러를 지불했다. 그러다 팬데믹이 항공업계를 초토화해 보유 현금이 고갈되자 500억 달러 규모의 구제금융을 요구했다.[44]

클린턴 정부도 월스트리트에 유리한 행동을 하기는 마찬가지였다. 자사주매입 이외에 주목할 만한 두 가지 규제 선택에서 규정을 바꾼 것이다. 하나는 파생상품을 규제하지 않기로 한 결정이었다. 파생상품은 워런 버핏이 "대량살상의 금융 무기"라고 불렀을 정도로 불투명한 고수익 금융 투기 수단이었다.[45] 주택담보부증권에 보험을 들었던 레버리지 파생상품들은 주택 가격에 끼어 있던 거품이 꺼질 때 폭발해 금융계 전체를 위기로 몰아넣었고, 그 결과 이른바 2008~2009 금융위기가 시작됐다.

그로부터 10년 전에 상품선물거래위원회 위원장이던 브룩슬리 본 Brooksley Born은 콩과 돼지뱃살 선물先物*을 규제하기 위해 마련됐던 그 위원회에 상품과 연동되지 않는 위험한 금융선물 계약을 감시할 새로운 규칙이 필요하다고 주장했다. 파생상품을 규제하자는 본 위원장의 제안에 월스트리트와 클린턴 경제팀은 강력하게 반대했다. 로버트 루빈 재무부장관, 로런스 서머스Lawrence Summers 재무부차관, 앨런 그린스펀Alan Greenspan 연방준비제도이사회 의장은 본을 향해 정교한 금융 혁신들이 정부 감독 없이도 스스로 안전하고 효율적으로 위험을 관리할 수 있음을 제대로 알지 못한다고 대놓고 말했다. 심지어 서머스는 파생상품을 규제하자는 본의 제안은 "제2차 세계대전 이후 최악의 금융위기를 초래할 것"이라고 퉁명스럽게 반박했다.[46]

그래도 본이 태도를 바꾸지 않자 루빈과 그린스펀은 의회를 설득해 상품선물거래위원회가 파생상품을 규제하지 못하도록 했다. 결국 클린턴은 임기가 끝나갈 무렵이던 2000년에 상품선물현대화법Commodity Futures Modernization Act에 서명했고, 해당 법률 덕분에 금융 파생상품들은 대부분 정부의 규제를 받지 않게 됐다.[47] 이렇게 해서 부도가 발생해 채권이나 대출 원리금을 돌려받지 못할 위험에 대비하는 일종의 보험 상품인 신용부도

---

* 어떤 상품이나 금융 자산을 미리 결정된 가격으로 미래의 어느 시점에 매수, 매도할 것을 약속하는 거래.

스와프ᶜᴰˢ 시장이 호황을 누리게 됐다. 2007년에 이르러 정부의 규제를 받지 않는 파생상품 시장의 규모는 62조 달러로 늘어났다. 미국의 주식 시장, 모기지 시장, 정부 증권(국채·공채) 시장을 모두 합친 것의 거의 두 배나 되는 규모였다.[48] 2008년 금융위기가 터진 뒤에 클린턴은 루빈과 서머스가 파생상품에 대해 잘못 알고 있었으며 또 그들의 조언을 들은 것이 잘못된 선택이었음을 인정했다.[49]

파생상품을 규제하지 않기로 한 결정 말고 클린턴이 월스트리트에 베풀었던 또 다른 요긴한 혜택은 상업은행과 투자은행을 분리했던 대공황 시대의 규제 법률인 글래스-스티걸법을 폐지한 것이다.* 이 법률은 일반적인 은행 예금을 투기적 금융 활동과 관련된 위험으로부터 보호할 목적으로 뉴딜정책 기간이던 1933년에 제정됐다. 이 법률은 자본과 권력이 큰 은행들로 집중되는 것도 차단하는 역할을 했다.

1980년대 초에 인플레이션을 억제했던 볼커 연방준비제도이사회 의장은 이 법률이 유지되길 바랐다. 그러나 레이건이 볼커의 후임자로 지명했던 그린스펀은 자유시장을 열성적으로 찬양하던 탈규제 신봉자였다. 그린스펀이 이끄는 연방준비제도는 상업은행과 투자은행을 명확하게 구분하던 장벽을 허무는 다양한 조치를 승인했다. 그리고 1999년에 클린턴 정부는 루빈 재무부장관의 지휘 아래에서 글래스-스티걸법을 폐지하고 메가뱅크** 설립을 허용하려는 공화당의 노력을 지지했다.[50]

심지어 글래스-스티걸법이 폐지되기도 전에 이미 보험 및 증권업계의

---

* 상업은행은 기업이나 개인에게 예금을 받고 대출 업무를 하는 은행이고, 투자은행은 자금을 조달하려는 기업과 투자자를 연결해주는 은행이다.

** 은행 간 인수합병 등을 통해 만들어진 초대형 은행.

거물 회사이던 트래블러스그룹과 뉴욕의 최대 은행이던 씨티은행이 합병하겠다는 뜻을 밝혔다. 역사상 최대 규모의 기업 합병을 통해 세계 최대의 금융 서비스 회사인 씨티그룹이 탄생했다. 이 합병은 1933년에 제정된 글래스-스티걸법의 폐지를 예고하는 것이었다. 클린턴 정부와 의회가 이 법안의 세부사항에 합의하고 얼마 지나지 않아 재무부장관직에서 물러난 루빈은 씨티그룹의 최고위직으로 자리를 옮겼다.[51]

월스트리트 대 메인스트리트[*]

1990년대와 2000년대 초까지의 기간에 정책 입안자들 사이에서는 한층 더 정교한 통념 하나가 확고하게 자리 잡고 있었다. 금융 혁신이 경제를 한층 더 효율적이고 안전하게 만들어 경제에 도움을 준다는 믿음이었다. 클린턴 정부가 금융 산업에 대한 규제를 완화한 것도 바로 이런 믿음에 따른 결과였다. 그러나 2008년 금융위기로 그 믿음은 산산조각이 났다. 월스트리트에 대한 규제를 느슨하게 푸는 것이 위험을 줄이기는커녕 "자본주의 역사상 가장 거대한 금융 붕괴"로 이어진 것이다.[52]

1987년부터 2006년까지 연방준비제도이사회 의장이었던 앨런 그린스펀은 그 금융위기를 "평생 한 번 볼까 말까 한 신용 쓰나미"라고 불렀다. 그는 자신의 책임을 기상 현상에 빗댄 비유로 자신의 책임을 모면하고자 했다. 중앙은행에 몸담은 사람이라면 자연재해에 대한 책임을 지지 않더라도 금융 관련 재난에는 당연히 책임을 져야 한다. 금융 산업에 대

---

[*] 월스트리트는 미국의 증권계를 뜻하며, 메인스트리트는 미국의 중산층을 뜻한다.

한 규제를 완화하면서 여러 해를 보낸 사람들이라면 특히 더 그렇다.

자유지상주의 작가이자 철학자 아인 랜드Ayn Rand의 사도이던 그린스펀은 온갖 비판을 받은 뒤에 2008년 금융위기를 겪고 보니 자신도 자유시장 이념을 다시 생각할 수밖에 없게 됐다고 인정했다. "나는 자유시장 이념에서 어떤 결점 하나를 발견했다." 그러면서 의회 청문회에서 다음과 같이 발언했다. "나는 조직, 특히 은행을 비롯한 여러 기업 조직은 자기 주주 및 이들이 가진 지분을 가장 잘 보호할 수 있다고 믿었다. 이렇게 믿은 것은 나의 실수였다 (…) 나도 큰 충격을 받았다."[53]

그러나 이런 재난적 위험은 금융화된 경제가 안고 있는 문제의 일부일 뿐이었다. 국내총생산과 기업 이익에서 금융 산업이 차지하는 비중이 점점 높아진다고 해도 금융화된 경제가 가치 있는 상품과 서비스를 생산하고 일자리를 창출하는 경제 능력을 높이는 데는 거의 도움이 되지 않았다. 오히려 경제 성장의 걸림돌이 됐다. 어떻게 이런 일이 가능할 수 있었을까?

금융은 번영하는 경제에 필수적이지만 그 자체로는 생산적이지 않다. 금융이 하는 역할은 창업 회사, 공장, 도로, 공항, 학교, 병원, 가정 등과 사회적으로 유용한 목적의 사업에서 자본이 돌아가게 할당함으로써 경제 활동을 촉진하는 것이다. 그러나 1990년대와 2000년대에 금융이 미국 경제를 지배하게 되자 실물경제에 투자되는 금융 규모가 점점 줄어들었다. 이와는 반대로 금융 공학에 투자되는 금융 규모는 점점 더 늘어났다. 금융 공학은 종사자들에게는 큰 이익을 안겨줬지만 경제의 생산성을 높이는 데는 거의 도움이 되지 않았다.

예를 들어 장기 투자를 하는 대신 주식 매입이라는 단기 투자로 자본을 돌리는 것이 대표적이다. 자금난에 빠진 서브프라임 대출자들이 빚을 갚지 못해 결국 집을 잃고 말 상황에 놓인 채 복잡한 전망에 도박을 하듯이 자금을 투자하는 행태도 마찬가지다. 마이클 루이스Michael Lewis는 《플래시 보이스Flashboys》에서 전혀 생산적이지 않지만 수익성은 매우 높은 또 다른 금융 혁신을 묘사했다. 그는 시카고의 선물 거래자들과 뉴욕의 주식시장들 사이에 광케이블을 연결하는 어떤 회사를 예로 든다. 이 케이블은 돼지뱃살 선물이나 그 밖의 투기적 거래가 이뤄지는 속도를 몇 밀리세컨드(1,000분의 1초)로 단축했다. 그런데 그 작은 차이가 '플래시보이', 즉 고속 거래자들에게는 수억 달러의 가치가 있었다.[54] 그러나 눈 한 번 깜빡하는 속도보다 더 빠르게 거래를 처리한다고 해서 이러한 투자가 경제에 가치 있게 기여한다고 주장하기는 어렵다.

금융위기 이후 몇 년 동안 영국 금융감독청Financial Services Authority의 수장이었던 어데어 터너Adair Turner는 금융화가 특정한 기준점 이상으로 진행되면 득보다 실이 많아진다고 설명했다. "지난 20~30년 동안 부유한 선진국들의 경험에 비춰보자면, 금융 체계의 규모가 커지고 복잡해졌다고 해서 이런 요인들이 경제의 성장 및 안정을 주도했다는 명확한 증거는 없다. 그리고 금융 활동은 경제적 가치를 낳기보다 실물경제에서 부당한 이득을 지대地代, rent로 빼돌리는 일이 일어났다."[55] 국제결제은행의 2015년 보고서는 한 걸음 더 나아가 "금융 부문의 성장이 경제의 실질적 성장에 해를 끼친다"라고 결론내렸다. 즉 금융화는 연구개발비로 투자돼야 할 자본을 다른 곳으로 돌리고 또 너무도 많은 숙련된 노동자들을 생산적 경제에서 떼어놓음으로써 "실질 성장을 방해한다"라고 설명했다.[56]

금융 활동 중에서 정확하게 어떤 부분이 실물경제의 생산 능력을 향상시키고 또 어떤 부분이 금융 부문에 비생산적 횡재를 발생시키는지 정확히 알기는 어렵다. 그러나 터너는 미국이나 영국 같은 선진국에서 발생하는 전체 금융 흐름 중 생산적 경제 활동에 투입되는 흐름의 비율은 겨우 15퍼센트밖에 되지 않고, 나머지는 기존 자산이나 파생상품으로 흘러들어간다고 추정한다.[57] 비록 이러한 추정이 금융의 생산적 측면을 절반 수준으로 과소평가한다고 해도 정신을 번쩍 들게 하는 비율임은 부정할 수 없다. 이런 현상이 의미하는 내용은 경제적인 것일 뿐만 아니라 정치적인 것이기도 하다.

20세기 후반에 등장한 금융화된 경제라는 새로운 유형의 경제는 생산적 활동으로 흐르는 자원을 비생산적 활동으로 돌려 경제를 파괴적 위험에 온전히 노출시키는 역할을 했을 뿐만 아니라 자본주의와 민주주의 사이의 긴장을 한껏 고조시켰다. 제2차 세계대전 이후 수십 년 동안 기업들은 자본주의 체제 아래에서 물건을 생산하고 이윤을 붙여 판매했고, 또 그렇게 해서 발생한 이익을 새로운 생산 능력에 투자함으로써 돈을 벌었다. 그 과정에서 일자리가 창출됐으며 또 여러 소득집단이 경제 성장의 열매를 골고루 나눴다. 그런데 레이건 시대 이후의 금융 자본주의 체제 아래에서는 기업들이 투자가 아니라 기존 자산의 미래 가치를 놓고 투기를 벌여 돈을 벌었다. 경제사학자 조너선 레비는 이것을 "자산가격 상승의 자본주의capitalism of asset price appreciation"라고 부른다.[58]

이러한 자본주의가 주식과 채권 그리고 다른 형태의 부를 이미 가지고 있던 사람들에게 가장 큰 보상을 안겨줬다는 사실은 놀랍지도 않다. 반면 국민소득 중 노동자에게 돌아가는 비중은 줄어들었고, 일자리 수도 증가하지 않았으며, 임금은 정체되고, 빈부격차의 불평등은 더욱 심화됐다. 2000년대 초반에 한동안은 미국 중산층이 자산가격 상승의 자본주의에 동참함으로써 그동안 정체돼 있던 노동소득에 대한 보상을 받을 수 있다고 여겨졌다.[59] 재산을 주식 형태로 갖고 있지 않던 사람들로서는 자신이 소유한 주택의 가격이 상승함에 따라 임금 정체에 따른 불이익을 보상받을 수 있다는 뜻이었다.

실제로 금리가 낮아진 데다 중국이 수출로 벌어들인 돈을 미국 자본 시장에 대규모로 투자한 덕분에 주택 가격이 폭등했다. 또 많은 미국인이 낮은 금리와 대출 규제의 느슨한 소득 요건을 등에 업고 주택담보대출을 받았다. 주택 가격이 오르자 주택 소유자들은 주택담보대출을 이용하거나 홈에쿼티론home equity loan*을 받아 소득만으로는 감당할 수 없는 소비 수준을 유지했다.

임금이 정체되고 불평등의 골이 깊어지자 주택 소유자들은 기존의 소비 수준을 유지하기 위해 자기 주택이 가진 가치를 담보로 돈을 빌려다 썼다. 2003년 기준 미국의 주택 소유자들은 주택담보대출이나 홈에쿼티론으로 8,500억 달러가 넘는 돈을 뽑아서 썼다.[60] 자산가격 상승의 자본주의라는 명목의 민주화된 자본주의 버전은 소득재분배의 대안을 제시하는 것처럼 보였다. 조지 W. 부시는 아메리칸 드림을 가능하게 해주는 새로운 방법을 "소유권 사회ownership society"라고 불렀다.[61]

그런데 이때 경제학자 라구람 라잔Raghuram Rajan이 회의적 견해를 내놓았다. 그는 신용대출의 활성화가 일자리와 소득 증가를 대체할 수 없다고 주장했으며 부채로 쌓아올린 번영은 무너지기 마련이라고도 전했다. 그러나 정치 기득권층으로서는 "사람들이 신용을 먹고 살게 하라"라는 주문이 전체 국민소득 중에서 노동자의 몫을 늘리는 것보다 한결 쉽고 또 유리했다. 라잔은 2000년대 초반에 만연하던 손쉬운 신용대출을 가리켜 고통을 무디게 하고 금융화된 경제가 낳은 불평등을 깨닫지 못하게 한다

---

* 담보대출 금액을 제외한 주택의 순가치를 담보로 해서 이뤄지는 대출.

는 점에서 아편이나 마찬가지라고 했다.[62]

한편 월스트리트는 투기 광풍에 콧노래를 부르며 신용대출에 자금을 댔다. 이런 세태에 대해 레비는 "주택 소유자들이 정체된 임금을 보상하고자 필사적으로 대출에 매달렸으며 투자은행들도 앞다퉈 대출에 자금을 조달하려고 했다"라고 묘사했다. 저축은행들은 주택 소유자에게 주택 담보대출을 해줬고, 그들의 자금을 투자로 유지하는 대신 저축은행들은 담보증권을 투자은행들에 팔아넘겼으며, 투자은행들은 위험 수준이 제 각기 다른 담보증권들을 주택저당증권(모기지담보부증권, MBS)으로 묶었다. 투자은행들은 금융 공학의 복잡한 과정을 통해 이른바 파생상품의 형태로 만들어 투자자들에게 팔았고, 투자자들은 연결 고리의 맨 처음 출발점인 주택 소유자이자 대출자들이 과연 채무를 상환할 것인지 여부를 놓고 투기를 벌였다. 그리고 월스트리트는 이런 자산이 고갈될 경우에 대비해 "신용부도스와프"를 만들었다. 이것은 대출자가 채무를 상환하지 못하는 부도 위험에 대비하는 신용파생상품으로, 일종의 보험계약과 같은 것이었다. 이런 특이한 성격의 파생상품들은 공식적인 증권거래소에서 거래되지 않았다. 따라서 대부분 규제를 받지 않았다.[63]

결국 시간이 지나 주택 거품은 꺼지고 말았다. 그러자 복잡하게 정교하던 금융 체계도 무너지고 말았다. 주택 가격은 하락했고, 2007년에 이르러 주택담보대출의 연체율이 늘어나기 시작했다. 부시 정부는 주택 시장에 심하게 노출돼 있던 투자은행들을 보호하려고 안간힘을 썼다. 골드만삭스의 CEO를 역임했던 행크 폴슨Hank Paulson 재무부장관과 티모시 가이트너Timothy Geithner 뉴욕 연방은행 총재는 파산을 앞두고 있던 투자은행 베어스턴스를 가까스로 구했지만 2008년 9월에 리먼브러더스가 파산하는 것을 손 놓고 지켜볼 수밖에 없었다.

주식 시장에서는 주가가 폭락했다. 월스트리트에서 수천억 달러 규모의 신용부도스와프를 판매했던 거대 보험사 AIG가 파산 위기를 맞았다. 위험한 주택담보대출 관련 자산에 많은 돈을 걸었던 로버트 루빈의 은행인 씨티그룹도 마찬가지로 파산 위기를 맞았다. 폴슨은 금융 산업 구제 명목으로 의회에 7,000억 달러 규모의 구제금융을 요청했다. 폴슨과 벤 버냉키Ben Bernanke 연방준비제도이사회 의장은 납세자들의 돈으로, 즉 공적자금을 투입해 월스트리트를 구하는 것만이 또 한 차례의 대공황을 피할 수 있는 유일한 방법이라면서 구제금융 신청을 받아달라고 의원들에게 간청했다.[64]

오바마의 선택

이후에 일어난 일은 경제뿐만 아니라 미국 정치의 미래 경로에도 치명적이었다. 오바마는 "우리가 믿을 수 있는 변화change we can believe in"를 요구하며 미국인을 하나로 모은 감동적인 선거운동을 한 뒤에 대통령에 당선됐다. 선거 승리 후 연설에서 오바마는 "드디어 미국에 변화가 찾아왔다"라고 선언했다.

그러나 오바마는 취임하기도 전에 부시 정부가 추진했던 월스트리트 구제금융을 지지했으며 그 정책을 자신의 정책으로 삼았다. 그리고 재임 초기에 가장 중요한 경제적 결정 하나를 내렸다. 1990년대 루빈 밑에서 일하면서 월스트리트에 대한 규제를 완화함으로써 금융위기를 초래한 클린턴 시대의 경제자문위원 팀원을 자기 팀으로 임명한 것이다. 다시 말해 미국이 직면하던 가장 긴급한 문제를 앞에 두고 변화를 내걸었던 자신의 약속을 파기한 것이다.

이전 정부의 정책은 오바마 정부에서도 매끄럽게 이어졌다. 부시 정부의 구제금융 정책부터, 클린턴 정부 시절부터 월스트리트에 우호적이던 경제자문들, 국가경제위원회의 위원장이 된 로런스 서머스까지. 또 오바마가 재무부장관으로 임명한 가이트너는 뉴욕 연방준비제도이사회 의장으로서 금융위기가 발생하기까지 여러 해 동안 월스트리트 감독 책임을 졌던 인물이었고 또 폴슨과 함께 부시의 구제금융 정책을 마련했던 인물이기도 했다.

레이건-클린턴-부시로 이어지는 동안 금융이 주도했던 착취적 자본주의가 무너진 상황에서 오바마는 그것을 대체할 새로운 자본주의의 마련과 경제의 부활이라는 선택지 앞에 놓였다. 대통령직 인수 활동 시기에 이미 오바마는 자신도 충분히 깨닫지 못한 상태에서 기존의 착취적 자본주의를 다시 세우겠다는 선택을 했다. 이와 관련해 클린턴 시대와 오바마 시대에 모두 대통령직인수위원회에서 활동했던 리드 헌트Reed Hundt는 "오바마는 자신과 함께할 내각 인사를 결정하면서 신자유주의를 수용했으며, 잠정적으로 진보적이던 자신의 의제를 내팽개쳤다"라고 말했다. 또 다른 논평자도 "오바마는 기본적으로 빌 클린턴의 경제 전문가들을 채용함으로써 선거운동 때 내세웠던 공약들과 이미 어긋났다"라고 말했다.[65]

뉴딜정책 당시 시중은행을 규제하고 저축은행 예금계좌를 보증하기 위해 설립된 연방예금보험공사FDIC의 수장이었던 쉴라 베어Sheila Bair는 캔자스주 출신의 공화당원으로 밥 돌과 함께 일했으며 오바마가 아닌 존 매케인에게 투표했다. 그러나 그녀는 "정치권과 금융권의 관계가 지나칠 정도로 가까워졌던 터라" 새롭게 시작하는 오바마 정부가 "금융권으로부터 분명하게 거리를 둘 것이고 또 의사결정을 내릴 때도 금융권의 영향에서 벗어나 독립적 태도를 가질 것"이라고 크게 기대했다.

하지만 그녀는 오바마가 가이트너를 재무부장관으로 임명하자 충격을 받았다. "나는 선거운동을 하면서 그토록 '변화'를 소리 높여 외치던 사람이 금융위기 발생에 기여해 자신을 당선되게 했던 사람을 어떻게 경제 분야의 고위직에 임명할 수 있는지 도저히 이해할 수 없었다." 그 뒤로도 오바마가 내놓은 경제 관련 임명직 후속 인사들을 확인한 베어는 한층 더 우려를 내비쳤다. 그 인사 조치들이 "로버트 루빈이 재무부장관이던 시절에 함께 일했던 사람들 일색으로 채워졌기" 때문이다.[66]

클린턴 시대의 경제팀은 금융 주도의 세계화를 촉진했고, 금융 산업에 가해졌던 규제를 완화했다. 그러나 그들의 정책은 2008년에 이르러 금융 붕괴로 이어지는 결과를 낳았다. 그럼에도 오바마는 금융 부문의 힘을 줄이려 하지도 않았다. 대출금을 갚지 못해 집을 빼앗긴 사람 수백만 명을 도우려고 나서지도 않았다. 그보다는 금융권이 수익성을 회복할 수 있도록 지원하라는 그들의 충고를 따랐다.

결국 오바마 정부는 월스트리트를 구출하는 데 성공했다. 납세자 및 경제의 막대한 희생과 비용을 감수하는 대신 금융이 지배하는 또 하나의 자본주의 버전을 만들어낸 것이다. 구제금융에 실제로 투입된 비용의 추정치는 조사 주체에 따라서 5,000억 달러에서 수조 달러까지 다양하다. 연방준비제도이사회는 의회에서 책정한 자금과 연방정부의 대출 보증 이외에도 사실상 무이자 대출 형태로 대형 은행들에게 폭넓게 보조금을 제공했다.[67]

경제적 비용도 심각한 수준이었지만 오바마의 위기 대처 방식 때문에 발생한 장기적 차원의 정치적 비용은 그보다 훨씬 더 컸다. 더 나은 정치를 펼치겠다는 약속으로, 강력한 이익집단에 휘둘리지 않겠다는 약속으로, 또 당파적 적개심에 사로잡히지 않겠다는 약속으로 대통령에 당선됐던 오바마였지만 구제금융 문제를 처리하는 그의 태도는 유권자들이 호응했던 시민적 이상주의를 배반하는 것이었다. 그 덕분에 오바마는 앞으로 이어질 대통령직에 어두운 그림자를 드리우고 말았다. 그뿐만 아니라 양극화된 암울한 정치가 이어지며 결국 사람들이 트럼프에게서 어두운 출구를 찾게 되는 경로로 나아가는 데 한몫했다.

오바마는 월스트리트의 은행가들을 재앙으로부터 보호함으로써 그들이 저질렀던 투기 폭주에 따른 비용을 일반 미국인들에게 전가했다. 그러자 부자와 권력자에게만 유리하게 작동하는 정치 체계가 너무나 뚜렷하게 드러났고, 일반 국민은 정치 체계를 점점 더 불신하게 됐다. 구제금융의 세 가지 측면이 국민들의 불신을 더욱 강화했다. 첫째, 구제금융은 집을 잃은 사람들에게는 거의 아무런 도움도 주지 않았다. 둘째, 구제금융은 월스트리트가 임직원에게 두둑한 보너스를 나눠줘도 된다고 허용했다. 셋째, 구제금융은 금융위기를 초래한 월스트리트에 그 어떤 책임을 묻지도 않고, 또 금융 산업에 대한 구조조정 작업을 일절 하지 않은 채 은행들에게 돈을 나눠줬다.

주택 압류

오바마 정부는 은행들을 구제하는 데는 수천억 달러를 쓰면서도 천만 명이나 되는 주택 소유자들이 대출을 갚지 못해 집을 압류당하고 빼앗기도록 방치했다. 이는 금융위기 때문에 일어난 불가피한 결과가 아니었다. 그것은 정책 선택의 결과였다. 금융위기는 주택 소유자에게 과도한 수준으로 대출이 이뤄졌다가 나중에 주택 거품이 꺼지면서 가치가 추락한 자산을 채권자(은행)와 채무자(주택저당권자)가 떠안게 되면서 발생한다. 여기서 자산이란 은행의 경우에는 주택저당증권이었고, 주택저당권자의 경우에는 '깡통'이 돼버린 주택이었다. 이런 상황에서 정책 입안자들은 누가 그 손실에 책임을 져야 하는지 결정해야 했다.[68]

정책 입안자들은 은행들에게 은행이 부담할 손실의 일부를 정부가 지원하겠다고 약속하면서 투자자들이 가지고 있는 저당권(모기지)의 가치를 낮춰서 평가하라고 요구할 수도 있었다. 이는 진보적인 금융가 조지 소로스George Soros에서부터 보수적 경제학자로서 레이건 정부의 경제 자문 위원이었던 마틴 펠드스타인Martin Feldstein에 이르기까지 정치적 스펙트럼 전체를 아우르는 지식인들이 선호한 방식이었다.[69] 그렇지만 오바마 정부는 직접 나서서 거대 은행들을 구제하는 반면, 주택 소유자들이 입은 손실은 본인이 고스란히 떠안게 한다는 결정을 내렸다. 이렇게 해서 2006년부터 2011년까지 기간에 미국의 전체 주택 소유자들의 재산은 9조 달러 줄어들었다.[70]

그러다가 오바마는 대중의 압력에 굴복해 채무재조정 프로그램loan modification program*을 발표했다. 그러나 이 제도 덕분에 주택을 압류당하지 않은 사람은 많지 않았다. 그 이유를 묻는 질문에 가이트너는 이 제도의 목적은 사람들이 자기 집을 계속 소유할 수 있게 하는 게 아니라 은행들을 위해 "길을 매끄럽게 닦는 것", 즉 주택 압류의 속도를 조정해 은행들이 1천만 건의 주택 압류를 처리할 수 있도록 하는 것이라고 했다.[71]

월스트리트의 보너스 지급
최근 수십 년 동안 등장한 금융 상품들은 매우 복잡하게 설계돼 공개적

---

* 채무불이행 가능성이 높은 채무자를 대상으로 주택담보대출 상환액을 소득의 31퍼센트로 조정하는 제도.

으로 조사를 하기가 쉽지 않았다. 구제금융의 경우도 마찬가지였다. 국제통화기금IMF의 수석 이코노미스트였던 사이먼 존슨Simon Johnson은 재무부와 연방준비제도이사회가 월스트리트를 구제하기 위해 막대한 금액을 투입할 방법을 찾을 때 "일반인들은 너무 복잡해 도저히 이해할 수 없는 더욱 창의적인 방식으로 접근하게 됐다"라고 설명했다.[72] 그러나 그중 한 이야기는 너무나 잔인해 사람들의 눈총을 도저히 피하지 못했다.

거대 보험사인 AIG는 수십억 달러 규모의 신용부도스와프로 위기를 맞았다. 이것은 가치가 추락한 주택담보부증권에 대한 일종의 보험계약이었다. AIG는 공적자금으로 마련된 구제금융을 받고 안정을 되찾은 직후, 자기 회사뿐만 아니라 전체 금융계를 파탄 직전까지 몰고 갔던 임원들에게 1억 6,500만 달러 규모의 보너스를 지급할 것이라는 계획을 발표했다.[73] AIG뿐만 아니라 공적자금의 지원을 받은 다른 은행들도 보너스를 지급하고 있었다. 대중은 당연히 분노했고, 의회는 임원들의 보너스를 세금으로 거둬들이고 보상을 제한하는 법안을 마련했다.

오바마 대통령은 미국 최대 금융사들의 CEO들을 백악관으로 불렀다. CEO들은 임원 보너스 지급과 관련해 강도 높은 비판이 나올 것이라 예상했지만 그럴 필요가 없었다. 오바마 대통령이 자신들의 편을 들어주겠다고 했기 때문이다. 그 자리에서 오바마는 은행가들에게 이렇게 말했다.

"나의 행정부는 당신과 쇠스랑* 사이에 있는 유일한 존재다. 여러분들은 정치적 문제로 비화되는 심각한 홍보 문제를 안고 있다. 나는 여러분을 돕고 싶다. 그렇지만 여러분은 지금이 위기임을 잘 알고 있다는 것과 모든 사람이 조금씩 희생해야 한다는 것을 보여줄 필요가 있다."[74]

---

* 갑작스러운 위기 상황을 뜻한다.

CEO들은 오바마가 제안한 보상의 자발적 제한이 대중의 분노를 잠재우기 위한 말에 불과하다는 것을 알고는 안도의 한숨을 쉬었다. 그러고는 전용기를 타고 돌아가 평상시와 다름없이 회사를 운영했다. 대통령과 월스트리트 은행 CEO들의 만남을 보도한 기자인 론 서스킨드Ron Suskind 기자에 따르면 은행가들은 대통령이 자신들이 가지고 있는 목표, 즉 "미국 정부와 금융 산업 사이에 30년이라는 세월 동안 이어졌던 관계가 변하지 않고 계속 이어지도록 하는 것"을 공유하고 있다고 결론 내렸다.[75]

오바마는 은행가들과 "쇠스랑" 사이에 섬으로 존재함으로써 대중의 분노에 공감하는 목소리를 내기보다 그 분노를 억누르려고 노력했다. 오바마는 선거운동을 할 때나 재임 기간 내내 말로는 정의를 부르짖었지만, 금융위기라는 문제를 민주적인 삶 속에서 금융이 수행할 역할에 대한 시민적 차원의 문제가 아니라 전문가들이 풀어야 할 기술적 차원의 문제로만 다뤘다. 이러한 오바마의 태도와 입장 때문에 주류 정당들에 대한 대중의 불만은 점점 커졌고 포퓰리즘적 반발이 거세게 휘몰아칠 발판 또한 마련됐다. 구제금융에 대한 대중의 분노는 별도의 정치적 출구를 찾았다. 좌파에서는 점거운동과 샌더스의 돌풍으로 드러났으며, 우파에서는 티파티운동과 트럼프의 대통령 당선으로 드러났다.

무책임성

보너스 지급 문제보다는 눈에 덜 띄었지만 그에 못지않게 사람들을 격노하게 만든 것이 있었다. 월스트리트의 기업들이 초래한 피해에 대해 아무런 책임도 묻지 않은 채, 파산 상태에 몰려 있던 기업을 구제한다는 발상이었다. 누구도 그러한 구제금융을 정의라는 이름으로 옹호하지 않았다. 또한 누구도 서브프라임 모기지로 돈을 많이 벌었던 월스트리트의 은행가들이 투자를 잘못해 파산 위기를 맞았을 때 납세자의 돈으로 그들에게 도움의 손길을 내밀어야 한다고 주장하지 않았다. 구제금융을 지지하는 주장의 논리는 늘 필요성이었다. 월스트리트의 어리석음에서 비롯된 비용을 납세자가 부담하는 것은 실용적 차원에서 불가피하다는 식의 논리로 옹호할 뿐이었다. 잘못을 저지른 은행들을 구제하는 것이 비록 도덕적으로는 불쾌해도 금융 체계를 살리려면 어쩔 수 없다는 말이었다.

불가피성을 내세우는 주장은 많은 미국인에게 두 가지 이유로 설득력이 없었다. 첫째, 그 모든 돈을 은행이 낭비했는데, 이에 대한 대가로 아무것도 요구하지 않아야 할까, 혹시 구제금융이라는 관대함이 부유하고 연줄이 많은 권력층의 정치적 영향력과 관련이 있는 것은 아닐까? 둘째, 설령 금융 체계를 강화하기 위해 정부 개입이 필요하다고 하더라도 파산 절차나 기업 인수 과정에 있는 기업이 당연히 밟아야 하는 강력한 구조조정 과정 없이 그렇게 해도 될까?

구제금융의 불가피한 필요성에 대한 의구심은 미국 정치의 이념적 영역에만 국한되지 않았다. 당시 연방예금보험공사 의장이던 쉴라 베어는 구제금융을 바라보는 국민의 분노가 정당한 것이었다고 회고했다. "지금까지 내가 공직 생활을 하면서 겪었던 가장 불쾌한 일은 그 일에 관여한 것이다. (…) 지금까지도 나는 과연 우리가 정말로 과잉반응을 하지는 않았는지 궁금하다. 우리나라의 나머지 다른 사람들과 마찬가지로, 나는 그 기관들이 정부로부터 후한 지원금을 받고 몇 달 지나지 않아 임원들에게 그렇게나 많은 보너스를 지급했다는 사실에 깜짝 놀랐다. (…) 과연 우리가 금융 체계를 안정시키려고 그랬을까, 아니면 은행 임원들이 해마다 받던 보너스를 한 해도 거르면 안 된다는 원칙을 지켜주려고 그랬을까?"[76]

베어는 "돌이켜보면, 거대 은행들에게 베풀었던 엄청난 규모의 지원은 아무래도 지나쳤던 것 같다"라고 결론을 내렸다. 상업은행들 중에서도 끔찍할 정도로 잘못 운영됐던 씨티은행만 "아마도 그런 종류의 대규모 정부 지원이 필요했을 것"이라고 했다. 그러나 그녀는 이런 의문을 제기 했다. "정치적 연줄을 가진 그 하나의 은행이 불가피한 특별한 필요성을 가진다는 프리즘을 통해 전체 의사결정 중 얼마나 많은 것들이 왜곡됐을 까? 그 은행이 안고 있던 문제들을 감추기 위해 모든 은행을 대상으로 수 조 달러의 지원금을 뿌렸던 게 아닐까? 다른 은행들이 정말로 파산이라 는 낭떠러지 앞에 서 있었을까? 혹시 우리는 그들이 올릴 수익이 받을 타 격을 누그러뜨릴 목적으로 그들에게 낮은 금리의 자본을 제공하고 채무 보증을 해줬던 것은 아닐까?"[77]

베어는 정책 입안자들이 비상사태에 대처하고 있었으며 신속하게 행 동했어야 한다는 점을 인정했다. "그러나 구제금융이 공정하지 못했다는 점, 또 구제금융이 꼭 필요함을 입증하는 분석이 부족했다는 점은 지금까 지도 나를 괴롭힌다. 많은 대형 금융기관들이 손해를 볼 것이라는 사실만 으로 금융 체계를 뒤흔드는 사건은 일어나지 않는다." 당시의 구제금융 에 힘입어 대형 은행들이 대출을 다시 시작함으로써 경기 회복이 촉진될 것이라는 주장에 대해 베어는 그 은행들이 정부의 막대한 지원금을 대출 을 늘리는 데 사용하지 않았다고 지적했다. "금융위기와 그 여파가 이어 지는 동안에 정부의 혜택을 거의 받지 못했던 소규모 은행들이 오히려 대형 은행들보다 대출을 더 많이 했다."[78]

구제금융의 불가피한 필요성에 대한 의구심은 구제금융이 부당하다고 느끼는 사람들의 분노에 불을 질렀다. 자동차 산업에 대한 구제금융은 금 융 산업에 대한 구제금융과 확연히 달랐다. 오바마 정부가 제너럴모터스 와 크라이슬러에 구제금융을 지급할 때 이 회사의 CEO를 비롯한 경영진이 대폭 해고됐고 노조에 속한 직원들의 임금이 대폭 삭감됐으며 회사 전반에서 구조조정이 이뤄졌다.

월스트리트에 구제금융이 투입될 때는 전혀 달랐다. 어떤 CEO도 해고되지 않았고, 터무니없이 높은 임원 보수도 줄어들지 않았다. 자사주매입과 배당금 지급이 차단되지 않았고, 주주나 채권자가 손실을 분담하지도 않았다. 또 공적자금을 받는 은행들은 대출을 늘리라는 요구를 받지도 않았고 금융 산업 개혁을 위한 입법을 방해하지 말라는 요구도 받지 않았다.

이런 조치들이 진행됐더라면 구제금융은 은행을 국유화하겠다는 시도처럼 보였을 것이다. 물론 이것은 부시 정부나 오바마 정부가 모두 피하고 싶었던 결과다. 어쨌거나 결과적으로만 보면 두 정부는 모두 일반 국민을 대표해 자본 투자 관련 의사결정 권한을 행사하지 못했다. 그들은 금융 체계의 잘못된 부분을 바로잡으려 한다거나 책임저야 할 사람이나 기관에 책임을 묻지도 않은 채 그냥 돈을 나눠줬다. 사이먼 존슨은 은행을 국유화하지 않은 채 구제하려는 시도로 인해 재무부의 행보가 달라질 수밖에 없었다고 지적한다. "재무부는 구제금융을 은행별로 따로 협상하게 됐다. (…) 이 과정에서 재무부는 은행의 전략이나 운영에 대한 정부의 영향력을 포기하면서 정부의 소유권 지분을 최소화하기 위해 각 거래의 조건을 왜곡했다."

존슨은 차라리 문제가 있는 은행을 그냥 국유화하는 것이, 즉 "은행 주식을 모두 매입해 기존의 주주들을 모두 없애버리고 경영에 실패한 경영진을 교체하며 재무 상태를 정상으로 돌려놓은 다음에 다시 민간에 매각하는 것이 더 나았을 것"이라고 주장했다.[79] 이런 주장에는 베어도 동의했다. 오바마 정부가 자동차 산업을 대하던 것과 똑같은 방식으로 월스트리트를 대했더라면 오바마 정부와 미국에게는 훨씬 좋았을 것이라는 말이다. "만약 오바마 정부가 경영이 잘못돼 위기에 빠진 금융사들을 법정 관리 대상으로 설정하고 책임을 물어서 이사진과 경영진을 해고했다면, 오바마는 영웅이 되었을 것이다. 그런 행동에서 적어도 사람들은 어떤 고통과 책임성 같은 것을 보았을 테니 말이다."[80]

오바마 대통령은 월스트리트의 은행가들에게 아무런 책임도 묻지 않은 것이 부당하다는 사실을 인정하면서도 그런 조치는 금융 안정을 회복하고 경제 재앙을 막기 위해 불가피하게 지불해야 하는 대가라고 생각했다. 그는 2010년 국정연설에서 위기를 초래한 은행들에게 구제금융을 제공하는 것이 "끔찍할 정도로 싫지만" 대통령인 자신으로서는 인기를 좇기보다 "꼭 필요한 일을 하겠다"라고 약속했었다.[81]

오바마와 가이트너 두 사람 모두 자신의 회고록을 통해 "구약성서의 정의Old Testament justice"를(이 용어는 정의를 인간의 본성적 충동으로 규정해 폄하하는 표현이다) 향한 대중의 열망에 탐닉하면 금융 산업을 소외시키는 결과가 빚어지고 결국 체제를 다시 제대로 되돌려놓기가 어려워질 뿐이라고 주장했다.[82] 바로 이것이 불가피한 필요성을 주장하는 논리의 핵심이다. 그런데 이것은 그 자체로는 도덕적으로는 바람직하지 않은 입장이다. 그러나 커다란 위험이 닥칠 때는 더 큰 이익을 위해 정의를 무시할 필요가 있을지도 모른다. 여기에서 비유 하나를 예를 들어 생각해보자. 인질범이 인질을 붙잡고 보상을 요구한다고 치자. 이 인질범은 보상이 아니라 처벌을 받아 마땅하지만, 때로는 인질범과 협상해 그들이 요구하는 몸값을 지불해야 할 수도 있다.

그러나 이 비유는 오바마가 결정했던 선택이 내포하는 시민적 차원의 한층 더 넓은 의미를 강조한다. 오바마와 그의 조언자들이 주장하는 월스트리트에 친화적인 구제금융의 필요성이 설령 옳다고 하더라도, 그 필요성은 이미 거대해질 대로 거대해진 금융사들이 경제의 목을 조르기 때문에, 그리고 정치권을 압도할 만큼 규모가 커졌기 때문에 나타나는 것일 뿐이라는 말이다. 즉 덩치가 너무 커져 파산하게 내버려둘 수 없다는 논리에 불과하다. 불가피한 필요성을 내세우는 주장은 미국 경제가 월스트리트의 인질이 됐으므로 정부로서는 인질의 몸값을 지불할 수밖에 없음을 전제로 했다. 이런 상태를 설명하는 또 다른 논리가 바로 지난 40년 동안 이어졌던 금융화 및 규제 완화로 미국 민주주의가 일종의 과두정치로 발전했다는 주장이다.

그러나 오바마는 자기 위치에서 할 수 있는 도덕적 논리를 펼치지 않았다. 즉 지금 당장 인질의 몸값을 지불하지만 거대한 괴물이 돼버린 금융의 손아귀에서 미국 경제를 해방시켜 미래에 일어날지 모를 인질극을 막겠다고 하지 않았다. 만약 이런 논리를 펼치고 또 이 논리에 따라 실천한다면 그것은 은행을 해체하고 독점금지법을 다시 활성화하며 금융거래세를 제정하고 자사주매입을 제한하며 차입금에 대한 세금 감면을 줄이는 등 월스트리트의 영향력을 억제하기 위한 여러 조치를 실행한다는 뜻이기 때문이다.

오바마는 이런 결론에 저항했다. 금융위기 이후에 시행된 금융 개혁은 약탈적 대출 기관으로부터 소비자를 보호했으며 또 월스트리트가 "체계적 위험"에 취약하지 않도록 하는 안전장치를 추가했다. 그러나 이런 조치들은 대형 은행들 사이에서 일어나는 권력 집중을 줄이지 않았고 금융과 경제 사이의 관계를 바꾸지도 않았다. 오바마가 실행했던 조치의 목표는 금융 체계가 자치에 가하는 위협의 축소가 아니라 금융 체계의 안정성을 확보하는 것이었기 때문이다.

한 세기 전에 산업 시대의 기업들이 시민의 자치를 위협할 정도로 규모와 영향력을 축적했을 때, 미국 정치계는 루이스 브랜다이스가 "거대함의 저주"라고 불렀던 것으로부터 민주주의를 어떻게 구할 것인가에 관한 논쟁으로 온통 시끄러웠다. 시어도어 루스벨트는 "우리 시대 최고의 정치적 과제는 우리의 공적 삶에서 특수한 이익집단을 몰아내는 것"이라고 선언하고, 대기업이 가진 힘과 대적할 수 있도록 연방정부의 힘을 키워야 한다고 요구했다.[83] 우드로 윌슨도 정부에 대항하는 경쟁 권력으로서 금융에 대해 다음과 같이 직설적으로 말했다.

"우리는 고도화된 금융의 힘이 과연 언제쯤이면 정부의 힘을 능가하게 될지 늘 두려워했다. 그런데 미국 대통령이나 대통령이 되고자 하는 사람이 그 막강한 금융의 면전에서 모자를 벗어 경의를 표하면서 '당신은 어쩔 수 없이 우리의 주인이지만, 우리는 어떻게 하면 당신을 최대한 활용할 수 있을지 살필 것이다'라고 말하는 시점이 이미 와버렸단 말인가?"[84]

프랭클린 루스벨트는 1929년의 경제 붕괴를 금융위기로 봤을 뿐만 아니라 자본주의와 민주주의의 관계를 다시 규정하는 재협상의 기회로도 봤다. 연임에 도전한 1936년에 민주당 대통령 후보 수락 연설에서 그는 미국의 민주주의를 집중된 경제 권력의 폭정으로부터 되찾아야 한다면서 "산업 독재"는 "기업, 은행, 증권을 새롭게 사용하는 방법"으로 이미 "정부를 통제하려고 손을 뻗었다"라고 말했다.[85]

경제적 불평등 앞에서는 우리가 예전에 쟁취했던 정치적 평등은 아무런 의미가 없어졌다. 작은 집단 하나가 다른 사람들의 땅, 다른 사람들의 돈, 다른 사람들의 노동, 심지어 다른 사람들의 목숨까지 거의 완전하게 통제하는 권한을 자기 손에 넣었다. (…) 이와 같은 경제적 폭정에 대항하려면 미국 시민은 오로지 조직화된 정부의 힘에 호소할 수밖에 없었다. 1929년의 경제 붕괴는 그것의 정체가 전제정專制政임을 명백하게 보여줬다. 그리고 1932년의 대통령 선거는 이 폭정을 끝장내라는 국민의 명령이었다.[86]

시어도어 루스벨트나 우드로 윌슨이나 프랭클린 루스벨트는 급진주의자들이 아니었다. 그들은 당대의 주류 진보 정치인들이었다. 그러나 자본주의와 민주주의를 이야기하는 그들의 말투는 우리 시대의 공적 담론과는 거리가 멀어 보인다. 이것은 그들이 시민의식의 정치경제학과의 접촉을 유지하고 있었기 때문이다. 그들은 경제를 국민총생산이라는 관점에서뿐만 아니라 자치라는 관점에서도 바라봤다. 그런 덕분에 경제 권력으로 인해 개인이 자신의 운명을 스스로 결정하는 통제력이 무력해지는 것에 대한 포퓰리즘적 분노가 사람들 사이에서 분출됐다. 이러한 분노의 분출은 빌 클린턴이나 버락 오바마와 같은 재능 있는 진보 정치인들조차 피할 수 없었다.[87]

이민자를 배척하는 우파적 포퓰리즘이 득세하는 현상은 일반적으로 진보 정치가 실패했음을 예고하는 징후다. 자유주의자들이 경제 권력을 민주적으로 묶어둠으로써 권력을 가진 집단으로부터 사람들을 보호하지 못할 때, 사람들은 다른 곳을 바라보게 마련이다. 바로 이런 일이 2016년에 일어났다. 오바마 대통령의 8년 재임이 끝난 뒤에 투표장을 찾은 미국인 가운데 75퍼센트는 "부유한 권력자들로부터 나라를 되찾을" 지도자를 찾는다고 말했다.[88]

포퓰리즘적 반발

부유한 부동산 거물이자 리얼리티 텔레비전 출연자이던 트럼프가 포퓰리즘적 저항의 아바타로는 잘 어울릴 것 같지 않았다. 포퓰리즘의 전통은 오랜 세월 두 개의 노선을 가지고 있었다. 하나는 엘리트, 불평등, 무책임한 경제 권력에 맞서는 노선이고, 다른 하나는 토착주의*, 인종차별주의, 반유대주의 등과 은밀하게 거래하는 노선이다. 샌더스는 첫 번째 노선을 선택했고, 트럼프는 둘 다 품었다. 멕시코 국경에 장벽을 세우겠다는 공약을 포함해 이민자를 향해 트럼프가 가졌던 적대감은 포퓰리즘 전통의 토착주의적 노선이 반영된 것이다. 그리고 인종과 관련된 그의 강경한 언사는 1968년 선거에서 제3당 후보로 출마했던 인종분리 정책의 지지자이자 앨라배마 주지사였던 조지 월리스를 연상시켰다.[89]

그러나 트럼프도 적어도 2016년 선거운동 때만큼은 포퓰리즘적 경제 관련 태도를 표명했다. 샌더스와 마찬가지로 트럼프는 클린턴 시절에 폐지됐던 글래스-스티걸법이 복원돼야 한다고 주장했다.[90] 글래스-스티걸법은 뉴딜정책 때 상업은행과 투자은행을 분리했던 법이었다. 트럼프는 부유한 헤지펀드 매니저들이 노동자보다 낮은 세율을 적용받는 세제상의 허점을 폐지하겠다고 약속했다. "헤지펀드 녀석들은 이 나라를 건설하지 않았다. 그저 종이만 들고 왔다 갔다 하는 운이 좋은 녀석들이다. 그들은 돈을 많이 번다. 그런데 세금을 한 푼도 내지 않는다. (…) 이 녀석들은 사람을 죽이고도 유유히 도망간다. 나는 중산층이 부담하는 세금 비율을 낮추고 싶다."[91]

트럼프는 공화당의 정통성에서 벗어나 북미자유무역협정 및 제안 상태에 있던 환태평양경제동반자협정과 같은 자유무역협정들이 미국에 있는 일자리를 사라지게 만든다면서 비판했다. 또 1조 달러를 투자해 무너

---

* 사회 구성원들이 외국인, 외국의 관습, 사상 등을 없앰으로써 자신들의 삶의 방식을 개선하고자 하는 운동.

져가는 사회기반시설(인프라)을 복구하고 생산직 노동자 일자리를 창출하겠다고 약속했다.[92] 금융권과 정치권의 기득권층을 향한 대중의 분노에 편승해서는 다음과 같이 목소리를 높였다. "그들은 우리 노동자 계급을 공격해 우리가 가진 재산을 빼앗고 우리나라의 부를 훔침으로써 모은 돈을 소수의 대기업과 정치 단체의 주머니에 넣는다. 그들은 바로 경제 문제에 관한 결정에 책임 있는 글로벌 권력 구조다."[93]

그러나 트럼프는 대통령에 당선된 뒤에는 월스트리트를 억제하는 어떤 조치도 시행하지 않았고 노동자 계급을 돕는 일도 거의 아무것도 하지 않았다. 인프라 관련 약속도 지키지 않았다. 그의 정책 중에서 환태평양경제동반자협정에서 탈퇴하고 중국 수입품에 관세를 부과하는 무역 정책을 제외한 나머지는 모두 공화당의 기득권층과 선거 기부금을 낸 사람들이 선호하는 정책이었다. 예를 들어 금융위기 이후 제정된 개혁적 법률들의 무력화, 노동조합의 세력 약화, 환경보호 조치 철폐, 건강보험 미가입 저소득층까지 의료보장을 확대한 건강보험개혁법*을 폐기할 방책 모색, 기업 및 부자에게 부과되는 주요 세금 인하 등이다.

트럼프는 "부유하고 연줄이 많은" 권력층이 아니라 노동자와 중산층 납세자에 초점을 맞춰 세금을 감면하겠다고 공약했지만, 1조 5,000억 달러의 전체 세금 감면 혜택 중 3분의 2가 기업에게 돌아갔다. 기업에 대한 혜택 덕분에 자사주매입은 기록적으로 많이 이뤄졌지만, 새로운 일자리를 창출하는 투자로는 혜택이 거의 이어지지 않았다.[94] 세금 감면 혜택의 극히 일부분만이 생계를 유지하기 위해 고군분투하는 사람들에게 돌아갔다. 중산층 납세자가 받은 세금 감면 혜택은 900달러였지만, 소득 상위

---

* 2014년 1월부터 시행됐으며, 일명 '오바마케어'다.

1퍼센트와 상위 0.1퍼센트가 받은 세금 감면 혜택은 각각 6만 1,000달러와 25만 2,000달러였다.[95]

트럼프의 금권적 포퓰리즘plutocratic populism은 자신의 두 갈래 지지 기반을 반영한 것이다. 한 축은 규제 완화와 세금 감면을 바라던 고소득층의 공화당 지지자들이었고, 다른 한 축은 대학교를 나오지 않았으며 트럼프가 내걸었던 불만의 정치politics of grievance에 이끌렸던 백인 노동자들이었다. 주류 논평가들 및 정치인들은 트럼프를 대통령 자리에 앉힌 불만의 정체를 이해하려고 애썼다. 그들은 편협함의 정치politics of bigotry의 성마른 특성에 매달렸다. 트럼프에게 투표한 백인 남성의 62퍼센트 중에서도 다수는 미국에서 인종적·민족적·성적 다양성이 확대되는 현상에 분개하면서 자신들이 누리던 특권적 지위가 무너질까 봐 두려워했다. 트럼프가 인종차별, 성차별, 외국인 혐오(제노포비아)를 악용하고 이것들을 도구로 삼아 대중을 선동했음은 분명하다.

힐러리 클린턴의 유명한 선거운동 표현을 빌려 말하자면 "참으로 한심한 인간들basket of deplorables"은 편파적이고 자기만족적일 뿐이다. 그 표현은 사람들이 가지고 있었던 포퓰리즘적 분노의 연료였던 정당한 불만을 외면한 것이다. 하지만 이런 태도 때문에 사회의 엘리트들, 특히 민주당의 엘리트들은 트럼프가 대통령의 자리로 나아가는 길을 닦은 대중의 분노에 자신들의 통치 방식이 어떻게 기여했는지 알고자 하지도 않았다.

지난 40년 동안 진행됐던 금융 주도 세계화는 1920년대 이후로 볼 수 없었던 소득과 부의 불평등을 가져왔다. 1970년대 후반 이후 국민소득 증가분의 대부분은 소득 상위 10퍼센트에게 돌아갔고, 하위 절반은 사실상 아무것도 받지 못했다. 실제로 경제 활동 연령대의 2016년 중위소득은 40년 전보다 오히려 줄어들었다. 1980년 이후로만 따지면 미국에서 가장 부유한 1퍼센트 집단은 국민소득에서 차지하는 몫이 두 배로 늘어났다. 그들이 벌어들이는 소득은 이제 하위 50퍼센트 집단이 벌어들이는 소득보다 더 많아졌다.[96]

임금 정체와 일자리 소멸은 그 자체로 사람들의 사기를 떨어뜨렸다. 그러나 불평등이 늘어나는 현상도 두 가지 측면에서 민주주의를 좀먹었다. 첫째, 불평등 때문에 사회의 체계가 조작되기 시작했다. 소득 최상위층이 자기가 가진 부를 이용해 정부의 대의 장치를 자기들 손아귀에 넣었기 때문이다. 둘째, 불평등은 성공에 대한 그릇된 인식을 조작했다. 이런 인식과 사고방식은 경제적 불평등이라는 아픈 상처에 모욕이라는 소금을 뿌렸다.

불평등과 과두정치: 체계 조작

돈은 미국 정치에서 오랜 세월 중요한 역할을 해왔다. 최근 수십 년 동안 부유층이 엄청나게 많은 돈을 축적하는 과정에서 통치 방식에 대해 비판하는 시민의 목소리 대부분이 사라져버렸다. 1980년대 중반 이후로 미국에서 상원의원이나 하원의원이 되는 데 들어가는 실질적인 비용은 두 배 넘게 늘어났다. 당 지도부는 초선에 성공한 의원들에게 하루 중 서너 시간은 선거구의 유권자를 만나 투표를 독려하거나 소위원회나 청문회에 참석해 의원으로서의 활동을 하되 나머지 다섯 시간은 모금 행사에 참석하거나 정치 후원금을 낼 사람에게 전화해 자금을 긁어모으라고 조언한다.[97]

대부분의 자금은 기업이나 노동조합 또는 동업자단체가 만든 정치활동위원회PAC*를 통한다. 1978년부터 2018년까지 기간에 기업 PAC가 의회 선거에 지출한 자금은 네 배 넘게 늘어났다. 이는 심지어 인플레이션을 고려해서 보정된 수치다. 마찬가지로 선거운동 후원금의 균형이 바뀌고 있다는 사실에 주목해야 한다. 예컨대 1978년에는 노동조합 PAC는 기업 PAC만큼 많은 후원금을 냈다. 그러나 2018년에는 기업 PAC 후원금이 노동조합 PAC 후원금의 세 배가 넘었다.[98]

　　대통령 선거운동에도 막대한 자금이 흘러들었다. 2010년에 선거 후원금 상한제를 폐지한 미국 대법원의 결정이 크게 작용한 결과다. 2012년에 연방 차원에서 이뤄졌던 모든 선거에 사용된 돈의 40퍼센트 이상을 최상위층 부자가 지불했다. 여기서 최상위층은 상위 1퍼센트나 0.1퍼센트가 아니라 0.01퍼센트를 말한다. 미국에서는 대통령 후보 경선(예비선거) 과정이 길기 때문에 선거 초기의 자금이 특히 중요하다. 2016년 대통령 선거운동이 공식적으로 시작될 때 공화당과 민주당의 대선 후보들에게 기부된 돈의 거의 절반이 불과 158개의 부유한 가문에서 낸 돈이었다. 대부분 금융과 에너지 부문에서 재산을 모은 가문들이었다.[99]

　　돈이 있으면 선거를 살 뿐만 아니라 경제를 지배하는 규칙을 만드는 기관에 접근할 기회도 살 수 있다. 2000년부터 2010년까지 기간에 금융사, 방위산업체, 기술업체 중심의 미국 기업들이 로비 및 홍보에 지출하는 예산은 세 배로 늘어났다.[100] 공화주의적 이상이라는 관점에서 보자면 돈으로 정치를 지배하는 것이 비록 합법적이기는 해도 일종의 부패임은 분명하다. 대의정치가 과두정치에 사로잡힌 것이 부패의 증거라고 말할 수 있는 것은 그 바람에 정부가 공공선에서 멀어지고 또 시민들로서는 자신들이 통치를 받는 방식에 대해 의미 있는 발언을 할 기회를 박탈당하기 때

---

* 미국에서는 기업이나 노조가 후보자나 정당에 직접 기부하는 것이 금지돼 있어서, 기업을 비롯한 여러 이익 집단은 PAC를 만들고 이를 통해 정치인과 정당에 정치자금을 기부한다.

문이다.

일부 정치학자들은 정치에서 돈이 수행하는 부정적 역할이 있긴 하지만 그럼에도 불구하고 사람들은 궁극적으로 자신들이 원하는 것을 얻는다고 주장한다. 강력한 이익단체들은 서로를 상쇄할 수 있고, 후보자는 선거를 통해 최종 심판을 받기 때문이다. 하지만 실상은 다르다. 일반적 대중과 부유층이 정부에게 바라는 것이 확연히 다르기 때문이다. 예를 들어 미국인 대부분이라고 할 수 있는 87퍼센트는 "공립학교를 정말 좋게 만드는 데 필요한 모든 것"에 정부 예산이 지출되길 바라지만, 백만장자 가운데 35퍼센트만이 여기에 동의한다. 전체 국민의 3분의 2가 "모든 사람이 일자리를 가질 수 있도록 정부가 노력해야 한다"라고 생각하지만, 백만장자들은 다섯 명 중 한 명만 그렇게 생각한다. 대중은 대기업 규제가 강화되길 바라지만 부자는 그렇지 않다.[101]

대중과 부자의 의견이 갈릴 때는 부자의 의견이 채택된다. 정치학자 벤저민 페이지Benjamin Page와 마틴 길렌스Martin Gilens는 이익집단, 부유한 미국인, 일반 시민 중에서 미국의 공공정책에 실제로 영향을 미치는 집단을 측정하는 방법을 고안했다. 두 사람은 1981년부터 2002년까지 기간에 일자리, 임금, 교육, 건강보험, 시민권, 경제 규제, 문화 관련 쟁점, 외교 정책 등의 분야에서 제안된 약 2,000개의 정책 변화를 분석해 세 집단 중 어떤 집단이 최종 결과에 영향을 미쳤는지 살폈다. 그들은 "일반 시민은 연방정부 정책에 거의 또는 전혀 영향을 미치지 않는다"라는 불안한 결론을 얻었다. 조사 결과 일반 시민 중 3분의 1 정도만 자기 뜻을 관철했다. 하지만 이조차도 그들의 견해가 이익단체나 부자의 견해와 일치할 때에만 가능했다. 더 나은 학교 환경, 최저임금 인상, 기후변화에 대한 조치 등에서 압도적 다수 시민이 정책 변화를 선호하든 소수 시민만이 정책 변화를 선호하든 간에 정책 변화에 사실상 아무런 영향도 주지 않았다. 다시 말해 "일반 시민은 정책 수립 과정에서 의미 있는 목소리를 내지 못한다. 그들의 목소리는 부유하고 조직적인 이익집단, 특히 기업의 목소리에 묻혀 아예 들리지 않는다."[102]

이 연구를 통해 미국인 대부분이 느끼는 사실, 즉 자기 목소리는 중요하지 않으며 일반 시민은 자기가 통치되는 방식에 대해 의미 있는 목소리를 내지 못한다는 사실을 확인할 수 있다. 최근 수십 년 동안 깊어진 개인의 자치 권한 박탈 현상이야말로 민주주의에 대한 불만의 핵심이다. 이것은 수십 년 동안 금융 주도의 세계화가 낳은 소득과 부의 엄청난 불평등이 시민의식 차원에서 초래한 부정적인 결과들 가운데 하나다.

불평등과 능력주의: 승자와 패자

불평등 확대의 두 번째 결과는 과두정치보다 한층 더 미묘하지만 과두정치 못지않게 시민적 삶을 좀먹는다. 이것은 누가 정책을 결정하느냐 하는 문제가 아니라 어떻게 하면 함께 공존해 살고 또 서로를 민주적 시민으로 여길까 하는 문제다. 양극화되어 해로운 결과만 빚어내는 우리의 정치는 승자와 패자 사이에 놓인 분열의 깊은 골을 반영한다. 이러한 분열은 경제적 불평등에서 발생하기도 하지만, 또한 불평등과 함께 따라오는 성공을 바라보는 태도를 반영하기도 한다. 최근 수십 년 동안 자신의 분야에서 정상에 오른 사람들은 오로지 자신이 잘나서 성공했으므로 시장이 자신에게 내리는 보상을 받을 자격이 자신에게 있으며, 뒤처진 사람들은 패배자의 운명을 받아들여야 한다고 믿게 됐다.[103] 성공을 바라보는 이러한 사고방식은 얼핏 보면 매력적인 원칙인 능력주의의 이상, 즉 기회가 평등할 때 승자는 자신이 거둔 승리의 보상을 받을 자격이 있다는 발상에서 비롯됐다.

물론 실제 현실에서는 능력주의의 이상을 찾아보기 어렵다. 기회가 전혀 평등하지 않기 때문이다. 저소득 가정에서 태어난 아이는 성인이 돼도 가난의 굴레에서 벗어나지 못하는 경향이 있다. 소득과 재산에서의 인종적 격차도 끈질기게 이어지고 있다. 원칙적으로만 말하자면 모든 사람은 고등교육을 받을 기회를 두고 서로 경쟁할 수 있지만, 실제로 가정 환경에 따라 고등교육을 받을 기회가 부여된다. 미국의 100여 개 대학에 입학한 학생의 72퍼센트가 부유한 가정 출신이고, 겨우 3퍼센트만 저소득 가정 출신이다.[104]

불평등을 해결하려면 한층 더 완벽한 능력주의를 밀어붙여 경쟁의 장을 공정하게 만들고 모든 사람이 승자가 될 수 있도록 동등한 기회를 보장하면 된다고 생각할 수 있다. 이렇게 생각하면 모든 게 쉬워진다. 그런 만큼 이런 생각은 유혹적이다. 물론 정당마다 정도의 차이가 있지만 바로 이것이 주류 정당들이 세계화 시대에 대응해 제시했던 불평등에 대한 처방이다. 그러나 한층 더 완벽한 능력주의를 추구하는 해결책은 다음 세 가지 이유로 금융 주도의 세계화가 빚어낸 불평등을 해결하지 못했다. 첫째, 불평등을 빚어낸 구조적 원천을 외면했기 때문이다. 사람들에게 성공의 사다리를 오를 수 있는 한층 더 평등한 기회를 준다고 해도 사다리의 가로대 사이의 간격이 점점 더 멀어진다면 불평등을 완화하는 데는 아무런 도움이 되지 않는다.

둘째, 한층 더 완벽한 능력주의를 추구하더라도 능력주의가 빚어내는 존중의 불평등을 치유하지 못하고 오히려 악화시킨다. 자신이 거둔 성공이나 실패가 오로지 자신이 잘나거나 못났기 때문이라고 사람들이 믿도록 장려할 때, 승자들은 오만해지고 뒤처진 사람들은 굴욕감에 휩싸인다.

이것은 공적 삶을 치열한 경쟁이 펼쳐지는 경주의 이미지로 바라보는 사고방식을 강화한다. 그래서 승자는 시장이 자신들에게 주는 보상을, 패자는 그 운명을 당연한 것으로 받아들이게 된다.

셋째, 성공을 바라보는 능력주의적 태도는 재분배를 통해 소득과 부의 불평등을 해소하는 해결책이 실현되기 어렵게 만든다. 시장의 결과가 사람들이 마땅히 받아야 할 것을 반영한다고 더 확신하면 할수록 소득과 부는 마땅한 자격을 가진 사람들만 차지해야 한다는 생각은 한층 더 강력해진다.

최근 수십 년 동안 신자유주의적 세계화가 불평등을 심화시켰음에도 불구하고 성공에 대한 능력주의적 사고방식은 공적 담론에서 두드러지게 나타났다. 두 경향성은 서로 연관돼 있다. 세계화의 승자들은 승리뿐만 아니라 그보다 더 많은 것을 원했던 것 같다. 즉 그들은 지난 40년 동안 이어졌던 규제 완화, 금융화, 신자유주의 경제 정책이 가져다준 엄청난 소득과 부 중에서 압도적으로 많은 몫을 받을 자격이 자신들에게 있다고 믿기를 원했다.

이쯤에서 막스 베버Max Weber가 했던 말을 되새겨볼 필요가 있다. "운이 좋았던 사람은 자기가 운이 좋았다는 사실에 만족하는 경우가 거의 없다. 그는 자기가 그 운을 누릴 **권리**가 있음을 확인하고 싶어 한다. 그는 그것을 누릴 '자격이 있다'고 또 무엇보다도 다른 사람들과 비교해 그것을 받을 자격이 있다고 확신하고 싶어 한다. 또한 그는 불운한 사람들 역시 그 불운이 그들이 감당해야 할 당연한 몫이라고 믿길 바란다."[105]

베버는 성공은 신이 내린 은총의 표시이며 고통은 신이 죄를 물어 내리는 처벌의 표시라는 종교적 확신을 이야기했다. 그로부터 한 세기가 지난 뒤에 신자유주의 세계화의 지지자들은 시장에서 거두는 성공은 우수한 실력이 입증된 것으로 바라봤다. 예를 들어 오바마 시절에 로런스 서머스는 고약하게도 이런 말을 했다. "우리 사회가 극복해야 할 도전과제 중 하나는 진리가 다소 불평등한 것이라는 점이다. 우리 사회에서 불평등이 높아진 여러 이유 중 하나는 사람들이 당연히 받아야 하는 수준대로 대우받기 때문일지도 모른다."[106]

정치적 프로젝트나 정책으로서의 능력주의는 모든 사람이 "각자가 기울이는 노력과 각자가 가진 재능"에 따라 합당한 만큼 성공할 수 있어야 한다는 익숙한 슬로건으로 가장 잘 표현됐다. 최근 몇 년 동안 민주당과 공화당의 정치인들은 이러한 구호를 주문처럼 반복하며 목소리를 높였다. 공화당의 로널드 레이건, 조지 W. 부시, 마르코 루비오, 민주당의 빌 클린턴, 버락 오바마, 힐러리 클린턴 모두 마찬가지였다.[107]

신분과 계층의 '상승'이라는 수사는 평등주의적 특성을 가진다. 성취를 가로막는 장벽의 제거가 중요하다고 강조하기 때문이다. 예를 들어 가족 환경, 계급, 인종, 종교, 민족, 성별, 성적 지향 등과 관계없이 재능이 허락하는 한 최대한 높은 곳까지 올라갈 수 있어야 한다는 것이다. 이런 주장에 동의하지 않을 사람은 별로 없을 것이다.

그러나 상승이라는 수사는 겉보기에는 평등주의적이지만, 소득과 부의 불평등을 해결해야 할 과제로 보기보다 바뀔 수 없는 조건으로 바라본다는 점에서 문제를 안고 있다. 따라서 불평등을 낳은 경제 정책을 문제 삼아 불평등 수준을 낮춰야 한다고 주장하지 않았다. 그 대신 고등교육을 통한 개인의 개별적 상향 이동이라는 해결책을 제시했다. 1990년대와 2000년대에 임금이 정체되고 일자리가 해외의 저임금 국가로 빠져나가는 현실 앞에서 좌절한 노동자들에게 미국 사회의 엘리트들은 그럴듯한 조언을 몇 가지 내놓았다. 그중 대표적인 조언이 세계화된 경제 속에서 진행되는 경쟁에서 이기고 싶으면 대학에 가라고 한 것이다. "당신이 무엇을 배우느냐에 따라서 당신의 소득이 달라진다." 또는 "당신도 노력하면 해낼 수 있다."[108]

그러나 엘리트들은 자신들의 조언에 암묵적 모욕이 담겨 있음을 미처 알아보지 못했다. 그들의 조언을 뒤집어보면 만약 자신이 대학을 가지 않았고 또 세계화라는 새로운 경제 체제에서 번듯하게 살지 못한다면, 자신이 맞닥뜨린 실패는 오롯이 자신이 잘못했기 때문이라는 말이었기 때문이다. 즉 "문제는 우리가 내용을 만들고 체결한 경제 협정에 있지 않다. 문제는 당신이 최첨단 기술의 세계화된 세상에서 성공하는 데 필요한 자격을 따지 못했기 때문이다"라고 말하는 것이나 마찬가지다.

불가피한 필요성을 주장하는 논리는 또 다른 모습으로도 나타났다. 임금 정체, 일자리 소멸, 국민소득에서 노동자가 차지하는 비중의 감소 등은 기술시대의 삶에서 바꿀 수 없는 사실이며, 자본의 유동성을 높이고 노동자의 협상력을 떨어뜨리는 여러 정책과는 무관하다는 논리가 바로 그것이다.

많은 노동자가 능력주의를 말하는 엘리트들에게 등을 돌린 것은 당연한 결과다. 사람들이 대부분 4년제 대학 학위를 가지고 있지 않다는 단순한 사실을 엘리트들이 외면했기 때문이다. 미국인의 3분의 2에 가까운 사람들이 4년제 대학 학위를 가지고 있지 않다.[109] 그러므로 대학 졸업장이 품위 있는 일과 우아한 삶의 필수 전제조건이 되는 경제를 만들겠다는 것은 어리석은 생각이었다.

하지만 엘리트들은 대학 학위를 진보를 위한 수단이자 사회적으로 존중받기 위한 기초 조건이라는 점에서 매우 중요하다고 여겼다. 그런 그들로서는 능력주의가 빚어내는 오만함과 대학에 가지 않은 사람들에게 능력주의가 내리는 가혹한 판단을 제대로 이해하지 못했다. 엘리트들의 편협한 태도 때문에 엘리트들을 향한 사람들의 분노는 거셌고, 트럼프가 그들의 분노를 잘 이용한 것이다.[110]

오늘날 미국 정치에서 가장 심각한 정치적 분열 중 하나는 대학 학위를 가진 사람과 그렇지 않은 사람 사이의 분열이다. 힐러리 클린턴이 트럼프에게 패배했던 2016년 대통령 선거가 치러진 시점까지를 놓고 보면 민주당은 한때 자신들의 지지 기반이던 블루칼라 유권자보다 대학 교육을 받은 전문직 계층 유권자의 관심과 전망에 더 많은 초점을 뒀다. 트럼프가 대학 학위 없는 백인 유권자의 표 중 3분의 2를 얻은 반면, 클린턴은 교육 수준이 높은 유권자들 사이에서 트럼프보다 더 많은 지지를 얻었다. 영국의 브렉시트 국민투표에서도 비슷한 분열 현상이 나타났다. 대학 교육을 받지 않은 유권자들은 유럽연합에서 탈퇴하자는 의견이 압도적이었고, 대학원 이상의 학위를 가진 사람들 사이에서는 유럽연합에 남자는 의견이 훨씬 많았다.[111]

20세기의 상당 기간 좌파 정당은 교육을 덜 받은 사람들의 지지를 받았고, 우파 정당은 교육을 많이 받은 사람들의 지지를 받았다. 그런데 능력주의 시대에는 양상이 뒤바뀌었다. 지금은 교육을 많이 받은 사람들이 중도 정당의 좌파에 투표하고, 교육을 덜 받은 사람들이 우파 정당에 투표한다. 경제학자 토마 피케티Thomas Piketty는 이러한 역전 현상이 미국, 영국, 프랑스에서 놀랍도록 동일한 양상으로 전개되고 있음을 보여줬다. 피케티는 1990년대 이후로 좌파 정당들이 노동자 정당에서 지식인 및 전문 엘리트 정당으로 변모한 사실을 지적하며 해당 정당들이 최근 수십 년 동안 커져만 갔던 불평등에 대응하지 않았던 과정과 이유를 설명할 수 있다고 바라봤다.[112]

힐러리 클린턴은 트럼프를 상대로 했던 대통령 선거에서 패배하고 1년 반이 지난 뒤에 자신의 선거운동을 반성했다. 그러나 반성하는 중에도 그녀는 자신을 패배로 이끌었던 능력주의적 오만을 드러냈다. 2018년에 인도 뭄바이에서 열린 한 총회 자리에서 "나는 미국 국내총생산의 3분의 2를 책임졌던 지역들에서 이겼다. 그러니까 나는 낙관적이고 다양하며 역동적이고 미래로 나아가는 선거구에서는 이긴 셈이다"라고 말한 것이다. 클린턴은 세계화 과정의 승자들에게서 지지를 받았던 반면, 트럼프는 패자들에게서 지지를 받았다.[113] 과거에 민주당은 특권층에 대항하는 농부들과 노동자들을 대변했다. 그러나 능력주의 시대에 들어서 공화당 후보에게 패배한 민주당 지도자는 미국의 지역 중에서도 번영하고 계몽된 지역들이 자신을 지지했다면서 인도까지 가서 자랑한 것이다.

2020년에 바이든은 아이비리그 대학 학위가 없는 민주당 대통령 후보가 됐다. 이것은 36년 만의 일이다. 주립대학교 출신의 민주당 대통령 후보가 신기하게 보인다는 사실 자체가 그동안 학력주의 편견이 얼마나 만연했는지를 역설적으로 잘 보여준다. 2010년대가 되면서 학력주의 편견은 교육 분야 지출과 정치적 대표성에서 어마어마한 차이로 드러났다. 미국은 미국인 대부분이 직업 세계를 준비하는 과정에서 의존하는 여러 교육 형태, 즉 주립대학교, 2년제 커뮤니티 대학, 직업 및 기술 훈련원 등에 대한 투자를 충격적으로 축소했다. 브루킹스연구소의 경제학자인 이사벨 소힐Isabel Sawhill은 2014년에 연방정부가 사람들의 대학교 진학을 돕는 비용으로 연간 1,620억 달러를 쓰는 반면, 직업 및 기술 훈련을 받도록 돕는 비용으로는 약 11억 달러밖에 쓰지 않았다고 계산했다.[114]

이처럼 커다란 차이는 4년제 대학교에 진학할 여유가 없거나 그럴 마음이 없는 사람들이 누릴 경제적 기회를 위축시킬 뿐만 아니라 통치자들의 통치 철학이 능력주의를 우선시하고 있음을 보여준다. 미국인 대부분은 학사 학위를 가지고 있지 않으며 이들 중 상하원의 의원이 된 사람은 극소수다. 상원의원과 하원의원을 통틀어 95퍼센트가 4년제 대학 학위를 가지고 있다는 사실이 능력주의의 단적인 예다. 또 상원의원의 절반 이상과 하원의원의 3분의 1 이상이 변호사이며, 다른 많은 의원도 학력 수준이 높다. 또 전체 의원의 절반 이상이 백만장자다.[115] 이러한 추세는 최근 들어 더욱 높아진 듯하다. 교육 수준이 높은 사람의 비율이 의회에서 늘 높긴 했지만, 적어도 1980년대 중반까지만 보더라도 하원의원의 15퍼센트와 상원의원의 12퍼센트가 대학교 졸업장을 가지고 있지 않았다.[116]

학력주의 풍조가 자리를 잡은 뒤로 지금의 대의제 정부에는 노동자가 한 사람도 없다. 미국에서는 노동력의 약 절반이 육체노동, 서비스 산업 그리고 사무직으로 규정되는 노동계급 일자리에서 일한다. 그러나 의원으로 선출되기 전에 노동자로 대변되는 직종에서 일했던 의원은 2퍼센트도 되지 않았다. 주의회에서도 전체 의원 중 겨우 3퍼센트가 노동자 출신이다.[117]

자신의 문제를 해결해줄 해법으로 능력주의에 초점이 맞춰지면서 부당하게 대접받는 미국인은 트럼프를 지지한 백인 노동자층 유권자뿐만이 아니었다. 유색인종 커뮤니티에서 일하는 사람들도 대학 학위가 필요 없는 직업을 열망하는 사람들에게는 어떤 지지도, 사회적 존중도 보내지 않는 정책이나 사업으로부터 무시당했다. 아프리카계 미국인으로는 가장 높은 지위까지 오른 사우스캐롤라이나의 제임스 클라이번^{James Clyburn} 하원의원은 자신이 속한 정당인 민주당의 능력주의 성향을 거침없이 비판했다. 클라이번은 2020년 사우스캐롤라이나의 예비선거에서 힘겨운 싸움을 벌이던 바이든을 지지하면서 그를 민주당 대통령 후보 지명으로 이어지는 길에 올려놓았다. 그는 바이든이야말로 노동자를 민주당에서 소외시킨 가차 없는 학력주의를 타파할 대표적 인물이라고 바라봤다.

클라이번은 "우리가 안고 있는 문제는 대다수 후보가 사람들과 이어지려 노력하기보다 자신이 얼마나 똑똑한지를 알리려는 데 시간을 보낸다는 점"이라고 말했다. 그는 민주당원들이 대학 교육에 너무 많은 비중을 둔다고 생각했다. "후보자가 유권자들에게 자녀를 대학에 진학시킬 능력을 갖출 필요가 있다"고 말하는데 이게 무엇을 뜻하는가? "나는 그런 말을 듣는 게 끔찍할 정도로 싫다 (…) 나는 그런 말을 들을 필요가 없다. 우리에게는 전기공이 되고 싶은 사람들도 있고 배관공이 되고 싶은 사람들도 있고 또 이발사가 되고 싶은 사람도 있기 때문이다."[118] 직접적으로 표현하지는 않았지만 클라이번은 노동자층 유권자를 비하하면서 트럼프에게 넓고 쉬운 길을 열어주는 결과를 낳았던 능력주의에 입각한 정치적 프로젝트에 자신도 모르게 반대한 셈이다.

2020년이 되면서 대학교 졸업장을 기준으로 사람을 가르는 경향은 백인 노동자층을 넘어 다른 집단에서도 감지됐다. 바이든은 민주당이 전통적으로 그랬듯이 흑인 및 라틴계 유권자들 사이에서 여전히 우세했지만, 트럼프는 대학 학위가 없는 유색인종 유권자들 사이에서 인기가 있었다. 민주당 후보가 대학 학위를 가지지 않은 유색인종 유권자들보다 대학 학위를 가진 유색인종 유권자들에게서 인기가 더 많았던 것은 어쩌면 처음이었을지도 모른다.[119]

성공이라는 결과에 대한 능력주의적 사고방식을 금융이 주도한 세계화의 도덕적 동반자로 바라보는 방식을 살펴보면, 학력으로 무장한 엘리트 집단에 저항하는 정치적 반발의 실체를 이해하는 데 도움이 된다. 지난 40년 동안 시장 및 능력주의에 대한 굳건한 신앙이 주류 미국 정치의 특성을 결정지었다. 신자유주의 자본주의는 어떤 사람은 부유하게 만들고 어떤 사람은 가난하게 만들었지만, 능력주의는 승자와 패자를 확연하게 갈라놓았다. 그리고 소득 불평등뿐만 아니라 바로 이러한 분열이 사람들 사이에 굴욕감을 안겨줬고, 트럼프를 비롯한 권위주의적 포퓰리스트들은 이 굴욕감을 자기의 정치적 목적에 악용했으며 또 효과를 봤다.

금융화의 아버지 찬양하기

미국 최초의 정당 체제는 공화주의 정부에서 재정이 수행할 역할에 대한 의견 차이에서부터 시작됐다. 초대 재무부장관이었던 알렉산더 해밀턴은 새로 구성된 연방정부는 애국심만으로는 부유하고 힘 있는 사람들에게 국가에 대한 충성심을 불어넣을 수 없다고 봤다. 부유한 투자자들은 정부가 성공할 경우 자신에게 떨어지는 이득이 있을 때만 정부를 지지할 것이라고 생각한 것이다. 해밀턴은 애국심이나 시민적 덕목만으로는 도저히 이룰 수 없는 방식으로 부유층을 국가에 묶어두는 국가 재정 체계를 제안했다.

해밀턴은 독립전쟁 때 주정부들이 지고 있던 부채를 연방정부가 떠안아 연방정부의 부채로 산입하겠다고 했다. 그에 따르는 정리차입금*은 정부가 투자자들에게 증권을 팔아 조성하며, 투자자들은 정부로부터 정기적으로 이자를 지급받을 것이라고 했다. 채권자에게 지급하는 지불을 통해 연방정부는 "모든 주의 재정적 관심에 얽어맬 것이다. (…) 연방정부는 모든 산업 부문에 천천히 녹아들어서" 금융 엘리트들의 지지를 얻을 것이라고 했다. 해밀턴은 국가가 지고 있던 부채를 건국의 도구로 바라보

---

* 부채를 정리하기 위한 차입금.

면서 "숫자로나 재산으로나 영향력 측면에서 어쩌면 군대보다 국가의 보전에 더 많이 기여하는" 부유한 시민들을 연방정부에 밀착시켰다.[120]

토머스 제퍼슨과 제임스 매디슨은 금융 분야의 이익집단과 대의정치를 실천하는 정부 사이에 맺은 얽힘을 부패의 일종이라고 바라봤다. 두 사람은 바로 그러한 얽힘 때문에 미국 사회에 불평등이 깊어지고 부자들이 부당한 권력을 가지게 되며 또 공공선이 무너질지도 모른다고 걱정했다. 그들은 해밀턴의 계획에 반대했으며 국립은행의 폐지와 정부에서 발행한 채권을 가진 사람은 의회의 의원이 될 수 없도록 하는 조치를 마련하고자 했다. 금융 친화적 정책으로 위대한 국가를 만들자던 해밀턴의 전망에 반대했던 제퍼슨과 매디슨을 중심으로 장차 민주당으로 불릴 정당이 형성됐다.

그로부터 200년이 지난 뒤에 민주당은 금융이 주도하는 자본주의와 경제 권력의 집중을 당론으로 수용했다. 경제와 정부에 대한 해밀턴적 사고방식은 너무도 널리 완벽하게 퍼져 있어서 그와 관련된 토론이 어떤 내용으로 어떤 식으로 전개됐는지조차 파악하기 어려울 정도다. 제퍼슨의 대리석 기념비는 워싱턴 디시의 타이들베이슨 호수에 눈부시게 마련돼 있지만 해밀턴의 기념비는 국가의 수도에 존재하지 않는다. 하지만 해밀턴의 기념비는 그가 상업과 금융의 경제적 초강대국으로 탄생시킨 국가 그 자체라고 할 수 있다.

2015년에 해밀턴의 기념비가 워싱턴이 아닌 브로드웨이에 마련됐다. 단, 대리석으로 만든 기념비가 아니라 화려한 성공을 거둔 린-마누엘 미란다 작사·작곡·극본의 힙합 뮤지컬 〈해밀턴Hamilton〉으로 그의 공을 기렸다. 미국 건국자들을 다문화적으로 묘사한 뮤지컬은 유색인종 배우들을 주요 배역으로 캐스팅해 관객을 매혹시켰다. 학자들은 해당 뮤지컬이 해밀턴의 노예제 폐지론자 경력을 과장했으며 노예 매매에 관여했던 그의 역할을 간과했다고 지적했다.[121] 또한 이 뮤지컬은 미국 금융의 아버지라고 할 수 있는 해밀턴의 기본적인 업적을 주의 깊게 살피지 않았다.[122] 단순히 카리브해에서 온 이민자라는 비천한 출신의 불리한 조건을 극복하고 성공과 출세를 거머쥔 해밀턴의 능력주의적 계층 상승을 찬양하는 데 그쳤다.

사생아이자 고아이며 창녀의 아들이며
스코틀랜드인의 아들이기도 한 사람이
신의 섭리로 카리브해의 잊힌 곳에 떨어져
빈곤하고 불결한 곳에서 성장해서
어떻게 영웅이자 학자가 될 수 있었을까?[123]

이 질문에 대한 대답을 뮤지컬 〈해밀턴〉에서는 "그는 다른 사람들보다 훨씬 더 열심히 일해서 훨씬 더 똑똑해졌으며 스스로 시작함으로써 훨씬 더 먼 곳까지 나아갔기 때문이다"라고 제시한다.[124]

뮤지컬 〈해밀턴〉은 신분 상승의 이야기를 브로드웨이 방식으로 표현했다. 예컨대 이 뮤지컬에서 젊은 해밀턴이 국가적 영웅이 될 수 있었던 것은 탁월한 자질과 노력을 통해 자신의 재능이 허락하는 가장 높은 곳까지 올라가기로 결심했기 때문이라는 메시지를 담고 있다. 또 그가 장차 '아메리칸 드림'으로 불릴 기회를 놓치지 않았기 때문이라는 메시지도 전한다.

나는 단 한 발도 놓치지 않을 거야[*]

나는 단 한 발도 놓치지 않을 거야

헤이 요, 나는 내 조국과 똑같지

나는 젊고 경쟁을 즐기고 배가 고프지

그리고 나는 단 한 발도 놓치지 않을 거야[125]

오바마 시대를 위한 찬가인 이 뮤지컬은 2010년대에 유행하던 자유주의의 세 가지 노선, 즉 다문화주의, 능력주의, 무대 밖에서 진행되는 금융 주도의 자본주의를 훌륭하게 녹여냈다. 오바마는 이 뮤지컬을 여러 차례 관람했으며 배우들을 백악관으로 초청해 공연 자리를 마련하기도 했다. 심지어 그는 "장담컨대 해밀턴은 딕 체니[**]와 내가 유일하게 동의하는 인물이다"라는 초당파적 농담을 하기도 했다.[126]

초당적 호소의 핵심은 바로 신분과 계층의 상승이라는 수사였다. 오바마는 이 뮤지컬을 두고서 "본질적으로 미국적인 이야기"이자 "가난에서 탈출해 단호한 의지와 용기와 결단력으로 사회의 꼭대기까지 오르는 정상에 오른 이민자"의 이야기라고 했다. 미셸 오바마는 2016년 토니상 시상식에서 뮤지컬 〈해밀턴〉을 소개하면서 "미국이라는 기적을 소재로 한 뮤지컬이다. (…) 미국이야말로 아무리 출신이 낮은 사람이라고 하더라도 노력만 하면 얼마든지 성공할 수 있는 나라가 아닌가?"라고 말했다.[127]

이 블록버스터 뮤지컬은 능력주의를 향한 믿음을 눈이 부시도록 화려

---

* 여기에서 '한 발'은 포탄 한 발을 말하며, 자기 인생에서 주어진 기회를 뜻한다.

** 미국의 제46대 부통령. 미국 극우 세력인 네오콘의 수장으로, 조지 W. 부시 정부의 실질적인 강경파 권력자였다.

하게 펼쳐 보였다. 그러나 이 뮤지컬이 대변하는 공공철학은 사람들에게 영감을 불어넣을 힘을 잃어가고 있었다. 평균적인 노동자 임금이 40년 동안 정체되자 계층 사다리의 상향 이동은 이제 불평등 문제를 해소할 해결책이 되지 못했다. 초세계화되고 금융화된 경제를 세상에 내놓았던 사람들은 경쟁에서 뒤처진 사람들에게 "세계화된 경제 속에서 경쟁하고 이길 수 있도록" 자신의 조건과 상태를 개선하는 노력을 하라고 꾸짖었다. 그러나 엘리트들은 사회에 팽배한 불만의 분위기를 포착하지 못했다. 먹고살고자 안간힘을 쓰는 사람들에게 "노력만 하면 뭐든 할 수 있다"라는 주문은 이미 희망의 약속이 아니라 조롱이었던 것이다.

뮤지컬 〈해밀턴〉이 토니상을 휩쓴 지 2주도 지나지 않아 영국은 유럽 연합 탈퇴를 국민투표로 결정했다. 그리고 몇 달 뒤에는 트럼프가 시골 지역 및 세계화로 인해 공동화된 산업 지역 유권자들의 압도적인 지지를 받아 대통령으로 선출됐다.[128] 비록 트럼프는 대통령으로 재임하면서 자신을 지지했던 사람들에게 도움이 될 일을 거의 하지 않았지만, 그를 지지하던 사람들은 끝까지 그를 지지했다. 물론 4년 뒤에 치러진 선거에서 트럼프는 패했지만 완전히 내팽겨쳐지지는 않았다. 코로나 팬데믹에 어설프게 대응했고 인종 간 긴장을 부추겼으며 헌법상 규정을 무시하는 것을 지켜봤음에도 7,400만 명이나 되는 미국인이 여전히 그가 재선에 성공하기를 바라며 그에게 표를 던졌다.* 선거가 끝나고 1년이 지난 뒤에도 공화당 지지자 중 대부분이라고 할 수 있는 68퍼센트는 자신이 실제로 승리했으며 부정선거로 자신이 이긴 승리를 도둑맞았다는 트럼프의 주장을 곧이곧대로 믿었다.[129]

---

* 이 선거에서 트럼프의 득표율은 46.9퍼센트나 됐고, 조 바이든의 득표율은 51.3퍼센트였다.

팬데믹 이후의 정치: 신자유주의를 넘어설까?

2021년에 바이든이 취임하면서 신자유주의와 능력주의를 기반으로 하는 정치적 움직임은 뒤로 물러났다. 1970년대 이후 워싱턴 정가 기득권층의 변함없는 일원이었던 바이든은 급진주의자도 아니었고 변절자도 아니었다. 그러나 성격적 기질이나 인생 경험으로 보자면 그는 전임자들보다 능력주의나 학력주의에 덜 빠져 있었고 또 정통 신자유주의에도 덜 빠져 있었다.

선거 유세장에서 그는 계층 상승의 수사보다 노동의 존엄성과 노동조합 강화의 필요성을 말했다. 취임한 뒤에는 전임자들에 비해 경제학자들을 신뢰하지 않았다. 이러한 바이든의 모습에 대해 정치평론가인 에즈라 클라인Ezra Klein은 "오바마는 정치인들이 경제를 제대로 이해하지 못한다는 이유로 끊임없이 좌절했다. (…) 바이든은 경제학자들이 정치를 이해하지 못한다는 이유로 끊임없이 좌절했다"라고 했다. 이것은 바이든이 클린턴과 오바마보다 "학구적 태도가 부족하기 때문"일 뿐만 아니라 "과거 세대에 이뤄졌던 경제 자문이 실패로 끝나고 말았음"을 (미국이라는 국가가 목격한 것과 마찬가지로) 그가 직접 목격했기 때문이다. 수십 년 세월이 "금융위기와 지긋지긋한 불평등 그리고 반복되는 부채 공황"으로 점철되자 "경제 분야의 전문성이라는 것도 빛을 잃고 말았다." 아울러 2008년 금융위기 이후에 적절한 경기부양 프로그램이 마련되지 못했고 또 기후변화에 대처할 공공투자가 부족했다는 점 역시 그런 경향성에 부채질을 했다.[130]

바이든은 미국 경제를 덮쳤던 지난 경기 침체 이후에 정부 지출을 억제하기보다 긴축 정책을 거부하면서 1조 9,000억 달러 규모의 경기부양책에 서명했다. 또 얼마 뒤에는 미국 전역의 노후화된 인프라를 개선하기 위한 1조 달러 예산 법안이 의회를 통과하도록 이끌었다. 그뿐만 아니라 사회안전망을 강화하고 기후변화에 맞서 싸우는 데 필요한 예산 수조 달러를 추가로 요구했다. 그러나 이 요구는 상원에서 표가 근소하게 나뉘면서 반대에 부닥쳤다. 바이든이 내세웠던 의제는 연방정부의 재정 지출 확대 외에도 민주당 내부의 진보주의자들의 새로운 활력에 토대가 되는 것들이었다. 예를 들면 독점금지법 부활, 정보통신 분야 대기업에 대한 규제 강화, 자사주매입 제한, 억만장자들에 대한 재산세 부과, 국민총생산 중 노동자층의 몫 증대, 연방준비제도이사회FRB의 공공은행public bank으로의 전환, 미국 경제의 녹색 경제로의 전환 등이었다.[131]

바이든이 의회를 확실하게 장악하지 못한 결과 이러한 야망 중에서 바이든 시대에 실현될 가망이 있는 것은 별로 없다. 또한 기업 로비스트들과 정치자금을 후원하는 계층이 의회를 지배하면서 의회는 변화를 법제화하기 위한 기구가 아니라 변화를 막기 위해 존재하는 기구로 전락했다. 이런 상황에서 정책 제안만으로는 충분하지 않다. 변혁적 정치 프로젝트를 추진하기 위한 전제조건이 필요하다. 즉 노동자층이 요구하는 내용에 부합하고 자치 사업에 한층 더 호의적인 경제 체제를 요구하며 압박하는 사회운동이 활기차게 전개돼야 한다.[132] 이런 운동이 일어나지 않는다면, 미국인이 느끼는 불만은 더욱 쌓이고 또 높아져서 미국을 어둠의 나락으로 떨어뜨릴지도 모른다.

좌파와 우파의 포퓰리즘 시위가 여전히 격화되는 가운데 자본주의와 민주주의 사이의 관계 조건은 재협상을 통해 새롭게 규정될 수밖에 없었다. 불평등이 만연하고 팬데믹이 맹렬하게 기세를 올리는 상황에서 시장의 마법은 이미 매력을 잃었다. 또 마찰 없는 세계 경제가 효율성과 번영과 상호 이해를 보장할 것이라는 믿음도 무너지고 말았다. 어렵고 힘든 시기에 국가는 여전히 중요했다. 그리고 정치도 마찬가지였다.

전 세계적으로 코로나 팬데믹은 600만 명이 넘는 사람의 목숨을 앗아 갔다. 세계화 시대에 깊어진 가혹한 불평등이 적나라한 모습을 드러냈으며, 도시 봉쇄(록다운)와 공장 폐쇄를 불러일으켰고, 공급망을 붕괴시켰다. 전 세계의 무역 상품을 싣고 대양을 오가는 거대한 컨테이너선들이 짐을 내리지 못한 채 항구 인근에 정박해 차례를 기다리지만 몇 달이 걸릴지 몇 년이 걸릴지 알 수 없었다.[133] 물론 시간이 흐르고 나면 봉쇄가 풀릴 것이고 공장이 다시 돌아갈 것이며 상품을 실은 배들도 정상적으로 운항할 것이다. 그러나 팬데믹은 더 깊고 미묘한 변화를 가져왔다. 바로 신자유주의 사업의 핵심이라고 할 수 있는 주장, 즉 시장 메커니즘이 공공선을 규정하며 또 그 이익을 실현할 수 있다는 주장을 사람들이 의심하기 시작한 것이다.

시장에 대한 믿음이 자치 구현 정책 및 사업과 불협화음을 일으키는 것은 그러한 믿음이 정치를 회피하기 때문이다. 다시 말해 금융이 주도하는 세계화 지지자들 스스로 자신들이 세상에 내놓은 경제협정들을 인간의 정치를 초월하는 자연적 사실들이라고 끈질기게 강요한다는 뜻이다. 이러한 논리에 따르면 자유무역협정, 자유롭게 국경을 넘나드는 자본의 흐름, 경제적 삶의 금융화, 일자리의 외국 외주화, 탈규제, 금융위기의 반복, 국민총생산에서 노동자층이 차지하는 몫의 꾸준한 하락, 높은 수준의 기술력을 가진 노동자에게 유리한 여러 기술의 등장 등은 세계 경제에서 꼭 필요한 요소들이며 정치적 논쟁을 거쳐 옳고 그름을 따질 대상이 아니다.[134] 이러한 발상 아래에서는 상품을 배송하거나 투자 자금을 할당하거나 또는 다양한 일자리의 사회적 가치를 결정하는 과정에 대한 방법이 이미 정해져 있으므로 굳이 공개적 토론의 대상이 될 수 없다. 나아가 공적인 담론은 점점 더 실속 없어지고 사람들의 실망감은 더욱 커진다.

경제적 삶의 기본적 조건이 자연의 불변적 사실이라면 인간 사회의 자치 범위는 근본적으로 제약을 받을 수밖에 없다. 그러면 정치의 기능은 필요성에 굴복하는 일에 지나지 않게 돼 결국 정치라는 영역은 축소된다. 여기서 말하는 '필요성'의 예를 들자면, 도덕적으로 옹호 불가능한 월스트리트 구제금융, 또는 정부가 교육과 인프라 그리고 그 밖의 의미 있는 공공의 목적에 정부 예산을 투입하기보다 재정적자를 줄여 채권시장을 부양할 필요성이다. 만약 정치가 경제적 삶의 고정된 명령에 적응하는 것이 기본이고 실제로도 그렇다면 정치는 민주적 시민보다 금융 공학 전문가나 기술 관료에게 맡기는 편이 더 낫다고 할 수밖에 없다.

세계화 시대는 이처럼 정치를 좁게 축소한 개념으로써 정의됐다. 그리고 세계화는 불가피한 필요성의 과학을 제시한다고 주장하는 교조적 경제학자들이 지나치게 큰 역할을 수행하는 과정에서 동시에 일어났다. 그러나 필요성의 과학이라는 것은 거짓된 과학이었다. 또 이것을 받아들였던 정책 입안자들은 경제를 잘못 관리해 불평등을 악화시켰으며 또 분노의 역풍과 그에 뒤따르는 해로운 정치의 조건을 만들었다.

인도의 정치 이론가 프라탑 바누 메타^{Pratap Bhanu Mehta}는 통찰이 넘치는 명쾌한 글에서 신자유주의가 활개를 폈던 수십 년 동안 필요성을 떠받드는 과장된 주장이 "정의와 가치를 따지고 묻는 한층 더 넓은 질문들을 무력하게 만들었다"라고 지적했다. 또한 주류 자유주의에 반대하고 나선 포퓰리즘의 반란은 "시장이나 세계화에 대한 이성적인 비판이 아니라 (…) 모든 정치와 국가가 반드시 받아들인 다음에 거기에 맞춰야 한다는 일종의 숙명론으로 제시된 것에 대한 반란이었다. 자치를 지향하는 시민으로서 자기의 주권을 되찾으려는 열망은 종종 정의를 따지려는 열망이라기

보다 우리의 경제적 운명의 집단적 통제 아래에 있어야 한다는 인간적 열망이었다".[135]

정치는 필요한 것과 가능한 것 사이에 일어나는 지속적인 협상 과정이다. 코로나 팬데믹에서 드러났듯이 어떤 사건이든 그 둘 사이의 경계선 위치를 바꿔놓을 수 있다. 2009년에 오바마 정부는 가능성의 한계를 넘어서는 1조 달러 규모의 경기부양책을 고려했다. 팬데믹 발생 첫해에 트럼프 정부와 바이든 정부는 의회의 협조를 얻어서 5조 달러가 넘는 예산 지출을 승인했다. 전 세계의 중앙은행들은 체계를 유지하는 데 그보다 훨씬 더 많은 돈을 쏟아부었다. 이와 관련해 경제사학자 애덤 투즈Adam Tooze는 다음과 같이 썼다. "세계 각국의 정부는 제2차 세계대전 이후로 본 적이 없는 막대한 규모의 국공채를 발행했지만 금리는 급락했다. 통상적으로 우리는 재정 안정성이 맹렬한 채권시장의 감시를 받아 엄격하게 유지된다고 생각했었다. 그런데 재정 안정성의 엄격한 한계가 2008년 금융위기 때 흐려졌었는데, 2020년에는 아예 지워져버렸다."[136]

투즈는 계속해서 다음과 같이 썼다. "제2차 세계대전 때 존 메이너드 케인스가 '우리가 실제로 할 수 있는 것은 무엇이든 모두 우리가 감당할 수 있는 것이다'라고 선언했을 때 세계는 그가 옳다는 것을 깨달았다. 진정한 도전과 진정한 정치적 질문은 우리가 무엇을 하고 싶은지 그리고 그렇게 하려면 어떻게 해야 하는지를 두고 동의를 이끌어내는 것이었다."[137]

케인스의 통찰은 해방적이면서도 우리의 정신을 번쩍 들게 만든다. 정치가 우선임을 주장하는 그의 통찰이 무엇보다 해방적이다. 우리가 감당할 수 있는 것은 궁극적으로 우리가 무엇에 신경을 쓰느냐에 달려 있다. 전 세계의 국가들은 팬데믹이 초래한 경제적 황폐화에 대응해 평소라면 상상도 못 했을 엄청난 규모의 재정 자원을 투입했다. 메타가 썼듯이 "여태까지 경제적 사고를 그토록 강력하게 사로잡았던 '필요성'의 아우라가 희박한 공기에 녹아들어 사라졌다." 그린뉴딜Green New Deal*의 지지자들에게 '필요성'의 아우라를 제거하는 일은 고무적이었으며, 심지어 통쾌한 일이었다. 또 만약 우리가 팬데믹으로부터 경제를 구할 수 있다면 아마도 우리는 생물권을 구하게 될 것이다.[138]

그러나 바로 이 지점에서 케인스가 말했던 요점이 우리의 정신을 번쩍 들게 만든다. 우리가 무엇을 하고 싶은지, 또 우리가 궁극적으로 관심을 가지는 것이 무엇인지에 동의하기란 쉽지 않다. 지금 우리의 정치 지형에서는 진영이 양극화돼 양쪽이 서로에게 앙심을 품고 있다. 자연과 함께 살아가는 우리의 삶의 방식에 대한 방향성과 같은 중대한 질문들을 놓고 심사숙고하는 데 우리는 익숙하지 않다. 팬데믹 기간에 비행기 탑승객의 마스크 착용 여부를 두고도 쉽게 동의하지 못하는 게 지금 우리의 현실이 아닌가.

인류세** 시대에 자치를 이루기 위해 해결해야 할 과제는 재정적 문제일 뿐만 아니라 철학적 문제이기도 하다. 경제를 잘 다스린다는 것은 국민총생산을 극대화하고 경제 성장의 열매를 적절하게 분배할 방법을 알아내는 것뿐만 아니라 그 이상을 수행해야 한다. 그렇게 하려면 우리가 서로 함께 살아가는 방식, 또 우리가 살고 있는 자연 세계와 함께 살아가는 방식을 돌아봐야 한다.

아리스토텔레스는 정치가 상업과 교환을 용이하게 할 뿐만 아니라 좋은 삶을 위한 것이기도 하다고 가르쳤다. 시민이 된다는 것은 자기가 살

---

* 환경과 사람이 중심이 되는 지속 가능한 발전을 추구하는 정책.

** 인류로 인한 지구온난화 및 생태계 침범을 특징으로 하는 현재의 지질학적 시기.

아가는 가장 좋은 방식을 고민한다는 것이고 또한 자기를 온전하게 인간적 존재로 만들어주는 미덕이 무엇인지 고민한다는 뜻이다. 오늘날의 자유주의는 정치를 이런 식으로 바라보는 사고방식을 지나친 욕심이라고 생각한다. 다원주의 사회에서는 사람들이 생각하는 좋은 삶이 제각기 다르므로 공적 광장에 발을 들여놓으려면 자신이 가진 도덕적·정신적 신념을 내려놓아야 한다. 즉 오늘날의 자유주의에서는 우리 사회에서 이뤄지는 통치가 '좋은 것' 또는 선善의 개념을 두고 서로 다투는 여러 가지 발상과 개념에 대해 중립적 태도를 취하는 원칙들에 따라 이뤄져야 한다고 바라본다.

그러나 이런 식으로 중립성을 바라본다면 자유주의는 시장에 대한 믿음 쪽으로 치우쳐서 왜곡되고 만다. 시장의 진정한 매력은 효율성과 번영의 제공이 아니라 상품의 가치를 평가하는 기준을 따지는 온갖 지저분하고 논쟁적 토론의 필요성으로부터 우리가 벗어난 듯 느끼게 해준다는 것이다. 결국 이것은 잘못된 것이다. 도덕적으로 다툼의 여지가 있는 질문들을 공적 토론에서 배제한다는 것은 그 질문들에 대한 결론이 최종적으로 내려지지 않은 채로 내버려둔다는 말이 아니다. 궁극적으로는 부유하고 힘 있는 사람들이 관리하고 지휘하는 시장들이 질문들에 대한 답을 결정하도록 방치한다는 뜻이다.[139]

신자유주의의 믿음이 절정에 다다랐을 때 영국의 토니 블레어 총리는 세계화를 놓고 논쟁하기를 원하는 사람들을 향해 "여름이 지난 뒤에 과연 가을이 올까 하는 문제를 놓고 토론하는 것이 나을 것이다"라고 조롱했다.[140] 그때만 하더라도 그의 발언은 의기양양해 보였지만, 지금 보면 말도 안 되는 소리다. 지금은 기후변화가 계절 구분을 완전히 바꿔놓아서 여름 더위가 더 일찍 찾아오고 더 오래 머문다. 어떤 과학자들은 오늘날 우리가 삶의 방식을 바꾸지 않으면 21세기 말에는 여름이 여섯 달 동안 이어질 것이라고 예측하기도 한다.[141]

한때 자연의 불변적 진리로 보였던 것이 지금은 자치의 대상이 됐다. 필요성과 가능성 사이의 경계는 우리의 발아래서 이동하고 있다. 우리의 삶을 지배하는 온갖 힘들의 형태를 새롭게 구성하고자 하는 시민적 열망은 이제 우리에게 여름이 지나면 과연 가을이 올 것인지를 놓고 진지하게 토론하고 또 판단하라고 말한다.

주

개정판 서문

1 마이클 샌델,《민주주의의 불만》(Harvard University Press, 1996), p. 350.

2 위의 책, p. 346.

3 위의 책, p. 339.

1장.

1 〈월간갤럽여론조사(*Gallup Poll Monthly*)〉(February 1994, p. 12.)에 따르면 1990년대가 되면 미국인 중 오직 20만 퍼센트만 미국 정부가 대체로 옳은 일을 한다고 믿었다. 그런데 〈월간갤럽여론조사〉(September 1992.)에 따르면 미국인 가운데 4분의 3은 미국 정치가 작동하는 방식이 불만이라고 느꼈다. 또 Alan F. Kay., "Steps for Democracy," Americans Talk Issues, March 25, 1994, p. 9.에 따르면 그것과 비슷한 비율의 미국인은 정부가 모든 사람의 이익보다 소수의 덩치 큰 이익집단의 이익에 따라 운영된다고 믿었다. Pew Research Center, May 17, 2021(https://www.pewresearch.org/politics/2021/05/17/public-trust-in-government-1958-2021/)에 따르면 미국 정부에 대한 신뢰는 2001년 9월의 9.11 사건 이후 늘어났지만, 2010년대가 되면 다시 역사적인 최저치로 다시 떨어졌다.

2 1997년에 미국인 64퍼센트는 미국인이 정치적 의사결정을 잘할 것이라는 믿음을 가지고 있었다. 그러나 2019년이 되면 이 비율은 34퍼센트로 떨어졌다. Michael Dimock, "How Americans View Trust, Facts, and Democracy Today," Pew Research Center, February 19, 2020: https://www.pewtrusts.org/en/trust/archive/winter-2020/how-americans-view-trust-facts-and-democracy-today. 한편 갤럽여론조사는 약간 다른 질문항을 사용해서, 1970년대 이후로 이런 믿음이 꾸준하게 줄어들었음을 발견했다. 1976년에 우리의 민주주의 체제 아래에서 미국이 맞닥뜨리는 쟁점들에 대해 동료 시민들이 올바른 판단을 내릴 것이라고 믿는 미국인의 비율은 86퍼센트였는데, 이 비율이 2021년에는 55퍼센트밖에 되지 않았다. Justin McCarthy, "In U.S., Trust in Politicians, Voters Continues to Ebb," Gallup, October 7, 2021: https://news.gallup.com/poll/355430/trust-politicians-voters-continues-ebb.aspx.

3 다음을 참조하라. John Rawls, *A Theory of Justice* (Cambridge, Mass.: Harvard University Press, 1971); Ronald Dworkin, "Liberalism," in Stuart Hampshire, ed., *Public and Private Morality* (Cambridge: Cambridge University Press, 1978), pp. 114–143; 같은 사람, *Taking Rights Seriously* (Cambridge, Mass.: Harvard University Press, 1977); Robert Nozick, *Anarchy, State, and Utopia* (New York: Basic Books, 1977); Bruce Ackerman, *Social Justice in the Liberal State* (New Haven: Yale University Press, 1980). 자유주의의 이 버전에 대한 철학적 비판에 대해서는 다음을 참조하라. Michael J. Sandel, *Liberalism and the Limits of Justice* (Cambridge: Cambridge University Press, 1982).

4 '절차적 공화주의(procedural republic)'라는 표현은 주디스 슈클라(Judith N. Shklar)에게서 빌려서 쓴다.

5 현재 미국 정치에서 사용되는 '자유주의적(liberal)'이라는 표현의 의미에 대해서는 다음을 참조하라. Ronald D. Rotunda, *The Politics of Language* (Iowa City: Iowa University Press, 1986).

6 Adam Smith, *The Wealth of Nations,* Book IV, Chapter 8 (1776; reprint, New York: Modern Library, 1994), p. 715.

7 John Maynard Keynes, *The General Theory of Employment, Interest, and Money* (1936; reprint, London: Macmillan, St. Martin's Press, 1973), p. 104.

2장.

1 Thomas Jefferson, *Notes on the State of Virginia* (1787), in Merrill D. Peterson, ed., *Jefferson Writings* (New York: Library of America, 1984), pp. 290 – 291.

2 Jefferson, *Notes on the State of Virginia* (1787)

3 토머스 제퍼슨의 도덕적 모순이나 도덕과 관련된 복잡한 문제들에 대한 자세한 설명은 다음을 참조하라. Annette Gordon-Reed and Peter S. Onuf, *"Most Blessed of the Patriarchs": Thomas Jefferson and the Empire of the Imagination* (New York: Liveright Publishing, 2016).

4 존 애덤스가 머시 워런(Mercy Warren)에게 보낸 편지, 1776년 4월 16일, Worthington C. Ford, ed., *Warren-Adams Letters,* vol. 1 (Boston: Massachusetts Historical Society, 1917), p. 222.

5 벤저민 프랭클린이 아베 샬뤼와 아르노에게 보낸 편지, 1787년 4월 17일. 다음에서 인용했다. Drew R. McCoy, *The Elusive Republic: Political Economy in Jeffersonian America* (Chapel Hill: University of North Carolina Press, 1980), p. 80.

6 애덤스가 워런에게 보낸 편지, 1776년 1월 8일, Ford, *Warren-Adams Letters*, vol. 1, p. 202.

7 〈같은 글〉

8 다음을 참조하라. Gordon S. Wood, *The Creation of the American Republic, 1776–1787* (Chapel Hill: University of North Carolina Press, 1969), pp. 46 – 124.

9 위의 책, p.36.

10 Bernard Bailyn, *The Ideological Origins of the American Revolution* (Cambridge, Mass.: Harvard University Press, 1967), pp. 94 – 95.

11 Wood, *Creation of the American Republic*, pp. 53, 55, 58, 91 – 124.

12 위의 책, pp. 393 – 429. 다음에서 인용했다. Gordon S. Wood, "Interests and Disinterestedness in the Making of the Constitution," in Richard Beeman, Stephen Botein, and Edward C. Carter II, eds., *Beyond Confederation: Origins of the Constitution and American National Identity* (Chapel Hill: University of North Carolina Press, 1987), p. 71.

13 Benjamin Rush, *Plan for the Establishment of Public Schools* (1786), in Frederick Rudolph, ed., *Essays on Education in the Early Republic* (Cambridge, Mass.: Harvard University Press, 1965), pp. 14, 17.

14 Wood, "Interests and Disinterestedness," pp. 80 – 81.

15 Alexander Hamilton, The Continentalist (1782). 다음에서 인용했다. Gerald Stourzh, *Alexander Hamilton and the Idea of Republican Government* (Stanford: Stanford University Press, 1970), p. 70; Noah Webster, *An Examination into the Leading Principles of the Federal Constitution* (1787). 다음에서 인용했다. 위의 책, p. 230, n. 104. 아울러 다음을 참조하라. Wood, *Creation of the American Republic*, p. 610.

16 James Madison, *Federalist* no. 51 (1788), in Jacob E. Cooke, ed., *The Federalist* (Middletown, Conn.: Wesleyan University Press, 1961), p. 349.

17 위의 책.

18 Madison, *Federalist* no. 10, p. 62.

19 Madison in Jonathan Elliot, ed., *The Debates in the Several State Conventions on the Adoption of the Federal Constitution*, vol. 3 (New York: Burt Franklin, 1888), pp. 536 – 537.

20 Washington, "Farewell Address," September 19, 1796, in Noble E. Cunningham, Jr., ed., *The Early Republic, 1789–1828* (Columbia: University of South Carolina Press, 1968), p. 53.

21 Hamilton, *Federalist* no. 27, pp. 173 – 174.

22 초기 미국 공화국의 경제 논쟁에서 공화주의적 주제들이 수행했던 역할을 다룬 탁월한 논문 두 편이 있다. 내가 큰 빚을 진 이 두 논문은 다음과 같다. Lance Banning, *The Jeffersonian Persuasion* (Ithaca: Cornell University Press, 1978); and McCoy, *Elusive Republic*. 이 시기의 공화주의와 경제 정책을 다룬 그 밖의 소중한 논의는 다음에서도 찾아볼 수 있다. Steven Watts, *The Republic Reborn: War and the Making of Liberal America, 1790–1820* (Baltimore: Johns Hopkins University Press, 1987); John R. Nelson, Jr., *Liberty and Property: Political Economy and Policymaking in the New Nation, 1789–1812* (Cambridge, Mass.: Harvard University Press, 1987); Joyce Appleby, *Capitalism and a New Social Order: The Republican Vision of the 1790s* (New York: New York University Press, 1984); Richard Buel, Jr., *Securing the Revolution: Ideology in American Politics, 1789–1815* (Ithaca: Cornell University Press, 1972); and Rowland Berthoff, "Independence and Attachment, Virtue and Interest: From Republican Citizen to Free Enterpriser, 1787 – 1837," in Richard L. Bushman et al., eds., *Uprooted Americans: Essays to Honor Oscar Handlin* (Boston: Little, Brown, 1979), pp. 97 – 124. 내가 이 책에서 설정한 목표는 특정한 시민적 주제들이, 특히 공화주의적 전통의 형성적인 야망이 초기 미국 공화국 논쟁에서 어떻게 형성됐는지를 보여주는 것이므로, 나는 지적인 역사가들 사이에서 많이 논의되는 18세기 영국의 "궁정 국가(court-country)" 논쟁이나 미국 정치에 끼친 영향이나 로크 대 마키아벨리, 제임스 해링턴(James Harrington), 볼링브로크 자작(Viscount Bolingbroke)의 논쟁이 미국 정치에 끼친 상대적 영향은 여기에서 다루지 않는다. 다음을 참조하라. J. G. A. Pocock, *The Machiavellian Moment: Florentine Political Thought and the Atlantic Republican Tradition* (Princeton: Princeton University Press, 1975); 같은 사람, "Virtue and Commerce in the Eighteenth Century," *Journal of Interdisciplinary History*, 3 (1972), 119 – 134; Isaac Kramnick, *Republicanism and Bourgeois Radicalism: Political Ideology in Late Eighteenth-Century England and America* (Ithaca: Cornell University Press, 1990); John Patrick Diggins, *The Lost Soul of American Politics: Virtue, Self-Interest, and the Foundation of Liberalism* (New York: Basic Books, 1984); Thomas L. Pangle, *The Spirit of Modern Republicanism: The Moral Vision of the American Founders and the Philosophy of Locke* (Chicago: University of Chicago Press, 1988); Lance Banning, "Jeffersonian Ideology Revisited: Liberal and Classical Ideas in the New American Republic," *William and Mary Quarterly*, 43 (January 1986), 3 – 19; Joyce Appleby, "Republicanism in Old and New Contexts," 위의 책, pp. 20 – 34.

23 Alexander Hamilton, *Report Relative to a Provision for the Support of Public Credit* (1790), in *The Reports of Alexander Hamilton*, ed. Jacob E. Cooke (New York: Harper and Row, 1964), pp. 1 – 45.

24 위의 책, p. 14. 아울러 다음을 참조하라. Banning, *Jeffersonian Persuasion*, pp. 134 – 140.

25 Hamilton, "Notes on the Advantages of a National Bank," 다음에서 인용했다. Banning, *Jeffersonian Persuasion*, pp. 136 – 137.

26 "The Tablet," *Gazette of the United States*, April 24, 1790. 다음에서 인용했다. 위의 책, p. 137.

27 다음을 참조하라. Banning, *Jeffersonian Persuasion*, pp. 126 – 160.

28 제퍼슨이 다음에서 한 이야기다. *The Anas* (1791 – 1806), in *Jefferson Writings*, pp. 670 – 671.

29 다음을 참조하라. Banning, *Jeffersonian Persuasion*, p. 204

30 제퍼슨이 워싱턴에게 보낸 편지, 1792년 5월 23일, *Jefferson Writings*, pp. 986 – 987.

31 Anonymous pamphlet, *A Review of the Revenue System* (1794). 다음에서 인용했다. Banning, *Jeffersonian Persuasion*, p. 227.

32 "For the General Advertiser" (1794) 다음에서 인용했다. 위의 책, p. 230.

33 John Taylor, *An Inquiry into the Principles and Policy of the Government of the United States* (1814), ed. Loren Baritz (Indianapolis: Bobbs-Merrill, 1969), pp. 48 – 49.

34 Banning, *Jeffersonian Persuasion*, p. 181.

35 McCoy, *Elusive Republic*, p. 126.

36 위의 책, pp. 120 – 132.

37 위의 책, pp. 120 – 184.

38 Hamilton (December 1774). 다음에서 인용했다. Stourzh, *Hamilton and the Idea of Republican Government*, p. 195.

39 Hamilton in the Federal Convention (June 22, 1787), in Max Farrand, ed., *The Records of the Federal Convention of*

1787, vol. 1 (New Haven: Yale University Press, 1966), p. 381. 아울러 다음을 참조하라. Stourzh, *Hamilton and the Idea of Republican Government*, p. 79.

40 Hamilton, *Federalist* no. 72 (1788), p. 488. 아울러 다음을 참조하라. Stourzh, *Hamilton and the Idea of Republican Government*, p. 102.

41 Banning, *Jeffersonian Persuasion*, p. 140.

42 McCoy, *Elusive Republic*, pp. 137 – 147.

43 위의 책, pp. 182 – 183.

44 위의 책, pp. 185 – 187.

45 위의 책, pp. 199 – 203.

46 Jefferson. 위의 책 203쪽에서 인용했다.

47 John Taylor, *A Defense of the Measures of the Administration of Thomas Jefferson Thomas Jefferson* (1804). 다음에서 인용했다. Watts, *Republic Reborn*, pp. 26 – 27.

48 다음을 참조하라. McCoy, *Elusive Republic*, p. 204; and Stourzh, *Hamilton and the Idea of Republican Government*, pp. 191 – 192.

49 다음을 참조하라. McCoy, *Elusive Republic*, p. 199.

50 Hamilton (1803). 다음에서 인용했다. 위의 책, p. 200, and in Stourzh, *Hamilton and the Idea of Republican Government*, p. 193. 아울러 다음을 참조하라. Appleby, *Capitalism and a New Social Order*, p. 94.

51 다음을 참조하라. McCoy, *Elusive Republic*, pp. 216 – 221.

52 위의 책, p. 210.

53 다음을 참조하라. Watts, *Republic Reborn*, pp. 83 – 84, 90 – 91, 101 – 103, 151 – 160, 240 – 249, 260, 269, 284.

54 다음을 참조하라. Linda K. Kerber, *Federalists in Dissent: Imagery and Ideology in Jeffersonian America* (Ithaca: Cornell University Press, 1980), pp. 173 – 215.

55 *Pennsylvania Journal* (Philadelphia), December 10, 1767. 다음에서 인용했다. Edmund S. Morgan, "The Puritan Ethic and the American Revolution," *William and Mary Quarterly*, 24 (October 1967), 10. 다음을 참고하라. 모건이 쓴 전체 글, pp. 3 – 43; John F. Kasson, *Civilizing the Machine: Technology and Republican Values in America, 1776–1900* (Harmondsworth: Penguin Books, 1976), p. 9; and McCoy, *Elusive Republic*, pp. 64 – 66.

56 McCoy, *Elusive Republic*, pp. 65, 107 – 109.

57 Benjamin Rush, "Speech to the United Company of Philadelphia for Promoting American Manufactures" (1775), reprinted in Michael Brewster Folsom and Steven D. Lubar, eds., *The Philosophy of Manufactures: Early Debates over Industrialization in the United States* (Cambridge, Mass.: MIT Press, 1982), pp. 6 – 7. 아울러 다음을 참조하라. Kasson, *Civilizing the Machine*, pp. 9 – 10.

58 다음을 참조하라. McCoy, *Elusive Republic*, pp. 104 – 119; and Kasson, *Civilizing the Machine*, pp. 14 – 21.

59 Jefferson, *Notes on the State of Virginia*, pp. 290 – 291.

60 제퍼슨이 존 제이(John Jay)에게 보낸 편지, 1785년 8월 23일. 위의 책, p. 818.

61 다음을 참조하라. Kasson, *Civilizing the Machine*, pp. 24 – 25; and Thomas Bender, *Toward an Urban Vision: Ideas and Institutions in Nineteenth-Century America* (Baltimore: Johns Hopkins University Press, 1975), pp. 22 – 23.

62 Noah Webster, *Sketches of American Policy* (1785). 다음에서 인용했다. McCoy, *Elusive Republic*, pp. 111 – 112.

63 "An Oration delivered at Petersburgh ...," *American Museum*, 2 (November 1787). 다음에서 인용했다. Kasson, *Civilizing the Machine*, p. 18. 아울러 다음을 참조하라. 위의 책, pp. 17 – 19.

64 Tench Coxe, "Address to an Assembly Convened to Establish a Society for the Encouragement of Manufactures and the Useful Arts" (Philadelphia, 1787), in Folsom and Lubar, *Philosophy of Manufactures*, pp. 45, 55. 아울러 다음을 참조하라. Kasson, *Civilizing the Machine*, pp. 28 – 32.

65 Coxe, "Address," pp. 55 – 57, 61 – 62.

66 Hamilton, *Report on Manufactures* (December 5, 1791), in Cooke, *Reports of Alexander Hamilton*, p. 118.

67 James Madison, "Republican Distribution of Citizens," *National Gazette*, March 5, 1792, in Meyers, *Mind of the*

Founder, p. 185.

68 George Logan, *A Letter to the Citizens of Pennsylvania* ..., 2d ed. (Philadelphia, 1800). 다음에서 인용했다. McCoy, *Elusive Republic*, p. 223.

69 제퍼슨이 리슨(Mr. Lithson)에게 보낸 편지, 1805년 1월 4일. Folsom and Lubar, *Philosophy of Manufactures*, p.26

70 Henry Clay, "Speech on Domestic Manufactures," March 26, 1810. in Folsom and Lubar, *Philosophy of Manufactures*, pp. 168-170. 아울러 다음을 참조하라. McCoy, *Elusive Republic*, pp. 231-232; and Watts, *Republic Reborn*, pp. 88-90.

71 제퍼슨이 벤저민 오스틴(Benjamin Austin)에게 보낸 편지, 1816년 1월 19일. *Jefferson Writings*, p. 1371.

72 *Connecticut Courant* (Hartford), April 6, 1808. 다음에서 인용했다. McCoy, *Elusive Republic*, p. 220.

73 *Monthly Anthology, and Boston Review* (1809). 위의 책에서 인용했다.

74 Philip Barton Key, *Annals of Congress*, 11th Cong., 2d sess., House, p. 1906 (April 18, 1810). 다음에서 인용했다. Kerber, *Federalists in Dissent*, p. 186.

75 Daniel Webster (1814), in Folsom and Lubar, *Philosophy of Manufactures*, pp. 196-197.

76 부, 분배, 경제적 불평등에 대한 민주당원들과 휘그당원들의 견해를 알고 싶으면 다음을 참조하라. Lawrence Frederick Kohl, *The Politics of Individualism: Parties and the American Character in the Jacksonian Era* (New York: Oxford University Press, 1989), pp. 186-227.

77 Orestes Augustus Brownson, "The Laboring Classes" (1840), reprinted in Joseph L. Blau, ed., *Social Theories of Jacksonian Democracy* (Indianapolis: Bobbs-Merrill, 1954), p. 306.

78 New York *Evening Post*, October 21, 1834. 다음에서 인용했다. Kohl, *Politics of Individualism*, pp. 202-203.

79 Richard Hildreth, *Theory of Politics* (New York, 1853), in Blau, *Social Theories of Jacksonian Democracy*, p. 367.

80 Edward Everett, "Accumulation, Property, Capital, Credit" (1838), in Everett, *Orations and Speeches*, vol. 2 (Boston: Little, Brown, 1850), pp. 301-302.

81 "Introduction," United States Magazine and Democratic Review, October 1837, reprinted in Blau, *Social Theories of Jacksonian Democracy*, pp. 26-28.

82 다음을 참조하라. Marvin Meyers, *The Jacksonian Persuasion* (Stanford: Stanford University Press, 1957), pp. 186-188.

83 Andrew Jackson, "Veto Message," July 10, 1832, in James D. Richardson, ed., *Messages and Papers of the Presidents*, vol. 2 (Washington, D.C.: U.S. Government Printing Office, 1896), p. 590.

84 위의 책.

85 그러나 잭슨은 공공지에 사람들이 빠르게 정착할 수 있도록 하려고 전통적인 제퍼슨주의적인 농업적 이상을 촉구했다. "한 나라의 부와 힘은 그 나라의 인구가 결정하며, 이 인구 가운데서도 최고의 토지를 경작하는 사람들이다. 독립적인 농부는 사회 곳곳에서 근본이 되며 자유의 진정한 친구들이다." "Fourth Annual Message," December 4, 1832, 위의 책, p. 600.

86 잭슨이 합중국은행을 상대로 전쟁을 수행한 것에 대한 공화주의적 관점에서의 논의는 다음을 참조하라. Harry L. Watson, *Liberty and Power: The Politics of Jacksonian America* (New York: Hill and Wang, 1990), pp. 133-148; and Meyers, *Jacksonian Persuasion*, pp. 10-17, 101-120.

87 Jackson, "Farewell Address," March 4, 1837, in James D. Richardson, ed., *Messages and Papers of the Presidents*, vol. 3 (Washington, D.C.: U.S. Government Printing Office, 1899), pp. 303-304.

88 위의 책, p. 302.

89 Orestes Brownson (1838). 다음에서 인용했다. Kohl, *Politics of Individualism*, p. 109.

90 Jackson, "Removal of the Public Deposits," September 18, 1833, in Richardson, *Messages and Papers of the Presidents*, vol. 3, p. 19.

91 Jackson, "Seventh Annual Message," December 7, 1835, 위의 책, p. 166.

92 Jackson, "Farewell Address," 위의 책, p. 305.

93 Meyers, *Jacksonian Persuasion*, pp. 31-32. 아울러 다음을 참조하라. Watson, *Liberty and Power*, pp. 237-241;

and Kohl, *Politics of Individualism*, pp. 60 – 62.

94 Meyers, *Jacksonian Persuasion*, p. 233.

95 Watson, *Liberty and Power*, p. 243.

96 위의 책, p. 149.

96 Henry Clay, "On the Removal of the Public Deposits," December 26, 1833, in Daniel Mallory, ed., *The Life and Speeches of Henry Clay*, vol. 2 (New York: Van Amringe and Bixby, 1844), p. 145. 아울러 다음을 참조하라. Watson, *Liberty and Power, p. 156; and Daniel Walker Howe, The Political Culture of the American Whigs* (Chicago: University of Chicago Press, 1979), p. 87.

98 Clay, "On the State of the Country from the Effects of the Removal of the Deposits," March 14, 1834, in Mallory, *Life and Speeches*, vol. 2, p. 199.

99 Watson, Liberty and Power, pp. 158 – 159; and Howe, *Political Culture of American Whigs*, pp. 87 – 91.

100 미국의 휘그당과 영국 정치에서의 지방당 전통 사이의 관계는 다음에 잘 설명돼 있다. Howe, *Political Culture of American Whigs*, pp. 77 – 80. 여기에 대한 반박 의견으로는 다음을 참조하라. John Diggins, *The Lost Soul of American Politics: Virtue, Self-Interest, and the Foundations of Liberalism* (New York: Basic Books, 1984), pp. 105 – 118.

101 다음을 참조하라. Watson, *Liberty and Power*, pp. 59 – 60, 76 – 77, 113 – 114; and Howe, *Political Culture of American Whigs*, pp. 137 – 138.

102 Rufus Choate. 다음에서 인용했다. Howe, *Political Culture of American Whigs*, p. 101.

103 애봇 로런스(Abbot Lawrence)가 헨리 클레이(Henry Clay)에게 보낸 편지. 다음에서 인용했다. Kohl, *Politics of Individualism*, p. 139.

104 다음에서 인용했다. Howe, *Political Culture of American Whigs*, p. 101.

105 다음에서 인용했다. Kohl, *Politics of Individualism*, p. 139.

106 Clay, "On the Public Lands," June 20, 1832, in Mallory, *Life and Speeches*, vol. 2, pp. 84 – 85. 아울러 다음을 참조하라. Howe, *Political Culture of American Whigs*, p. 138.

107 웹스터(Webster)가 매사추세츠의 우스터 카운티 주민에게 보낸 편지, 1844년 1월 23일. *Writings and Speeches of Daniel Webster*, 18 vols. (Boston: Little, Brown, 1903), vol. 16, p. 423. 아울러 다음을 참조하라. Kohl, *Politics of Individualism*, pp. 142 – 143.

108 Webster, "Objects of the Mexican War," March 23, 1848, in *Writings and Speeches*, vol. 10, p. 32. 아울러 다음을 참조하라. Kohl, *Politics of Individualism*, p. 136.

109 Howe, *Political Culture of American Whigs*, pp. 20 – 21, 32 – 37, 153 – 159, 210, 218 – 220; Kohl, *Politics of Individualism*, pp. 72 – 78, 99, 105, 152 – 154; Paul Boyer, *Urban Masses and Moral Order in America, 1820–1920* (Cambridge, Mass.: Harvard University Press, 1978), pp. 1 – 64.

110 Horace Mann, "Oration Delivered before the Authorities of the City of Boston," July 4, 1842, in Mary Mann, ed., *Life and Works of Horace Mann*, vol. 4 (Boston: Lee and Shepard, 1891), pp. 366, 355 – 356.

111 Mann, *Ninth Annual Report of the Secretary of the Board of Education of Massachusetts* (1845), 위의 책, p. 4.

112 Mann, "Oration," 위의 책, pp. 365 – 366; 같은 사람, *Twelfth Annual Report* (1848), in Mary Mann, *Life and Works*, vol. 4, p. 289.

113 Madison, *Federalist* no. 10, p. 62.

114 Jackson, "Farewell Address," March 4, 1837, in Richardson, *Messages and Papers of the Presidents*, vol. 3, pp. 298, 305 – 306.

115 Mann, *Twelfth Annual Report*, in Mary Mann, *Life and Works*, vol. 4, p. 271; 같은 사람, "Oration," p. 366.

116 Mann, "Oration," pp. 359 – 360.

3장.

1 다음을 참조하라. Sean Wilentz, "The Rise of the American Working Class, 1776 – 1877," in J. Carroll Moody and Alice Kessler-Harris, eds., *Perspectives on American Labor History* (De Kalb: Northern Illinois University Press, 1989), pp. 83 – 109; 같은 사람, *Chants Democratic: New York City and the Rise of the American Working Class, 1788–1850* (Princeton: Princeton University Press, 1984), pp. 61 – 103; Daniel T. Rodgers, *The Work Ethic in Industrial America, 1850–1920* (Chicago: University of Chicago Press, 1974), pp. 30 – 64.

2 Wilentz, *Chants Democratic*, pp. 90 – 95. 아울러 다음을 참조하라; 같은 사람, "Rise of American Working Class," pp. 87 – 88.

3 Wilentz, "Rise of the American Working Class," p. 87. 아울러 다음을 참조하라; 같은 사람, "Artisan Republican Festivals and the Rise of Class Conflict in New York City, 1788 – 1837," in Michael H. Frisch and Daniel J. Walkowitz, eds., *Working-Class America* (Urbana: University of Illinois Press, 1983), pp. 39 – 45; 같은 사람, *Chants Democratic*, pp. 105 – 216; Bruce Laurie, *Artisans into Workers: Labor in Nineteenth-Century America* (New York: Hill and Wang, 1989), pp. 15 – 46, 63 – 64.

4 수공업총조합의 대표 존 코머퍼드(John Commerford). 다음에서 인용했다. Wilentz, "Artisan Republican Festivals," p. 59, 같은 사람 *Chants Democratic*, p. 245. 일반적 관점에 대해서는 다음을 참조하라. 위의 책, pp. 217 – 296.

5 다음에서 인용했다. Laurie, *Artisans into Workers*, p. 64.

6 Wilentz, "Artisan Republican Festivals," pp. 60, 61 – 65; 같은 사람, *Chants Democratic*, pp. 145 – 171.

7 임금노동과 관련해 나는 다음의 두 탁월한 저작에 많은 것을 빚졌다. Eric Foner, *Politics and Ideology in the Age of the Civil War* (New York: Oxford University Press, 1980), pp. 57 – 76. 그리고 Rodgers, *Work Ethic in Industrial America*, pp. 30 – 64.

8 Orestes Brownson, "The Laboring Classes" (1840), reprinted in Joseph L. Blau, ed., *Social Theories of Jacksonian Democracy* (Indianapolis: Bobbs-Merrill, 1954), pp. 309, 306 – 307, 310. 아울러 다음을 참조하라. Foner, *Politics and Ideology*, p. 60.

9 William Lloyd Garrison. 다음에서 인용했다. Foner, *Politics and Ideology*, pp. 62 – 63.

10 William Jay, *An Inquiry into the Character and Tendency of the American Colonization and American Anti-Slavery Societies* (1835), reprinted in Walter Hugins, ed., *The Reform Impulse, 1825–1850* (Columbia: University of South Carolina Press, 1972), pp. 168 – 169. 아울러 다음을 참조하라. Foner, *Politics and Ideology*, p. 64.

11 다음을 참조하라. Foner, *Politics and Ideology*, pp. 64 – 65.

12 Albert Brisbane, *The Liberator*, September 5, 1846. 다음에서 인용했다. 위의 책, p. 63.

13 George Henry Evans, *The Liberator*, September 4, 1846. 다음에서 인용했다. Aileen S. Kraditor, *Means and Ends in American Abolitionism* (New York: Pantheon Books, 1967), p. 248. 아울러 다음을 참조하라. Foner, *Politics and Ideology*, p. 70. 에번스와 개혁가들을 공화주의적 이상과 연관해 설명하는 내용으로는 다음을 참조하라. William B. Scott, *In Pursuit of Happiness: American Conceptions of Property from the Seventeenth to the Twentieth Century* (Bloomington: Indiana University Press, 1977), pp. 53 – 70.

14 William West, *The Liberator*, September 25, 1846. 다음에서 인용했다. Foner, *Politics and Ideology*, p. 70. 아울러 다음을 참조하라. Kraditor, *Means and Ends in American Abolitionism*, pp. 248 – 249.

15 Garrison, *The Liberator*, March 26, 1847. 다음에서 인용했다. Foner, *Politics and Ideology*, pp. 70 – 71. 아울러 다음을 참조하라. Kraditor, *Means and Ends in American Abolitionism*, pp. 249 – 250.

16 Wendell Phillips, *The Liberator*, July 9, 1847. 다음에서 인용했다. Kraditor, *Means and Ends in American Abolitionism*, p. 250. 아울러 다음을 참조하라. Foner, *Politics and Ideology*, pp. 70 – 72.

17 John C. Calhoun, "Speech on the Reception of Abolition Petititions," U.S. Senate, February 6, 1837, reprinted in Eric L. McKitrick, ed., *Slavery Defended: The Views of the Old South* (Englewood Cliffs, N.J.: Prentice-Hall, 1963), 12 – 13, 18 – 19. 아울러 다음을 참조하라. George Fitzhugh, "Sociology for the South," 위의 책, p. 48; Larry E. Tise, *Proslavery: A History of the Defense of Slavery in America, 1701–1840* (Athens: University of Georgia Press, 1987), pp. 308 – 362.

18 George Fitzhugh, *Cannibals All! or, Slaves without Masters* (1857), ed. C. Vann Woodward (Cambridge, Mass.: Harvard University Press, 1960), pp. 52, 17.

19 위의 책, pp. 18, 32.

20 위의 책, pp. 72, 222 – 224.

21 James Henry Hammond, "Speech on the Admission of Kansas," U.S. Senate, March 4, 1858, reprinted in McKitrick, *Slavery Defended*, p. 123.

22 Rodgers, *Work Ethic in Industrial America*, p. 33.

23 위의 책, pp. 34 – 35.

24 Foner, *Politics and Ideology*, p. 72.

25 위의 책. 아울러 같은 사람의 다음 책 전체를 참조하라. *Free Soil, Free Labor, Free Men: The Ideology of the Republican Party before the Civil War* (London: Oxford University Press, 1970).

26 *New York Times*, May 19, 1854. 다음에서 인용했다. Foner, *Free Soil, Free Labor*, p. 95. 노예 권력 전반에 대해서는 다음을 참조하라. 위의 책, pp. 73 – 102, 309. 그리고 같은 사람, *Politics and Ideology*, pp. 41 – 50.

27 Foner, *Free Soil, Free Labor*, pp. 90 – 91.

28 위의 책, pp. 9 – 39.

29 위의 책; 다음에서 인용했다. Carl Schurz, p. 11, Zachariah Chandler, p. 17.

30 위의 책, pp. 40 – 65.

31 위의 책; 다음에서 인용했다. William Seward, pp. 69 – 70, Theodore Sedgwick, p. 310.

32 위의 책, p. 266; 노예제 반대 정치에서의 인종주의의 역할에 대해서는 다음을 참조하라. 위의 책, pp. 58 – 65, 261 – 3

33 위의 책; 다음에서 인용했다. George Rathburn, p. 61, David Wilmot, pp. 60, 267. 자유토지당과 헛간태우기 민주당파의 인종적 견해에 대해서는 다음을 참조하라. Foner, *Politics and Ideology*, pp. 77 – 93.

34 Frederick Douglass. 다음에서 인용했다. Foner, *Politics and Ideology*, p. 49.

35 Fitzhugh, *Cannibals All!* p. 201.

36 Abraham Lincoln, "First Debate with Stephen A. Douglas," Ottawa, Illinois, August 21, 1858, in Roy P. Basler, ed., *The Collected Works of Abraham Lincoln*, 8 vols. (New Brunswick, N.J.: Rutgers University Press, 1953), vol. 3, p. 16. 아울러 다음을 참조하라. 위의 책, p. 402. 흑인 인권에 대한 공화주의적 견해에 대해서는 다음을 참조하라. Foner, *Free Soil, Free Labor*, pp. 214 – 216, 290 – 295.

37 Lincoln, "Speech at Kalamazoo, Michigan," August 27, 1856, in Basler, *Collected Works*, vol. 2, p. 364.

38 Lincoln, "Annual Message to Congress," December 3, 1861, in Basler, *Collected Works*, vol. 5, pp. 51 – 52. 아울러 다음을 참조하라. "Speech at Indianapolis, September 19, 1859, 위의 책, vol. 3, pp. 468 – 469; "Address before Wisconsin State Agricultural Society," September 30, 1859, 위의 책, vol. 3, pp. 477 – 478; "Speech at Dayton, Ohio," September 17, 1859, 위의 책, vol. 3, p. 459.

39 Lincoln, "Annual Message to Congress," pp. 52 – 53. 아울러 다음을 참조하라. "Address before Wisconsin Agricultural Society," pp. 478 – 479; "Speech at New Haven, Connecticut," March 6, 1860, in Basler, *Collected Works*, vol. 4, pp. 24 – 25.

40 Foner, *Politics and Ideology*, pp. 73 – 74.

41 위의 책, pp. 32 – 33.

42 Rodgers, *Work Ethic in Industrial America*, p. 33.

43 *New York Times*, February 22, 1869. 다음에서 인용했다. David Montomery, *Beyond Equality: Labor and the Radical Republicans, 1862–1872* (Urbana: University of Illinois Press, 1981), pp. 25 – 26. 임금소득 경제로의 전환에 대한 논의는 다음을 참조하라. 위의 책, pp. 3 – 44.

44 Montgomery, *Beyond Equality*, pp. 28 – 30, 448 – 452.

45 Terence V. Powderly, "Address to the General Assembly of the Knights of Labor" (1880), reprinted in Powderly, *The Path I Trod* (New York: Columbia University Press, 1940), p. 268; George E. McNeill, ed., *The Labor Movement: The*

Problem of Today (Boston: A. M. Bridgman, 1887), p. 454.

46 McNeill, *The Labor Movement*, pp. 485, 483, 495. 아울러 다음을 참조하라. 위의 책, p. 462.

47 William H. Sylvis, "Address Delivered at Chicago, January 9, 1865," in James C. Sylvis, ed., *The Life, Speeches, Labors and Essays of William H. Sylvis* (Philadelphia: Claxton, Remsen & Haffelfinger, 1872), p. 129.

48 위의 책, pp. 130, 148, 150. 아울러 다음을 참조하라. Montgomery, *Beyond Equality*, pp. 228 – 229.

49 Sylvis, "Address Delivered at Chicago," p. 168; Powderly, "Address to the Knights of Labor," p. 269; McNeill, *The Labor Movement*, pp. 496, 466.

50 Terence V. Powderly, *Thirty Years of Labor, 1859–1889* (Columbus, Ohio: Excelsior, 1889), p. 453; Sylvis, "Address Delivered at Chicago," p. 169; Robert Howard. 다음에서 인용했다. Leon Fink, *Workingmen's Democracy The Knights of Labor and American Politics* (Urbana: University of Illinois Press, 1983), p. 10. 노동기사단의 문화 활동에 대해서는 다음을 참조하라. 위의 책, pp. 3 – 15; David Montgomery, "Labor and the Republic in Industrial America: 1860 – 1920," *Le mouvement social*, no. 111 (1980), 204 – 205.

51 E. L. Godkin, "The Labor Crisis," *North American Review*, 105 (July 1867), 186. 고드킨 및 중산층 개혁가들과 노동운동의 관계에 대해서는 다음을 참조하라. Montgomery, *Beyond Equality*, pp. 237 – 249; Rodgers, *Work Ethic in Industrial America*, pp. 32 – 33, 42 – 45; and William E. Forbath, "The Ambiguities of Free Labor: Labor and the Law in the Gilded Age," *Wisconsin Law Review*, 1985, pp. 787 – 791.

52 Godkin, "The Labor Crisis," pp. 206 – 209.

53 위의 책, pp. 212, 197; 같은 사람, "The Eight-Hour Muddle," *The Nation*, 4 (May 9, 1867), 374; 같은 사람, "The Labor Crisis," *North American Review*, p. 213.

54 E. L. Godkin, "The Labor Crisis," *The Nation*, 4 (April 25, 1867), 335; 같은 사람, "The Eight-Hour Movement," *The Nation*, 1 (October 26, 1865), 517; 같은 사람, "The Working-Men and Politicians," *The Nation*, 5 (July 4, 1867), 11 – 12.

55 Godkin, "The Labor Crisis," *North American Review*, pp. 181 – 182, 184, 186.

56 위의 책, pp. 189 – 190.

57 위의 책, pp. 179, 190 – 191; 같은 사람, "The Labor Crisis," *The Nation*, p. 335.

58 McNeill, *The Labor Movement*, pp. 478 – 480. 아울러 다음을 참조하라. Montgomery, *Beyond Equality*, p. 252.

59 어떤 노동자가 노동통계국(Bureau of Labor Statistics)에 보낸 편지. 다음에서 인용했다. Montgomery, *Beyond Equality*, pp. 237 – 238.

60 Ira Steward, "Poverty," *American Federationist*, 9 (April 1902), 159 – 160; 같은 사람, *A Reduction of Hours an Increase of Wages* (Boston: Boston Labor Reform Association, 1865), reprinted in John R. Commons, *Documentary History of American Industrial Society*, vol. 9, pp. 291, 295. 다음을 전반적으로 참조하라. pp. 284 – 301. 스튜어드와 여덟 시간 노동운동에 대해서는 다음을 참조하라. Montgomery, *Beyond Equality*, pp. 239 – 260. 그리고 Forbath, "Ambiguities of Free Labor," pp. 810 – 812.

61 McNeill, *The Labor Movement*, pp. 472 – 474, 482.

62 다음을 참조하라. Montgomery, *Beyond Equality*, pp. 296 – 334.

63 William E. Forbath, *Law and the Shaping of the American Labor Movement* (Cambridge, Mass.: Harvard University Press, 1991), pp. 38, 177 – 192.

64 *Slaughter-House Cases*, 83 U.S. (16 Wallace) 36 (1873).

65 위의 책 110. 도축장 관련 필드 판사의 의견과 관련된 공화주의적 배경에 대한 설명에는 다음의 도움을 받았다. Forbath, "Ambiguities of Free Labor," pp. 772 – 782.

66 *Slaughter-House*, at 90 – 92, 109 – 110.

67 위의 책 110. 아울러 다음을 참조하라. Forbath, "Ambiguities of Free Labor," pp. 779 – 782.

68 *Godcharles v. Wigeman*, 113 Pa. St. 431, 6 A. 354, 356 (1886). 아울러 다음을 참조하라. *Ritchie v. People*, 115 Ill. 98, 40 N.W. 454 (1895). 뉴욕의 한 사건인 *In re Jacobs* (98 N.Y. 98 (1885))는 빈민가의 공동주택에서 시 당국이 제조를 금지하는 법률을 기각했다. 비록 관련된 노동자들이 자영업자 장인들이라기보다 착취당하는 노동자들이었지만, 법원은 해당 법률이 자기의 거래를 추구할 그들의 권리를 박탈했다고 주장했다. 다음을 참조하라.

Forbath, "Ambiguities of Free Labor," pp. 795 – 800. 같은 사람, *Law and Shaping*, pp. 39 – 49.

69 *Lochner v. New York*, 198 U.S. 45, 61 (1905). 앞서 진행됐던 사건인 *Allgeyer v. Louisiana* (1896)에서 비록 그 사건에서는 임금노동이 포함되지 않았지만, 법원은 수정헌법 14조는 국가의 침해로부터 개인의 자유를 보호한다고 판결했다.

70 *Coppage v. Kansas*, 236 U.S. 1, 8 – 9, 12, 14, 17 (1914). 아울러 다음을 참조하라. *Adair v. United States*, 208 U.S. 161, 174 – 175 (1908).

71 *Lochner*, at 69.

72 *Coppage*, at 26 – 27, 38 – 41. 아울러 다음을 참조하라. *Holden v. Hardy*, 169 U.S. 366, 397 (1898).

73 Roscoe Pound, "Liberty of Contract," *Yale Law Journal*, 18 (May 1909), 471 – 472, 다음에서 노링턴 경(Lord Northington)을 인용했다. *Vernon v. Bethell*, 2 Eden, 110, 113.

74 Richard T. Ely, *Property and Contract in their Relations to the Distribution of Wealth*, vol. 2 (New York: Macmillan, 1914), pp. 603, 731 – 732. 아울러 다음을 참조하라. 위의 책, pp. 568 – 569, 588 – 589, 604 – 605, 638, 697 – 698, 722. 19세기 말의 다른 "새로운 학파 경제학자들"의 견해에 대해서는 다음을 참조하라. Sidney Fine, *Laissez Faire and the General-Welfare State* (Ann Arbor: University of Michigan Press, 1956), pp. 198 – 251.

75 Gerald N. Grob, *Workers and Utopia* (Chicago: Northwestern University Press, 1961), pp. 52 – 59, 109; Fink, *Workingmen's Democracy*, pp. 9, 25, 36n; Laurie, *Artisans into Workers*, pp. 157 – 163; Victoria Hattam, "Economic Visions and Political Strategies: American Labor and the State, 1865 – 1896," *Studies in American Political Development*, 4 (1990), 90 – 93.

76 McNeill, *The Labor Movement*, p. 456.

77 Grob, *Workers and Utopia*, pp. 46 – 47; Rodgers, *Work Ethic in Industrial America*, p. 44; Laurie, *Artisans into Workers*, p. 155.

78 Laurie, *Artisans into Workers*, p. 174; Hattam, "Economic Visions and Political Strategies," pp. 123 – 128; Grob, *Workers and Utopia*, pp. 119 – 137.

79 John Mitchell. 다음에서 인용했다. Rodgers, *Work Ethic in Industrial America*, p. 39.

80 Grob, *Workers and Utopia*, p. 37.

81 Samuel Gompers, "Testimony before Industrial Commission," Washington, D.C., April 18, 1899, reprinted in Gompers, *Labor and the Employer* (New York: E. P. Dutton, 1920), p. 291.

82 Samuel Gompers, "Labor and Its Attitude toward Trusts," *American Federationist*, 14 (1907), 881; Hattam, "Economic Visions and Political Strategies," pp. 100 – 106. "임금소득자(wage-earners)"와 "임금소득 계급(wage-earning classes)"에 대한 참고자료로는 다음을 참조하라. Samuel Gompers, *Seventy Years of Life and Labor*, vol. 1 (New York: E. P. Dutton, 1925), pp. 284, 334.

83 Gompers, *Seventy Years of Life and Labor*, pp. 244, 286.

84 James R. Sovereign (1894). 다음에서 인용했다. John R. Commons, *History of Labour in the United States*, vol. 2 (1918; reprint, New York: Augustus M. Kelly, 1966), pp. 494 – 495.

85 Gompers, *Seventy Years of Life and Labor*, p. 335; Adolph Strasser. 다음에서 인용했다. Fink, *Workingmen's Democracy*, p. 8.

86 Samuel Gompers, "Justice Brewer on Strikes and Lawlessness," *American Federationist*, 8 (1901), 122. 일반적인 사항에 대해서는 다음을 참조하라. Forbath, *Law and Shaping*, pp. 128 – 135.

4장.

1 Robert H. Wiebe, *The Search for Order*, 1877 – 1920 (New York: Hill and Wang, 1967), pp. 42 – 43.

2 Woodrow Wilson, *The New Freedom* (1913; reprint, Englewood Cliffs, N.J.: Prentice-Hall, 1961), pp. 20 – 21, 164.

3 John Dewey, *The Public and Its Problems* (1926), reprinted in *The Later Works of John Dewey*, 1925 – 1953, ed. Jo Ann Boydston, vol. 2 (Carbondale: Southern Illinois University Press, 1984), pp. 295 – 297.

4 위의 책, pp. 298 – 301.

5 Wiebe, *Search for Order*, p. 44.

6   위의 책, p. 12; Walter Lippmann, *Drift and Mastery* (1914; reprint, Englewood Cliffs, N.J.: Prentice-Hall, 1961), pp. 92, 118.

7   William Allen White, *The Old Order Changeth* (New York: Macmillan, 1910), pp. 250, 252 – 253. 공동체 문제에 대한 진보적인 지식인들의 반응에 대해서는 다음을 참조하라. Jean B. Quandt, *From the Small Town to the Great Community (New Brunswick*, N.J.: Rutgers University Press, 1970).

8   Jane Addams, *Democracy and Social Ethics* (New York: Macmillan, 1907), pp. 210 – 211.

9   Charles Horton Cooley, *Social Organization* (New York: Charles Scribner's Sons, 1929), pp. 385, 244.

10   Josiah Royce, *The Problem of Christianity*, vol. 2 (New York: Macmillan, 1913), pp. 85 – 86.

11   위의 책, pp. 84, 88.

12   Dewey, *Public and Its Problems*, pp. 330, 296, 314.

13   위의 책, pp. 304, 324, 그리고 전반적으로 다음을 참조하라. pp. 304 – 350.

14   다음을 참조하라. James Weinstein, *The Corporate Ideal in the Liberal State, 1900–1918* (Boston: Beacon Press, 1968), pp. 92 – 116.

15   다음을 참조하라. David Tyack and Elisabeth Hansot, *Managers of Virtue: Public School Leadership in America, 1820–1980* (New York: Basic Books, 1982), pp. 106 – 108.

16   R. Jeffrey Lustig, *Corporate Liberalism: The Origins of Modern American Political Theory, 1890–1920* (Berkeley: University of California Press, 1982), p. 153 그리고 전반적으로 다음을 참조하라. pp. 150 – 194. 아울러 다음을 참조하라. Wiebe, *Search for Order*, pp. 133 – 176; Daniel T. Rodgers, "In Search of Progressivism," *Reviews in American History*, 10 (December 1982), 113 – 132.

17   Paul Boyer, *Urban Masses and Moral Order in America, 1820–1920* (Cambridge, Mass.: Harvard University Press, 1978), p. 190 그리고 전반적으로 다음을 참조하라. pp. 189 – 292.

18   위의 책, pp. 168 – 171, 195 – 201, 233 – 236; and Robert B. Fairbanks, *Making Better Citizens: Housing Reform and the Community Development Strategy in Cincinnati, 1890–1960* (Urbana: University of Illinois Press, 1988), p. 25.

19   Boyer, *Urban Masses*, pp. 236 – 241. 옴스테드의 견해에 대해서는 다음을 참조하라. Frederick Law Olmsted, "Public Parks and the Enlargement of Towns" (1870), reprinted in Nathan Glazer and Mark Lilla, eds., *The Public Face of Architecture: Civic Culture and Public Spaces* (New York: Free Press, 1987), pp. 222 – 263; and in Thomas Bender, *Toward an Urban Vision: Ideas and Institutions in Nineteenth-Century America* (Baltimore: Johns Hopkins University Press, 1975), pp. 160 – 187.

20   Boyer, *Urban Masses*, pp. 243, 242, 244, 그리고 전반적으로 다음을 참조하라. pp. 242 – 251.

21   Joseph Lee, *Charities and the Commons* (1907). 다음에서 인용했다. Cooley, *Social Organization*, pp. 34 – 35.

22   Boyer, *Urban Masses*, p. 259 그리고 전반적으로 다음을 참조하라. pp. 256 – 260. 농민운동의 전체 역사는 다음에서 확인할 수 있다. David Glassberg, *American Historical Pageantry: The Uses of Tradition in the Early Twentieth Century* (Chapel Hill: University of North Carolina Press, 1990).

23   Boyer, *Urban Masses*, pp. 270, 275 (Daniel H. Burnham), 그리고 전반적으로 다음을 참조하라. pp. 261 – 276.

24   다음을 참조하라. Michele H. Bogart, *Public Sculpture and the Civic Ideal in New York City, 1980–1930* (Chicago: University of Chicago Press, 1989), pp. 258 – 270.

25   다음을 참조하라. Osmond K. Fraenkel, ed., *The Curse of Bigness: Miscellaneous Papers of Louis D. Brandeis* (New York: Viking Press, 1935), pp. 100 – 181; Philippa Strum, *Louis D. Brandeis: Justice for the People* (Cambridge, Mass.: Harvard University Press, 1984), pp. x – xi, 142 – 153, 337 – 353, 390 – 396.

26   Louis D. Brandeis, "Big Business and Industrial Liberty" (1912), in Fraenkel, *Curse of Bigness*, p. 38.

27   위의 책, "The Road to Social Efficiency" (1911). 다음에서 인용했다. Strum, *Louis D. Brandeis*, p. 170; 같은 사람, "Big Business and Industrial Liberty," 위의 책, p. 39.

28   산업 민주주의에 대한 브랜다이스의 세부 설명에 대해서는 다음을 참조하라. Strum, *Louis D. Brandeis*, pp. 159 – 195.

29   Louis D. Brandeis, "How Far Have We Come on the Road to Industrial Democracy?—An Interview" (1913), in

Fraenkel, *Curse of Bigness*, p. 47; 같은 사람, "Testimony before the United States Commission on Industrial Relations" (1915), 위의 책, pp. 78 – 79, 83.

30 같은 사람, "Testimony," pp. 73, 81.

31 위의 책, p. 80.

32 브랜다이스가 윌슨의 경제관에 미친 영향에 대해서는 다음을 참조하라. Arthur S. Link, *Woodrow Wilson and the Progressive Era, 1910–1917* (New York: Harper & Row, 1954), pp. 20 – 21; John Milton Cooper, Jr., *The Warrior and the Priest: Woodrow Wilson and Theodore Roosevelt* (Cambridge, Mass.: Harvard University Press, 1983), pp. 193 – 198; Strum, *Louis D. Brandeis*, pp. 196 – 223.

33 Wilson, speech at Sioux City, Iowa, September 17, 1912. 다음에서 인용했다. Cooper, *Warrior and the Priest*, p. 198. 아울러 다음을 참조하라. Woodrow Wilson, *The New Freedom, ed. William E. Leuchtenburg* (Englewood Cliffs, N.J.: Prentice-Hall, 1961), pp. 102, 112 – 113, 그리고 편집자의 소개는 다음을 참조하라. pp. 10 – 11.

34 같은 사람, *New Freedom*, pp. 121, 165 – 166.

35 위의 책, p. 121.

36 위의 책, p. 20.

37 위의 책, pp. 26 – 27.

38 위의 책, pp. 166 – 167.

39 위의 책, p. 167.

40 Theodore Roosevelt, "Speech at Denver," August 29, 1910, in William E. Leuchtenburg, ed., *The New Nationalism* (Englewood Cliffs, N.J.: Prentice-Hall, 1961), p. 53.

41 같은 사람, "Speech at St. Paul," September 6, 1910, 위의 책, p. 85; "Speech at Osawatomie," August 31, 1910, 위의 책, p. 27; "Speech at Syracuse," September 17, 1910, 위의 책, p. 171.

42 루스벨트가 알프레드 쿨리(Alfred W. Cooley)에게 보낸 편지, 1911년 8월 29일. 다음에서 인용했다. George E. Mowry, *The Era of Theodore Roosevelt, 1900–1912* (New York: Harper & Row, 1958), p. 55.

43 Roosevelt, "Speech at Osawatomie," p. 29; "Speech at St. Paul," p. 79.

44 같은 사람, "Speech at Denver," pp. 53 – 54.

45 같은 사람, "Speech at Osawatomie," pp. 38, 36.

46 위의 책, p. 39; 같은 사람, "Speech at the Milwaukee Auditorium," September 7, 1910, in Leuchtenburg, *New Nationalism*, p. 141. 아울러 같은 사람의 다음을 참조하라. "Speech at Sioux Falls," September 3, 1910, 위의 책, p. 93.

47 같은 사람, "At Unveiling of Statue to McClellan at Washington," May 2, 1907, in Roosevelt, *Presidential Addresses and State Papers*, vol. 6 (New York: Review of Reviews, 1910), pp. 1236 – 37; 또한 같은 사람, "Speech at Osawatomie," pp. 38 – 39.

48 같은 사람, "Speech at St. Paul," p. 84; "Speech at Osawatomie," p. 39; "Speech at Sioux Falls," p. 95; "Speech at Pueblo," August 30, 1910, in Leuchtenburg, *New Nationalism*, p. 145.

49 같은 사람, "At Unveiling of Statue to McClellan," p. 1232.

50 위의 책; 같은 사람, "Speech at Syracuse," p. 173.

51 Herbert Croly, *The Promise of American Life* (1909; reprint, Indianapolis: Bobbs-Merrill, 1965), pp. 272 – 275. 크롤리와 루스벨트 사이의 관계 및 두 사람이 서로에게 미친 영향은 다음에서 다룬다. Charles Forcey, *The Crossroads of Liberalism: Croly, Weyl, Lippmann, and the Progressive Era, 1900–1925* (New York: Oxford University Press, 1961), pp. 121 – 139; and Cooper, *Warrior and the Priest*, p. 147.

52 Croly, *Promise of American Life*, pp. 273, 212, 271.

53 위의 책, pp. 207 – 208, 273, 280.

54 위의 책, pp. 286, 407.

55 위의 책, pp. 399, 454. 또한 다음도 참조하라. pp. 208, 400.

56 윌슨은 민주당 후보였고, 루스벨트는 진보당 후보였다. 공화당의 현직 대통령 윌리엄 하워드 태프트는 두 사람

에게 밀려서 3위를 차지했다.

57 Cooper, *Warrior and the Priest*, p. 141.

58 Wiebe, *Search for Order*, p. 158; David P. Thelen, *The New Citizenship: Origins of Progressivism in Wisconsin, 1885–1900* (Columbia: University of Missouri Press, 1972), p. 82.

59 Thelen, *New Citizenship*, pp. 82, 288, 308. 진보의 시대에 생산자를 기반으로 하는 운동과 소비자를 기반으로 하는 운동 사이의 차이를 틸렌(Thelen)이 어떻게 바라보는지 전반적으로 알고 싶다면, 다음을 참조하라. 위의 책, pp. 1−2.

60 Lippmann, *Drift and Mastery*, pp. 54−55.

61 위의 책, pp. 52−53, 54.

62 Daniel J. Boorstin, *The Americans: The Democratic Experience* (New York: Vintage Books, 1973), p. 89.

63 위의 책, pp. 89−90, 112, 그리고 전반적으로 다음을 참조하라. pp. 89−164.

64 Walter E. Weyl, *The New Democracy* (New York: Macmillan, 1912).

65 다음을 참조하라. Forcey, *Crossroads of Liberalism*, 특히 다음을 참조하라. pp. 3−5, 52−56.

66 Weyl, *New Democracy*, p. 250.

67 위의 책, pp. 250−251.

68 식민지 시대에 전개됐던 비소비운동과 수입금지운동에서부터 물질주의에 반대하는 시어도어 루스벨트의 권고에 이르기까지 그 사례는 다양하다. 다음을 참조하라. Edmund S. Morgan, "The Puritan Ethic and the American Revolution," *William and Mary Quarterly*, 24 (October 1967), 33−43; Gordon S. Wood, *The Creation of the American Republic, 1776–1787* (New York: W. W. Norton, 1969), pp. 91−125; and Cooper, *Warrior and the Priest*, pp. 112−117.

69 Weyl, New Democracy, p. 150.

70 위의 책, pp. 191, 195, 145.

71 위의 책, pp. 145−146.

72 위의 책, pp. 152−153, 161, 164.

73 Louis D. Brandeis, "Letter to Robert W. Bruere," February 25, 1922, in Fraenkel, *Curse of Bigness*, pp. 270−271; Croly, *Promise of American Life*, p. 400; Weyl, *New Democracy*, p. 150.

74 Joseph Cornwall Palamountain, Jr., *The Politics of Distribution* (Cambridge, Mass.: Harvard University Press, 1955), pp. 159−160; Maurice W. Lee, *Anti-Chain-Store Tax Legislation* (Chicago: University of Chicago Press, 1939), pp. 5−24; Thomas W. Ross, "Store Wars: The Chain Tax Movement," *Journal of Law & Economics*, 29 (April 1986), 125−127.

75 *State Board of Commissioners v. Jackson*, 283 U.S. 527 (1931).

76 Palamountain, *Politics of Distribution*, pp. 160−162; Lee, *Anti-Chain-Store Tax Legislation*, pp. 25−26.

77 Montaville Flowers, *America Chained* (Pasadena: Montaville Flowers Publicists, 1931), pp. 65, 35, 131, 82.

78 위의 책, pp. 94−95, 172, 231.

79 Hugo L. Black. 다음에서 인용했다. Boorstin, *Americans*, pp. 111−112.

80 Liggett Company v. Lee, 288 U.S. 517 (1933), Justice Brandeis dissenting, reprinted in Fraenkel, *Curse of Bigness*, p. 171.

81 위의 책, pp. 178−179.

82 Christine Frederick, "Listen to This Sophisticated Shopper!" *Chain Store Age*, 1 (June 1925), 36. 다음에서 인용했다. Rowland Berthoff, "Independence and Enterprise: Small Business in the American Dream," in Stuart W. Bruchey, ed., *Small Business in American Life* (New York: Columbia University Press, 1980), p. 28; E. C. Sams, "The Chain Store is a Public Necessity," in E. C. Buehler, ed., *A Debate Handbook on the Chain Store Question* (Lawrence: University of Kansas, 1932), p. 100. 아울러 다음을 참조하라. Berthoff, "Independence and Enterprise," p. 28; Lippmann, *Drift and Mastery*, p. 55.

83 E. C. Buehler, *Chain Store Debate Manual* (New York: National Chain Store Association, 1931), pp. 40−41; John

Somerville, *Chain Store Debate Manual* (New York: National Chain Store Association, 1930), pp. 20 – 21. 아울러 다음을 참조하라. Boorstin, *Americans*, p. 112.

84 Albert H. Morrill, "The Development and Effect of Chain Stores," in Buehler, *Debate Handbook on Chain Store Question*, pp. 145 – 146.

85 Somerville, *Chain Store Debate Manual*, pp. 16 – 17.

86 Palamountain, *Politics of Distribution*, pp. 168 – 187; Lee, *Anti-Chain-Store Tax Legislation*, pp. 24 – 26; Ross, "Store Wars," pp. 127, 137.

87 가장 분명한 사례는 다음이다. Robert H. Bork, *The Antitrust Paradox* (New York: Basic Books, 1978), pp. 15 – 66.

88 Richard Hofstadter, "What Happened to the Antitrust Movement?" in Earl F. Cheit, ed., *The Business Establishment* (New York: John Wiley & Sons, 1964), p. 125. 아울러 다음을 참조하라. David Millon, "The Sherman Act and the Balance of Power," *Southern California Law Review*, 61 (1988), 1219 – 1292; and Robert Pitofsky, "The Political Content of Antitrust," *University of Pennsylvania Law Review*, 127 (1979), 1051 – 1075.

89 Hans B. Thorelli, *The Federal Antitrust Policy* (Stockholm: Akademisk Avhandling, 1954), p. 227.

90 John B. Sherman. 다음에서 인용했다. *Congressional Record*, 51st Cong., 1st sess., 21 (March 21, 1890), 2457, reprinted in Earl W. Kintner, ed., *The Legislative History of the Federal Antitrust Laws and Related Statutes*, part I, 9 vols. (New York: Chelsea House, 1978), vol. 1, p. 117.

91 Hofstadter, "What Happened to the Antitrust Movement?" p. 125.

92 "The Small Business as a School of Manhood," *Atlantic Monthly*, 93 (1904), pp. 337 – 340. 아울러 다음을 참조하라. Berthoff, "Independence and Enterprise," pp. 35 – 36.

93 Hazen S. Pingree. 다음에서 인용했다. *Chicago Conference* (Chicago: Civic Federation of Chicago, 1900), pp. 263 – 267. 아울러 다음을 참조하라. Berthoff, "Independence and Enterprise," pp. 34 – 35.

94 Pingree. 다음에서 인용했다. *Chicago Conference on Trusts*, pp. 266 – 267.

95 George Gunton. 다음에서 인용했다. 위의 책, pp. 276 – 285. 아울러 다음을 참조하라. Berthoff, "Independence and Enterprise," p. 35.

96 Gunton. 다음에서 인용했다. *Chicago Conference on Trusts*, pp. 281 – 282.

97 다음을 참조하라. Ellis W. Hawley, "Antitrust," in Glenn Porter, ed., *Encyclopedia of American Economic History*, vol. 2 (New York: Charles Scribner's Sons, 1980), pp. 773 – 774; Phillip Areeda and Louis Kaplow, *Antitrust Analysis: Problems, Text, Cases*, 4th ed. (Boston: Little, Brown, 1988), pp. 58 – 59.

98 *United States v. Trans-Missouri Freight Association*, 166 U.S. 290, 323 (1897).

99 Bork, *Antitrust Paradox*, pp. 21 – 26.

100 *Trans-Missouri Freight Association*, 166 U.S. at 323 – 324.

101 Thomas K. McCraw, "Rethinking the Trust Question," in Mc-Craw, ed., *Regulation in Perspective: Historical Essays* (Cambridge, Mass.: Harvard University Press, 1981), p. 54.

102 다음을 참조하라. Strum, *Louis D. Brandeis*, pp. x – xi, 142 – 153, 390 – 396. 토머스 맥크로(Thomas K. McCraw) 는 비록 거대함에 반대하는 브랜다이스의 주장에 동의하지 않지만, 공화주의 전통에 대한 별도의 언급 없이 브랜다이스의 정치적 주장과 경제적 주장을 구분한다. 다음을 참조하라. McCraw, "Rethinking the Trust Question," pp. 1 – 55; 그리고 같은 사람, *Prophets of Regulation* (Cambridge, Mass.: Harvard University Press, 1984), pp. 80 – 142.

103 Louis D. Brandeis, testimony, December 14, 1911, in U.S. Senate, *Report of the Committee on Interstate Commerce, Pursuant to Senate Resolution 98: Hearings on Control of Corporations, Persons, and Firms Engaged in Interstate Commerce*, 62d Cong., 2d sess. (Washington, D.C.: U.S. Government Printing Office, 1912), pp. 1146 – 1148; 같은 사람, "Competition," *American Legal News*, 44 (January 1913), reprinted in Fraenkel, *Curse of Bigness*, pp. 112 – 124.

104 Louis D. Brandeis to Elizabeth Brandeis Rauschenbush, November 19, 1933. 다음에서 인용했다. *Louis D. Brandeis*, p. 391.

105 Brandeis, testimony, *Report of the Committee on Interstate Commerce*, pp. 1148, 1170; 같은 사람, "Competition,"

pp. 114 – 118. 아울러 다음을 참조하라. Strum, *Louis D. Brandeis*, pp. 147 – 150; McCraw, "Rethinking the Trust Question," pp. 28 – 38; 같은 사람, *Prophets of of Regulation*, pp. 94 – 101.

106 Brandeis, testimony, *Report of the Committee on Interstate Commerce*, pp. 1166 – 1167, 1155, 1174; 같은 사람, "Competition," p. 116.

107 이 사건은 다음 소송이다. *Dr. Miles Medical Co. v. John D. Park & Sons Co.*, 220 U.S. 373 (1911). 브랜다이스와 재판매가격유지에 대해서는 다음을 참조하라. McCraw, *Prophets of Regulation*, pp. 101 – 108.

108 Louis D. Brandeis, testimony, May 15, 1912, before the House Committee on Patents, 다음에서 인용했다. McCraw, *Prophets of Regulation*, pp. 102 – 103.

109 루이 브랜다이스가 조지 소울에게 보낸 편지, 1923년 4월 22일. 다음에서 인용했다. Strum, *Louis D. Brandeis*, pp. 192 – 193; Brandeis, "Cut-Throat Prices: The Competition That Kills," *Harper's Weekly*, November 15, 1913, reprinted in Brandeis, *Business—A Profession* (Boston: Small, Maynard, 1914), p. 254.

110 Brandeis, "Cut-Throat Prices," pp. 252 – 253.

111 Areeda and Kaplow, *Antitrust Analysis*, pp. 58 – 61; McCraw, *Prophets of Regulation*, pp. 114 – 152; Hofstadter, "What Happened to the Antitrust Movement?" pp. 114 – 115; Hawley, "Antitrust," pp. 776 – 779.

112 Franklin D. Roosevelt, "Recommendations to the Congress to Curb Monopolies and the Concentration of Economic Power," April 29, 1938, in Samuel I. Rosenman, ed., *The Public Papers and Addresses of Franklin D. Roosevelt*, vol. 7 (New York: Macmillan, 1941), pp. 305 – 315.

113 Thurman W. Arnold, *The Folklore of Capitalism* (New Haven: Yale University Press, 1937), pp. 207 – 217, 221, 228 – 229; Ellis W. Hawley, *The New Deal and the Problem of Monopoly* (Princeton: Princeton University Press, 1966), pp. 421 – 423.

114 Hawley, *New Deal and Monopoly*, pp. 420 – 455; Hofstadter, "What Happened to the Antitrust Movement?" pp. 114 – 115; Alan Brinkley, "The New Deal and the Idea of the State," in Steven Fraser and Gary Gerstle, eds., *The Rise and Fall of the New Deal Order, 1930–1980* (Princeton: Princeton University Press, 1989), pp. 89 – 90.

115 Thurman W. Arnold, *The Bottlenecks of Business* (New York: Reynal & Hitchcock, 1940), pp. 1 – 19, 116 – 131, 260 – 297; Hawley, *New Deal and Monopoly*, pp. 421 – 429; Brinkley, "New Deal and Idea of State," pp. 89 – 91.

116 Arnold, *Bottlenecks of Business*, pp. 3 – 4.

117 위의 책, pp. 122, 125.

118 위의 책, p. 123.

119 *United States v. Aluminum Co. of America*, 148 F.2d 416, 427, 428 (2d Cir. 1945).

120 Estes Kefauver, Senate debate, *Congressional Record*, 81st Cong., 2d sess., 96 (December 12, 1950), 16433, 16452, reprinted in Kintner, *Legislative History of Federal Antitrust Laws*, part I, vol. 4, p. 3581. 아울러 다음 연설들을 참조하라. Rep. Emanuel Cellar, House debate, Congressional Record, 81st Cong., 1st Sess., 95 (August 15, 1949), 11484, 11486, reprinted in Kintner, *Legislative History of Federal Antitrust Laws*, part I, vol. 4, p. 3476. 이 법은 1950년의 셀러-케포버법(Celler Kefauver Act)이다.

121 Hubert H. Humphrey, Senate debate, *Congressional Record*, 82d Cong., 2d sess., 98 (July 1 – 2, 1952), 8741, 8823, reprinted in Kintner, *Legislative History of Federal Antitrust Laws*, part I, vol. 1, pp. 807 – 808, 832. 이 법은 1952년의 맥과이어법(McGuire Act)이다.

122 *Brown Shoe Co., Inc. v. United States*, 370 U.S. 293, 315 – 316, 344 (1962).

123 *United States v. Von's Grocery Co.*, 384 U.S. 270, 274 – 275 (1966).

124 *United States v. Falstaff Brewing Corp.*, 410 U.S. 526, 540 – 543 (1973). 더글러스 판사도 이런 견해에 부분적으로는 동의한다.

125 Phillip Areeda and Donald F. Turner, Antitrust Law: *An Analysis of Antitrust Principles and Their Application*, vol. 1 (Boston: Little, Brown, 1978), pp. 8 – 12.

126 위의 책, pp. 24 – 29.

127 Bork, *Antitrust Paradox*, pp. 51, 7, 54, 203 – 204. 아울러 다음을 참조하라. Richard A. Posner, *Antitrust Law: An Economic Perspective* (Chicago: University of Chicago Press, 1976).

128 Ralph Nader, "Introduction," in Mark J. Green, ed., *The Monopoly Makers: Ralph Nader's Study Group Report on Regulation and Competition* (New York: Grossman, 1973), p. x; Nader, "Introduction," in Green, *The Closed Enterprise System: Ralph Nader's Study Group Report on Antitrust Enforcement* (New York: Grossman, 1972), p. xi; 위의 책에서 그린의 문구를 인용했다. pp. 5, 21.

129 Bork, *Antitrust Paradox*, p. 91. 아울러 다음을 참조하라. 위의 책, pp. 110 – 111.

130 William Baxter in *Wall Street Journal*, March 4, 1982, p. 28. 다음에서 인용했다. Robert H. Lande, "The Rise and (Coming) Fall of Efficiency as the Ruler of Antitrust," *Antitrust Bulletin*, Fall 1988, p. 439; Charles F. Rule and David L. Meyer, "An Antitrust Enforcement Policy to Maximize the Economic Wealth of All Consumers," *Antitrust Bulletin*, Winter 1988, pp. 684 – 686.

131 다음을 참조하라. Robert H. Lande, "Wealth Transfers as the Original and Primary Concern of Antitrust: The Efficiency Interpretation Challenged," *Hastings Law Journal*, 34 (1982), 68 – 69; 같은 사람, "Rise and (Coming) Fall"; and Peter W. Rodino, Jr., "The Future of Antitrust: Ideology vs. Legislative Intent," *Antitrust Bulletin*, Fall 1990, pp. 575 – 600.

132 Nader, "Introduction," in Green, *Monopoly Makers*, pp. xi – xii.

133 Green, *Closed Enterprise System*, pp. 14 – 15.

134 공정거래법을 폐지하는 법률은 1975년의 소비재가격법(Consumer Goods Pricing Act)이었다. 다음을 참조하라. Kintner, *Legislative History of Federal Antitrust Laws*, part I, vol. 1, pp. 939 – 982.

135 Jack Brooks. 다음에서 인용했다. *Congressional Quarterly Almanac*, 47 (1991), 292. 전반적인 쟁점에 대해서는 다음을 참조하라. 위의 책, pp. 291 – 292. 더불어 다음을 참조하라. *Congressional Quarterly Almanac*, vol. 46 (1990), 539 – 540; vol. 44 (1988), 131 – 132; 그리고 vol. 43 (1987), 280 – 281.

5장.

1 뉴딜정책에 영향을 준 여러 가지 개혁 전통들을 다룬 탁월한 연구 저작으로는 다음을 꼽을 수 있다. Ellis W. Hawley, *The New Deal and the Problem of Monopoly* (Princeton: Princeton University Press, 1966).

2 Arthur M. Schlesinger, Jr., *The Coming of the New Deal* (Boston: Houghton Mifflin, 1958), pp. 179, 55 – 67; William E. Leuchtenburg, *Franklin D. Roosevelt and the New Deal, 1932–1940* (New York: Harper & Row, 1963), pp. 72 – 73; Frank Freidel and Alan Brinkley, *America in the Twentieth Century*, 5th ed. (New York: Alfred A. Knopf, 1982), pp. 225 – 228; Hawley, *New Deal and Monopoly*, pp. 191 – 194.

3 Schlesinger, *Coming of the New Deal*, pp. 87 – 102.

4 위의 책, pp. 100 – 112.

5 위의 책, pp. 112 – 115; Freidel and Brinkley, America in the Twentieth Century, 228 – 229; 존슨은 다음에서 인용했다. Schlesinger, *Coming of the New Deal*, p. 115.

6 Schlesinger, *Coming of the New Deal*, pp. 115 – 116.

7 Arthur M. Schlesinger, Jr., *The Politics of Upheaval* (Boston: Houghton Mifflin, 1960), pp. 263 – 290. 루스벨트는 289쪽에서 인용했다; 같은 사람, *Coming of the New Deal*, pp. 119 – 176; Freidel and Brinkley, *America in the Twentieth Century*, pp. 229 – 232; Leuchtenburg, *Roosevelt and the New Deal*, pp. 66 – 70, 145 – 146; Hawley, *New Deal and Monopoly*, pp. 35 – 146. 이 사건의 이름은 다음과 같다. *Schechter Poultry Corp. v. United States*, 295 U.S. 495 (1935).

8 Schlesinger, *Politics of Upheaval*, p. 385 그리고 전반적으로 다음을 참조하라. pp. 385 – 398. 터그웰은 다음에서 인용했다; 같은 사람, *Coming of the New Deal*, p. 183.

9 Leuchtenburg, *Roosevelt and the New Deal*, p. 149; Hawley, *New Deal and Monopoly*, pp. 306 – 311, 328 – 329.

10 Hawley, *New Deal and Monopoly*, p. 284 그리고 전반적으로 다음을 참조하라. pp. 283 – 303; Leuchtenburg, *Roosevelt and the New Deal*, pp. 149 – 150.

11 Franklin D. Roosevelt, "Recommendation for Regulation of Public Utility Holding Companies," March 12, 1935, in Samuel I. Rosenman, ed., *The Public Papers and Addresses of Franklin D. Roosevelt*, 13 vols. (New York: Random House, 1938 – 1950), vol. 4, p. 101; Hawley, *New Deal and Monopoly*, pp. 325 – 337; Schlesinger, *Politics of*

Upheaval, pp. 302 – 324; Leuchtenburg, *Roosevelt and the New Deal*, pp. 154 – 157.

12 Roosevelt, "Message to Congress on Tax Revision," June 19, 1935, in Rosenman, *Public Papers and Addresses*, vol. 4, pp. 270 – 276; Hawley, *New Deal and Monopoly*, pp. 344 – 349; Schlesinger, *Politics of Upheaval*, pp. 325 – 333; Leuchtenburg, *Roosevelt and the New Deal*, pp. 152 – 154.

13 Schlesinger, *Politics of Upheaval*, pp. 334, 505 – 509; Hawley, *New Deal and Monopoly*, pp. 350 – 359.

14 Roosevelt, "Acceptance of Renomination," June 27, 1936, in Rosenman, *Public Papers and Addresses*, vol. 5, pp. 231 – 232.

15 위의 책, p. 233. 루스벨트는 1936년 1월 3일에 했던 연두교서(Rosenman, *Public Papers and Addresses*, vol. 5, pp. 8 – 18)에서 그리고 1936년 10월 31일 매디슨스퀘어가든에서 했던 선거연설(앞의 책, pp. 566 – 573)에서도 비슷한 말을 했다.

16 Hawley, *New Deal and Monopoly*, p. 404 그리고 전반적으로 다음을 참조하라. pp. 383 – 403; Herbert Stein, *The Fiscal Revolution in America* (Chicago: University of Chicago Press, 1969), pp. 100 – 104.

17 Alan Brinkley, "The New Deal and the Idea of the State," in Steve Fraser and Gary Gerstle, eds., *The Rise and Fall of the New Deal Order*, 1930 – 1980 (Princeton: Princeton University Press, 1989), p. 89. 아울러 다음을 참조하라. Stein, *Fiscal Revolution in America*, p. 102.

18 Roosevelt, "Recommendations to Congress to Curb Monopolies," April 29, 1938, in Rosenman, *Public Papers and Addresses*, vol. 7, p. 305; Brinkley, "New Deal and Idea of State," p. 89.

19 Brinkley, "New Deal and Idea of State," p. 91; Hawley, *New Deal and Monopoly*, pp. 453 – 454.

20 Brinkley, "New Deal and Idea of State," pp. 91 – 92.

21 Stein, *Fiscal Revolution in America*, pp. 50 – 54.

22 Roosevelt, "Campaign Address at Sioux City, Iowa," September 29, 1932, in Rosenman, *Public Papers and Addresses*, vol. 1, p. 761; "Campaign Address at Pittsburgh," October 19, 1932, 위의 책, pp. 808 – 809. 아울러 다음을 참조하라. Leuchtenburg, *Roosevelt and the New Deal*, pp. 10 – 11.

23 Stein, *Fiscal Revolution in America*, p. 43; Schlesinger, *Politics of Upheaval*, pp. 263 – 264, 406 – 408.

24 Roosevelt, "Fireside Chat on Present Economic Conditions," April 14, 1938, in Rosenman, *Public Papers and Addresses*, vol. 7, pp. 240 – 241, 244; Stein, *Fiscal Revolution in America*, pp. 60, 108 – 113; Schlesinger, *Politics of Upheaval*, p. 407; Brinkley, "New Deal and Idea of State," pp. 94 – 97.

25 Brinkley, "New Deal and Idea of State," pp. 96 – 97; Stein, *Fiscal Revolution in America*, pp. 102 – 120; Robert Lekachman, *The Age of Keynes* (New York: Random House, 1966), pp. 112 – 143; Leuchtenburg, *Roosevelt and the New Deal*, p. 264.

26 Richard V. Gilbert et al., *An Economic Program for American Democracy* (New York: Vanguard Press, 1938), pp. 25, 40, 45 – 93; Stein, *Fiscal Revolution in America*, pp. 162 – 168; Lekachman, *Age of Keynes*, pp. 152 – 156.

27 Thomas Dewey. 다음에서 인용했다. Stein, *Fiscal Revolution in America*, pp. 173 – 174; Employment Act of 1946, reprinted in Stephen Kemp Bailey, *Congress Makes a Law* (New York: Columbia University Press, 1950), pp. 228 – 232; 전반적으로 다음을 참조하라. Stein, *Fiscal Revolution in America*, pp. 197 – 204, and Lekachman, *Age of Keynes*, pp. 165 – 175.

28 Stein, *Fiscal Revolution in America*, pp. 381 – 382.

29 Hawley, *New Deal and Monopoly*, pp. 407, 459, 그리고 전반적으로 다음을 참조하라. pp. 454 – 460.

30 위의 책, pp. 470 – 471.

31 Brinkley, "New Deal and Idea of State," pp. 106 – 109, 94.

32 위의 책, pp. 109 – 110. 브링클리는 이런 주제들을 다음 책에서 한층 더 풍부하게 발전시킨다. Alan Brinkley, *The End of Reform* (New York: Alfred A. Knopf, 1995).

33 Stein, *Fiscal Revolution in America*, pp. 172 – 173.

34 위의 책, pp. 372 – 422; Lekachman, *Age of Keynes*, pp. 270 – 285.

35 Lekachman, *Age of Keynes*, p. 285; 아울러 다음을 참조하라. Stein, *Fiscal Revolution in America*, pp. 460 – 463.

36 John F. Kennedy, "Remarks to White House Conference on National Economic Issues," May 21, 1962, in *Public*

Papers of the Presidents of the United States: John F. Kennedy, 1962 (Washington, D.C.: U.S. Government Printing Office, 1963), p. 422; 아울러 다음을 참조하라. Arthur M. Schlesinger, Jr., A Thousand Days: John F. Kennedy in the White House (New York: Fawcett Premier, 1965), pp. 592 – 594.

37 Kennedy, "Commencement Address at Yale University," June 11, 1962, in Public Papers, pp. 470 – 471, 473.

38 경제 성장에 관한 가장 통찰력이 넘치는 비평으로는 다음을 꼽을 수 있다. Fred Hirsch, The Social Limits to Growth (Cambridge, Mass.: Harvard University Press, 1976).

39 John Maynard Keynes, The General Theory of Employment, Interest, and Money (1936; reprint, London: Macmillan, St. Martin's Press, 1973), p. 104; Harold L. Ickes, The New Democracy (New York: W. W. Norton, 1934), pp. 142 – 143; Thurman W. Arnold, The Bottlenecks of Business (New York: Reynal & Hitchcock, 1940).

40 Alvin H. Hansen, "Wanted: Ten Million Jobs," Atlantic Monthly, 172 (September 1943), 68 – 69; 아울러 다음을 참조하라. Brinkley, "New Deal and Idea of State," pp. 97 – 98, 108.

41 Hansen, "Wanted: Ten Million Jobs," pp. 68 – 69.

42 John Kenneth Galbraith, The Affluent Society (Boston: Houghton Mifflin, 1958), pp. 144, 147.

43 Edgar Kemler, The Deflation of American Ideals (Washington, D.C.: American Council of Public Affairs, 1941), pp. 129, 63, 44.

44 위의 책, pp. 109, 130.

45 Rexford G. Tugwell, "Relief and Reconstruction," May 21, 1934, in Tugwell, The Battle for Democracy (New York: Columbia University Press, 1935), p. 318.

46 Herbert Croly, The Promise of American Life (1909; reprint, Indianapolis: Bobbs-Merrill, 1965), p. 454; Louis D. Brandeis, "Letter to Robert W. Bruere," February 25, 1922, in Osmond K. Fraenkel, ed., The Curse of Bigness (New York: Viking Press, 1935), p. 271; Tugwell, Battle for Democracy, p. 319.

47 자유방임주의 자유주의자와 개혁주의 자유주의자 사이에 벌어진 논쟁에 대해서는 3장을 참조하라.

48 Hirsch, Social Limits to Growth, pp. 119, 121.

49 존 메이너드 케인스가 〈타임스(The Times)〉에 보낸 편지, 1940년 4월 10일. 다음에서 인용했다. Robert Skidelsky, "Keynes and the Reconstruction of Liberalism," Encounter, 52 (April 1979), 34; Keynes, General Theory, pp. 379 – 380.

50 David E. Lilienthal, TVA: Democracy on the March (New York: Harper & Brothers, 1944), pp. 75, 88, 139.

51 David E. Lilienthal, Big Business: A New Era (New York: Harper & Brothers, 1953), pp. 7, 200.

52 위의 책, p. 40.

53 위의 책, p. 204.

6장.

1 Harry S Truman, "Radio Address after the Unconditional Surrender by Japan," September 1, 1945, in Public Papers of the Presidents of the United States: Harry S Truman, 1945 (Washington, D.C.: U.S. Government Printing Office, 1961), p. 257; 아울러 전반적으로 다음을 참조하라. Godfrey Hodgson, In Our Time: America from World War II to Nixon (London: Macmillan, 1976), pp. 3 – 52.

2 Michael Barone, Our Country: The Shaping of America from Roosevelt to Reagan (New York: Free Press, 1990), pp. 197 – 199, 388.

3 Theodore H. White, In Search of History (New York: Harper & Row, 1978), p. 493.

4 John F. Kennedy. 다음에서 인용했다. Allen J. Matusow, The Unraveling of America (New York: Harper & Row, 1984), p. 18; Kennedy, Acceptance Speech, Los Angeles, July 15, 1960, in Gregory Bush, ed., Campaign Speeches of American Presidential Candidates, 1948–1984 (New York: Frederick Ungar, 1985), p. 100. 1960년 선거에서 배경으로 작용했던 1950년대 말의 불안감에 대해서는 다음을 참조하라. Matusow, Unraveling of America, pp. 3 – 29; Barone, Our Country, pp. 294 – 327; and Henry Fairlie, The Kennedy Promise: The Politics of Expectation (Garden City, N.Y.: Doubleday, 1973), pp. 17 – 35.

5 Kennedy, "Inaugural Address," January 20, 1961, in Public Papers of the Presidents of the United States: John F.

Kennedy, 1961 (Washington, D.C.: U.S. Government Printing Office, 1962), pp. 1 – 3.

6 Kennedy, "Special Message to Congress on Urgent National Needs," May 25, 1961, 위의 책, pp. 404 – 405.

7 Kennedy, "Remarks to White House Conference on National Economic Issues," May 21, 1962, in *Public Papers of the Presidents of the United States: John F. Kennedy, 1962* (Washington, D.C.: U.S. Government Printing Office, 1963), pp. 422 – 423.

8 *Minersville School District v. Gobitis*, 310 U.S. 586 (1940); *West Virginia State Board of Education v. Barnette*, 319 U.S. 624 (1943).

9 *Everson v. Board of Education of Ewing Township*, 330 U.S. 1 (1947); Wallace v. Jaffree, 472 U.S. 38, 52 – 53 (1985).

10 C. Edwin Baker, "Scope of the First Amendment Freedom of Speech," U.C.L.A. *Law Review*, 25 (1978), 993.

11 예를 들어, 공동체라는 관점에서 복지국가를 옹호하는 이론은 다음에서 볼 수 있다. Michael Walzer, *Spheres of Justice* (New York: Basic Books, 1983), pp. 64 – 91. 이 책 64쪽에는 저자는 다음과 같이 썼다. "공동체의 일원이라는 것이 중요한 이유는, 정치 공동체의 구성원들이 서로에게 빚을 지고 있다는 사실 그리고 그 외 누구에게도 빚을 지고 있지 않거나 그 정도로 빚지고 있지는 않기 때문이다. 그리고 공동체의 구성원들이 지는 첫 번째 빚은 안전과 복지를 공동으로 제공받는다는 점이다. (…) 이런 공동 제공이 중요한 이유는 공동체에 속하는 것이 가지는 소중한 가치를 사람들에게 가르쳐주기 때문이다."

12 Samuel H. Beer, *British Politics in the Collectivist Age* (New York: Alfred A. Knopf, 1967), pp. 69 – 71.

13 Franklin D. Roosevelt, "The Golden Rule in Government: An Extemporaneous Address at Vassar College," August 26, 1933, in Samuel I. Rosenman, ed., *The Public Papers and Addresses of Franklin D. Roosevelt*, 13 vols. (New York: Random House, 1938 – 1950), vol. 2, pp. 340, 342; "Radio Address to Young Democratic Clubs of America," August 24, 1935, 위의 책, vol. 4, p. 339.

14 Roosevelt. 다음에서 인용했다. Arthur M. Schlesinger, *The Coming of the New Deal* (Boston: Houghton Mifflin, 1958), pp. 308 – 309; 전반적인 관점에 대해서는 다음을 참조하라. James Holt, "The New Deal and the American Anti-Statist Tradition," in John Braeman, Robert H. Bremner, and David Brody, eds., *The New Deal: The National Level* (Columbus: Ohio State University Press, 1975), pp. 27 – 49; and Theda Skocpol, "Legacies of New Deal Liberalism," *Dissent*, Winter 1983, pp. 33 – 44.

15 Roosevelt, "Message to Congress on the State of the Union," January 11, 1944, in Rosenman, *Public Papers and Addresses*, vol. 13, pp. 40 – 42.

16 다음을 참조하라. William A. Schambra, "Progressive Liberalism and American 'Community,'" *The Public Interest*, Summer 1985, pp. 31 – 48; 같은 사람, "The Decline of National Community and the Renaissance of the Small Republic" (manuscript, n.d.); 같은 사람, "Is New Federalism the Wave of the Future?" in Marshall Kaplan and Peggy L. Cuciti, eds., *The Great Society and Its Legacy* (Durham, N.C.: Duke University Press, 1986), pp. 24 – 31.

17 Lyndon B. Johnson, "Annual Message to the Congress on the State of the Union," January 8, 1964, in *Public Papers of the Presidents of the United States: Lyndon B. Johnson, 1963–64*, vol. 1 (Washington, D.C.: U.S. Government Printing Office, 1965), p. 113; "Remarks in Raleigh at North Carolina State College," October 6, 1964, 위의 책, vol. 2, p. 1225; "Remarks in Los Angeles," June 20, 1964, 위의 책, vol. 1, p. 797; "Remarks in Dayton, Ohio," October 16, 1964, 위의 책, vol. 2, p. 1372.

18 이 인용은 새뮤얼 비어(Samuel H. Beer)가 썼던 문구인데, 그는 국유화 전통에 대한 중요한 진술 및 방어 논리를 제시한다. Beer, "Liberalism and the National Idea," *The Public Interest*, Fall 1966, pp. 70 – 82.

19 Johnson, "Remarks to the Faculty and Students of Johns Hopkins University," October 1, 1964, in *Public Papers*, 1963 – 64, vol. 2, p. 1178; "Remarks at a Luncheon for Businessmen," August 10, 1964, 위의 책, vol. 2, p. 943; "Inaugural Address," January 20, 1965, in *Public Papers of the Presidents of the United States: Lyndon B. Johnson, 1965*, vol. 1 (Washington, D.C.: U.S. Government Printing Office, 1966), p. 73.

20 인종과 국가 공동체에 관해서는 투표권을 주제로 다룬 존슨의 다음 인상적인 연설을 참조하라. "Special Message to the Congress: The American Promise," March 15, 1965, in *Public Papers*, 1965, vol. 1, pp. 281 – 287. 공동체 윤리가 빈곤 정책에 대해서 가지는 의미에 대해서는 다음을 참조하라. Alvin L. Schorr Explorations in Social Policy (New York: Basic Books, 1968), p. 274. "만일 우리가 단일한 국가이고자 한다면, 부와 권력을 가진 사람들은 가난

한 사람들이 거주할 주택을 마련하는 데 필요한 자원을 기꺼이 내놓아야 한다."

21 Johnson, "Remarks at the University of Michigan," May 22, 1964, in *Public Papers*, 1963 – 64, vol. 1, p. 704.

22 다음을 참조하라. Daniel P. Moynihan, *Maximum Feasible Misunderstanding: Community Action in the War on Poverty* (New York: Free Press, 1970); Matusow, Unraveling of America, pp. 243 – 271.

23 Johnson, "Remarks before the National Convention," August 27, 1964, in *Public Papers, 1963–64*, vol. 2, p. 1013; "Remarks in Dayton, Ohio," 위의 책, p. 1371; "Remarks to the Faculty and Students of Johns Hopkins University," October 1, 1964, 위의 책, p. 1177.

24 Johnson, "Address at Swarthmore College," June 8, 1964, in *Public Papers, 1963–64*, vol. 1, p. 757; "Remarks at Fundraising Dinner in Minneapolis," June 27, 1964, 위의 책, vol. 1, p. 828.

25 Johnson, "Remarks before the National Convention," August 27, 1964, 위의 책, vol. 2, pp. 1012 – 1013.

26 골드워터는 1964년 선거운동 때 사회보장법(Social Security)에 반대했던 과거의 태도를 누그러뜨리긴 했지만, 메디케어와 연방 차원의 빈곤 퇴치 사업들 그리고 테네시계곡개발청에는 계속해서 반대했다. 다음을 참조하라. Matusow, Unraveling of America, pp. 144 – 148.

27 Barry Goldwater, *The Conscience of a Conservative* (1960; reprint, Washington, D.C.: Regnery Gateway, 1990), pp. 6 – 7, 11, 52 – 53, 66 – 68.

28 Milton Friedman, *Capitalism and Freedom* (Chicago: University of Chicago Press, 1962), pp. 5 – 6, 174, 188.

29 위의 책, pp. 34 – 36, 200.

30 John Rawls, *A Theory of Justice* (Cambridge, Mass.: Harvard University Press, 1971), p. 28. 아울러 다음을 참조하라. Ronald Dworkin, *Taking Rights Seriously* (London: Duckworth, 1977), pp. 184 – 205.

31 Rawls, *Theory of Justice*, pp. 30 – 32, 446 – 451, 560. 이것과 비슷한 견해를 로널드 드워킨(Ronald Dworkin)이 제시했는데, 그는 다음과 같이 썼다. "정부는 좋은 삶이 무엇인가 하는 판단에 대해 중립적이어야 한다. (…) 어떤 정치적 결정이든 간에, 좋은 삶 또는 삶에 가치를 부여하는 것을 특정한 개념과 독립적으로 존재하도록 떼어놓아야 한다." 다음을 참조하라. Dworkin, "Liberalism," in Stuart Hampshire, ed., *Public and Private Morality* (Cambridge: Cambridge University Press, 1978), p. 127.

32 Rawls, *Theory of Justice*, pp. 561, 560. 롤스는 1990년대에 자기 견해를 수정했다. 다음을 참조하라. John Rawls, *Political Liberalism* (New York: Columbia University Press, 1993).

33 Rawls, *Theory of Justice*, pp. 72 – 75, 100 – 108.

34 Robert Nozick, *Anarchy, State, and Utopia* (New York: Basic Books, 1974), pp. 160, ix, 26 – 45; 전반적으로 다음을 참조하라. pp. 147 – 231.

35 Wayne W. Dyer, *Your Erroneous Zones* (New York: Funk & Wagnalls, 1976), pp. 4, 10 – 11, 36 – 37, 59. 아울러 다음을 참조하라. Gail Sheehy, *Passages: Predictable Crises of Adult Life* (New York: E. P. Dutton, 1976), p. 251. "중년 나이에 여행을 떠날 때는 모든 것을 가지고 갈 수는 없다. 이 사람은 멀어지고 있다. 제도화된 주장들에서 그리고 다른 사람들이 관심을 가지는 의제에서 멀어진다. 외적인 평가나 인정에서 벗어나서 내적인 정당성을 찾아서 나아간다. 자기에게 주어진 역할에서 벗어나 자아 속으로 들어간다."

36 Dyer, *Your Erroneous Zones*, pp. 29, 225, 61.

37 위의 책, pp. 225 – 226.

38 위의 책, pp. 225, 230 – 231, 233.

39 위의 책, p. 233.

40 Wayne W. Dyer, *The Sky's the Limit* (New York: Simon and Schuster, 1980), pp. 36 – 38; 같은 사람, *Pulling Your Own Strings* (New York: Thomas Y. Crowell, 1978), pp. xv – xvii, 4 – 5.

41 Theodore H. White, *The Making of the President, 1968* (New York: Atheneum, 1969), pp. 3 – 4.

42 위의 책, pp. 4 – 5; Barone, Our Country, p. 431; Matusow, *Unraveling of America*, p. 391; Alan Brinkley, *The Unfinished Nation* (New York: Alfred A. Knopf, 1993), p. 829.

43 Barone, Our Country, pp. 431 – 434; Matusow, *Unraveling of America*, pp. 390 – 394; Brinkley, *Unfinished Nation*, pp. 829 – 830.

44 Barone, Our Country, pp. 436 – 453; Matusow, *Unraveling of America*, pp. 395 – 439; Brinkley, *Unfinished Nation*,

pp. 830 – 833; 전반적으로 다음을 참조하라. White, *Making of the President, 1968.*

45 White, *Making of the President, 1968*, pp. 29 – 30. 화이트는 1968년에 널리 사용됐던 그 표현이 랠프 월도 에머슨 (Ralph Waldo Emerson)의 시구임을 밝힌다.

46 James Reston. 다음에서 인용했다. 위의 책, p. 95.

47 정부에 대한 신뢰 여부를 묻는 설문조사 결과는 다음에 제시돼 있다. Seymour Martin Lipset and William Schneider, *The Confidence Gap*, rev. ed. (Baltimore: Johns Hopkins University Press, 1987); Warren E. Miller, Arthur H. Miller, and Edward J. Schneider, *American Election Studies Data Sourcebook, 1952–78* (Cambridge, Mass.: Harvard University Press, 1980); and Alan F. Kay et al., "Steps for Democracy: The Many versus the Few," *Americans Talk Issues*, March 25, 1994.

48 *Gallup Poll Monthly*, February 1994, p. 12.

49 Kay et al., "Steps for Democracy," pp. 4, 8, 9.

50 "정부의 공무원은 나와 같은 사람들이 무슨 생각을 하는지 그다지 신경 쓰지 않는다고 생각한다"라는 진술에 동의하는 사람이 1960년에는 25퍼센트였는데, 1990년에는 64퍼센트였다. Miller, Miller, and Schneider, *Election Studies Data Sourcebook*, pp. 259 – 261; Warren E. Miller, Donald R. Kinder, and Stephen J. Rosenstone, "American National Election Study: 1990 Post-Election Survey" (Computer file, Inter-University Consortium for Political and Social Research, Ann Arbor, Mich.).

51 George Wallace. 다음에서 인용했다. Stephan Lesher, *George Wallace: American Populist* (Reading, Mass.: Addison-Wesley, 1994), pp. 160, 174 그리고 Jody Carlson, *George C. Wallace and the Politics of Powerlessness* (New Brunswick, N.J.: Transaction Books, 1981), p. 24.

52 Wallace on *Meet the Press*, NBC, April 23, 1967. 다음에서 인용했다. Lesher, *George Wallace*, p. 390; and in Lewis Chester, Godfrey Hodgson, and Bruce Page, *An American Melodrama: The Presidential Campaign of 1968* (New York: Viking Press, 1969), pp. 280 – 281.

53 다음을 참조하라. Carlson, *Wallace and the Politics of Powerlessness*, pp. 5 – 18, 85 – 126 그리고 위의 책(pp. 127 – 128)에 인용된 미국독립당(American Independent party)의 강령. 아울러 다음을 참조하라. Lesher, *George Wallace*, pp. 502 – 503.

54 Wallace. 다음에서 인용했다. Chester, Hodgson, and Page, *An American Melodrama*, p. 283; in Lesher, *George Wallace*, p. 475; and in Carlson, *Wallace and the Politics of Powerlessness*, pp. 6, 131. 월리스의 특유의 선거연설은 다음에 수록돼 있다. Bush, *Campaign Speeches*, pp. 185 – 193.

55 Lesher, *George Wallace*, pp. 313, 474.

56 Wallace, New York City, October 24, 1968, in Bush, *Campaign Speeches*, p. 191; Chester, Hodgson, and Page, *American Melodrama*, p. 283; Carlson, *Wallace and the Politics of Powerlessness*, p. 129.

57 월리스의 말은 다음에서 인용했다. Lesher, *George Wallace*, p. 420; in Matusow, *Unraveling of America*, p. 425; in Chester, Hodgson, and Page, *American Melodrama*, p. 280; and in Bush, *Campaign Speeches*, p. 187.

58 1968년 이후로 대통령에 당선된 후보들은 모두 어떤 식으로든 간에 월리스가 포착했던 시민들의 좌절감을 공감하고자 했다. 리처드 닉슨은 "법과 질서"를 줄곧 강조하는 방식으로 범죄와 사회적 불안에 질려 있던 "침묵하는 다수"에게 호소했다. 지미 카터와 로널드 레이건은 서로 다른 방식으로 미국 정가의 외부자이자 연방정부를 비판하는 인물로 자기 위치를 잡았다. 월리스 지지자의 표를 얻고자 하던 경쟁에 대해서는 다음을 참조하라. Lesher, *George Wallace*, pp. 312 – 313, 483, 491.

59 Carlson, *Wallace and the Politics of Powerlessness*, pp. 5, 148.

60 뉴딜 자유주의 전통 속에서 케네디를 가장 잘 설명하는 저작은 다음이다. Arthur M. Schlesinger, Jr., *Robert Kennedy and His Times* (New York: Ballantine Books, 1978). 케네디가 전통적 자유주의와 결별하는 것을 강조해 설명하는 저작으로는 다음을 참조하라. Jack Newfield, *Robert Kennedy: A Memoir* (New York: E. P. Dutton, 1969); and Maxwell Rabson Rovner, "Jeffersonianism vs. the National Idea: Community Revitalization and the Rethinking of American Liberalism" (Senior honors thesis, Department of Government, Harvard University, Widener Library, 1990).

61 Kennedy at Utica, N.Y., February 7, 1966, in Edwin O. Guthman and C. Richard Allen, eds., *RFK: Collected Speeches* (New York: Viking, 1993), pp. 208 – 209.

62 다음을 참조하라. Beer, "Liberalism and the National Idea."

63 Kennedy at Worthington, Minn., September 17, 1966, in Guthman and Allen, *RFK: Collected Speeches*, pp. 211 – 212.

64 Robert F. Kennedy, testimony before the Subcommittee on Executive Reorganization, U.S. Senate Committee on Government Operations, Washington, D.C., August 15, 1966, 위의 책, p. 178.

65 다음을 참조하라. Schambra, "Progressive Liberalism and American 'Community.' "

66 Kennedy, testimony before the Subcommittee on Executive Reorganization, in Guthman and Allen, *RFK: Collected Speeches*, p. 179.

67 Kennedy at Indianapolis, April 26, 1968, 위의 책, p. 381; Press Release, Los Angeles, May 19, 1968, 위의 책, p. 385. 아울러 다음을 참조하라. Robert F. Kennedy, *To Seek a Newer World* (Garden City, N.Y.: Doubleday, 1967), pp. 28, 33 – 36.

68 Kennedy, Press Release, Los Angeles, May 19, 1968, in Guthman and Allen, *RFK: Collected Speeches*, pp. 385 – 386.

69 Kennedy, testimony before the Subcommittee on Executive Reorganization, 위의 책, p. 183.

70 Kennedy, *To Seek a Newer World*, pp. 55 – 62; San Francisco, May 21, 1968, in Guthman and Allen, *RFK: Collected Speeches*, p. 389. 아울러 다음을 참조하라. Newfield, *Robert Kennedy*, pp. 87 – 109.

71 Newfield, *Robert Kennedy*, pp. 81, 83; Guthman and Allen, *RFK: Collected Speeches*, pp. 371 – 372, 379 – 383.

72 이 두 주제에 대해서는 다음을 참조하라. Jimmy Carter, *Why Not the Best?* (Nashville: Broadman Press, 1975), pp. 9 – 11, 145 – 154.

73 Jimmy Carter, Acceptance Speech, Democratic National Convention, New York City, July 15, 1976, in *The Presidential Campaign, 1976*, vol. 1 (Washington, D.C.: U.S. Government Printing Office, 1978), part 1, p. 350; Charleston, W. Va., August 14, 1976, 위의 책, pp. 501, 502. 아울러 다음을 참조하라. Acceptance Speech, p. 349; 같은 사람, *Why Not the Best?* pp. 145 – 147. 카터가 직접성에 강한 애착을 가졌음을 보여주는 또 하나의 사실이 있다. 대통령과 시민 사이에 존재하는 여러 가지 유형의 정부가 제각기 다른 유권자 집단을 반영한다는 발상을 그는 도저히 받아들일 수 없었다. "나는 우리나라가 구분되고 분리돼야 할 그 어떤 이유도 없다고 생각한다. 그리고 나는 연방정부와 주정부와 지방정부가 협력하는 것을 보고 싶다. 우리는 같은 사람들을 대표하기 때문이다.": Evansville, Ind., September 27, 1976, in *Presidential Campaign*, 1976, vol. 1, part 2, p. 822.

74 Carter, Portland, Ore., September 27, 1976, in *Presidential Campaign, 1976*, vol. 1, part 2, p. 833; 같은 사람, *Why Not the Best?* p. 147.

75 세부적인 것에 집착하던 카터의 모습은 그의 연설문 작성자였던 제임스 팰로스(James Fallows)가 잘 묘사한다. Fallows, "The Passionless Presidency," *Atlantic Monthly*, May 1979, p. 38.

76 Carter, Los Angeles, August 23, 1976, in *Presidential Campaign*, 1976, vol. 1, part 1, pp. 506, 504; 아울러 다음을 참조하라. *Meet the Press*, NBC, July 11, 1976, 위의 책, p. 292. "나는 우리 국민(people) 사이의 이념적인 차이가 제거됐다고 생각한다. (…) 나는 우리 사회의 진보적 요소와 보수적 요소 사이에 존재했던 날카로운 차이들이 아주 잘 제거됐다고 생각한다."

77 다음을 참조하라. Fallows, "Passionless Presidency."

78 Barone, *Our Country*, pp. 580 – 583.

79 Carter, *Economic Report of the President*, January 25, 1979, in *Public Papers of the Presidents of the United States: Jimmy Carter, 1979*, vol. 1 (Washington, D.C.: U.S. Government Printing Office, 1980), p. 113.

80 Theodore H. White, *America in Search of Itself* (New York: Harper & Row, 1982), pp. 152 – 153.

81 Carter, "Energy and National Goals," July 15, 1979, in *Public Papers*, 1979, vol. 2, pp. 1237 – 38.

82 다음을 참조하라. Brinkley, *Unfinished Nation*, p. 876.

83 White, *America in Search of Itself*, pp. 16 – 21; Barone, *Our Country*, pp. 587 – 592.

84 레이건 재임 초기에 정부에 팽배했던 일시적 자신감 회복에 대해서는 다음을 참조하라. Lipset and Schneider, *Confidence Gap*, pp. 17, 415 – 425; Kay et al., "Steps for Democracy," pp. 9 – 10; Arthur Miller, "Is Confidence Rebounding?" *Public Opinion*, June / July 1983, pp. 16 – 20; Barone, *Our Country*, pp. 629, 643 – 644, 759 – 760.

85 Ronald Reagan at American Conservative Union Banquet, Washington, D.C., February 6, 1977, in Alfred Balitzer,

ed., *A Time for Choosing: The Speeches of Ronald Reagan, 1961–1982* (Chicago: Regnery Gateway, 1983), p. 192.

86 Jerry Falwell, *Listen, America!* (Garden City, N.Y.: Doubleday, 1980), pp. 20 – 21, 251 – 252.

87 George F. Will, *Statecraft as Soulcraft: What Government Does* (New York: Simon and Schuster, 1983), pp. 19, 24, 134.

88 위의 책, pp. 19 – 22, 45, 125 – 131.

89 Ronald Reagan, Nationwide Television Address, March 31, 1976, in Eckhard Breitinger, ed., *The Presidential Campaign 1976* (Frankfurt am Main: Peter Lang, 1978), p. 67; Richard B. Wirthlin, "Reagan for President: Campaign Action Plan," campaign document, June 29, 1980. 다음에서 인용했다. John Kenneth White, *The New Politics of Old Values* (Hanover, N.H.: University Press of New England, 1988), p. 54.

90 Ronald Reagan, Acceptance Speech, Detroit, July 17, 1980, in Bush, *Campaign Speeches*, pp. 264, 268, 271, 273.

91 Ronald Reagan, "Let the People Rule," speech to the Executive Club of Chicago, September 26, 1975, manuscript, Ronald Reagan Library, Simi Valley, Calif.

92 Republican platform, in Donald Bruce Johnson, ed., *National Party Platforms of 1980* (Urbana: University of Illinois Press, 1982), pp. 177, 187; Reagan, "Remarks at the Conservative Political Action Conference," Washington, D.C., March 20, 1981, in Reagan, *Speaking My Mind: Selected Speeches* (New York: Simon and Schuster, 1989), p. 100; 아울러 다음을 참조하라. "Remarks at the Annual Convention of the National Association of Evangelicals," Orlando, Fla., March 8, 1983, 위의 책, p. 171; "Address to the Nation Announcing the Reagan–Bush Candidacies for Reelection," January 29, 1984, in *Public Papers of the Presidents of the United States: Ronald Reagan, 1984*, vol. 1 (Washington, D.C.: U.S. Government Printing Office, 1986), p. 110.

93 Reagan, "State of the Union Address," January 26, 1982, in *Public Papers of the Presidents of the United States: Ronald Reagan, 1982*, vol. 1 (Washington, D.C.: U.S. Government Printing Office, 1983), p. 75; "Remarks in New Orleans, Annual Meeting of the International Association of Chiefs of Police," September 28, 1981, in *Public Papers of the Presidents of the United States: Ronald Reagan, 1981* (Washington, D.C.: U.S. Government Printing Office, 1982), p. 845. 5. "우리 국민의 시민적인 특성을 형성했던" 제도에 대한 레이건의 언급은 루이스 파월 대법관의 말을 인용한 것이다.

94 Reagan, "State of the Union Address," in *Public Papers*, 1982, vol. 1, pp. 72 – 77; "Remarks to International Association of Chiefs of Police," September 28, 1981, in *Public Papers*, 1981, pp. 844 – 845; "Remarks at Annual Meeting of the National Alliance of Business," October 5, 1981, 위의 책, pp. 881 – 887.

95 Christopher Lasch, *The True and Only Heaven: Progress and Its Critics* (New York: W. W. Norton, 1991), pp. 516, 39.

96 Michael S. Dukakis, Acceptance Speech, Democratic National Convention, Atlanta, Georgia, July 21, 1988, in *Congressional Digest*, 67 (October 1988), 234; Walter F. Mondale, Acceptance Speech, Democratic National Convention, San Francisco, California, July 19, 1984, in Bush, *Campaign Speeches*, p. 334. 공정과 분배의 정의 역시 마리오 쿠오모가 민주당 전당대회에서 했던 연설의 핵심적인 주제였다. "A Tale of Two Cities," July 16, 1984, reprinted in Cuomo, *More than Words* (New York: St. Martin's Press, 1993), pp. 21 – 31.

97 Mondale. 다음에서 인용했다. Paul Taylor, "Mondale Rises to Peak Form," *Washington Post*, October 26, 1984, p. 1; Cuomo, "Tale of Two Cities," p. 29. 국가 공동체에 대한 민주당의 다른 호소들에는 다음 여러 가지가 포함된다. Dukakis, Acceptance Speech, p. 236; and Barbara Jordan, Keynote Address, Democratic National Convention, New York, July 12, 1976, in Breitinger, *Presidential Campaign*, 1976, pp. 103 – 106.

98 Alexis de Tocqueville, *Democracy in America*, vol. 1 (1835), trans. Henry Reeve, ed. Phillips Bradley (New York: Alfred A. Knopf, 1945), chap. 5, p. 68.

99 예를 들어 다음을 참조하라. William A. Schambra, "By the People: The Old Values of the New Citizenship," *Policy Review*, 69 (Summer 1994), 32 – 38. 시민적 보수주의를 지지하는 샴브라는 레이건 행정부에 대해 다음과 같이 썼다(p. 4). "지역적 시민 민주주의로의 진정한 회귀는 단 한 번도 회의 안건에 올리지 않았다." 아울러 다음을 참조하라. Lasch, *True and Only Heaven*, pp. 22, 38 – 39, 515 – 517; Harry C. Boyte, "Ronald Reagan and America's Neighborhoods: Undermining Community Initiative," in Alan Gartner, Colin Greer, and Frank Riessman, eds., *What Reagan Is Doing to Us* (New York: Harper & Row, 1982), pp. 109 – 124.

100 8,260억 달러를 1993년의 기준으로 설정하면, 1950년부터 1978년까지 실질 가구소득 증가율은 하위 5분위부터 1분위까지 각각 138퍼센트, 98퍼센트, 106퍼센트, 111퍼센트, 99퍼센트였다. 반면 1979년부터 1993년까지의 이 수치는 -17퍼센트, -8퍼센트, -3퍼센트, 5퍼센트, 18퍼센트였다.

101 1990년대의 정치적 불만에 관한 설문조사 결과는 다음에 있다. Kay et al., "Steps for Democracy." 아울러 다음을 참조하라. *Gallup Poll Monthly*, February 1994, p. 12

7장.

1 Margaret Thatcher, Speech to Conservative Women's Conference, May 21, 1980: https://www.margaretthatcher.org/document/104368; Bill Clinton, Remarks at Vietnam National University in Hanoi, Vietnam, November 17, 2000, The American Presidency Project: https://www.presidency.ucsb.edu/node/228474; Tony Blair, Labour Party conference speech, Brighton, 2005, *The Guardian*, September 27, 2005: https://www.theguardian.com/uk/2005/sep/27/labourconference.speeches.

2 Thomas L. Friedman, *The Lexus and the Olive Tree* (New York: Farrar, Straus and Giroux, 1999), pp. 104–105.

3 위의 책, p. 105.

4 위의 책, p. 106.

5 위의 책, pp. 109–117, 139.

6 Bob Woodward, The Agenda: *Inside the Clinton White House* (New York: Simon & Schuster, 1994); Nelson Lichtenstein, "A Fabulous Failure: Clinton's 1990s and the Origins of Our Times," *The American Prospect*, January 29, 2018: https://prospect.org/health/fabulous-failure-clinton-s-1990s-origins-times/.

7 Woodward, *Agenda*, p. 145.

8 Lichtenstein, "Fabulous Failure."

9 Clinton. 다음에서 인용했다. Woodward, *Agenda*, p. 165.

10 Jeff Faux, "U.S. Trade Policy—Time to Start Over," Economic Policy Institute, November 30, 2016: https://www.epi.org/publication/u-s-trade-policy-time-to-start-over/; Lichtenstein, "Fabulous Failure."

11 Dani Rodrik, "The Great Globalisation Lie," *Prospect*, December 12, 2017: https://www.prospectmagazine.co.uk/magazine/the-great-globalisation-lie-economics-finance-trump-brexit; Rodrik, "What Do TradeAgreements Really Do?" *Journal of Economic Perspectives*, 32, no. 2 (Spring 2018), 74: https://j.mp/2EsEOPk; Lorenzo Caliendo and Fernando Parro, "Estimates of the Trade and Welfare Effects of NAFTA," *Review of Economic Studies*, 82, no. 1 (January 2015), 1–44: https://doi.org/10.1093/restud/rdu035.

12 Richard Hernandez, "The Fall of Employment in the Manufacturing Sector," Monthly Labor Review, Bureau of Labor Statistics, August 2018: https://www.bls.gov/opub/mlr/2018/beyond-bls/the-fall-of-employment-in-the-manufacturing-sector.htm; Kerwin Kofi Charles, Erik Hurst, and Mariel Schwartz, "The Transformation of Manufacturing and the Decline in U.S. Employment," National Bureau of Economic Research, March 2018: http://www.nber.org/papers/w24468.

13 Daron Acemoglu, David Autor, David Dorn, Gordon H. Hanson, and Brendon Price, "Import Competition and the Great U.S. Employment Sag of the 2000s," *Journal of Labor Economics*, 34, no. 1 (January 2016), S141–S198: https://www.journals.uchicago.edu/doi/abs/10.1086/682384; David H. Autor, David Dorn, and Gordon H. Hanson, "The China Syndrome: Local Labor Market Effects of Import Competition in the United States," *American Economic Review*, 103, no. 6 (October 2013), 2121–2168: https://pubs.aeaweb.org/doi/pdfplus/10.1257/aer.103.6.2121. 미국의 대중 무역적자와 함께 2001년과 2018년 사이에 미국에서 370만 개의 일자리가 사라졌다고 추정하는 또 다른 연구 결과가 있다. 여기에 대해서는 다음을 참조하라. Robert E. Scott Scott and Zane Mokhiber, "Growing China Trade Deficit Cost 3.7 Million American Jobs between 2001 and 2018," Economic Policy Institute, January 30, 2020: https://www.epi.org/publication/growing-china-trade-deficits-costs-us-jobs/

14 Andrea Cerrato, Francesco Ruggieri, and Federico Maria Ferrara, "Trump Won in Counties that Lost Jobs to China and Mexico," *Washington Post*, December 2, 2016: https://www.washingtonpost.com/news/monkey-cage/wp/2016/12/02/trump-won-where-import-shocks-from-china-and-mexico-were-strongest/; Bob Davis and Jon Hilsenrath, "How the China Shock, Deep and Swift, Spurred the Rise of Trump," *Wall Street Journal*, August

11, 2016: https://www.wsj.com/articles/how-the-china-shock-deep-and-swift-spurred-the-rise-of-trump-1470929543.

15 David Autor, David Dorn, Gordon Hanson, and Kaveh Majlesi, A Note on the Effect of Rising Trade Exposure on the 2016 Presidential Election: Appendix to "Importing Political Polarization? The Electoral Consequences of Rising Trade Exposure," January 2017: https://chinashock.info/wp-content/uploads/2016/06/2016_election_appendix.pdf; 다음을 함께 참조하라. Ana Swanson, "How China May Have Cost Clinton the Election," *Washington Post*, December 1, 2016: https://www.washingtonpost.com/news/wonk/wp/2016/12/01/how-china-may-have-cost-clinton-the-election/.

16 Dani Rodrik, "Globalization's Wrong Turn and How It Hurt America," *Foreign Affairs*, 98, no. 4 (July / August 2019), 26–33: https://www.foreignaffairs.com/articles/united-states/2019-06-11/globalizations-wrong-turn.

17 Dean Baker, *Rigged: How Globalization and the Rules of the Modern Economy Were Structured to Make the Rich Richer* (Washington, D.C.: Center for Economic Policy and Research, 2016).

18 Rodrik, "Great Globalisation Lie"; Rodrik, "What Do Trade Agreements Really Do?"

19 "TPP and Access to Medicines," October 9, 2015, Public Citizen: https://www.citizen.org/article/tpp-and-access-to-medicines/; Joe Mullen, "Disney CEO Asks Employees to Chip in to Pay Copyright Lobbyists," ars technica, February 25, 2016: https://arstechnica.com/tech-policy/2016/02/disney-ceo-asks-employees-to-chip-in-to-pay-copyright-lobbyists/; Ted Johnson, "There Will Be Serious Risks for Hollywood if Trans-Pacific Partnership Doesn't Pass, U.S. Trade Rep Says," *Variety*, May 3, 2016: https://variety.com/2016/biz/news/trans-pacific-partnership-michael-froman-hollywood-1201764968/; "Case Studies: Investor-State Attacks on Public Interest Policies," Public Citizen: https://www.citizen.org/wp-content/uploads/egregious-investor-state-attacks-case-studies_4.pdf.

20 Barack Obama, Remarks to the Parliament in Ottawa, Canada, June 29, 2016, The American Presidency Project: https://www.presidency.ucsb.edu/node/318096.

21 Rodrik, "Great Globalisation Lie."

22 위의 책.

23 위의 책.

24 Robert A. Johnson. 다음에서 인용했다. William Greider, *One World, Ready or Not: The Manic Logic of Global Capitalism* (New York: Simon & Schuster, 1997), p. 24.

25 Rodrik, "Great Globalisation Lie." 1980년부터 2020년까지 기업의 세금 부담이 감면된 것에 대해서는 다음을 참조하라. Leigh Thomas, "The Four-Decade Decline in Global Corporate Tax Rates," Reuters, April 29, 2021: https://www.reuters.com/business/sustainable-business/four-decade-decline-global-corporate-tax-rates-2021-04-29/

26 Greta R. Krippner, Capitalizing on Crisis: *The Political Origins of the Rise of Finance* (Cambridge, Mass.: Harvard University Press, 2011), pp. 28, 33, Figure 3; "The Cost of the Crisis," Better Markets, Inc., July 2015, pp. 5–6. 다음 그래프를 참조하라. "The Financial Industry's Share of Total Domestic Corporate Profits: 1948–2013," using data from U.S. Bureau of Economic Analysis, p. 6: https://bettermarkets.com/sites/default/files/Better%20Markets%20-%20Cost%20of%20the%20Crisis.pdf; 아울러 다음을 참조하라. Robin Greenwood and David Scharfstein, "The Growth of Finance," *Journal of Economic Perspectives*, 27, no. 2 (Spring 2013), 3–28: https://pubs.aeaweb.org/doi/pdf/10.1257/jep.27.2.3.

27 Krippner, *Capitalizing on Crisis*, pp. 3–4, 28–29.

28 Jonathan Levy, *Ages of American Capitalism: A History of the United States* (New York: Random House, 2021), p. 621, 다음을 인용했다. Krippner, *Capitalizing on Crisis*, p. 36, Figure 5.

29 Levy, *Ages of American Capitalism*, p. 604, CEO 데이비드 로더릭(David Roderick)의 말을 인용했다.

30 Krippner, *Capitalizing on Crisis*, pp. 58–73, 138–150.

31 Levy, *Ages of American Capitalism*, p. 595.

32 Charles L. Schultze, *The Public Use of Private Interest* (Washington, D.C.: Brookings Institution Press, 1977), p. 16, 다음에 인용됐다. Levy, *Ages of American Capitalism*, p. 575.

33 Krippner, *Capitalizing on Crisis*, pp. 58–85; Levy, *Ages of American Capitalism*, p. 579, 406.

34 Krippner, *Capitalizing on Crisis*, pp. 86–87, 92–97; Levy, *Ages of American Capitalism*, pp. 608–611.

35 Levy, *Ages of American Capitalism*, p. 612; Krippner, *Capitalizing on Crisis*, pp. 93–96.

36 Levy, *Ages of American Capitalism*, pp. 597–602; Krippner, *Capitalizing on Crisis*, pp. 102–103.

37 Krippner, *Capitalizing on Crisis*, pp. 32; Levy, *Ages of American Capitalism*, p. 621.

38 *Wall Street*, directed by Oliver Stone (1987; 20th Century Fox); Gordon Gecko speech at https://www.americanrhetoric.com/MovieSpeeches/moviespeechwallstreet.html.

39 Levy, *Ages of American Capitalism*, p. 589.

40 Bill Clinton, "Putting People First: A National Economic Strategy for America," Bill Clinton for President Committee, [no date]: https://digitalcommons.unf.edu/cgi/viewcontent.cgi?article=1330&context=saffy_text; Sarah Anderson, "The Failure of Bill Clinton's CEO Pay Reform," Politico, August 31, 2016: https://www.politico.com/agenda/story/2016/08/bill-clinton-ceo-pay-reform-000195/; Sarah Anderson and Sam Pizzigati, "The Wall Street CEO Bonus Loophole," Institute for Policy Studies, August 31, 2016: https://ips-dc.org/wp-content/uploads/2016/08/IPS-report-on-CEO-bonus-loophole-embargoed-until-Aug-31-2016.pdf.

41 위의 책.

42 Lawrence Mishel and Jori Kandra, "CEO pay has skyrocketed 1,322% since 1978," Economic Policy Institute, August 10, 2021: https://files.epi.org/uploads/232540.pdf.

43 Lenore Palladino and Willian Lazonick, "Regulating Stock Buybacks: The $6.3 Trillion Question," Roosevelt Institute Working Paper, 2021: https://rooseveltinstitute.org/wp-content/uploads/2021/04/RI_Stock-Buybacks_Working-Paper_202105.pdf; William Lazonick, Mustafa Erdem Sakinç, and Matt Hopkins, "Why Stock Buybacks Are Dangerous for the Economy," *Harvard Business Review*, January 7, 2020: https://hbr.org/2020/01/why-stock-buybacks-are-dangerous-for-the-economy; Julius Krein, "Share Buybacks and the Contradictions of 'Shareholder Capitalism,'" *American Affairs*, December 13, 2018: https://americanaffairsjournal.org/2018/12/share-buybacks-and-the-contradictions-of-shareholder-capitalism/.

44 William Turvill, "US Airlines Pushing for Massive Bailout Gave $45 billion to Shareholders in Five Years," *The Guardian*, March 18, 2020: https://www.theguardian.com/business/2020/mar/18/america-airlines-bailout-shareholders-coronavirus; Allan Sloan, "U.S. Airlines Want a $50 Billion Bailout. They Spent $45 Billion Buying Back Their Stock," Washington Post, April 6, 2020: https://www.washingtonpost.com/business/2020/04/06/bailout-coronavirus-airlines/; Philip van Doorn, "Airlines and Boeing Want a Bailout—But Look How Much They've Spent on Stock Buybanks," Marketwatch, March 22, 2020: https://www.marketwatch.com/story/airlines-and-boeing-want-a-bailout-but-look-how-much-theyve-spent-on-stock-buybacks-2020-03-18?mod=articleinline.

45 Warren Buffett의 말은 다음에서 인용했다. Jay Elwes, "Financial Weapons of Mass Destruction: Brexit and the Looming Derivatives Threat," Prospect, August 28, 2018: https://www.prospectmagazine.co.uk/economics-and-finance/financial-weapons-of-mass-destruction-brexit-and-the-looming-derivatives-threat.

46 Ron Suskind, *Confidence Men: Wall Street, Washington, and the Education of a President* (New York: Harper, 2011), pp. 171–172.

47 위의 책. 아울러 다음을 참조하라. Lichtenstein, "Fabulous Failure."

48 Sheila Blair, *Bull by the Horns: Fighting to Save Main Street from Wall Street and Wall Street from Itself* (New York: Free Press, 2012), p. 333.

49 "'This Week' Transcript: Former President Bill Clinton," ABC News, January 22, 2010: https://abcnews.go.com/ThisWeek/week-transcript-president-bill-clinton/story?id=10405692.

50 Lichtenstein, "Fabulous Failure"; Levy, *Ages of American Capitalism*, p. 660.

51 "The Long Demise of Glass-Steagall," *Frontline*, PBS, May 8, 2003: https://www.pbs.org/wgbh/pages/frontline/shows/wallstreet/weill/demise.html; Joseph Kahn, "Former Treasury Secretary Joins Leadership Triangle at Citigroup, *New York Times*, October 27, 1999: https://www.nytimes.com/1999/10/27/business/former-treasury-secretary-joins-leadership-triangle-at-citigroup.html.

52 Levy, *Ages of American Capitalism*, p. 704.

53 Kara Scannell and Sudeep Reddy, "Greenspan Admits Errors to Hostile House Panel," *Wall Street Journal*, October 24, 2008: https://www.wsj.com/articles/SB122476545437862295.

54 Michael Lewis, *Flash Boys: A Wall Street Revolt* (New York: W. W. Norton, 2015), pp. 7 – 22.

55 Adair Turner, "What Do Banks Do? Why do Credit Booms and Busts Occur and What Can Public Policy Do about It?" in *The Future of Finance: The LSE Report*, London School of Economics (2010), https://harr123et.wordpress.com/download-version/.

56 Stephen G. Cecchetti and Enisse Kharroubi, "Why Does Financial Sector Growth Crowd Out Real Economic Growth?" Bank for International Settlements, BIS Working Paper no. 490, February 2015: https://www.bis.org/publ/work490.pdf.

57 Rana Foroohar, *Makers and Takers: How Wall Street Destroyed Main Street* (New York: Crown Business, 2017), p. 7.

58 Levy, *Ages of American Capitalism*, pp. 596, 637, 675.

59 위의 책, pp. 672 – 676, 690 – 695.

60 위의 책, p. 692.

61 위의 책, pp. 675 – 676, 690 – 699.

62 Raghuram G. Rajan, "Let Them Eat Credit," *The New Republic*, August 27, 2010: https://newrepublic.com/article/77242/inequality-recession-credit-crunch-let-them-eat-credit; 같은 사람, *Fault Lines: How Hidden Fractures Still Threaten the World Economy* (Princeton: Princeton University Press, 2010), p. 21.

63 Levy, *Ages of American Capitalism*, pp. 694 – 698.

64 위의 책, pp. 702 – 714.

65 Reed Hundt, *A Crisis Wasted: Barack Obama's Defining Decisions* (New York: RosettaBooks, 2019), pp. 100 – 101, 3. 논평자인 데이비드 워시(David Warsh)가 한 말은 101쪽에 있다. 아울러 다음을 참조하라. Levy, *Ages of American Capitalism*, pp. 716 – 719.

66 Bair, *Bull by the Horns*, pp. 129, 140 – 141.

67 Levy, *Ages of American Capitalism*, pp. 593, 704 – 705; Deborah Lucas, "Measuring the Cost of Bailouts," *Annual Review of Financial Economics*, 11 (December 2019), 85 – 108; Tam Harbert, "Here's How Much the 2008 Bailouts Really Cost," MIT Management Sloan School, February 21, 2019: https://mitsloan.mit.edu/ideas-made-to-matter/heres-how-much-2008-bailouts-really-cost; Gautam Mukunda, "The Social and Political Costs of the Financial Crisis, 10 Years Later," *Harvard Business Review*, September 25, 2018: https://hbr.org/2018/09/the-social-and-political-costs-of-the-financial-crisis-10-years-later.

68 다음을 참조하라. Amir Sufi, "Why You Should Blame the Financial Crisis for Political Polarization and the Rise of Trump," evonomics, June 14, 2016: https://evonomics.com/blame-financial-crisis-politics-rise-of-trump/; Matt Stoller, "Democrats Can't Win Until They Recognize How Bad Obama's Financial Policies Were," *Washington Post*, January 12, 2017: https://www.washingtonpost.com/posteverything/wp/2017/01/12/democrats-cant-win-until-they-recognize-how-bad-obamas-financial-policies-were/.

69 Rob Johnson and George Soros, "A Better Bailout Was Possible during the Financial Crisis," *The Guardian*, September 18, 2018: https://www.theguardian.com/business/2018/sep/18/bailout-financial-crisis-donald-trump-barack-obama-george-soros; Martin Feldstein, "How to Stop the Drop in Home Values," *New York Times*, October 12, 2011: https://www.nytimes.com/2011/10/13/opinion/how-to-stop-the-drop-in-home-values.html?r=0. 아울러 다음을 참조하라. Blair, *Bull by the Horns*, pp. 151 – 153.

70 Feldstein, "How to Stop the Drop in Home Values."

71 Geithner. 다음에서 인용했다. Neil Barofsky, *Bailout: An Inside Account of How Washington Abandoned Main Street While Rescuing Wall Street* (New York: Free Press, 2012).

72 Simon Johnson, "The Quiet Coup," *The Atlantic*, May 2009: https://www.theatlantic.com/magazine/archive/2009/05/the-quiet-coup/307364/.

73 Edmund L. Andrews and Peter Baker, "Bonus Money at Troubled A.I.G. Draws Heavy Criticism," *New York Times*,

March 15, 2009: https://www.nytimes.com/2009/03/16/business/16aig.html.

74 Suskind, *Confidence Men*, pp. 231 – 241. 오바마의 말은 pp. 234-235에서 인용했다.

75 위의 책, p. 237.

76 Blair, *Bull by the Horns*, pp. 118 – 119.

77 위의 책, p. 6.

78 위의 책, p. 120.

79 Johnson, "Quiet Coup."

80 Bair의 말은 다음에서 인용했다. Hundt, *A Crisis Wasted*, p. 78.

81 Remarks by the President in State of the Union Address, The White House, January 27, 2010: https://obamawhitehouse.archives.gov/the-press-office/remarks-president-state-union-address.

82 Barack Obama, *A Promised Land* (New York: Crown, 2020), pp. 280, 292, 529; Timothy F. Geithner, *Stress Test: Reflections on Financial Crises* (New York: Crown Publishers, 2014). 가이트너는 회고록에서 〈구약성경〉의 정의, 갈망, 충동에 대한 18가지 출처를 제시하고 있다. Suzy Khimm, "Timothy Geithner vs. Elizabeth Warren in New Book 'Stress Test'," MSNBC, May 14, 2014: https://www.msnbc.com/msnbc/timothy-geithner-new-book-stress-test-elizabeth-warren-msna328021.

83 Theodore Roosevelt, "Speech at St. Paul," September 6, 1910, in Willian E. Leuchtenburg, ed., *The New Nationalism* (Englewood Cliffs, N.J.: Prentice-Hall, 1961), p. 85.

84 Woodrow Wilson, *The New Freedom*, ed. William E. Leuchtenburg (Englewood Cliffs, N.J.: Prentice-Hall, 1961), p. 121.

85 Franklin D. Roosevelt, Acceptance Speech for the Renomination for the Presidency, Philadelphia, Pa., June 27, 1936, The American Presidency Project: https://www.presidency.ucsb.edu/node/208917.

86 위의 책.

87 다음을 참조하라. Michael Sandel, "Obama and Civic Idealism," *Democracy Journal*, no. 16 (Spring 2010): https://democracyjournal.org/magazine/16/obama-and-civic-idealism/

88 Chris Kahn, "U.S. Voters Want Leader to End Advantage of Rich and Powerful: Reuters/Ipsos Poll," Reuters, November 8, 2016: https://www.reuters.com/article/us-usa-election-poll-mood-idUSKBN1332NC?il=0.

89 Eugene Scott, "Trump's Most Insulting—and Violent—Language Is Often Reserved for Immigrants," *Washington Post*, October 2, 2019: https://www.washingtonpost.com/politics/2019/10/02/trumps-most-insulting-violent-language-is-often-reserved-immigrants/; Michael Kazin, "Trump and American Populism: Old Whine, New Bottles," *Foreign Affairs*, 95, no. 6 (November / December 2016), pp. 17 – 24.

90 Heather Long, "Trump's GOP Wants to Break Up Big Banks," CNN, July 19, 2016: https://money.cnn.com/2016/07/19/investing/donald-trump-glass-steagall/?iid=EL; Republican Platform 2016, p. 28: https://prodstaticngoppbl.s3.amazonaws.com/media/documents/DRAFT12_FINAL%5B1%5D-ben_1468872234.pdf.

91 Sarah N. Lynch, "Trump Says Tax Code Is Letting Hedge Funds 'Get Away with Murder'," Reuters, August 23, 2015: https://www.reuters.com/article/us-election-trump-hedgefunds-idUSKCN0QS0P120150823.

92 Jeff Stein, "Trump's 2016 Campaign Pledges on Infrastructure Have Fallen Short, Creating Opening for Biden," *Washington Post*, October 18, 2020: https://www.washingtonpost.com/us-policy/2020/10/18/trump-biden-infrastructure-2020/.

93 Chris Cillizza, "Donald Trump Says There's a Global Conspiracy against Him," *Washington Post*, October 13, 2016: https://www.washingtonpost.com/news/the-fix/wp/2016/10/13/donald-trump-leans-in-hard-to-the-conspiracy-theory-of-the-2016-election/.

94 Damian Paletta, "As Tax Plan Gained Steam, GOP Lost Focus on the Middle Class," *Washington Post*, December 9, 2017: https://www.washingtonpost.com/business/economy/as-tax-plan-gained-steam-gop-lost-focus-on-the-middle-class/2017/12/09/27ed2d76-db69-11e7-b1a8-62589434a581_story.html?itid=lk_inline_manual_5; Editorial Board, "You Know Who the Tax Cuts Helped? Rich People," *New York Times*, August 8, 2018: https://www.nytimes.com/interactive/2018/08/12/opinion/editorials/trump-tax-cuts.html; "Trump's Corporate Tax

Cuts Fail to Boost Investment, IMF Analysis Finds," *Los Angeles Times*, August 8, 2019: https://www.latimes.com/business/story/2019-08-08/trump-corporate-tax-cuts-fail-to-boost-investment-imf-finds; Emanuel Kopp, Daniel Leigh, and Suchanan Tambunlertchai, "US Business Investment: Rising Market Power Mutes Tax Cut Impact," *IMF Blog*, August 8, 2019: https://blogs.imf.org/2019/08/08/us-business-investment-rising-market-power-mutes-tax-cut-impact/.

95 Tax Policy Center, Distributional Analysis of the Conference Agreement for the Tax Cuts and Jobs Act, December 18, 2017, p. 4 (Table 2):https://www.taxpolicycenter.org/publications/distributional-analysis-conference-agreement-tax-cuts-and-jobs-act/full.

96 미국에서는 1980년 이후 경제 성장의 대부분이 상위 10퍼센트 계층에게 돌아갔는데, 이들의 소득은 121퍼센트 증가했다. 그러나 2014년 평균소득(약 1만 6,000달러)이 1980년 실질소득과 거의 같았던 인구의 하위 절반에게는 그 기간에 발생한 성장의 열매가 거의 돌아가지 않았다. 경제 활동이 가능한 연령대 남성의 중위소득은 "2014년에도 1964년과 동일하게 약 3만 5,000달러였다. 남성 노동자의 중위소득이 반세기가 넘도록 늘어나지 않았다는 말이다." Thomas Piketty, Emmauel Saez, Gabriel Zucman, "Distributional National Accounts: Methods and Estimates for the United States," *Quarterly Journal of Economics*, 133, no. 2 (May 2018), 557, 578, 592 – 593, https://eml.berkeley.edu/~saez/PSZ2018QJE.pdf; Facundo Alvaredo, Lucas Chancel, Thomas Piketty, Emmanuel Saez, and Gabriel Zucman, *World Inequality Report 2018* (Cambridge, Mass.: Harvard University Press, 2018), pp. 3, 83 – 84. 미국 및 다른 여러 나라의 소득분포 관련 자료는 다음에서 웹페이지에서 확인할 수 있다. World Inequality Database, https://wid.world. 아울러 다음을 참조하라. Thomas Piketty, *Capital in the Twenty-First Century* (Cambridge, Mass.: Harvard University Press, 2014), p. 297. 여기에서 피케티는 1977년부터 2007년까지 소득 상위 10퍼센트가 미국 전체 경제 성장 열매 가운데 4분의 3을 가졌다고 말한다.

미국에서 상위 1퍼센트는 국민소득의 20.2퍼센트를 차지하는 반면, 하위 50퍼센트는 12.5퍼센트를 차지한다. 미국에서는 상위 10퍼센트가 국민소득의 거의 절반(47 퍼센트)을 차지하는데, 이 비율이 서유럽은 37퍼센트, 중국은 41퍼센트, 브라질과 인도는 55퍼센트다. 다음을 참조하라. Piketty, Saez, and Zucman, "Distributional National Accounts," p. 575; Alvaredo et al., *World Inequality Report 2018*, pp. 3, 83 – 84.

97 Brookings Institution, Vital Statistics on Congress, February 8, 2021, chapter 3, Table 3-1: https://www.brookings.edu/multi-chapter-report/vital-statistics-on-congress/; Ryan Grim and Sabrina Siddiqui, "Call Time for Congress Shows How Fundraising Dominates Bleak Work Life," *Huff-Post*, January 8, 2013, updated December 6, 2017: https://www.huffpost.com/entry/call-time-congressional-fundraising_n_2427291.

98 Brookings Institution, Vital Statistics on Congress, Table 3-10.

99 Adam Bonica, Nolan McCarty, Keith T. Poole, and Howard Rosenthal, "Why Hasn't Democracy Slowed Rising Inequality?" *Journal of Economic Perspectives*, 27, no 3 (Summer 2013), 111 – 112; Nicholas Confessore, Sarah Cohen, and Karen Yourish, "Just 158 Families Have Provided Nearly Half of the Early Money for Efforts to Capture the White House," *New York Times*, October 10, 2015: https://www.nytimes.com/interactive/2015/10/11/us/politics/2016-presidential-election-super-pac-donors.html

100 Evan Osnos, *Wildland: The Making of America's Fury* (New York: Farrar, Straus and Giroux, 2021), p. 36.

101 Benjamin I. Page and Martin Gilens, *Democracy in America? What Has Gone Wrong and What We Can Do About It* (Chicago: University of Chicago Press, 2017), pp. 114 – 118. 다음 논문의 데이터를 보여주는 〈도표 4-1〉을 참조하라. Benjamin I. Page, Larry M. Bartels, and Jason Seawright, "Democracy and the Policy Preferences of Wealthy Americans," *Perspectives on Politics*, 11, no. 1 (March 2013), 51 – 73.

102 Page and Gilens, *Democracy in America?* pp. 66 – 69.

103 이 절의 내용은 다음을 토대로 했다. Michael J. Sandel, "How Meritocracy Fuels Inequality," *American Journal of Law and Equality*, 1 (September 2021), 4 – 14: https://doi.org/10.1162/ajle_a_00024. 또 다른 내 책의 개요에서 제시한 것이다. *The Tyranny of Merit: What's Become of the Common Good?* (New York: Farrar, Straus and Giroux, 2020).

104 상위 146개 대학을 대상으로 한 연구에서 74퍼센트의 학생이 사회경제적 지위 척도의 상위 25퍼센트 계층에 속한다는 사실을 확인했다. Anthony P. Carnevale and Stephen J. Rose, "Socioeconomic Status, Race / Ethnicity, and Selective College Admissions," The Century Foundation, March 31, 2003, p. 106, Table 3.1: https://tcf.org/content/commentary/socioeconomic-status-raceethnicity-and-selective-college-admissions/?agreed=1. 또, 가장

경쟁력 있는 91개의 대학을 대상으로 한 비슷한 연구에서도 72퍼센트의 학생이 상위 25퍼센트 계층 출신임을 확인했다. Jennifer Giancola and Richard D. Kahlenberg, "True Merit: Ensuring Our Brightest Students Have Access to Our Best Colleges and Universities," Jack Kent Cooke Foundation, January 2016, Figure 1: jkcf.org/research/true-merit-ensuring-our-brightest-students-have-access-to-our-best-colleges-and-universities/

105 Max Weber, "The Social Psychology of the World Religions," in H. H. Gerth and C. Wright Mills, eds., *From Max Weber: Essays in Sociology* (New York: Oxford University Press, 1946), p. 271. 아울러 다음을 참조하라. Sandel, *Tyranny of Merit*, pp. 39 – 42.

106 Summers의 말은 다음에서 인용했다. Suskind, *Confidence Men,* p. 197

107 Sandel, *Tyranny of Merit*, pp. 23, 67 – 71.

108 "당신이 무엇을 배우느냐에 따라서 당신의 소득이 달라진다"라는 말은 빌 클린턴이 자주 했고, "당신도 노력하면 해낼 수 있다"라는 말은 버락 오바마가 자주 했다. 특히 오바마는 연설을 포함해 공식석상에서 140번 넘게 언급했다. 다음을 참조하라. Sandel, *Tyranny of Merit*, pp. 23, 67 – 79, 86 – 87.

109 Sandel, *Tyranny of Merit*, p. 89. 2018년 기준으로 25세 이상 미국인 중 35퍼센트가 4년제 대학을 졸업했는데, 이 비율은 1999년의 25퍼센트와 1988년의 20퍼센트에 비해 높아진 것이다. United States Census Bureau, CPS Historical Time Series Tables, 2018, Table A-2: census.gov/data/tables/time-series/demo/educational-attainment/cps-historical-time-series.html.

110 Sandel, *Tyranny of Merit*, p. 26.

111 https://fivethirtyeight.com/features/even-among-the-wealthy-education – predicts-trump-support/; https://www.jrf.org.uk/report/brexit-vote-explained-poverty-low-skills-and-lack-opportunities.

112 Thomas Piketty, "Brahmin Left vs Merchant Right: Rising Inequality & the Changing Structure of Political Conflict," World Inequality Lab, March 22, 2018, pp. 2, 61: http://piketty.pse.ens.fr/files/Piketty2018.pdf.

113 Aaron Blake, "Hillary Clinton Takes Her 'Deplorables' Argument for Another Spin," *Washington Post*, March 13, 2018, https://www.washingtonpost.com/news/the-fix/wp/2018/03/12/hillary-clinton-takes-her-deplorables-argument-for-another-spin/. 바이든을 상대로 한 선거에서 트럼프는 고소득 유권자층에서는 아슬아슬하게 이겼지만, 시골이나 소도시 거주 유권자층이나 백인 유권자층에서 각각 62 대 34와 67 대 28로 압도적으로 이겼다. 또한 외국과의 무역 때문에 일자리가 오히려 줄어든다고 믿는 사람들 사이에서도 65대 31로 압도적으로 이겼다. 다음을 참조하라. Election 2016: Exit Polls, *New York Times*, November 8, 2016: https://www.nytimes.com/interactive/2016/11/08/us/politics/election-exit-polls.html.

114 Sandel, Tyranny of Merit, p. 190; Isabel Sawhill, *The Forgotten Americans: An Economic Agenda for a Divided Nation* (New Haven: Yale University Press, 2018), p. 114.

115 Sandel, Tyranny of Merit, p. 97; Congressional Research Service, Membership of the 116th Congress: A Profile, Updated December 17, 2020: https://fas.org/sgp/crs/misc/R45583.pdf; Jennifer Senior, "95% of Members of Congress Have a Degree. Look Where That's Got Us," *New York Times*, December 21, 2020: https://www.nytimes.com/2020/12/21/opinion/politicians-college-degrees.html?action=click&module=Opinion&pgtype=Homepage; Russ Choma, "Millionaires' Club: For First Time, Most Lawmakers Are Worth $1 Million-Plus," Open Secrets, January 9, 2014: https://www.opensecrets.org/news/2014/01/millionaires-club-for-first-time-most-lawmakers-are-worth-1-million-plus.html. 아울러 다음을 참조하라. Karl Evers-Hillstrom, "Majority of Lawmakers in 116th Congress Are Millionaires," Open Secrets, April 23, 2020: https://www.opensecrets.org/news/2020/04/majority-of-lawmakers-millionaires/.

116 Sandel, Tyranny of Merit, p. 97; Congressional Research Service, Membership of the 116th Congress, p. 5: https://fas.org/sgp/crs/misc/R45583.pdf.

117 Sandel, *Tyranny of Merit*, p. 97; Nicholas Carnes, *The Cash Ceiling: Why Only the Rich Run for Office—and What We Can Do About It* (Princeton: Princeton University Press, 2018), pp. 5 – 6.

118 James Clyburn, Interview with FiveThirtyEight, February 26, 2020: https://abcnews.go.com/fivethirtyeight/video/rep-james-clyburn-settled-endorsing-joe-biden-president-69231417. 나는 클라이븐이 인용되는 것을 다음에서 처음 봤다. Elizabeth Anderson, "The Broken System," *The Nation*, February 23, 2021: https://www.thenation.com/article/society/sandel-tyranny-merit/.

119 Amy Walter, "Democrats Lost Ground with Non-College Voters of Color in 2020," Cook Political Report, June 17, 2021: https://cookpolitical.com/analysis/national/national-politics/democrats-lost-ground-non-college-voters-color-2020; Nate Cohn, "How Educational Differences Are Widening America's Political Rift," *New York Times*, September 8, 2021: https://www.nytimes.com/2021/09/08/us/politics/how-college-graduates-vote.html.

120 Alexander Hamilton, "Notes on the Advantages of a National Bank." 다음에서 인용했다. Lance Banning, *The Jeffersonian Persuasion* (Ithaca: Cornell University Press, 1978), pp. 136 – 137; "The Tablet," Gazette of the United States, April 24, 1790. 다음에서 인용했다. Banning, *Jeffersonian Persuasion*, p. 137. 전반적으로는 위의 책 2장을 참조하라.

121 다음을 참조하라. Liz Mineo, "Correcting 'Hamilton,'" *Harvard Gazette*, October 7, 2016, 역사학자 아네트 고든-리드(Annette Gordon-Reed)를 인용했다. https://news.harvard.edu/gazette/story/2016/10/correcting-hamilton/; Lyra D. Montiero, "Race-Conscious Casting and the Erasure of the Black Past in Lin-Manuel Miranda's Hamilton," *The Public Historian*, 38, no. 1 (February 2016), 89 – 98: https://doi.org/10.1525/tph.2016.38.1.89; Annette Gordon-Reed, "Hamilton: The Musical: Blacks and the Founding Fathers," National Council on Public History, April 6, 2016: https://ncph.org/history-at-work/hamilton-the-musical-blacks-and-the-founding-fathers/

122 한 가지 예외는 내각에서 논쟁을 벌이는 장면이다. 여기에서 제퍼슨은 해밀턴에게 "버지니아에서는 땅에 씨앗을 뿌리지, 창조한다고. 그런데 너는 우리의 돈을 그냥 마구 퍼주지. 이 금융 정책은 터무니없는 몽상, 몽땅 갈아엎어야 해"라고 반박한다. Cabinet Battle #1: https://www.themusicallyrics.com/h/351-hamilton-the-musical-lyrics/3682-cabinet-battle-1-lyrics.html.

123 "Alexander Hamilton," from the Broadway musical *Hamilton* (2015); book, music, and lyrics by Lin-Manuel Miranda: https://www.themusicallyrics.com/h/351-hamilton-the-musical-lyrics/3706-alexander-hamilton-lyrics.html.

124 위의 책.

125 위의 책, https://www.themusicallyrics.com/h/351-hamilton-the-musical-lyrics/3704-my-shot-lyrics-hamilton.html.

126 Barack Obama, Remarks Prior to a Musical Performance by Members of the Cast of "Hamilton," March 14, 2016, The American Presidency Project: https://www.presidency.ucsb.edu/node/315810. 전반적으로는 다음을 참조하라. Donatella Galella, "Being in 'The Room Where It Happens': Hamilton, Obama, and Nationalist Neoliberal Multicultural Inclusion," *Theatre Survey*, 59, no. 3 (September 2018): https://www.cambridge.org/core/journals/theatre-survey/article/being-in-the-room-where-it-happens-hamilton-obama-and-nationalist-neoliberal-multicultural-inclusion/203F76B1800B7398A7E761B103441DB9; Jeffrey Lawrence, "The Miranda-Obama Connection (From Hamilton to Puerto Rico)," Tropics of Meta, August 8, 2016: https://tropicsofmeta.com/2016/08/08/the-miranda-obama-collaboration-from-hamilton-to-puerto-rico/.

127 Barack Obama, Remarks Prior to a Musical Performance by Members of the Cast of "Hamilton," March 14, 2016, The American Presidency Project: https://www.presidency.ucsb.edu/node/315810; Michelle Obama, video introducing *Hamilton* at Tony Awards, June 2016: https://www.youtube.com/watch?v=b5VqyCQV1Tg; https://finance.yahoo.com/video/tonys-barack-michelle-obama-announce-022231579.html. 아울러 다음을 참조하라. Kahlila Chaar-Pérez, Lin-Manuel Miranda: Latino Public Intellectual (Part 1), U.S. Intellectual History Blog, September 15, 2016: https://s-usih.org/2016/09/lin-manuel-miranda-latino-public-intellectual-part-1/.

128 트럼프는 미국의 가장 가난한 카운티들에서 58퍼센트 득표율을 기록했지만 가장 부유한 카운티들에서는 31퍼센트밖에 득표하지 못했다. 다음을 참조하라. Eduardo Porter, "How the G.O.P. Became the Party of the Left Behind," *New York Times*, January 28, 2020: https://www.nytimes.com/interactive/2020/01/27/business/economy/republican-party-voters-income.html. 아울러 다음을 참조하라. Nicholas Lemann, "The After-Party," *New Yorker*, November 2, 2020.

129 David Byler, "Why Do Some Still Deny Biden's 2020 Victory? Here's What the Data Says," *Washington Post*, November 10, 2021: https://www.washingtonpost.com/opinions/2021/11/10/why-do-some-still-deny-bidens-2020-victory-heres-what-data-says/.

130 Ezra Klein, "Four Ways of Looking at the Radicalism of Joe Biden," *New York Times*, April 8, 2021: https://www.

nytimes.com/2021/04/08/opinion/biden-jobs-infrastructure-economy.html.

131 Jim Tankersley, "Biden, Calling for Big Government, Bets on a Nation Tested by Crisis," *New York Times*, April 28, 2021, updated July 9, 2021: https://www.nytimes.com/2021/04/28/business/economy/biden-spending-big-government.html; Jim Tankersley and Cecilia Kang, "Biden's Antitrust Team Signals a Big Swing at Corporate Titans," *New York Times*, July 24, 2021, updated October 28, 2021: https://www.nytimes.com/2021/07/24/business/biden-antitrust-amazon-google.html; Greg Ip, "Antitrust's New Mission: Preserving Democracy, Not Efficiency," *Wall Street Journal*, July 7, 2021: https://www.wsj.com/articles/antitrusts-new-mission-preserving-democracy-not-efficiency-11625670424; Nelson Lichtenstein, "America's 40-Year Experiment with Big Business Is Over," *New York Times*, July 13, 2021: https://www.nytimes.com/2021/07/13/opinion/biden-executive-order-antitrust.html; Peter Eavis, "Companies Love to Buy Back Their Stock. A Tax Could Deter Them," *New York Times*, November 19, 2021: https://www.nytimes.com/2021/11/19/business/biden-tax-buyback-stock.html; Brian Faler, "Wyden Fills in Details for 'Billionaires Income Tax,'" *Politico*, October 27, 2021: https://www.politico.com/news/2021/10/27/billionaires-income-tax-details-wyden-517318; Morgan Ricks, John Crawford, and Lev Menand, "Central Banking for All: A Public Option for Bank Accounts," Roosevelt Institute, June 2018: https://rooseveltinstitute.org/wp-content/uploads/2021/08/GDI-Central-Banking-For-All-201806.pdf; Saule T. Omarova, "The People's Ledger: How to Democratize Money and Finance the Economy," *Vanderbilt Law Review*, 74 (2021): https://papers.ssrn.com/sol3/papers.cfm?abstractid=3715735#; Tory Newmyer, "Biden Taps Wall Street Critic Saule Omarova for Key Banking Regulation Post," *Washington Post*, September 23, 2021: https://www.washingtonpost.com/business/2021/09/23/omarova-occ-wall-street/.

132 다음을 참조하라. Michael Kazin, "What the Democrats Need to Do," *New York Times*, February 27, 2022.

133 Peter S. Goodman and Niraj Chokshi, "How the World Ran Out of Everything," *New York Times*, June 1, 2021, updated October 22, 2021: https://www.nytimes.com/2021/06/01/business/coronavirus-global-shortages.html; Peter S. Goodman, "'It's Not Sustainable': What America's Port Crisis Looks Like Up Close," *New York Times*, October 10, 2021, updated October 14, 2021: https://www.nytimes.com/2021/10/11/business/supply-chain-crisis-savannah-port.html; Peter S. Goodman, "How the Supply Chain Broke and Why It Won't Be Fixed Anytime Soon," *New York Times*, October 22, 2021: https://www.nytimes.com/2021/10/22/business/shortages-supply-chain.html.

134 기술 변화는 과학의 외생적 발전에 따라서 자연스럽게 이뤄지는 것이라는 발상에 대한 비판으로는 다음을 참조하라. Daniel Markovits, The Meritocracy Trap (New York: Penguin Press, 2019), pp. 233‒257, and Daron Acemoglu, "Technical Change, Inequality, and the Labor Market," *Journal of Economic Literature*, 40 (March 2002), 7‒22: https://www.aeaweb.org/articles?id=10.1257/0022051026976.

135 Pratap Bhanu Mehta, "History after Covid-19," *Open Magazine*, April 10, 2020: https://openthemagazine.com/cover-story/history-after-covid-19-the-making-of-a-new-global-order/.

136 Neil Irwin, "Move Over, Nerds. It's the Politicians' Economy Now," *New York Times*, March 9, 2021: https://www.nytimes.com/2021/03/09/upshot/politicians-not-central-bankers-economy-policy.html; Adam Tooze, "What if the Coronavirus Crisis Is Just a Trial Run?" *New York Times*, September 1, 2021: https://www.nytimes.com/2021/09/01/opinion/covid-pandemic-global-economy-politics.html; Adam Tooze, "Has Covid Ended the Neoliberal Era?" *The Guardian*, September 2, 2021: https://www.theguardian.com/news/2021/sep/02/covid-and-the-crisis-of-neoliberalism.

137 Tooze, "Has Covid Ended the Neoliberal Era?" The Keynes quote comes from a BBC talk that Keynes gave on April 2, 1942, "How Much Does Finance Matter?": https://adamtooze.substack.com/p/chartbook-on-shutdown-keynes-and.

138 Mehta, "History after Covid-19"; Tooze, "Has Covid Ended the Neoliberal Era?"; Tooze, "What if the Coronavirus Crisis Is Just a Trial Run?"

139 다음을 참조하라. Michael J. Sandel, *What Money Can't Buy: The Moral Limits of Markets* (New York: Farrar, Straus and Giroux, 2012), pp. 14, 202.

140 Tony Blair, Labour Party conference speech, Brighton, 2005, *The Guardian*, September 27, 2005: https://www.theguardian.com/uk/2005/sep/27/labourconference.speeches.

141 Denise Chow, "Summers Could Last Half the Year by the End of This Century," NBC News, March 21, 2021: https://www.nbcnews.com/science/environment/summers-last-half-year-end-century-rcna436, 다음을 인용했다. Jaimin Wang, et al., "Changing Lengths of the Four Seasons by Global Warming," Geological Research Letters, February 19, 2021: https://doi.org/10.1029/2020GL091753; Kasha Patel, "Every Season Except Summer Is Getting Shorter, a Sign of Trouble for People and the Environment," *Washington Post*, September 22, 2021: https://www.washingtonpost.com/weather/2021/09/22/longer-northern-hemisphere-summer-climate/.

마이클 샌델 교수가 한국 대중의 본격적인 주목을 받은 것은 2010년 《정의란 무엇인가》가 번역 출간되었을 때였다. 그 이후 출간된 샌델 교수의 저서들은 시의적절한 거대 담론을 한국 사회에서 일으켰다. 특히 약 2년 반 전에 출간된 《공정하다는 착각》은 우리 사회를 크게 흔들어놓은 '공정' 담론에 큰 영향을 주었고, 2022년에 우리나라 대학생이 도서관에서 가장 많이 대출해 읽어본 책으로 보고되기도 했다.

이 책 《당신이 모르는 민주주의》는 27년 전 미국에서 출간되고 우리나라에서도 번역되었던 책이다. 초판본 《민주주의의 불만》은 미국의 헌정주의와 정치경제 두 부분으로 구성되었는데, 이번의 개정판에서 샌델 교수는 헌정주의 부분을 삭제하고 정치경제에만 집중하여 그 내용을 업데이트하고 발전시켜, 《당신이 모르는 민주주의》라는 한국어판 제목으로 모습을 드러냈다. 이 개정판은 완전히 새로운 내용의 책이 되었으며, 지금의 한국 상황에 대한 놀라울 정도의 적실성을 갖고 있다.

초판이 나왔던 1996년은 빌 클린턴 대통령의 연임이 결정된 선거가 이뤄졌던 해다. 샌델 교수는 로널드 레이건이 대통령이 된 1981년이 '세계화가 시작된 해'라고 생각한다. 레이건 대통령은 연임했고 이후 '아버지 부시'로 알려진 조지 H. W. 부시 대통령이 단임으로 대통령직을 수행한 뒤 민주당의 빌 클린턴이 1993년부터 대통령직을 가져갔다. 초판의 결론에서 주목한 세계화의 문제는 이들 대통령의 재임 기간을 중심으로 살펴본 것이었다. 거기서는 미국 공화국이 그 초기부터 강조해온 시민의식의 형성적 프로젝트가 세계화 시대에 이르러 어떤 위기에 봉착하고 있는지를 분석했다.

당시 샌델 교수는 레이건 대통령에서 출발한 세계화 시대의 전개 속에서 발생한 '시민 주도성의 약화'와 '민주주의의 쇠퇴'에 주목했다. 경제가 세계화됨에 따라 이를 통제할 글로벌 정치기구를 만드는 것이 쉽지 않다. 또한 그런 정치기구가 민주적인 힘을 발휘하여 올바른 통제력을 행사하기란 더더욱 쉽지 않은 일이다. 민주적인 힘은 공감과 공동체적 또는 국가적 충성심이라는 도덕적이고 시민적인 문화를 바탕으로 하므로, 초국가적인 형태의 정치 구조가 필요한 역할을 하기 힘들다. 그래서 샌델 교수는 국가와 세계 경제의 관련 속에서 시민이 자기 운명을 스스로 통제하는 힘을 잃어버림으로써 미국은 물론 전 세계 국가에서 민주주의가 취약하게 될 것이라고 전망했다. 이것이 '민주주의 불만'의 가장 중요한 원천으로 분석한 것이다.

그 이후부터 개정판이 출간된 2022년까지의 미국은 빌 클린턴 대통령의 연임, 공화당 조지 W. 부시 대통령의 연임, 다시 민주당 버락 오바마 대통령의 연임에 이어, 공화당 도널드 트럼프 대통령의 단임, 그리고 현재의 민주당 조 바이든 대통령이 권력의 중심에서 미국 정치를 이끌어왔다. 민주당과 공화당이 번갈아 권력을 장악했지만, 이 가운데 트럼프의 대통령직 당선은 큰 사건이었다. 샌델 교수는 이 책에서 어떻게 그 사건이 가능했는지, 미국 정치의 근저에 놓인 불만의 원인과 내용, 심각성이 어느 정도인지를 자세히 분석한다.

26년이 지나 펴낸 이 개정판의 관점에서 볼 때 민주주의에 대한 불만은 심각해지다 못해 최악의 상황에 이르렀다. 사회적 결속력은 철저히 무너졌고 시민의 좌절감은 한층 더 뚜렷해졌다. 문제 상황은 과거와 비교할 수 없을 정도로 악화하였다. 그 결과로 나타난 현상이 도널드 트럼프의 대통령 당선이었다. 저변에는 미국 민주주의의 좌절뿐만 아니라 수십 년 동안 쌓이고 쌓인 원한과 분노가 있었다. '원한과 분노'의 원인을 이해하려는 시도가 《공정하다는 착각》에서 이루어진 능력주의^{meritocracy}에 대한 분석이었다.

코로나 시대가 갑자기 열리면서 드러난 미국의 무능과 혼란의 저변에는 능력주의 문화가 있었다. 세계화와 금융화의 과정을 거쳐오면서 경험한 개인적 좌절과 실패의 책임을 바로 본인에게 돌리고, 패배자의 굴욕감과 승자의 오만에 도덕적 정당성을 부여한 것이 능력주의였다. 그로 인해 점차 증가해온 원한과 분노의 감정이 해결되지 않은 상태에서 이를 이용한 트럼프는 대통령에 당선되어 그 직을 수행했으나 문제 해결은 하지 않았다. 하지만 달리 해결책을 얻지 못한 채 분노한 미국인들은 트럼프 대통령의 연임 실패를 받아들이지 못했고, 결국 연방의회당에 난입하는 초유의 사태까지 발생했다. 샌델 교수는 이를 두고 민주당과 공화당 모두가 과거와는 전혀 다른 새로운 모습의 자본주의를 받아들였고, 그 자본주의가 불평등과 해로운 정치를 증폭시켰기 때문이라고 꼬집는다.

오늘의 문제는 세계화, 금융화 그리고 능력주의라는 세 축으로 형성된다. 그 해법은 시민의 자유가 무엇인지, 시민은 어떤 의식을 갖고 사회적 문제를 바라봐야 하는지를 살펴보는 데 있다. 샌델 교수는 우리의 사회적 삶을 감싸고 있는 자본의 힘에 대해 시민의 민주주의적 역량으로써 어떻게 대항하여 '모두가 바람직한 삶을 가능하게 하는 공공선 또는 공동선을 창출할 것인가'에 주목한다. 이것이 샌델 교수가 이 책에서 집중하고 있는 정치경제학의 목표이며, 우리가 모르는 민주주의의 핵심이다.

미국 건국의 아버지이자 3대 대통령이었던 토머스 제퍼슨의 주장은 우리에게 시사하는 바가 크다. 그는 당시 산업의 중심이었던 농업이 자치에 필요한 도덕적 시민을 만드는 반면, 임금노동을 기본으로 하는 제조업은 자본가에 대한 종속적 의식을 심화시킨다는 이유에서 미국 내 제조업을 대규모로 일으키는 정책에 반대하였다. 이런 생각의 근저에는 국가 경제가 누구를 위한 것인가라는 질문이 자리를 잡고 있었다. 그리고 국가는 시민이 스스로 자신의 운명을 결정짓고 삶의 방식을 만들어가는 자기지배, 즉 자치가 이뤄져야 하는 장치여야 한다는 의식이 있었다. 그렇기에 민주주의를 위해 자치를 이루는 시민이 필요하며, 시민은 자치에 적합한 자질을 갖춰야만 한다.

'시민의식'이라고 번역한 'citizenship'은 '시민다움'을 의미한다. 시민이 시민다운 자질을 갖는 것, 시민이 시민으로 적절한 자치를 행사하는 것을 말한다. 미국에는 국가 건설 당시부터 이런 생각이 주류를 이루었고, 이것이 미국 공화주의의 기초다. 오늘날 학계에서 논의되는 공화주의는 크게 두 줄기로 나뉘는데, 하나는 고대 로마의 전통에서 공화주의의 원리를 찾는 것이고, 다른 하나는 처음부터 민주적 시민의식을 토대로 국가를 건설한 초기 미국 공화국에서 찾는 것이다. 후자를 일컬어 시민적 공화주의 the civic republicanism라 부른다. 샌델 교수는 미국 경제의 발전 과정에서 시민의식이 경제와 어떤 관계를 형성해왔는지를 자세히 분석한다.

샌델 교수의 '시민의식의 정치경제학'은 앞서 언급한 토머스 제퍼슨의 주장과 관련한 논쟁에서 시작한다. 그리고 시대를 거듭할수록 어떻게 정치와 경제의 관계 양상이 달라지는지 추적한다. 이때의 샌델 교수는 과거 사실을 열거하는 방식이 아니라, 논쟁자의 태도로 접근한다. 각각의 이슈들이 관점과 입장에 따라 어떤 장점과 단점을 노출하는지, 그리고 민주주의의 관점에서 어떠한 것이 바람직한 혹은 부정적인 결과를 낳는지를 살핀다.

샌델 교수는 고등학교 시절에 토론반에서 중심적 역할을 했고, 본인이 나서 당시 캘리포니아 주지사였던 로널드 레이건을 초청해 학교 강단에서 함께 논쟁을 벌이기도 했다. 이 책에서 샌델 교수는 《정의란 무엇인가》와 같은 강의의 달인으로서의 모습을 넘어 논쟁의 달인으로서 이 시대에 필요한 논쟁의 주제들이 무엇이어야 하는지를 장마다 보여준다. 우리들에게 필요한 쟁점들 말이다.

이 책의 끝부분에서 샌델 교수는 "시민이 된다는 것은 자기가 살아가는 가장 좋은 방식을 고민한다는 것이고 또한 자기를 온전하게 인간적인 존재로 만들어주는 미덕이 무엇인지 고민한다는 뜻이다"라고 말한다. 그런데 시장이 우리의 삶을 지배할 때 문제가 발생한다. 시장은 모든 문제를 효율성에 따라 판단하고 사회의 번영을 제공할 것이라는 기대를 하게 한다. 또한 시장 논리를 따를 때 도덕과 가치에 대해 고민하는 데서 우리를 해방해, 온갖 복잡하고 거친 토론에서 우리가 벗어날 수 있다고 생각하게 만든다. 샌델 교수는 이것이 단적으로 잘못된 생각이라고 비판한다. 도덕적 논쟁의 여지가 있는 질문들을 공적인 토론에서 다루지 않는다고 해서 그 질문들이 소멸되거나 저절로 해결되지 않는다. "궁극적으로는 부유하고 힘 있는 사람들이 관리하고 지휘하는 시장들이 질문들에 대한 답을 결정하도록 방치"하는 결과를 낳을 뿐이다. 샌델 교수의 답은 민주주의의 불만을 걷어낼 동력은 시민에게 있고, 그 길은 올바른 질문을 포착하고 토론을 통해 기본 가치를 세우는 데 있다는 것이다.

샌델 교수는 질문만 던지고 답은 제시하지 않는다는 불만을 하는 사람들을 종종 만나게 된다. 그러나 이런 불만은 샌델 교수의 입장과 방법에 대한 오해에서 비롯한 것이다. 그의 책은 우리에게 문제에 접근하는 태도를 알려주고, 다뤄야 할 이슈의 핵심이 무엇인지 지적해주며, 근본적인 오해를 짚어주는 동시에 자기모순 없이 결론을 찾아 나아갈 수 있도록 끊임없이 독려한다. 모든 문제는 구체적인 맥락 속에서 형성되며, 문제에 대한 가장 적절한 대답은 그 맥락 가운데 있는 사람들이 가장 잘 내릴 수 있다. 부편적인 인식의 관점에서 맥락을 초월하여 사유하는 소위 '무연고적 자아unencumbered self'는 실질적인 답을 만들어낼 수 없다. 우리의 문제에 가장 적합한 답을 제출할 사람은 바로 우리지, 샌델 교수가 아니다. 그는 우리에게 충고를 던질 따름이다.

이 책에는 자유주의와 공화주의에 대한 많은 논의가 등장하고, 자유와 공동체에 대한 논의 또한 곳곳에 숨어 있다. 많은 이들은 샌델 교수가 공동체주의자라고 생각하지만, 그는 공동체주의자라는 이름표를 한사코 거부한다. 자유주의와 공동체주의의 논쟁은 오래된 것이며, 학자들의 윤리적·정치적 입장을 이해하는 데 도움을 주는 중요한 구분법이다. 샌델 교수는 그 둘의 이분법적 구분 어디에도 속하지 않고 오히려 새로운 입장인 '자유적 공동체주의' 또는 '공동체적 자유주의'에 속한다. 이 호칭은 샌델 교수 자신도 그랬고, 그의 선생인 찰스 테일러도 마찬가지로 자기 입장을 일컬어 사용한 표현이다.

학자들 가운데는 자신은 어떠한 주의자이며, 따라서 어떠어떠한 관점에 서서 문제에 바라본다는 식의 태도를 보이는 이들이 많다. 위대한 사상가는 어떤 주의를 따라가기보다는, 어떻게 봐야 현상을 가장 잘 이해하게 되는지에 따라 자신의 관점과 입장을 설정한다. 샌델 교수는 자유주의가 맥락의 중요성을 무시하며 공동체주의는 보편적 가치를 무시한다고 비판하면서, 인간은 맥락에 속하면서도 보편을 포착할 수 있는 '이야기하는 존재'로 파악한다. 공중에 떠 있는 보편주의자가 아니라 땅에 발을 딛고 살아가는 보편주의자라는 점에서 그는 자유적 공동체주의자이다.

예를 들어 보자. 그의 최초의 저술인 《자유주의와 정의의 한계Liberalism and the Limits of Justice》 2판 서문에는 다음의 예가 나온다.

> 홀로코스트 생존자들이 살아가는 마을인 미국 일리노이주 스코키 마을에 인종차별주의자들이 유대인 혐오 연설과 행진을 계획하고 당국의 허가를 요청했다. 이들의 행진과 연설을 허용해야 하는가?

자유주의는 '정부는 시민들의 견해에 중립을 지켜야 한다'는 입장을 갖고 있다. 자유주의는 타인에게 해악을 끼치는 것은 금하지만, 증오 연설 자체가 타인에 대한 해악은 아니라고 본다. 특정 집단을 모욕해도 그 구성원들은 중립적이고 이성적 자아이므로, 그 구성원의 존엄성 자체가 훼손되지 않는다. 따라서 혐오 연설과 행진은 허용돼야 한다고 본다. 이에 반해 공동체주의의 관점에서 개인의 연고성은 본질적 요소이므로, 소속 집단에 대한 모욕은 실제적인 해악일 수 있다고 이해한다. 홀로코스트 생존자들에게 유대인 혐오주의자의 행진은 공포와 두려움의 기억을 불러일으키며, 그들의 연설은 홀로코스트 생존자가 지닌 정체성의 도덕적 위상과 관련된다. 따라서 스코키 마을에서의 신나치주의자의 행진은 금지될 수 있다고 본다. 샌델 교수의 자유적 공동체주의는 공동체주의의 입장과 같다.

그런데 이러한 예만으로는 샌델 교수의 입장이 공동체주의자의 입장과 어떻게 다른지 충분히 설명되지 않는다. 그래서 샌델은 같은 책에서 다음의 예를 들어 설명한다.

마틴 루터 킹 목사와 흑인 민권운동 지지자들은 흑백 분리 정책이 이뤄지고 있는 미국 앨러배마주 몽고메리에서 흑백차별 반대 시위를 계획하고 있다. 미국 남부 분리주의자들은 자신에게 해가 되는 주장의 시위행진을 자신의 공동체에서 하는 것을 원하지 않았다. 이들의 행진을 허용해야 하는가?

이것은 앞의 예와 마찬가지로 집회와 언론의 자유에 대한 문제다. 그러나 이 두 사안에는 실질적인 내용의 차이가 있다. 그런데도 자유주의자들과 공동체주의자들의 입장은 앞과 같다. 즉 자유주의자들은 자유롭게 말할 권리를 옹호하기 때문에 연설과 행진을 허용해야 한다고 주장하고, 공동체주의자들은 공동체의 우세한 가치를 존중하고 집단의 공동 기억이 침해되지 않아야 한다고 생각하기 때문에 연설과 행진을 금해야 한다고 생각한다. 그러나 샌델 교수의 입장은 달라진다. 킹 목사 일행 시위의 특성은 그의 연설 내용 및 시위의 대의명분에서 인종차별주의자들과 다르다. 서로가 존중하는 정신적 가치에도 차이가 있다. 민권운동 지지자들의 주장은 통합의 문제와 연결되며, 분리주의자들의 연대에서 찾을 수 없는 도덕적 차별성을 지닌다. 따라서 자유적 공동체주의자는 행진을 허용해야 한다고 주장한다. 이번 예에서 샌델 교수의 입장은 공동체주의자와는 달라지고 자유주의자와는 같아지지만, 이는 샌델 교수의 관점과 논리가 그들과 같지 않기 때문이다. 이런 차이의 근원은 그의 철학 토대인 인간관에 있다.

샌델 교수는 존 롤스가 생각한 것처럼 인간이 완전히 중립적 상태에서 사유하는 존재로 보지 않는다. 롤스는 《정의론》에서 인간이 상상력을 통해 완전한 중립적 관점을 얻을 수 있다고 보았는데, 샌델 교수는 이런 자아를 '무연고적 자아'라고 부른다. 이런 인간관을 근거로 롤스는 모두에게 차별 없이 보편적으로 적용할 수 있는 정의의 원칙들이 도출된다고 보았다. 샌델 교수는 이 관점에 오류가 있다고 본다. 인간의 생각은 근본적으로 언어로 구성되며, 언어는 특정 언어 공동체를 통해 학습된다. 따라서 인간은 언어로 사유하는 한 자신의 삶의 맥락, 즉 연고성을 완전히 떠날 수는 없다. 이런 관점은 현대 해석학과 언어 철학을 통해 정당화된다.

그러나 이런 연고성도 넘을 수 없는 것은 아니다. 인간은 타인과의 대화를 통해 자신만의 언어 범주를 넘어서며 자신이 속한 공동체의 한계를 넘어설 수 있다. 대화 가운데 인간은 연고성을 넘어서면서 스스로를 이해하고 해석하며 정체성을 형성해간다. 이런 점에서 샌델 교수는 관습과 전통은 완전히 벗어날 수 있는 것은 아니지만 항상 시험의 대상이 될 수 있으며, 보편적으로 여겨지는 인권적 가치도 옹호될 수 있다고 본다. 롤스의 인간관보다 철학적으로 더 정당한 이러한 인간 이해는 우리로 민족주의적 공동체주의의 협소함을 벗어날 수 있게 하고, 전통을 전적으로 무시하는 자유주의가 제안하는 전 지구적 관점의 세계시민적 태도의 문제도 극복할 수 있게 한다고 샌델 교수는 생각한다.

공공철학이란 공적 사안에 대해 사람들이 가진 태도를 말한다. 누구든 공적 사안에 대해 나름의 입장을 가질 수 있는데, 그것이 그의 공공철학이다. 샌델 교수의 공공철학인 시민적 공화주의를 이 책에서 논쟁적으로 구성하다 보니, 간혹 서술상 개념적인 혼란이 발생하기도 한다. 공공선^{the public good}과 공동선^{the common good}의 혼용이 단적인 예다. 자유주의가 추구하는 것이나 로마적 공화주의의 입장에서 추구하는 것은 공공선으로 표현된다. 사적^{private}인 것에 대립되는 공적^{public}인 것이 목표이기 때문이다. 공동체주의적 관점에서 추구하는 것은 개인적이지 않은 공통의 선이므로 공동선으로 표현된다. 공동선은 최대공약수를 찾음으로써 발견될 것처럼 보이지만, 공공선은 근본적으로 생각을 달리해야 발견되는 것이다. 샌델이 선호하는 표현은 공동선이다. 이 책에서는 공화주의를 중심적으로 다루다 보니 이 두 개념이 혼용되며, 이 둘의 차이는 거의 없다.

한국의 민주주의 상황은 미국의 민주주의 상황과 같지 않다. 우리나라가 해방 후 국가를 수립하고 지금에 이르기까지, 우리는 그동안 이룩한 찬란한 경제 발전에 대해 자부심을 갖고 자랑하지만, 우리가 이룬 정치적 현실에 대해서는 자랑을 아낀다. 그러나 돌아보면 과거의 민주주의보다 지금의 민주주의는 크게 나아졌고, 과거의 시민의식보다 지금의 시민의식은 크게 높아져 있는 것이 사실이다. 다만 지금의 시기는 존경의 대상이기보다는 경멸의 대상이 되어버린 정치의 현재 모습에서 우리가 극복해야 할 산이 무엇인지를 적확하게 인식해야 할 때다. 빈부격차의 양극화 현상, 정치의 양극화 현상, 세대 간의 갈등 등 우리가 당면한 주요 문제들을 두고 우리의 정치는 무엇에 주목해야 하는지, 그리고 시민으로서 우리는 어떤 태도로 임해야 하는지 깊은 성찰을 해야 할 때인 것이다. 여기에 이 책《당신이 모르는 민주주의》의 용도가 있다.

샌델 교수가 2010년에 처음 대중의 주목을 받은 이후로 여러 주제를 다룬 책들이 계속 출간되었다. 이 과정에 줄곧 관여해온 감수자 입장에서 볼 때 《당신이 모르는 민주주의》는 그동안 샌델 교수가 다뤄왔던 다양한 주제들이 총집결된 '결정적 저술'이다. 그가 설파해온 도덕철학과 정치철학, 그리고 현실 인식을 토대로 정치경제 전반에 대한 우리의 시야를 열어주기 때문이다. 지금과 같은 '가장 위험한 시대'에 더 나은 그리고 더 좋은 삶을 향한 새 민주주의를 전망한다.

김선욱
숭실대학교 철학과 교수

옮긴이 이경식

서울대학교 경영학과와 경희대학교 대학원 국문학과를 졸업했다. 전문 번역가로 활동하면서
《무엇이 옳은가》, 《넛지: 파이널 에디션》, 《씽크 어게인》, 《초가치》, 《댄 애리얼리의 부의 감각》,
《두 번째 산》 등 수많은 책을 우리말로 옮겼다. 저서로는 에세이집 《치맥과 양아치》, 《1960년
생 이경식》, 소설 《상인의 전쟁》 등이 있다.

당신이 모르는 민주주의

초판 1쇄 발행 2023년 3월 16일 | 초판 5쇄 발행 2024년 5월 20일

지은이 마이클 샌델 | 옮긴이 이경식 | 감수 김선욱

펴낸이 신광수
CS본부장 강윤구 | 출판개발실장 위귀영 | 디자인실장 손현지
단행본개발팀 김혜연, 권병규, 조문채, 정혜리
출판디자인팀 최진아, 당승근 | 저작권 김마이, 이아람
출판사업팀 이용복, 민현기, 우광일, 김선영, 신지애, 이강원, 정유, 정승기, 허성배, 정재욱, 박세화,
     김종민, 전지현
영업관리파트 홍주희, 이은비, 정은정
CS지원팀 강승훈, 봉대중, 이주연, 이형배, 전효정, 이우성, 신재윤, 장현우, 정보길

펴낸곳 (주)미래엔 | 등록 1950년 11월 1일(제16-67호)
주소 06532 서울시 서초구 신반포로 321
미래엔 고객센터 1800-8890
팩스 (02)541-8249 | 이메일 bookfolio@mirae-n.com
홈페이지 www.mirae-n.com

ISBN 979-11-6841-509-6 (03300)

* 와이즈베리는 ㈜미래엔의 성인단행본 브랜드입니다.

* 책값은 뒤표지에 있습니다.

* 파본은 구입처에서 교환해 드리며, 관련 법령에 따라 환불해 드립니다.
  다만, 제품 훼손 시 환불이 불가능합니다.

와이즈베리는 참신한 시각, 독창적인 아이디어를 환영합니다.
기획 취지와 개요, 연락처를 bookfolio@mirae-n.com으로 보내주십시오.
와이즈베리와 함께 새로운 문화를 창조할 여러분의 많은 투고를 기다립니다.